Heidi Klein

Einflüsse auf die Resilienzentwicklung im Lebensverlauf

D1619838

KINDHEIT – FAMILIE – PÄDAGOGIK

Herausgegeben von
Steffen Großkopf,
Ulf Sauerbrey,
Michael Winkler

Band 6

ERGON VERLAG

Heidi Klein

Einflüsse auf die Resilienzentwicklung im Lebensverlauf

Eine rekonstruktive Studie

ERGON VERLAG

Zugl.: Dissertation, Friedrich-Schiller-Universität Jena, [2022]
u.d.T.: „Einflüsse auf die Resilienzentwicklung im Lebensverlauf.
Eine rekonstruktive Studie"

D 27

Umschlagabbildung:
© serikbaib – iStock by Getty Images

Bibliografische Information der Deutschen Nationalbibliothek:
Die Deutsche Nationalbibliothek verzeichnet diese Publikation in der
Deutschen Nationalbibliografie; detaillierte bibliografische Daten sind im
Internet über http://dnb.d-nb.de abrufbar.

www.ergon-verlag.de

ISBN 978-3-98740-013-1 (Print)
ISBN 978-3-98740-014-8 (ePDF)
ISSN 2509-8659

Danksagung

Nach vielen Jahren intensiver Forschungs- und Schreibarbeit ist sie nun fertig: meine Dissertation. Damit ist dies der Moment, an dem ich all denen meinen besonderen Dank entgegenbringen möchte, die mich in dieser herausfordernden, aber auch ungemein bereichernden Phase unterstützt und begleitet haben.

Zunächst bedanke ich mich bei Prof. Dr. Michael Winkler und Prof. Dr. Ulf Sauerbrey für das entgegengebrachte Vertrauen, das Engagement zur Übernahme der Betreuung und die Unterstützung durch Anregungen, konstruktive und wertschätzenden Anmerkungen und Motivationen über die Entstehungs- und besonders auch in (und nach!) der Beendigungsphase.

Und natürlich gilt ein intensiver Dank meiner Familie! Die finanzielle Unterstützung und die Rückenstärkung durch meine Mama, meiner Schwester Lydia und meinem Mann haben mir ermöglicht, mich voll auf den Forschungsprozess und das Verschriftlichen der Ergebnisse zu konzentrieren. Danke Mama – für deine andauernden Ermutigungen und den emotionalen Halt in der gesamten Zeit (und darüber hinaus!). Die passionierten Gespräche mit meinem Sohn Henning über die Resilienzthematik brachten immer wieder neue interessante und wichtige Impulse – ich danke dir dafür! Ich danke meinen inzwischen erwachsenen Kindern Jasmin, Henning und Lynnert außerordentlich für ihren beständigen Zuspruch, ihre Geduld, die Unterstützung (besonders in der zeitweisen Betreuung ihrer kleinsten Geschwister, wenn ich gerade mal wieder in einem Schreibfluss war), für die Hilfe im Haushalt aber auch für so manche liebevollen oder erheiternden Momente. Die entspannten Wesenszüge meiner beiden Kleinen – in dieser Phase erst geborenen: Hanna und Sofie – haben natürlich auch geholfen.

Danke an alle, denen ich immer wieder Passagen vorlesen durfte. Ich danke für jedes ausgesprochene Lob, jegliche Ermunterung und den mir entgegengebrachten Glauben an meine Fähigkeiten in der gesamten Entstehungszeit! Dies gilt meiner Familie, wie auch allen meinen Freunden.

Ein weiteres Danke geht an diejenigen, die es geschafft haben bei meiner Promotionsverteidigung bei mir zu sein (Mama, Henning, Doris und Peter) und an jene, die genau das durch ihre Hilfe im Hintergrund ermöglicht haben! Der emotionale Halt währenddessen, die Emotionen, die Blumen, die Umarmungen und besonders die Gespräche danach haben mich tief berührt!

Zuletzt möchte ich mich natürlich auch bei den acht Menschen bedanken, die sich zu der Teilnahme an dieser Studie bereiterklärt haben. Allein durch ihre Entscheidung dazu, das entgegengebrachte Vertrauen und die Bereitschaft einen derartig tiefen Einblick in ihr Leben zu geben, ist diese Forschung überhaupt erst möglich gewesen.

Inhaltsverzeichnis

1. Einleitung

Die generelle Forschungsfrage nach Resilienz unterlag zwar zwischenzeitlich Interessen- und Intensitätsschwankungen, wurde aber mit der seit 2020 bestehenden weltweiten Pandemie wieder deutlich in den Vordergrund gerückt. Speziell die pädagogischen Perspektiven sind nicht nur relevant – vor allem im sozialpädagogischen Arbeitsbereich –, sondern auch hochaktuell. Inmitten der Coronakrise und des damit verbundenen exponentiellen und sichtbaren Anstiegs problem- und risikobehafteter Lebensumstände zeigt sich, wie signifikant eine individuelle Widerstandsfähigkeit an Bedeutung gewinnt. Abgesehen von der bestehenden Epidemie befinden wir uns in einer Zeit des sozialen Wandels. Gesellschaftlich bedingtes Aufweichen von traditionellen Grenzen und Leitlinien führt bereits zu Orientierungsschwierigkeiten. Nicht nur Erwachsenen wird dabei einiges abverlangt, besonders Kinder und Jugendliche sind dahingehend in ihren Entwicklungsprozessen enorm gefordert.[1] Die Suche nach Bewältigungsstrategien, um die brisanten, herausfordernden Gegebenheiten des individuellen Lebenswegs meistern zu können, erfordern mehr denn je die Gewinnung von Einblicken in subjektive und objektive Resilienzbedingungen. Dies gilt beständig im Fokus frühzeitiger Prävention.

Die in dieser Arbeit aufgeführten renommierten Forschungsansätze beschreiben nur einen Teil der Untersuchungen der vergangenen Jahre. Als quantitative Langzeitstudien beschäftigten sie sich mit der Suche und Deklaration von Schutz- und Risikofaktoren. Insbesondere sollten unterstützende Wirkungen für seelische, geistige und körperliche Gesundheit ermittelt werden – nicht zuletzt um geeignete Präventionsmaßnahmen erkennen und einleiten zu können. Einige der quantitativ-empirisch gelagerten Forschungen sind auch heute noch aktiv: So konnte in jüngster Zeit die Mannheimer Risikokinderstudie bezüglich einer stabilen Resilienz bedeutende Erkenntnisse verzeichnen.[2] International gab es im Rahmen der Resilienzforschung weitere aufschlussreiche Ergebnisse (unter Betrachtung von gesundheitsschädlichem Verhalten).[3]

Der in dieser Arbeit genutzte Zugang einer qualitativ-analytischen Forschungsintention versucht Ergebnisse zu erlangen, die um einiges tiefgreifender liegen können, als es bei quantitativen Studien der Fall ist. Denn diese können konkrete biografische Verläufe und Strategien nur sehr vereinzelt und auch

---

[1] Vgl. Koerrenz, R. / Winkler, M. (2013): Pädagogik. Eine Einführung in Stichworten, S. 151-191.

[2] Vgl. Essner G. / Schmidt, M. H. (2017): Die Mannheimer Risikokinderstudie: Ideen, Ziele und Design.

[3] Vgl. Bellis, M. A. / et al. (2017): Does continuous trusted adult support in childhood impart life-course resilience against adverse childhood experiences - a retrospective study on adult health-harming behaviours and mental well-being.

nur ansatzweise erfassen. Daher versucht die hier vorliegende qualitativ-rekon-struktive Studie im Rahmen der Biografieforschung gezielt einen anderen Weg zu gehen, um neue Einblicke zu gewinnen. Der Vorteil liegt in der Möglich-keit durch die gewonnenen Daten ein umfassenderes Verständnis zu erlangen, indem genau betrachtet wird, wie ein Individuum die soziale Wirklichkeit – in Auseinandersetzung mit sich, anderen und der Welt – jeweils für sich herstellt. Besonderes Interesse liegt darin, welche Bedeutungen der Einzelne diversen Phänomen für sich zuschreibt. Die Analyse dieser stichprobenartigen subjektiven Daten soll Entscheidungskriterien, Motivationshintergründe und Handlungsstrukturen sichtbar machen, um das Resilienzphänomen noch bes-ser erklären und möglicherweise auch neue Theorien entwickeln zu können.[4]

Eine weitere Differenzierung wird mit der Erweiterung des Fokus über das Kindes- und Jugendalter hinaus vorgenommen. Unter Berücksichtigung der verschiedenen (kontextspezifischen, biologischen und umweltbedingten) psychosozialen Entwicklungsphasen ist es nicht nur sinnvoll, sondern unab-dingbar, den Fokus auf geeignete Präventionsmaßnahmen (in unterschiedli-chen Phasen und Notwendigkeiten) über das Kindes- und Jugendalter hinaus auszuweiten. Hintergrund ist zum einen die Annahme, dass das adaptive Po-tenzial nicht nur bei den Heranwachsenden, sondern auch in den späteren Lebensabschnitten noch flexibel und formbar ist. Zum anderen gilt die Voraus-setzung, dass die Lernfähigkeit nicht mit dem Austritt aus dem Jugendalter abgeschlossen ist.[5] Dies macht grundsätzlich auch im Erwachsenenalter gezielte Interventionen zur Förderung und Stabilisierung von Resilienz möglich. Es ist also nicht außer Acht zu lassen, dass eine Resilienzwirkung für weitergehende Lebensverläufe bis ins Erwachsenenalter zumindest Stabilitätstendenzen inte-griert.[6]

Ein Ziel der vorliegenden Forschungsarbeit ist es somit, durch die gewonne-nen subjektiven und detaillierten Erkenntnisse die bisherigen Forschungen zu ergänzen. Wünschenswert sind zudem neue, tiefere Einblicke, die verwertbare Einsichten in Form, Struktur und Praxis von resilienzfördernden Lebenswegen und vor allem gelingenden Lebensweisen geben können. Zudem soll ein Bei-trag zur Neukonstruktion ressourcenorientierter Ansätze und zur eventuellen Überarbeitung von Konzeptionen in der Sozialen Arbeit geleistet werden.

---

[4] Vgl. Bohnsack, R. / Marotzki, W. / Meuser, M (2006): Hauptbegriffe Qualitativer Sozial-forschung, S. 22-24.

[5] Vgl. Hof, C. (2009): Lebenslanges Lernen.

[6] Vgl. Hohm, E. / et al. (2017): Resilienz und Ressourcen im Verlauf der Entwicklung von der frühen Kindheit bis zum Erwachsenenalter: in Kindheit und Entwicklung, S. 236-237.

Die konkrete Forschungsfrage dieser Arbeit lautet demnach:

– Welche Einflüsse sind im Lebensverlauf für die Resilienzentwicklung relevant?

Darüber hinaus sollen weitere Aspekte in den Blick genommen werden:

– Welche Befunde lassen sich dazu in der (aktuellen) Resilienzforschung finden?
– Welche Bedingungsfaktoren sind für eine Resilienzentwicklung besonders relevant?
– Sind Faktoren erkennbar, die zu einer Stabilität von Resilienz beitragen können?
– (Wie) lässt sich Resilienz über das Kindes- und Jugendalter hinaus gezielt durch die Förderung geeigneter Faktoren unterstützen und/oder stabilisieren?

Als Untersuchungsmethode wurde die Narrationsanalyse in Anlehnung an Schütze gewählt.[7] Hierzu wurden acht Erwachsene (vier Frauen und vier Männer) im Alter zwischen 35 und 45 Jahren, welche unter Risikofaktoren aufgewachsen sind, narrativ interviewt. Die Interviewpartner/-innen stammten aus verschiedenen Herkunfts- und Wohnorten, hatten seit mindestens zehn Jahren den Kontext ihrer schwerwiegenden Lebensumstände des Aufwachsens verlassen und sich im Laufe der Zeit als resilient erwiesen. Sie gaben an, ein gutes Leben zu führen, zufrieden, glücklich und frei von Zukunftsangst zu sein. Durch die qualitative Rekonstruktion und die anschließende Analyse der Daten aus den Interviews soll – insbesondere durch die authentischen Zugänge – der Umgang mit den belastenden Erfahrungen ermittelt werden; zudem sollen Verknüpfungen und Querverweise zwischen den einzelnen individuellen Schutzfaktoren und Ressourcen sowie die zugrunde liegenden Prozesse und Wirkungsmechanismen untersucht werden. Des Weiteren wird das Zusammenspiel von Ereignisfolgen und Erfahrungsaufschichtungen samt den darauf bezogenen subjektiven Deutungsbemühungen genauer betrachtet. Im vorliegenden Forschungsprojekt geht es darum, Ereignisse zu untersuchen, die sich über eine mehrjährige Lebensspanne der Probanden erstrecken und die in den biografischen Persönlichkeitsbereich fallen. Somit war es erforderlich, dass die Interviewpartner/-innen ihre zusammenhängende Lebensgeschichte mit allen für sie relevanten Ereignissen von Anfang bis Ende erzählen konnten. Diese Möglichkeit ist bei einem narrativen Interview durch Stegreiferzählungen (freies Erzählen) gegeben.

Das Anliegen der vorliegenden Forschungsarbeit besteht in der Ermittlung von Faktoren, die dazu beigetragen haben, dass die Interviewten heute ein -

---

7 Vgl. Schütze, F. (1977): Die Technik des narrativen Interviews in Interaktionsfeldstudien.

für sich definiertes - erfülltes und gutes Leben führen können. Zu untersuchen gilt es somit gezielt ihre Resilienz im Umgang mit den erlebten extremen Bedingungen sowie die Herausbildung und den individuellen (eventuell periodischen) Einsatz spezifischer Ressourcen und Resilienzfaktoren. Durch die Erhebung und Analyse der biografischen Daten soll eine qualitative Rekonstruktion von individuellen Lebens-wegen hin zu einer gelingenden Lebensweise geboten werden – bestenfalls um Rückschlüsse auf relevante (Lebens-)Ereignisse und Erfahrungen in ihren zeitlichen Zusammenhängen darlegen und nutzbar machen zu können.

Angestrebt ist somit eine Differenzierung und Ergänzung der bisherigen Resilienzforschung, die – neben begrifflichen Erläuterungen – durch die Erörterung bedeutender Studien in Kapitel 2 ausführlicher dargestellt wird. In Kapitel 3 werden die Vorgehensweise und die zugrundeliegende Methodik dieser Arbeit erläutert. Anschließend wird in Kapitel 4 der eigentliche Forschungsansatz beschrieben. Dazu werden die einzelnen Fälle anhand von Personenbeschreibungen, Interviewverläufen und Fallanalysen vorgestellt. Die jeweilige Analyse einzelner herausstechender Resilienzfaktoren schließt sich ebenso an wie die Untersuchung ihrer Wirkungs- bzw. Umgangsweisen sowie die Betrachtung von möglichen Ursachen bzw. Unterstützungen, die eine stabile Resilienz ermöglich(t)en, beding(t)en und/oder wahrscheinlich mach(t)en. Der in Kapitel 5 vorgenommene kontrastive Vergleich aller zuvor vorgestellten Fälle dient der Aufdeckung von Querverbindungen, Wirkungsmechanismen, Zusammenhängen oder Individualitäten in verschiedenen Umgangsweisen mit den risikobehafteten Gegebenheiten. Die Zusammenfassung der Erkenntnisse folgt in Kapitel 6. Die sich daraus ergebenden Ergebnisse und Ausblicke bilden in einer Schlussfolgerung in Kapitel 7 und in Kapitel 8 mit dem Fazit den Abschluss dieser Arbeit.

2. Theoretische Grundlagen

2.1 Resilienz

2.1.1 Begriffsbestimmung

Der Begriff Resilienz – von resilire (lat.) – stammt ursprünglich aus der Physik und Werkstofflehre und bedeutet wörtlich *zurückspringen* oder *abprallen* und beschreibt den Sinnzusammenhang folgenden Vermögens: Obgleich es ausdrückt, besonders elastisch zu sein, flexibel auf äußere Einwirkungen reagieren zu können, trotz starker Einflüsse wie Spannungen nicht zu bersten oder sonstigen Schaden zu nehmen und sich in einen vorherigen Zustand zurückversetzen zu können, findet Resilienz heute seine Begrifflichkeit im Duden erklärt mit: der psychischen „Widerstandskraft; Fähigkeit, schwierige Lebenssituationen ohne anhaltende Beeinträchtigung zu überstehen"[8]. Die Definition in der Enzyklopädie verlässt sich nicht nur auf das Überstehen widriger Umstände, sondern bezieht auch nachhaltige psychische Schadensfreiheit mit ein.[9] Hildenbrand und Welter-Enderlin geben folgende Definition: „Unter Resilienz wird die Fähigkeit von Menschen verstanden, Krisen im Lebenszyklus unter Rückgriff auf persönliche und sozial vermittelte Ressourcen zu meistern und als Anlass für Entwicklung zu nutzen."[10] Ähnlich dazu schreibt Wustmann mit Bezug auf das Kindesalter: „Resilienz meint eine psychische Widerstandsfähigkeit von Kindern gegenüber biologischen, psychischen und psychosozialen Entwicklungskrisen"[11], wobei das Ziel im Erhalt der Funktionalität, in ihrer Wiederherstellung im sozialen System der Heranwachsenden liegt.[12] Als resilient wird somit bezeichnet, wer sich trotz erschwerter Bedingungen in der Zeit des Aufwachsens gut und frei von psychischen Schäden entwickelt. Dies gilt auch für die erfolgreiche Bewältigung belastender Situationen.[13] Wustmann bezeichnet Resilienz darüber hinaus als eine variable, situationsspezifische und kontextabhängige Größe, die weder als stabil noch als voraussehbar angenommen werden darf. Demzufolge kann sie als dynamischer Anpassungs- und

---

[8] Dudenredaktion (o. J.) / „Tulpe": auf Duden online
[9] Vgl. Brockhaus, Psychologie (2021): Resilienz
[10] Hildenbrand, B. / Welter-Enderlin, R. (2006): Resilienz. Gedeihen trotz widriger Umstände, S. 13.
[11] Wustmann, C. (2011): Resilienz. Widerstandsfähigkeit von Kindern in Tageseinrichtungen fördern, S. 18.
[12] Vgl. ebd., S. 19.
[13] Vgl. Fröhlich-Gildhoff, K. / Rönnau-Böse, M. (2011): Resilienz.

Entwicklungsprozess verstanden werden, der positive Auswirkungen von Lern-erfahrungen im weiteren Entwicklungsverlauf impliziert.[14]

2.1.2 Erste Konzeptualisierungen

Auch in Psychologie und Medizin wird unter Resilienz eine Widerstandskraft verstanden, durch die Menschen – ungeachtet lebenswidriger Umstände – ihre psychische Gesundheit aufrechterhalten. Die heutige Resilienzforschung basiert auf einem Paradigmenwechsel, der durch den Medizinsoziologen Aaron Anto-novsky mit seinem Konzept der Salutogenes[15] entscheidend beeinflusst wurde: Die bis dato vorherrschende Pathogenese, die sich hauptsächlich mit der Ursa-chenforschung von Krankheiten beschäftigte, erfuhr mit der Fokussierung auf die Gesunderhaltung eines Menschen einen medizinischen Perspektivwechsel. Demzufolge galt die Salutogenese als individuelles Entwicklungs- und Erhal-tungskonzept von Gesundheit, wonach sie nicht als Zustand, sondern als Pro-zess zu verstehen sei. Als signifikanter Marker gilt das Kohärenzgefühl, d. h. die sozial-emotionale Grundeinstellung eines Menschen in Gegenüberstellung sei-ner selbst als Individuum und seinem Leben und der Welt. Ausschlaggebende Komponenten dabei sind Verstehbarkeit, Bedeutsamkeit und Handhabbarkeit: Das Individuum versteht sich als Teil einer Welt, die sinnhaft und bedeutsam durch eigenes Handeln mitgestaltet werden kann, und entwickelt die Überzeu-gung, die Anforderungen des Lebens mittels eigener Ressourcen und eventuel-ler Hilfe von anderen bewältigen zu können.[16]

Als einer der Pioniere der Resilienzforschung und ersten Konzeptualisierun-gen in den 1970er Jahren gilt Norman Garmezy. Er bezeichnete die Entwick-lung an sich als zentrales, vereinendes Element psychopathologischer Studien. Er beschrieb Auswirkungen von Stress bei Kindern[17] und benannte bereits erste mögliche Schutzfaktoren: Kontrollüberzeugung, Selbstbewusstsein, Kon-trolle von Emotionen, kognitive Fähigkeiten, positives soziales Verhalten, ein Erwachsener als Vorbild. Damit skizzierte er das enorme Potenzial der Resil-ienzforschung und erweiterte sie perspektivisch hinsichtlich der Ressourcenori-entierung bei Kindern, die sich trotz erschwerter Bedingungen während des Aufwachsens positiv entwickelten.[18]

---

[14] Vgl. Wustmann, C. (2004): Resilienz. Widerstandsfähigkeit von Kindern in Tageseinrich-tungen fördern.

[15] Vgl. Antonovsky, A. (1997): Salutogenese. Zur Entmystifizierung der Gesundheit.

[16] Vgl. ebd., S. 3 f.

[17] Vgl. Garmezy, N. (1983): Stressors of Childhood, S. 52 ff.

[18] Vgl. ebd., S. 73 ff.

2.1.3 Charakteristika des Resilienzkonzepts

Der Resilienzprozess ist variabel und zeigt eine Dynamik in den Interaktionsprozessen zwischen Individuum und Umwelt. Der Grad der Resilienz ist abhängig von der Art und Weise und der Dauer einer Herausforderung.[19] Diese Entwicklungsprozesse werden von Schutz- oder Risikofaktoren beeinflusst, die entweder Ressourcen oder Belastungen aufweisen. Auch hierbei gilt das Prinzip der Variabilität, da sich jeder Faktor individuell und situativ unterschiedlich auswirken kann. Ein wichtiges Kriterium der Resilienzforschung ist somit die Ressourcenorientierung:

> „Sie geht davon aus, dass Menschen aktive Bewältiger und Mitgestalter ihres Lebens sind und durch soziale Unterstützung und Hilfestellungen die Chance haben, mit den gegebenen Situationen erfolgreich umzugehen und ihnen nicht nur hilflos ausgeliefert zu sein. Es geht dabei nicht darum, die Schwierigkeiten und Probleme zu ignorieren, sondern die Kompetenzen und Ressourcen eines Kindes zu nutzen, damit es besser mit Risikosituationen umzugehen lernt."[20]

Mit dem Wissen um die unterschiedliche Wirkungsweise und die Änderbarkeit von Faktoren und Schutzfunktionsmöglichkeiten ist demzufolge eine Erlernbarkeit oder Stärkung von Resilienz möglich.

2.1.4 Risiko- und Schutzfaktoren

In der Resilienzforschung sind Prozesse von dynamischen Wechselwirkungen zwischen Risiko- und Schutzfaktoren erkennbar. Beide stehen in einem komplexen Interaktionsgeschehen, beeinflusst u. a. durch Qualität, Quantität, Dauer und Abfolge. Zahlreiche korrelierende Aspekte können somit verschiedene Auswirkungen hervorrufen.[21] Ziel der Resilienzförderung ist es, Risikofaktoren zu minimieren und Schutzfaktoren zu fördern, was anhand ihrer kontextbezogenen Wirkungsmechanismen individuell zu betrachten ist. Detailliertere Ausführungen und gesicherte Risiko- und Schutzfaktoren finden sich in Kapitel 2.2.

a) Risikofaktoren

Diese bezeichnen Merkmale, die sich bei einem Menschen entwicklungshemmend und krankheitsfördernd auswirken. Zudem können sie die Ursache für

---

[19] Vgl. Wustmann, C. (2011): Resilienz. Widerstandsfähigkeit von Kindern in Tageseinrichtungen fördern, S. 28 ff.

[20] Fröhlich-Gildhoff, K. / Rönnau-Böse, M. (2014): Resilienz, S. 30.

[21] Vgl. Wustmann, C. (2011): Resilienz. Widerstandsfähigkeit von Kindern in Tageseinrichtungen fördern, S. 38 ff.

unerwünschte Verhaltensweisen sein.[22] Risikofaktoren treten kaum vereinzelt auf, sondern eher gebündelt, und können sich gegenseitig bedingen. Ein Beispiel: Chronische Arbeitslosigkeit bedingt anhaltende Armut, die zu ärmlichen Wohnverhältnissen führen kann. Ist eine multiple Risikobelastung vorhanden, besteht auch eine besonders starke Gefährdung, insbesondere bei jungen Heranwachsenden, da ihre Entwicklungsverläufe maßgeblich betroffen sind. Bezüglich des Risikofaktorkonzepts gibt es Unterscheidungen zwischen kindbezogenen Vulnerabilitäts- und umweltbedingten Stressfaktoren.[23] Vulnerabilitätsfaktoren charakterisieren die Empfindlichkeit eines Kindes gegenüber Risikofaktoren. Während sich primäre Vulnerabilitätsfaktoren auf die biologischen Defizite in der Psyche, Genetik und Physis beziehen, beschreiben sekundäre Vulnerabilitätsfaktoren erworbene Schwächen, wie unsichere Bindungen oder Schwierigkeiten mit dem eigenen Gefühlshaushalt, fehlende Frustrationstoleranzen.[24] Stressoren wiederum umfassen äußere, umweltbedingte Risikofaktoren, die grundsätzlich beeinflussbar oder änderbar sind. Diskrete Faktoren, wie Trennung der Eltern oder Verlust eines Familienmitglieds führen unmittelbar zu Veränderungen, wohingegen sich kontinuierliche Faktoren (familiäre Problematiken, geringe Beziehungsqualität zu den Eltern, psychische Krankheiten im direkten Lebensumfeld, Erziehungsdefizite etc.) meist erst über einen längeren Zeitraum auswirken. Zusätzlich führt Wustmann Erlebnisse wie Kriegstraumata, erlebte oder beobachtete Gewalt und Missbrauch, schwere Schicksalsschläge und/oder Krankheiten. als gesonderte und besonders stark beeinflussende Risikofaktoren an.[25]

b) Schutzfaktoren

Neben der Benennung von Risikofaktoren liegt der Fokus der Resilienzforschung auf der Bedeutungsbestimmung von Schutzfaktoren, die nach Auffassung von Rutter die Wahr-scheinlichkeit psychischer Störungen oder negativer Entwicklungen (resultierend aus erschwerten Bedingungen während des Aufwachsens) minimieren und eine positive Entwicklung begünstigen können.[26] Auch sie werden nach inneren und äußeren Aspekten untergliedert. Zu den inneren, kindbezogenen Aspekten zählen Eigenschaften, die von Geburt an vorhanden sind, wie Temperament, Intellekt oder Geschlecht. Die äußeren Schutzfaktoren beziehen sich auf Einflüsse wie pädagogische Hilfs-

---

22 Vgl. ebd.
23 Vgl. Kipker, M. (2008): Kinder, die nicht aufgeben. Förderung der Resilienz in der pädagogischen Praxis, S. 38 ff.
24 Vgl. Fröhlich-Gildhoff, K. / Rönnau-Böse, M. (2014): Resilienz, S. 20.
25 Vgl. Wustmann, C. (2011): Resilienz. Widerstandsfähigkeit von Kindern in Tageseinrichtungen fördern, S. 40.
26 Vgl. Rutter, M. (1990): Psychological Resilience and Protective Mechanisms, S. 181 ff.

angebote. Sie bedingen die Resilienzbildung eines Heranwachsenden durch das Erlangen von Ressourcen und Fertigkeiten im Meistern von Herausforderungen. Beispiele hierfür sind die von der WHO 1994 definierten zehn Lebenskompetenzen: Entscheidungs- und Problemlösekompetenz, kritisches und kreatives Denken, effektive Kommunikationsfähigkeit, interpersonelle Beziehungsfertigkeiten, Selbst-wahrnehmung, Empathie, Emotions- und Stressbewältigungskompetenzen.[27] Äußere Schutz-faktoren werden von Familienstrukturen und innerfamiliären Bedingungen, von Bildungs-situationen (inklusive Regeln und Normenbestimmungen, Leistungsmotivationen, Beziehungen zu Gleichaltrigen etc.) und einem generellen sozialen Umfeld (durch Vorbilder, Förder-, Entfaltungs- und Beschäftigungsangebote etc.) geprägt.

Als einer der bedeutendsten sozialen Schutzfaktoren zur positiven Beeinflussung der Entwicklung von Risikokindern gilt bereits seit den 1980er Jahren ein dem Kind zugewandter Erwachsener, der zuverlässig als Ansprechpartner fungieren und die Herausbildung von positiven Beziehungserfahrungen unterstützen kann.[28]

2.1.5 Forderung nach Förderung

Die bisherige Resilienzforschung beschränkt sich nicht nur auf die wissenschaftliche Ebene. Auch für die Praxis gibt es inzwischen etliche Implikationen und Forderungen nach resilienzfördernden Maßnahmen durch geeignete Interventionen. Dass sich Kinder trotz belastender Bedingungen erfolgreich entwickeln können, sobald ein Gleichgewicht von Risiko- und Schutzfaktoren erreicht wird, zeigte sich bereits in der Kauai-Längsschnittstudie[29] (Kapitel 2.2.1). Ein Gleichgewicht ist erreicht, der Einfluss von Risikofaktoren verringert und die Wirkung der Schutzfaktoren zeitgleich erhöht werden kann – etwa durch Unterstützungs-angebote, um Kompetenzen der Kinder zu stärken. Es schafft die Voraussetzung für eine möglichst effektive Intervention.[30] Werner spricht sich für Interventionsprogramme aus, die Risikokindern neue Chancen eröffnen sollen, in ihrem Einsatz und Wirken allerdings einem ständigen Evaluierungsprozess unterstehen sollten. Als eine Interventionsoption beschreibt Werner z.B. ein Programm, in dem Jugendliche oder junge Erwachsene durch umfassende, intensive und flexible Betreuung für Kinder und Jugendliche

---

[27] Vgl. World Health Organisation (WHO) (1994): Life Skills Education for Children and Adolescents in Schools. Introduction and Guidelines to Facilitate the Development and Implementation of Life Skills Programmes, S. 1.

[28] Vgl. Garmezy, N. (1983): Stressors of Childhood, S. 73 ff.; Wustmann, C. (2009): Die Erkenntnisse der Resilienzforschung. Beziehungserfahrungen und Ressourcenaufbau, S. 77; Fröhlich-Gildhoff, K. / Rönnau-Böse, M. (2011): Resilienz, S. 30; Ungar, M. (2012): Social Ecologies and their Contribution to Resilience, S. 27 f.

[29] Vgl. Werner, E. E. (2007): Entwicklung zwischen Risiko und Resilienz, S. 28 f.

[30] Vgl. Werner, E. E. (1995): Resilience in Development, S. 84.

aus widrigen Bedingungen eine Mentorenrolle übernehmen können.[31] Dieses Modell greift die Erkenntnis auf, dass ein Erwachsener, der als zuverlässiger Ansprechpartner fungiert und grundlegend zur Herausbildung positiver Beziehungserfahrungen beiträgt, als einer der bedeutendsten sozialen Schutzfaktoren für eine positive Entwicklung von Risikokindern zählt.[32] Sind Kinder und Jugendliche durch Risikofaktoren aus dem häuslichen, familiären Umfeld gefährdet, so fordert Wustmann positive soziale Erfahrungsräume außerhalb der Familie bzw. dem gefährdenden Umfeld. Prämisse ist die frühestmögliche Erkennung dieser Gefährdungen, um ihnen mit geeigneten Schutzmaßnahmen begegnen zu können. Um dies verwirklichen zu können, bedarf es pädagogischer Arbeit in Bildungs- und Betreuungseinrichtungen sowie einer stetigen Beobachtung der individuellen Situation gefährdeter Kinder.[33] Zu diesem Zweck verweist Wustmann auf einen Katalog an Fördermöglichkeiten resilienter Kompetenzen. Ein Beispiel: Durch die Motivation eines Kindes, über seine Gefühle zu sprechen oder sie in geeigneten Ausdrucksmöglichkeiten kenntlich zu machen, kann dessen Impulskontrolle gestärkt, geübt oder überhaupt entwickelt werden.[34] Damit diese Kinder in ihrem Selbstvertrauen gestärkt, ihre Anstrengungen auch in erschwerten Bedingungen wie bei drohendem Versagen dennoch aufrechterhalten werden können, brauchen sie in jedem Alter Möglichkeiten, Erfolgserlebnisse zu durchlaufen, um in etwaigen gefährdenden Situationen darauf zurückgreifen zu können. Um ein Motivationssystem für das Meistern von Entwicklungsaufgaben nicht nur zu schaffen, sondern auch aufrechtzuerhalten, bedarf es einer reichhaltigen Angebotsstruktur positiver Bewältigungsstrategien[35] wie erfolgreiches Einsetzen von Problemlösestrategien, erlernt durch erfolgreich gemeisterte Gegebenheiten. Der Fokus resilienzfördernder Maßnahmen liegt daher in der Ausbildung und Stärkung von Schutzfaktoren und deren stabilisierender Wirkung. Deshalb sind präventive Interventionsprogramme zu führen.[36] Damit jedoch gefährdete Kinder und Jugendliche zur Verfügung gestellte Substitute annehmen, müssen diese einen gleichen Vorteil einbringen wie das bisherige deviante Verhalten, indem sie zumindest vergleichbare Erfahrungen persönlichen Wohlbefindens versprechen. Nur dann besteht die Möglichkeit, dass die Kinder sie als reelle Alternativen akzeptieren. Daher müssen diese Angebote kulturell und kontextuell relevant,

---

[31] Vgl. Werner, E. E. (2007): Entwicklung zwischen Risiko und Resilienz, S. 28 f.
[32] Vgl. Garmezy, N. (1983): Stressors of Childhood, S. 73 ff.; Wustmann, C. (2009): Die Erkenntnisse der Resilienzforschung. Beziehungserfahrungen und Ressourcenaufbau, S. 77; Fröhlich-Gildhoff, K. / Rönnau-Böse, M. (2011): Resilienz, S. 30; Ungar, M. (2012): Social Ecologies and their Contribution to Resilience, S. 27 f. S. 7 S. 3 S. 2
[33] Vgl. Wustmann, C. (2009): Die Erkenntnisse der Resilienzforschung. Beziehungserfahrungen und Ressourcenaufbau, S. 77.
[34] Vgl. Wustmann, C. (2007): Resilienz, S. 177.
[35] Vgl. Masten, A. S. / Reed, M.-G. J. (2002): Resilience in Development, S. 83 f.
[36] Vgl. Fröhlich-Gildhoff, K., Rönnau-Böse, M. (2011): Resilienz, S. 56.

realistisch verfügbar und zugänglich sein. Derartige kontrastive Be-dingungen bieten gefährdeten Kindern somit alternative Identitätsgeschichten zur Selbstdefinition von Erfolg auf antisozialem Weg.[37] Diese fördernden Umweltbedingungen zu schaffen obliegt dem staatlichen Wohlfahrtssystem.[38]

2.1.6 Lebensverlaufsperspektive und Biografieforschung

„Mit dem Begriff des Lebensverlaufs bezeichnet man die Abfolge von Aktivitäten und Ereignissen in verschiedenen Lebensbereichen bzw. Handlungsfeldern von der Geburt bis zum Tod. Der Lebensverlauf kennzeichnet damit die sozialstrukturelle Einbettung von Individuen im Verlauf ihrer gesamten Lebensgeschichte vornehmlich als Teilhabe an gesellschaftlichen Positionen, d. h. als Mitgliedschaften in institutionellen Ordnungen. Ein wichtiger Aspekt von Lebensverläufen ist ihre zeitliche Binnenstruktur wie […] die Verweildauer in bestimmten Zuständen […] bei Übergangsereignissen."[39]

In die Lebensverlaufsperspektive (Life Course Approach) wird also der soziale, kulturelle und strukturelle Kontext eines Menschenlebens einbezogen. Dabei wird unter anderem untersucht, wie frühe Ereignisse innerhalb einer Lebensgeschichte spätere Entwicklungen und Ent-scheidungen beeinflussen. Ebenso werden Übergänge in den Lebensphasen und prägende Aspekte betrachtet, die sich gegenseitig beeinflussen.[40] Der individuelle Lebenslauf ist von Phasen des Alters gekennzeichnet wie Kindheit, Jugend, mittleres und hohes Alter und wird durch institutionelle Gegebenheiten wie Kindergarten, Schule, Beruf etc. mitbestimmt. Wann die Phase der Kindheit endet, ist nicht stringent deklariert, allerdings mit einem ungefähren Zeitpunkt benannt: „[A]ls Endpunkt der Kindheit kann dann das Alter von etwa 12 Jahren angesetzt werden."[41] Soziale Prägung erfährt das Kind unter anderem durch die Familie und Bildungsinstitutionen.[42]

Die Phase der Jugend ist insofern ebenfalls nicht eindeutig allgemein abzugrenzen. Sie umschreibt die Zeit des Ablösens der Kindheitsphase durch das Einsetzen der Adoleszenz bis zur „Gründung eines [nichtelterlichen] Haushaltes, die Aufnahme einer Erwerbstätigkeit und eine Familiengründung (durch Ehe, nichteheliche Lebensgemeinschaft oder durch ein erstes Kind)"[43]. Die Jugendzeit ist insofern besonders, da sich in dieser Phase des Lebens morali-

---

[37] Vgl. Ungar, M. (2007): Contextual and Cultural Aspects of Resilience in Child Welfare Setting, S. 17 ff.

[38] Vgl. Wustmann, C. (2005): Die Blickrichtung der neueren Resilienzforschung. Wie Kinder Lebensbelastungen bewältigen, S. 203 f.; Masten, A. S. / Reed, M.-G. J. (2002): Resilience in Development, S. 83 ff.

[39] Mayer, K. (2001): Lebensverlauf, S. 446.

[40] Vgl. Sackmann, R. (2007): Lebenslaufanalyse und Biografieforschung, S. 85-99.

[41] Ebd., S. 85.

[42] Vgl. ebd., S. 85-86.

[43] Ebd., S. 90.

sche, politische und gesellschaftliche Denkmuster herausbilden und komplexere Weltansichten entwickelt werden. Dies geschieht in einer in späteren Lebensjahren nicht wieder erreichbaren Geschwindigkeit. Neben der enormen Lernfähigkeit zeichnet sich diese Lebensepoche durch Plastizität und Widersprüchlichkeit aus.

> „Hierfür gibt es nicht nur ideologische Gründe, sondern auch objektive Ursachen, da die Jugendzeit aufgrund des schnellen individuellen Entwicklungsprozesses, der verbunden ist mit einer erst später erfolgenden klaren gesellschaftlichen Rolleneinbindung, anfälliger für abweichendes Verhalten ist als andere Lebensphasen."[44]

Durch eine gewisse Bildungsexpansion hat sich diese Jugendphase in Form einer Post-Adoleszenz mit den Jahren ausgedehnt. Neben den Bildungsinstitutionen beeinflussen zu großen Teilen Peergruppen und das familiäre Umfeld die Identitätsbildung.[45]

Die dritte Epoche charakterisiert die aktive Lebensphase zwischen Jugend und Altersruhestand. Sie beschreibt Erwartungen eines Zeitraums, in dem gebildete Familiengefüge gelebt werden und durch das Ausüben einer Erwerbstätigkeit ein gesellschaftlicher Beitrag geleistet wird. In diese Lebensphase fällt die sozialpsychologische Feststellung, dass die Individuen mit zunehmendem Alter ihre Kontrollstrategien wechseln. Dabei wird unterschieden zwischen primären Strategien, in denen das Individuum aktiv versucht, die Umwelt zu gestalten, und den sekundären, in denen es eher um Anpassung der eigenen Wünsche und Ziele an die jeweiligen Gegebenheiten geht. Die sekundären Kontrollstrategien scheinen mit dem Alter zuzunehmen.[46] Als wichtige Aufgabe dieser Lebensepoche wird das „Finden einer Balance zwischen Ressourcen und realisierbaren Zielen [angesehen], denen jeweils gesellschaftliche Opportunitäten korrespondieren sollten"[47].

Das Alter bezieht sich auf den Eintritt in den Ruhestand, der in der Regel zwischen 60 und 65 Jahren beginnt. Die Altersphase des Ruhestands verlängerte sich in den letzten Jahrzehnten aufgrund einer höheren Lebenserwartung und wurde aufgrund von Wohlstand und Vitalität zunehmend attraktiver. Daher ist (begrifflich bezeichnet mit „drittes Alter"[48]) von einer Zielgruppe für neue Freizeitangebote, Zweitwohnsitze, Reisen und Offenheit für neue Produkte die Rede. Gesellschaftlicher Nutzen zeigt sich durch ehrenamtliche Tätigkeiten und im familiären Bereich z. B. durch Unterstützung in der Kinderbetreuung.

---

[44] Ebd., S. 91.
[45] Vgl. ebd., S. 90-93.
[46] Vgl. ebd., S. 93-95.
[47] Ebd., S. 95.
[48] Ebd., S. 97.

Ab ca. 75 Jahren löst das hohe Alter das dritte Alter ab, in dem es zentral um körperliche Gesundheit und personale Einbindung geht. Auch die Fragen von Pflege und Betreuung werden verstärkt in dieser Altersgruppe thematisiert.[49]

Neben die einzelnen Altersphasen eines Lebensverlaufs tritt die wissenschaftliche Unterscheidung zwischen chronologischem, biologischem und sozialem Alter. Das chronologische Alter bedient sich des Kalendersystems und setzt eine Registrierung von Geburtsdaten voraus. Das biologische Alter beschreibt den körperlichen Prozess des Älterwerdens, z. B. in Bezug auf Leistungsfähigkeiten oder Fertigkeiten und Kompetenzen. Das soziologische Alter definiert sich durch Erwartungen, die durch gesellschaftliche Normen und Kategorien geformt sind und in den Altersgruppen in unterschiedlicher Weise an ein Individuum herangetragen werden. Individuell werden sie verinnerlicht und in bestimmte Handlungsformen transformiert. Individuelle Lebensläufe werden gesellschaftlich beeinflusst, etwa durch „Erwartungen, die individuelle Lebensentscheidungen und Handlungen altersspezifisch leiten, sozial kontrollieren und in einen gesellschaftlichen Kontext setzen"[50]. Hierbei handelt es sich um vermittelte Muster, die durch den einhergehenden gesellschaftlichen Sozialisationsprozess zumeist als legitim (normal) angesehen werden. Dabei kommt es zu intuitiven Lebensausrichtungen, in denen Ideen von zeitlich festgelegten Bildungsabläufen (zu Abschlüssen), Familiengründungen, Tragen von bestimmten Kleidungsstilen etc. mit den normativen Vorgaben abgestimmt werden.[51]

Die traditionellen Muster in den Handlungs- und Kommunikationskulturen unterliegen jedoch dem Wandel der Zeit. Ein gegenwärtiges gesellschaftlich bedingtes Aufweichen von Grenzen und Leitlinien führt bereits zu Orientierungsschwierigkeiten, Verlustempfindungen bei den Erwachsenen und dem Erkennen von Gestaltungsmöglichkeiten, Spielräumen, neuen Freiheiten und deren (Aus-)Nutzung bei den Jugendlichen. Besonders die jungen Menschen können sich kaum noch nach klaren, eindeutigen Leitlinien richten, um ihr eigenes Handeln auszutangieren. „Den Erwachsenenstatus erreicht man nicht mehr; dieser wird vorenthalten, weil der Gesellschaft ein seiner selbst sicheres Subjekt gefährlich erscheint."[52] Soziale Institutionen wie Gemeinden, dauerhafte Partnerschaften, Ehe und das Modell von Familie verlieren ihren Status. Unter anderem weil sie durch eine Form der Überidealisierung kaum noch realisierbar erscheinen.[53] Durch zunehmende Individualisierung und die Idee, machen zu können, was man will, sind Menschen mit ihren Problemlösungen auf sich gestellt, da die sozialen Bindungen und Verbindlichkeiten schwinden.[54] Da

---

[49] Vgl. ebd., S. 96-98.
[50] Ebd., S. 33.
[51] Vgl. ebd., S. 32-33.
[52] Koerrenz, R. / Winkler, M. (2013): Pädagogik. Eine Einführung in Stichworten, S. 155.
[53] Vgl. ebd., S. 156.
[54] Vgl. ebd., S. 157-158.

die Gesellschaft und ihre Kultur die Rahmenbedingungen für das Aufwachsen schaffen, unterliegen gerade junge Menschen in ihren Entwicklungsprozessen erheblichen Herausforderungen.[55]

Im Interesse der Biografieforschung liegen kausale Zusammenhänge und Beeinflussungen während eines komplexen individuellen Lebensverlaufs. Unter Biografie wird in diesem Kontext das sinnhafte Handeln verstanden, das ein Individuum in einem Lernprozess einer vorgegebenen Zeitstruktur einsetzt. „Das sinnhafte biografische Handeln umfasst dabei auch antizipierende Entscheidungen und Selbstreflexionen."[56] Die gesellschaftlichen Erwartungen, die im Laufe eines Lebens an ein Individuum herangetragen werden, und individuelle Handlungsweisen und Fertigkeiten, die mit der Zeit entwickelt wurden, bilden zusammen eine Form von biografischer Kompetenz, die in Sozialisationsprozessen erlernt wird. Die Lebenslaufanalyse und Biografieforschung untersuchen – verstärkt seit Ende der 1970er Jahre in „einem Bedeutungszuwachs mikrosoziologischer Theorien und qualitativer Verfahren"[57] – die dynamische Natur von sozialen Prozessen, indem sie unter anderem intendiert „Lebensläufe als Abfolge von kausalen verknüpften Prozessen zu analysieren"[58]. Die qualitative Sozialforschung richtet sich diesbezüglich (z. B. in der Biografieforschung) an rekonstruierbare Untersuchungen von Sinnsetzungsprozessen. Die Lebenslaufanalyse bezieht sich in ihrem Fokus mehr auf eine zeitliche Struktur von Handlungsakten.[59] Ein „kennzeichnendes Element von Lebenslaufanalysen und Biografieforschung [ist] die interpretative Rekonstruktion der Sinndeutung von Lebensprozessen [...]."[60]

Die vorliegende Arbeit beschäftigt sich im Rahmen qualitativer Sozialforschung insbesondere mit der Rekonstruktion der Lebensverläufe von acht Personen, die rekonstruktiv in einem narrativen Interview über ihr Leben und dessen Verlauf, von ersten Erinnerungen bis zum Zeitpunkt des Interviews, erzählten. Auf dieser Basis wurden Rückschlüsse gezogen, die im Sinne der Resilienzforschung analysiert wurden.

2.2 Studien zur Resilienzforschung

2.2.1 Kauai-Studie

Pionierarbeit im Bereich der Resilienzforschung leisteten die amerikanischen Entwicklungs-psychologinnen Emmy Werner und Ruth Smith mit der Kauai-

---

[55] Vgl. ebd., S. 151-154.
[56] Sackmann, R. (2007): Lebenslaufanalyse und Biografieforschung, S. 50.
[57] Ebd., S. 51.
[58] Ebd., S. 201.
[59] Vgl. ebd., S. 204.
[60] Ebd., S. 205.

Längsschnitt-Studie. Darin kamen sie zu dem Ergebnis, dass ein Aufwachsen unter ungünstigen Voraussetzungen nicht zwingend zu Elend und Misserfolg führen müsse. Vielmehr verfügen resiliente Menschen über Strategien und Eigenschaften, die es ihnen ermöglichen, an widrigen Umständen nicht zu zerbrechen, diese unbeschadet zu überstehen oder gar daran zu wachsen. Es handelt sich hierbei um eine der bekanntesten ergebnisorientierten, entwicklungs-psychologischen Längsschnitt-studien, in der ein Team von Kinderärzten, Psychologen und Mitarbeitern der Gesundheits- und Sozialdienste eine Vielzahl von Risiko- und Schutzfaktoren untersuchte.[61]

Begonnen wurde 1955 mit der Aufnahme einer multiethnischen Kohorte von 698 in demselben Jahr geborenen Kindern auf der hawaiianischen Insel Kauai. Die erste Datenerhebung begann bereits in der pränatalen Entwicklungsperiode. Die Probanden wurden im Alter von 1, 2, 10, 18, 32 und 40 Jahren erneut untersucht oder befragt.[62] Die Untersuchungen richteten sich gezielt auf den Einfluss von kritischen Lebensereignissen, schwierigen Lebensverhältnissen, biologischer und psychosozialer Risikofaktoren, vor allem auf die Schutzfaktoren, unter denen die Kinder aufwuchsen. Bei ca. 30 Prozent der überlebenden Kinder bestand ein hohes Entwicklungsrisiko, weil sie vier oder mehr Risikofaktoren ausgesetzt waren. Sie lebten in Familien mit chronischer Disharmonie der Eltern oder Armut oder sie unterlagen geburts-bedingten Komplikationen.[63] Insgesamt zählten Werner und Smith 201 Hochrisikokinder, von denen zwei Drittel bereits in der Schulzeit schwere Lern- und Verhaltensprobleme aufwiesen. Allerdings zeigten 72 dieser Kinder trotz der erlebten Widrigkeiten gute Entwicklungs-ergebnisse. Sie entwickelten sich erstaunlich positiv, waren erfolgreich in der Schule, integrierten sich gut in das soziale Leben und wiesen zu keinem Zeitpunkt der Untersuchungen irgendwelche Verhaltensauffälligkeiten auf.[64] Bei der Betrachtung von diesbezüglich bedeutsamen Faktoren zeichneten sich im Alter von zwei Jahren eine gute soziale Orientierung und die eigenständige Suche nach neuen Erfahrungen ab. Gleichermaßen von Vorteil war eine gute motorische und sprachliche Entwicklung. Bei der Untersuchung der Zehnjährigen waren Problemlösestrategien, ein gutes Auskommen mit Mitschülern sowie eine gute Lesefähigkeit und vielseitige Interessen von Bedeutung. Mit achtzehn Jahren galt es als hilfreich, wenn sich die Jugendlichen durch soziale Reife, Gewissenhaftigkeit und Zuverlässigkeit auszeichneten. Realistische Zukunftspläne, Selbstvertrauen und ein guter Einsatz ihrer Ressourcen und Talente sowie internale Kontrollüberzeugungen

---

[61] Vgl. Werner, E. E. (2007): Entwicklung zwischen Risiko und Resilienz, S. 22-25.
[62] Vgl. Werner, E. E. / Smith, R. S. (1982): Vulnerable but Invincible: High-Risk Children from Birth to Adulthood.
[63] Vgl. Bengel, J. / Meinders-Lücking, F. / Rottmann, N. (2009): Schutzfaktoren bei Kindern und Jugendlichen, S. 33 ff.
[64] Vgl. Werner, E. E. (2007): Entwicklung zwischen Risiko und Resilienz, S. 22-25.

zählten ebenso zu den schützenden Faktoren wie der Glaube an die Sinnhaftig-
keit des Lebens. Sie besaßen in verschiedenen Bereichen gute Kompetenzen
und entwickelten sich zu leistungsfähigen, zuversichtlichen und fürsorglichen
Erwachsenen, die im Alter von vierzig Jahren die niedrigste Rate an Todesfällen
aufwiesen und keine Hilfe von sozialen Diensten benötigten, da alle einer
Arbeit nachgingen. Gesetzes-konflikte bestanden nicht und die partnerschaftli-
chen Beziehungen waren stabil. Ebenso wiesen sie Mitgefühl für Menschen in
Not auf und hatten positive und optimistische Zukunfts-visionen.[65]

Um die Schutzfaktoren stärker zu differenzieren, nahmen Werner und Smith
eine Unterteilung in drei Ebenen vor: die personale, die familiäre und die
soziale Ebene.[66]

Es fanden sich Hinweise darauf, dass einige schützende Faktoren aus dem
Inneren des Kindes – der *personalen Ebene* – entstammen, was zumindest zum
Teil auf genetische Anlagen hindeutete. Es wurde belegt, dass resiliente Kinder bereits als Babys ein Temperament besaßen, das bei anderen Menschen
positive Reaktionen hervorrief. Sie wurden von den Bezugspersonen als aktiv,
verschmust, gutmütig, liebevoll und unkompliziert beschrieben. Bereits im
Kindesalter zeichneten sie sich durch ihre Aufmerksamkeit, Selbstständigkeit,
kommunikative Fortschritte und Beweglichkeit aus, zeigten ein hohes Antriebs-
niveau, Geselligkeit und Ausgeglichenheit. Zwar waren diese Kinder nicht
übermäßig begabt, jedoch waren sie in der Lage, all ihre Ressourcen effektiv
zu nutzen und teilten gewöhnlich gemeinsam mit Freunden mindestens ein
spezielles (geschlechterunabhängiges) Interesse oder Hobby. Im Schulalter be-
eindruckten sie die Lehrer mit praktischen Problemlösestrategien und positiven Kommunikationsfähigkeiten, auch hoben sich durch Unabhängigkeit und
die Fähigkeit, Hilfe anzunehmen, ab. Bei den Untersuchungen im Alter von
32 und 40 Jahren erwiesen sich die Leistungsfähigkeiten im Schulalter, das
gewonnene Selbstvertrauen und die realistischen Zukunftspläne als erfolgreiche Adaptation. Schulkinder, die sympathisch, fürsorglich und selbstbewusst
waren, behielten dies auch im Erwachsenenalter im familiären und sozialen
Umfeld bei. Offensichtlich war die Überzeugung, dass sie in der Lage sind,
ihren Lebensweg durch eigene Handlungen positiv beeinflussen zu können, zu
überlegen und zu planen, ein sehr wichtiger schützenden Faktor. Zudem entwickelten sie Selbstvertrauen, indem sie frustrierende Situationen meisterten.[67]

Die *familiäre Ebene* der Schutzfaktoren stützte sich darauf, dass die resilienten Kinder mindestens eine Bezugsperson hatten, die ihnen viel Aufmerksamkeit schenkte und zu der sie eine enge Beziehung aufbauen konnten. *Familie*
bedeutete in diesem Fall nicht zwingend die leiblichen Eltern. Jene Kinder,

---

[65] Vgl. Bengel, J. / Meinders-Lückung, F. / Rottmann, N. (2009): Schutzfaktoren bei Kindern und Jugendlichen, S. 33.

[66] Vgl. Werner, E. E. (2007): Entwicklung zwischen Risiko und Resilienz, S. 22-25.

[67] Vgl. ebd.

die nicht mit der leiblichen Familie aufwuchsen, mit psychisch kranken Elternteilen oder in problembehafteten Familienmilieus aufwuchsen, schienen die Fähigkeit zu besitzen, sich Ersatzeltern zu suchen, die ihnen als positives Vorbild der Identifikation dienten. Großeltern, Verwandte zweiten Grades oder ältere Geschwister konnten hier eine wichtige Rolle als Stabilisator zu Identifikationsprozessen einnehmen. Erstgeborene in kleineren Familien schienen erhöhte Chancen auf ein unbeschadetes Überstehen chaotischer und kritischer Familienverhältnisse zu haben, im Gegensatz zu spätgeborenen Kindern in großen Familien. Ein bedeutender Schutzfaktor waren im familiären Bereich die mütterliche Schulbildung und ihre Kompetenzen im Umgang mit ihrem Kind im Baby- und Kleinkindalter. Geschlechterspezifische Unterschiede ließen sich bei den Erziehungsorientierungen feststellen. Jungen profitierten von Haushalten mit klaren Strukturen und Regeln mit männlichen Bezugspersonen sowie dem Akzeptieren und Anerkennen von Gefühlen. Bei den Mädchen wirkten Unabhängigkeitsbetonungen einer konstanten, weiblichen Bezugsperson unterstützend. Der Glaube und die Zugehörigkeit zu einer Religion, ganz gleich zu welcher, erwiesen sich geschlechterunabhängig als stabilisierender und sinngebender Schutzfaktor, der im Erwachsenenalter erhalten blieb.[68]

Der dritte Bereich der Schutzfaktoren, die *soziale Ebene*, bezieht sich auf das soziale Umfeld außerhalb der Familie und umfasst enge Freunde oder andere Personen (z. B. Bekannte, Vorbilder, Lehrkräfte etc.), auf die sich die Risikokinder verlassen konnten.[69]

Viele Kinder waren auch noch als Erwachsene in der Lage, mehrere Lehrer zu benennen, die sich für sie interessierten, sie förderten oder herausforderten. Diese Kinder gingen gern zur Schule und fühlten sich dort heimisch. Besonders Scheidungskinder oder jene, die unter psychotischen Eltern aufwuchsen, profitierten zudem von Verbindungen zu Freunden und deren Familiengefügen und konnten so positive Lebensperspektiven entwickeln. Diese Freundschaften zeigten sich bis zu den letzten Untersuchungen im Erwachsenenalter (besonders bei Frauen) sicher und konstant.[70]

Werner und Smith weisen darauf hin, dass ein Schutzfaktor nie einzeln und als direkt wirksam anzusehen ist, vielmehr beeinflussen sich die einzelnen Schutzfaktoren gegenseitig.[71] Werner geht davon aus, dass diese Schutzfaktoren in der Entwicklung miteinander interagieren und sich gegenseitig verstärken. So zeigte sich z. B. eine Verbindung zwischen Schutzfaktoren in Familie und Gemeinde zu positiven inneren Lebenseinstellungen und Eigenschaften. Die

---

[68] Vgl. ebd.
[69] Vgl. ebd.
[70] Vgl. Werner, E. E. / Smith, R. S. (1992): Overcoming the Odds: High Risk Children from Birth to Adulthood; Werner, E. E. (2007): Entwicklung zwischen Risiko und Resilienz, S. 22-25.
[71] Vgl. ebd.

Kinder schienen sich ein schützendes Umfeld zu suchen, das ihre Fähigkeiten und Interessen stärkte und ein gefestigtes Selbstbewusstsein begünstigte. Beispielhafte positive Verbindungen fanden sich zwischen gutmütigem, ausgeglichenem Temperament von Kleinkindern und der Unterstützung durch ihre Bezugs- und Pflegepersonen, die bis in die Schulzeit reichte. Die schulische Bildung der Eltern begünstigte die Herausbildung von Problemlösestrategien und Kommunikationsfähigkeiten. Gute schulische Leistungen durch konstanten Schulbesuch wirkten sich ebenfalls positiv aus. Die widerstandsfähigen Kinder dieser Studie zeichneten sich nicht etwa durch einen geradlinigen Lebensweg aus, vielmehr durch ein Zusammenspiel verschiedener innerer lebensbejahenden Eigenschaften und der Unterstützung durch Familie und Umfeld, die bei je nach Alter und Entwicklungsstufen zu variieren schien.[72] So hatten „konstitutionelle Dispositionen – Gesundheitszustand und Temperamentseigenschaften"[73] – den größten Einfluss im Säuglings- und Kleinkindalter. In der Schulzeit erwiesen sich Problemlösungen, Kommunikation und Lehrer, die einer ersatzweisen Elternrolle entsprachen, als zentral. In der Adoleszenz gewannen Zielbestimmung und innere Kontrollüberzeugung, die mit der Unterstützung aus Familie und sozialem Umfeld einhergingen, vermehrt an Bedeutung. War das soziale Umfeld negativ belastet, so verließen viele der widerstandsfähigen Jugendlichen dieses Milieu nach der Schule und suchten sich zu ihren Vorstellungen passende Umfelder, die sich bis zum Erwachsenenalter manifestierten.[74]

2.2.2 Lundby-Studie

Ursprünglich umfasste diese prospektive Bevölkerungsstudie zur psychischen Gesundheit ab dem 01.07.1947 alle 2550 Personen aus einem eingegrenzten Gebiet in Südschweden. Zur für die Resilienzforschung interessanten Teilstudie zählten insgesamt 590 Kinder und Jugendliche (292 Jungen und 298 Mädchen), die zwischen dem 01.07.1932 und dem 30.06.1947 geboren waren und sich demnach in einem Alter bis zu fünfzehn Jahren befanden. Mittels psychiatrischer Hausbesuche und anhand verschiedener Erhebungsverfahren (persönliche Untersuchungen, Informationen aus dem Strafregister, von Sozialversicherungsämtern und Krankenhäusern sowie das „Sjöbring system of personality dimensions"[75] unter Anwendung der traditionellen Sjörbring-Methode auf jeden Einzelnen) wurden diese Kinder und Jugendlichen hinsichtlich psychischer Risikofaktoren untersucht. Davon wurden anschließend 38 % (221 Kinder) einer Gruppe mit mindestens drei oder mehr Risikofaktoren zugeordnet. Dar-

---

[72] Vgl. ebd.
[73] Werner, E. E. (2008): Entwicklung zwischen Risiko und Resilienz, S. 26.
[74] Vgl. ebd.
[75] Cederbald, M. (1996): The Children of the Lundby Study as Adults: A Salutogenic Perspective, S. 38.

unter zählten: psychische Erkrankungen der Eltern (einschließlich Kriminalität und Alkoholismus), somatische Krankheiten der Eltern, mangelnde Intelligenz durch niedrige IQ-Werte bei einem Elternteil, Verlust eines Elternteils durch Trennung, Tod oder Scheidung, schlechte ökonomische Bedingungen, viele Geschwisterkinder, familiäre Probleme und elterliche Unstimmigkeiten, sexueller Missbrauch und Promiskuität bei einem der Elternteile. Ebenso berücksichtigt wurden die kindbezogenen Risikofaktoren wie perinatale Komplikationen, impulsive und aggressive Dispositionen sowie niedrige Intelligenz. Leider konnten bei der Überprüfung 1988/1989 nicht alle der 221 Probandinnen und Probanden erneut untersucht werden, da fünfzehn von ihnen bereits verstorben, zehn zu krank oder behindert und vier ausgewandert waren. Weitere 26 verweigerten die Teilnahme und achtzehn konnten nicht mehr aufgefunden werden. So blieben 148 (77 %) Probanden für eine erneute Untersuchung. Sie bestand aus Interviews von klinisch ausgebildeten Psychologen, meist bei den Probanden zu Hause.[76] Zur Erhebung der Daten und deren Bewertung wurde eine Gruppe von Forschern gewählt, die in die zuvor ermittelten Ergebnisse nicht involviert waren. Die Interviews, die in der Regel zwischen eineinhalb und vier Stunden dauerten, basierten auf der Aufnahme eines Zeitplans, der den Lebensweg der Probanden widerspiegeln sollte.[77] Zum einen folgte eine Art Konsensbewertung des Niveaus der psychischen und physischen Gesundheit, die sich nach einer Definition von Werner und Smith richtete.[78] Des Weiteren wurde eine fünfstufige „rated health"[79] – eine globale Skala zur Bewertung der Gesundheit – erstellt. Als *exzellent gesund* wurde eingestuft, wer nur über sehr geringe psychische oder somatische Auffälligkeiten berichtete, wer einer seinem Intellekt und seinen Fähigkeiten angemessenen Arbeit nachging, sich in einem zufriedenstellenden Umfeld bewegte, einem oder mehreren befriedigenden Hobbys nachging und sich in einer beständigen, als gut bewertenden Beziehung (Ehe) befand, in der (wenn vorhanden) sich gut entwickelnde Kinder lebten. Zudem sollten das äußere Erscheinungsbild der Person positiv und ihre zukünftigen Lebenspläne optimistisch geprägt sein. Gab es eine negative Abweichung der eben benannten Bewertungen, so galt die Gesundheit als *gut*. Bei weiteren Abweichungen sank die Bewertung. Zusammengefasst wurden 69 Prozent der Risikokinder mit einem mindestens durchschnittlichen, guten oder sehr guten Gesundheitszustand bewertet. 77

---

[76] Vgl. Egle, U. T. / Hoffmann, S. O. / Steffens, M. (1997): Psychosoziale Risiko- und Schutzfaktoren in Kindheit und Jugend als Prädisposition für psychische Störungen im Erwachsenenalter, S. 687

[77] Vgl. Cederbald, M. (1996): The Children of the Lundby Study as Adults: A Salutogenic Perspective, S. 39-40.

[78] Vgl. Werner E. E. / Smith, R. (1982): Vulnerable but Invincible: A Longitudinal Study of Resilient Children and Youth.

[79] Cederbald, M. (1996): The Children of the Lundby Study as Adults: A Salutogenic Perspective, S. 39.

Prozent waren beschwerdefrei, ihr Leben verlief weitgehend wunschgemäß und sie gingen verschiedenen Interessen und Aktivitäten nach. Mehr als die Hälfte wurde als deutlich resilient eingestuft, wobei die *sence of coherence* mittels eines speziellen Fragebogens überprüft wurde.[80] Diese Population wurde auf Faktoren untersucht, welche die seelische Gesundheit prädisponieren:

„[…] gutes Sozialverhalten, positives Selbstkonzept, Autonomie, erfolgreiche Bewältigungsstrategien, hohe intellektuelle Fähigkeit, Bemühen, sich zu verbessern, Kreativität, spezielle Interessen und Hobbys, internale Kontrollüberzeugungen, gute Impulskontrolle, hohes Maß an Energie als Kind, ältestes Kind, einziges Kind, 3 oder weniger Geschwister mit einem Altersabstand von mehr als 2 Jahren, feste Berufstätigkeit der Mutter außerhalb des Haushaltes, benötigte Unterstützung, vertrauensvolle, enge Beziehung zu mindestens einem Elternteil, eine wichtige andere Bezugsperson, weitere fürsorgende Personen neben den Eltern, konsequente und klare Regeln und Normen innerhalb der Familie, offene Kommunikation, übernommene Werte sowie Hilfen von öffentlicher Seite"[81].

Dabei wurden folgende Faktoren als protektiv gesichert ermittelt: kindliches, positives Selbstkonzept, erfolgreiche Bewältigungsstrategien, internale Kontrollüberzeugungen, intellektuelle Kapazität, vertrauensvolle Beziehungen mit einem Elternteil sowie übernommene Werte.[82] Somit ermittelte auch die Lundby-Studie verschiedene Schutzfaktoren und protektive Wirkungsweisen besonders bei Menschen, die unter schwierigen Lebensbedingungen aufwuchsen.

2.2.3 Mannheimer Risikokinderstudie

Um Entwicklungsmuster von Kindern mit Belastungen im frühen Kindheitsalter beschreiben zu können und Risiko- und Schutzfaktoren (Chancen und Risiken) in den unterschiedlichen Entwicklungsverläufen zu deklarieren, wurde die Mannheimer Risikokinderstudie durchgeführt. Durch die Bestimmung pränataler Bedeutungen früher Risiken (psychisch und biologisch) und kompensatorische Einflüsse (Kompetenzen, Ressourcen) und eine Modellierung von Risiko- und Schutzfaktoren auf der Grundlage der analysierten (salutogenen und pathogenen) Prozesse sollte die psychische Entwicklung von Kindern mit unter-schiedlichen Risikokonstellationen von der Geburt bis ins Erwachsenen-

---

[80] Vgl. Egle, U. T. / Hoffmann, S. O. / Steffens, M. (1997): Psychosoziale Risiko- und Schutzfaktoren in Kindheit und Jugend als Prädisposition für psychische Störungen im Erwachsenenalter, S. 687.

[81] Egle, U. T. / Hoffmann S. O. / Joraschky, P. (2004): Sexueller Missbrauch, Misshandlung, Vernachlässigung. Erkennung, Therapie und Prävention der Folgen früher Stresserfahrungen, S. 25.

[82] Vgl. Bengel, J. / Meinders-Lücking, F. / Rottman, N., (2009): Schutzfaktoren bei Kindern und Jugendlichen, S. 38-41.

alter nachgezeichnet werden. Entwicklungsstörungen sollten auf dieser Basis möglichst früh erkannt und die Präventionsarbeit verbessert werden können.[83]

Die Untersuchung schloss alle Kinder ein, die zwischen dem 01.02.1986 und dem 28.02.1988 in zwei Frauenkliniken in Mannheim und Ludwigshafen geboren wurden. Außerdem wurden Kinder einbezogen, die in sechs Kinderkliniken dieser Region neonatologisch versorgt wurden.[84] Diese Kohorte von anfangs 384 Kindern (etwa zu gleichen Anteilen Jungen und Mädchen) wurde von der Geburt bis zum Erwachsenenalter in regelmäßigen Abständen untersucht. Nachdem Ausgangsrisiken bereits bei der Geburt erfasst wurden, fanden weitere Untersuchungen im Alter von 3 Monaten und mit 2, 4, 6, 8, 11, 15, 19, 22, 23 und 25 Jahren statt. Eine weitere Erhebung ist im Alter von 30 Jahren geplant.[85] Als Voraussetzung für die Untersuchung galten folgende Einschlusskriterien: „[…] erstgeborenes Kind, Aufwachsen bei den leiblichen Eltern, deutschsprachige Familie, keine schweren angeborenen Stoffwechselerkrankungen, Sinnbehinderungen oder Chromosomenanomalien, keine Mehrlingsgeburten."[86] Die in jeweils drei Ausprägungsstufen (keine, leichte, schwere) erfassten Risikofaktoren lauteten: organische Belastung durch prä- und perinatale Komplikationen und psychische Belastungen durch das Hineingeborenwerden in ungünstige familiäre Lebens-verhältnisse.[87] Die Informationen zu den jeweiligen pränatalen und perinatalen Faktoren in den Risikogruppen (keine, leicht, schwer) wurden aus den Krankenakten der behandelnden Kliniken bezogen. Die Deklaration von psychosozialen Risiken basierte auf Informationen aus Interviews mit den Eltern. Als Risikofaktoren galten hier u. a. ein niedriges Bildungsniveau der Eltern, psychische Störungen, anamnetische Belastungen und mangelnde Bewältigungs-strategien sowie Disharmonie in der Partnerschaft, sehr junge oder unerwünschte Elternschaft, beengte Wohnverhältnisse, chronische Schwierigkeiten und mangelnde soziale Integration.[88] Kinder, die keines der Risikomerkmale aufwiesen, wurden der Gruppe *ohne Belastung* zugeordnet, Kinder, die mit bis zu zwei dieser Belastungen aufwuchsen, zählten zur Gruppe *leichte Belastungen*, und die Kinder mit *schweren Belastungen* erfüllten drei oder mehr dieser Risikokriterien.[89] Um nicht ausschließlich den

---

83 Vgl. ebd., S. 34-35.
84 Vgl. Laucht, M. / Esser, G. / Schmidt M. H, (2000): Längsschnittforschung zur Entwicklungsepidemiologie psychischer Störungen: Zielsetzung, Konzeption und zentrale Befunde der Mannheimer Risikokinderstudie, S. 4
85 Essner G. / Schmidt M. H. (2017): Die Mannheimer Risikokinderstudie. Ideen, Ziele und Design: in Kindheit und Entwicklung, S. 198-199.
86 Bengel, J. / Meinders-Lücking, F. / Rottmann, N. (2009): Schutzfaktoren bei Kindern und Jugendlichen, S. 35.
87 Vgl. ebd.
88 Vgl. Laucht, M. / Esser, G. / Schmidt M. H, (2000): Längsschnittforschung zur Entwicklungsepidemiologie psychischer Störungen: Zielsetzung, Konzeption und zentrale Befunde der Mannheimer Risikokinderstudie, S. 5.
89 Ebd.

Fokus auf Risikofaktoren zu legen und ihr Fehlen als Ressource zu betrachten, wurde auch eine Reihe potentiell förderlicher Entwicklungsbedingungen erfasst. Im Alter von drei Monaten z. B. galten eine gute Mutter-Kind-Bindung und ein positives familiäres Umfeld als Ressource.[90] In diesem Alter konnten rein kindbezogene Ressourcen noch nicht mit einbezogen werden, da in diesem frühen Entwicklungsstadium noch keine differenzierten Ausprägungen erkennbar sind. Um die Mutter-Kind- bzw. die Eltern-Kind-Beziehung zu deklarieren, wurden Einschätzungen auf der Basis von „Home Observation for Measurement of the Environment"[91] vorgenommen. Somit wurden eindeutig positiv ausgeprägte Entwicklungsbedingungen als potentielle Schutzfaktoren akzeptiert.[92] Damit bei Kindern mit viereinhalb Jahren ein möglicher Schweregrad von psychischen Beeinträchtigungen festzustellen war, wurden erneut Elterninterviews und Verhaltensbeobachtungen durchgeführt, welche die sozial-emotionalen Probleme der Kinder erfassen sollten. Zusätzlich wurden motorische Fertigkeiten sowie kognitive und sprachliche Fähigkeiten erfasst. Durch die Bestimmung des Ausprägungsgrads von Risiko- und Schutzfaktoren sollte der kindliche Entwicklungsstand vorhergesagt werden können.[93]

Folgende Ergebnisse der Studie können festgehalten werden:

Bei Kindern mit organischer Belastung konnten Konsequenzen von pränatalen und perinatalen Komplikationen bis ins Grundschulalter unvermindert nachgewiesen werden. Manifestierte Defizite im Vorschulalter konnten im Übergang zum Schulalter nicht nachweisbar kompensiert werden. Waren anfängliche Entwicklungsrückstände bei organisch hoch belasteten Kindern bis zum Alter von viereinhalb Jahren im Bereich kognitiver Funktionen erheblich reduziert, kamen sie bei den Achtjährigen mit neuer Deutlichkeit zum Vorschein.

Bei Kindern mit schweren motorischen Defiziten waren die entwicklungsauffälligen Auswirkungen deutlich zu erkennen, ebenso auf kognitiver Ebene, da die Rate der Kinder mit einem IQ unterhalb von 85 mit dem Ausmaß der Belastung signifikant anstieg. Je höher das Ausmaß der Belastung war, desto schwerwiegender waren die Defizite. Diese Beobachtung wurde allerdings durch die Ergebnisse der Erhebung mit den Viereinhalbjährigen widerlegt. In der schulischen Entwicklung von Kindern mit organischer Belastung wurden nachteilige Folgen sichtbar, was mitunter daran lag, dass viele Sonderschulen besuchten, vor der Einschulung zurückgestuft worden waren oder die erste

---

[90] Vgl. Bengel, J. / Meinders-Lückung, F. / Rottmann, N. (2009): Schutzfaktoren bei Kindern und Jugendlichen, S. 35.

[91] Laucht, M. / Esser, G. / Schmidt M.H, (2000): Längsschnittforschung zur Entwicklungsepidemiologie psychischer Störungen: Zielsetzung, Konzeption und zentrale Befunde der Mannheimer Risikokinderstudie, S. 6.

[92] Vgl. Bengel, J. / Meinders-Lückung, F. / Rottmann, N. (2009): Schutzfaktoren bei Kindern und Jugendlichen, S. 35.

[93] Vgl. ebd., S. 35-36.

Klasse wiederholten. In Bezug auf das Leistungsniveau wurde deutlich, dass zu allen Erhebungszeitpunkten das Niveau der hoch belasteten Kinder signifikant unter dem der leicht- bzw. unbelasteten Kinder lag. Mit zunehmendem Alter wuchs der Rückstand, was auch auf die leicht belasteten Kinder zutraf.[94] Anders verhielt es sich jedoch beim sozial-emotionalen Entwicklungsniveau, in dem sich psychische Auffälligkeiten bis zum Schulalter in jeder Form ausglichen.[95]

Bei psychosozial belasteten Kindern wurde eine kognitiv verzögerte Entwicklung festgestellt. So wurden sie z.B. in Schulen mit Förderschwerpunkten eingeschult (13,8 % im Vergleich zu unbelasteten Kindern mit 3,4 %), von der Einschulung zurückgestuft oder wiederholten die erste Klasse. Dies galt für 26 % der belasteten und für 8,5 % der unbelasteten Kinder. Was sich bereits im Säuglingsalter als Entwicklungsdefizit bemerkbar machte, blieb auch im Schulalter bestehen. Dies galt für die stark belasteten Kinder genauso wie für die leicht belasteten. Beide blieben deutlich sichtbar hinter der Kontrollgruppe ohne Belastung, was mit dem Verlauf in der sozio-emotionalen Entwicklung einherging. Hier fand sich zu allen Erhebungszeitpunkten eine klare Trennung, auch wenn die stark belasteten Kinder dennoch eine deutlich höhere Tendenz zu Auffälligkeiten aufwiesen. Bei der Gruppe der psychosozial belasteten Kinder zeigten sich im Schulalter vergleichbare Auswirkungen im Bereich der kognitiven Entwicklung. Die Intelligenzleistung der hoch belasteten Gruppe lag um fast eine Standardabweichung unter dem Niveau der unbelasteten. Entsprechend erhöht war der Anteil deutlich entwicklungsretardierter Kinder und der Förderschüler. Im Unterschied zum organischen Risiko manifestierten sich die Folgen psychosozialer Belastungen darüber hinaus in einer Zunahme von Auffälligkeiten der sozial-emotionalen Entwicklung. So stieg die Rate psychisch auffälliger Kinder in der hoch belasteten Gruppe auf über 40 % an, darunter ein Viertel mit schweren, dringend behandlungs-bedürftigen Störungen.[96]

Im sozio-emotionalen Bereich war bei Kindern, die unter multiplen Risikofaktoren aufwuchsen, die bei weitem ungünstigste Entwicklung zu beobachten. Diese zeigte sich bereits im Säuglingsalter durch erhöhte psychische Probleme, die bis ins Schulalter bestehen blieben:

„Erwartungsgemäß besitzen Kinder mit multipler (organischer und psychosozialer) Risikobelastung die ungünstigste Entwicklungsprognose, da sich hier die negativen Wirkungen beider Risiken kumulieren. Ähnlich wie in anderen Studien entspricht der

---

94 Vgl. Laucht, M. / Esser, G. / Schmidt M. H, (2000): Längsschnittforschung zur Entwicklungsepidemiologie psychischer Störungen: Zielsetzung, Konzeption und zentrale Befunde der Mannheimer Risikokinderstudie, S. 8.

95 Vgl. Laucht, M. / Esser, G. / Schmidt, M. H. / Ihle, W. / Löffler, W. / Stöhr, R.-M. / Weindrich, D. / Weinel, H. (1992): „Risikokinder“: Zur Bedeutung biologischer und psychosozialer Risiken für die Entwicklung in den ersten beiden Lebensjahren, S. 274-285.

96 Vgl. Laucht, M. / Esser, G. / Schmidt M. H, (2000): Längsschnittforschung zur Entwicklungsepidemiologie psychischer Störungen: Zielsetzung, Konzeption und zentrale Befunde der Mannheimer Risikokinderstudie, S. 12.

gemeinsame Einfluß der Addition der Einzeleffekte. Die in einigen Untersuchungen aufgefundene Verstärkung der Einzeleffekte (im Sinne einer Super-Additivität) ließ sich für das Schulalter in keinem der betrachteten Funktionsbereiche replizieren. Dies mindert jedoch nicht die prognostische Bedeutung einer multiplen Belastung. Immerhin verdoppelt sich bspw. in der mit beiden Risiken hoch belasteten Gruppe die IQ-Differenz zur Normalgruppe von ca. 1 SD auf 2 SD, da beide Risiken bereits alleine mit einer beträchtlichen Minderleistung einhergehen [...]."[97]

Durch die Ergebnisse der Mannheimer Risikokinderstudie konnte die durchschnittliche Entwicklung von Risikokindern als Gruppe beschrieben werden. Mit einer Reihe von Regressionsanalysen konnte nachgewiesen werden, dass motorische, kognitive und sozial-emotionale Entwicklungsverzögerungen durch ein Aufwachsen unter erschwerten Be-dingungen vorhersagbar ist. Die Varianzen zeigen allerdings bei den Risikofaktoren einen höheren Wert als bei den Schutzfaktoren. Durch die großen Überschneidungen in den Bereichen zwischen Risiko- und Schutzfaktoren in fast allen erfassten Bereichen kindlicher Funktionen zeigt sich die enorme Bedeutung einer signifikanten Abgrenzung beider Gruppen. Um entwicklungsfördernde Einflüsse durch potentielle Schutzfaktoren zu untersuchen, wurden mehrere Interaktionen geprüft (z. B. niedriger sozioökonomischer Status vs. soziale Kompetenzen).[98]

> „Für alle Interaktionseffekte aller möglichen Kombinationen von Risiko- und Schutzfaktoren in allen drei Funktionsbereichen ergaben sich jedoch ausnahmslos geringe, statistisch nicht signifikante Ausprägungen. Die Modellannahme von Schutzfaktoren als Moderatoren, die ihre Wirkung erst unter risikoreichen Bedingungen entfalten, konnte in dieser Studie somit nicht bestätigt werden."[99]

Im frühkindlichen Alter schienen Schutzfaktoren einen begrenzten Einfluss auf die Entwicklungsprognose von Risikokindern zu haben. Zu den häufigen Überschneidungen von Risiko- und Schutzfaktoren kam hinzu, dass angegebene Schutzfaktoren häufig durch ein bloßes Fehlen von Risikofaktoren bestanden. Moderationsauswirkungen von Schutzfaktoren konnten nicht gänzlich erfolgreich nachgewiesen werden.

Als signifikantes Schutzpotential konnten die gute Mutter-Kind-Bindung und -Interaktion im frühen Kindesalter ermittelt werden. Insbesondere mit Blick auf die Herausbildung einer stabilen Resilienz im Erwachsenenalter kommt diesem Aspekt eine enorme Bedeutung zu. Bei hoch belasteten Kindern (psychosozial und organisch, besonders bei Frühgeburten) zeigte sich hier eine hohe positive Auswirkung im Alter von viereinhalb Jahren. Bei gering belasteten Kindern war ein gleiches Verhalten allerdings ohne prädiktive Bedeutung.[100]

---

[97] Ebd., S. 1
[98] Vgl. Bengel, J. / Meinders-Lücking, F. / Rottman, N. (2009): Schutzfaktoren bei Kindern und Jugendlichen, S. 36.
[99] Ebd., S. 37.
[100] Vgl. ebd.

Hinsichtlich einer Stabilität personaler Resilienzfaktoren im jungen Erwachsenenalter wurden korrelationsstatistische Analysen der Angaben mit 19, 22, 23 und 25 Jahren durchgeführt. Hierbei galt die Selbstwirksamkeit mit 19 Jahren als ein personaler Resilienzfaktor – gestärkt durch prädiktive Beiträge einzelner Resilienzbausteine in unterschiedlichen Entwicklungsphasen. Einfache lineare Regressionsanalysen wurden verwendet, um diese zu ermitteln.[101]

„Zur Erfassung der Selbstwirksamkeit wurde der Fragebogen zur Allgemeinen Selbstwirksamkeitserwartung (SWE) von Schwarzer und Jerusalem (1999) im Alter von 19 Jahren ausgefüllt. Die SWE beschreibt in 10 Items die subjektive Überzeugung, selbst etwas bewirken und auch in schwierigen Situationen erfolgreich handeln zu können. Die psychometrischen Eigenschaften gelten als gut (Cronbachs α = .80 – .90). […] Bei den Erhebungen mit 22, 23 und 25 Jahren wurde den Teilnehmenden eine Kurzform der Resilienzskala (RS11) von Wagnild und Young (1993) in der deutschsprachigen Version (Schumacher et al., 2005) vorgelegt. Dabei wird mit 11 Items die individuelle Fähigkeit erfasst, internale und externale Ressourcen zur Bewältigung von Herausforderungen einzusetzen. Die interne Konsistenz ist mit Cronbachs α = .91 als sehr gut zu beurteilen.“[102]

Das mütterliche Interaktionsverhalten und ein positives, ausgeglichenes Temperament des Kindes im Säuglingsalter von drei Monaten konnten als gesicherter Resilienzbaustein ermittelt werden. Es zeigte sich, „[…] dass ein einfühlsames und responsives Verhalten der Mutter in der Interaktion mit ihrem Säugling im Alter von drei Monaten im Zusammenhang damit steht, wie sich Kinder aus psychosozial hoch belasteten Familien im Vergleich zu Kindern aus unbelasteten Familien langfristig psychisch entwickeln“[103]. Im Alter von neunzehn Jahren konnte bei den Probanden, die zwar in belasteten Familien aber mit responsiven Müttern aufgewachsen waren, deutlich weniger Emotions- und Verhaltensprobleme nachgewiesen werden. Zur Vergleichsgruppe von unbelastet Aufgewachsenen konnte kein Unterschied mehr festgestellt werden.[104]

Für Kinder im Alter zwischen zwei und viereinhalb Jahren wurde ein unterstützendes und förderndes Verhalten der Mutter in der Interaktion als Baustein für eine stabile Resilienz festgehalten. Verhielt sich eine Mutter trotz der erschwerten Lebensbedingungen im Kontakt mit ihrem Kleinkind besonders ermutigend (z. B. durch viel Lob, Ermunterungen und diverse Bestärkungen) wirkte sich dies positiv auf dessen Entwicklung aus. Zusätzlich wurden das kindliche kognitive Leistungs- und das sprachliche Ausdrucksvermögen in die Analyse einbezogen. Die Fähigkeit zu altersbedingt guten sprachlichen Ausdrucksmöglichkeiten wirkte sich über die gesamte Entwicklung bis ins Erwach-

---

[101] Vgl. Hohm, E. / Laucht, M. / Zohsel, K. / Schmidt, M. H. / Esser, G. / Brandeis, D. / Banaschewski, T. (2017): Resilienz und Ressourcen im Verlauf der Entwicklung. Von der frühen Kindheit bis zum Erwachsenenalter, S. 232.
[102] Ebd.
[103] Ebd.
[104] Vgl. ebd.

ser.enalter positiv aus. Diese Kinder wiesen in diesem Zeitraum deutlich weniger Verhaltensauffälligkeiten auf als diejenigen, deren sprachliche Entwicklung weniger gut ausgeprägt war und die in ähnlich widrigen Lebensumständen aufwuchsen.[105]

Als wichtige Resilienzbausteine im Jugendalter (bis neunzehn Jahre) gelten ein positives Selbstkonzept und schulisches Leistungsvermögen sowie eine sinnvolle Freizeitbeschäftigung. Neben einem positiven elterlichen Erziehungsverhalten wirken sich zudem tragfähige Freundschaften und ein positives Selbstkonzept auf die Resilienzentwicklung aus. Auch hier konnte ein Zusammenhang zu einem Aufwachsen mit einer unterstützenden Mutter festgestellt werden. In diesem Fall wiesen die Untersuchten signifikant weniger Verhaltensprobleme auf als diejenigen, deren Mütter weniger einfühlsam und unterstützend waren. Auch hier konnte zur Vergleichsgruppe der nichtbelasteten Kinder und Jugendlichen kein Unterschied mehr festgestellt werden.[106]

Bei den Untersuchungen der 25-Jährigen berichteten diejenigen erheblich seltener von depressiven Störungen, die eine höhere Selbstwirksamkeitserwartung aufwiesen (im Gegensatz zu den 25-Jährigen mit niedrigerer Selbstwirksamkeitserwartung). Der Selbstwert und die eigene Selbstwirksamkeit nahmen demnach in ihrer Bedeutung im Erwachsenenalter zu.[107]

Es ist gelungen, mögliche kausale Zusammenhänge zwischen den Bausteinen herzustellen, die zur Resilienzentwicklung von Bedeutung sind:

> „Als Ausgangspunkt erscheinen ein positives Temperament des Kindes und eine positive Eltern-Kind-Beziehung (mütterliche Feinfühligkeit) im frühen Säuglingsalter. Beide Frühindikatoren stehen in einem engen Zusammenhang. Auf der Grundlage dieser frühen Beziehung entwickeln sich frühe sprachliche Kompetenzen des Kindes (expressive Sprache), eng verknüpft mit einer positiven Qualität der Eltern-Kind-Beziehung im Kleinkindalter (mütterliche Supportivität). Frühe Sprachkompetenz wiederum stellt die Basis guter schulischer Leistungen (Lesekompetenz) und eines positiven Selbstkonzepts im Grundschulalter dar. Das im Grundschulalter ausgebildete Selbstkonzept bleibt bis ins Jugendalter stabil und steht in enger Beziehung zur Qualität der Freundschaftsbeziehungen. Diese im Jugendalter wichtigen Resilienzbausteine sind im frühen Erwachsenenalter eng verknüpft mit der subjektiven Überzeugung, aufgrund eigener Kompetenzen selbst etwas bewirken und mit schwierigen Situationen erfolgreich umgehen zu können. Die Selbstwirksamkeitserwartung zu Beginn des Erwachsenenalters steht in engem Zusammenhang mit der Resilienz Mitte 20."[108]

Gemessen am personalen Resilienzfaktor Selbstwirksamkeit zeigte sich, dass eine stabile und gute Eltern-Kind-Interaktion ab dem Säuglingsalter bis ins Jugendalter einen konstanten Einfluss auf die Herausbildung von Selbstwirksamkeitsempfinden hat. Auch wirkte sich eine zugewandte Interaktionsbasis

---

[105] Vgl. ebd., S. 232-234.
[106] Vgl. ebd.
[107] Vgl. ebd., S. 235.
[108] Ebd., S. 235.

auf die Stabilität dieses Resilienzfaktors im Erwachsenenalter aus. So förderte eine derartige Eltern-Kind-Beziehung die Überzeugung der Kinder – und später der Jugendlichen und Erwachsenen –, dass sie in der Lage sind, schwierige Aufgaben bewältigen zu können. „Ein positives Selbstkonzept, das Wissen um seine eigenen Fähigkeiten, das durch die Erfahrungen mit der Umwelt zu ausgeglichenen und zufriedenen Personen führt, ist prädiktiv für eine hohe Selbstwirksamkeitserwartung."[109] Mitunter erwies sich dieser Resilienzfaktor als stabil, da dessen Ausbildung (bis zum Erwachsenenalter) auf einer Vielzahl von unterschiedlichen Faktoren der durchlaufenen Entwicklung basiert.[110]

In der Mannheimer Risikokinderstudie wurde deutlich, dass Schutzfaktoren besondere Wirksamkeit entfalteten, wenn eine Risikobelastung für das Kind bestand. Fehlte diese Belastung, konnte demselben Schutzfaktor keine besonders signifikante Förderung nachgewiesen werden. Im Hinblick auf Verbesserungsoptionen in der Präventionsarbeit hat diese Studie einen großen Beitrag geleistet, da die Bedeutung einer frühzeitigen Interventions-möglichkeit bei risikobehafteten Lebensumständen belegt wurde.

2.2.4 Bielefelder Invulnerabilitätsstudie

Damit die psychische Widerstandskraft unter Bedingungen eines besonders hohen Entwicklungsrisikos untersucht werden konnte, um Resilienzphänomene außerhalb der Familie zu erfassen und Schutzfaktoren überprüfen zu können, wurden in der Bielefelder Invulnerabilitätsstudie von Bender und Lösel (1986-1988) 146 Probandinnen und Probanden in einem Durchschnittsalter von 15,6 Jahren untersucht. Die Jugendlichen waren in 60 Institutionen der Heimbetreuung im nordwestlichen Raum Deutschlands untergebracht und signalisierten durch ihre Lebensumstände ein hohes Risiko für spätere Erlebens- und Verhaltensauffälligkeiten. Neben einer großen Vielfalt von persönlichen und sozialen Ressourcen wurde besonderes Augenmerk auf die Einflüsse von Peergruppen und soziale Unterstützungen bei Hochrisikogruppen gelegt. Untersucht wurden Jugendliche während der Zeit des Übergangs von der mittleren zur späten Adoleszenz, die aggressives und delinquentes Verhalten zeigten.[111] Untersucht werden sollten ebenfalls wahrgenommene und inszenierte Unterstützungen und deren Merkmale sozialer Einbettung.

Die Bielefelder Invulnerabilitätsstudie zeichnet sich durch ein Zwei-Gruppen-Design aus, wobei die resiliente Gruppe und die auffällige Hochrisikogruppe Jugendlicher in Querschnitts- und Längsschnittstudien miteinander vergli-

---

[109] Ebd., S. 236.
[110] Vgl. ebd.
[111] Vgl. Bender, D. / Lösel, F. (1997): Protective and Risk Effects of Peer Relations and Social Support on Antisocial Behaviour in Adolescents from Multi-Problem Milieus, S. 663.

chen wurden. Die meisten Mädchen und Jungen stammten aus einem extrem belasteten Milieu, geprägt durch unvollständige Familien, Armut, Gewalt oder Alkoholmissbrauch. Die Daten wurden durch Fallbesprechungen und Fragebögen (für die Erzieher und für die Jugendlichen selbst) sowie durch Stichproben in 60 Heimen und Jugenddörfern im nordwestdeutschen Raum erhoben.[112] Als Vergleichswert diente eine normative Stichprobe von 604 Jungen und 516 Mädchen, die sich ebenfalls im Alter der Adoleszenz befanden.[113] „[D]ie Studienteilnehmerinnen und -teilnehmer wiesen eine extrem hohe objektive Risikobelastung auf, die durchschnittlich den am stärksten belasteten 10 % einer für die Normalbevölkerung ihres Alters repräsentativen Stichprobe entsprach."[114]

In der Querschnittsprüfung zeigten sich im Vergleich bei der resilienten Gruppe der Jugendlichen besondere personale Ressourcen. Dazu zählten unter anderem ein flexibles, stark annäherungsorientiertes Temperament, ein positives Selbstkonzept, geringes Gefühl von Hilflosigkeit, hohe Selbstwirksamkeitserwartungen, gute Leistungsmotivationen, ein aktives Bewältigungsverhalten, eine gute psychische Akzeptanz der institutionellen Situation und realistische Zukunftsbilder.[115] Bei den sozialen Ressourcen stachen im Vergleich das Vorhandensein einer festen emotionalen Bezugsperson außerhalb der Kernfamilie, ein tendenziell großes soziales Netzwerk, eine hohe Zufriedenheit mit der erfahrenen sozialen Unterstützung und ein sozio-emotional günstiges Erleben des Erziehungsklimas in der unter-gebrachten Einrichtung positiv heraus.[116]

Zwei Jahre nach der Erhebung der ersten Daten wurden erneut Befragungen mit den Jugendlichen und den Erzieher/-innen durchgeführt. Leider gelang es nicht, alle 146 Jugendlichen zu interviewen, da 46 bereits die Einrichtungen verlassen hatten. Im Längs-schnittvergleich erwiesen sich rund zwei Drittel der Jugendlichen in ihrem Verhalten als stabil. Dabei gab es keine Unterscheidung im Bereich der Resilienz oder in der Verhaltensauffälligkeit. In der resilienten Gruppe waren die meisten der oben genannten Variablen prognostisch valide. Als hauptverantwortlich für eine signifikante Verminderung oder Verstärkung der Erlebens- und Verhaltensprobleme erwies sich das erlebte Erziehungsklima während der vergangenen zwei Jahre im Heim. Vor allem ein autoritatives Klima mit Zuwendung und Normorientierung zeigte positive Effekte. Doch auch flexible und aktive Bewältigungsstrategien, geringe Hilflosigkeit, realis-

---

[112] Vgl. Bengel, J. / Meinders-Lücking, F. / Rottman, N. (2009): Schutzfaktoren bei Kindern und Jugendlichen, S. 38.

[113] Vgl. Bender, D. / Lösel, F. (1997): Protective and Risk Effects of Peer Relations and Social Support on Antisocial Behaviour in Adolescents from Multi-Problem Milieus, S. 670.

[114] Bengel, J. / Meinders-Lücking, F. / Rottman, N. (2009): Schutzfaktoren bei Kindern und Jugendlichen, S. 38.

[115] Vgl. Bengel, J. / Meinders-Lücking, F. / Rottman, N. (2009): Schutzfaktoren bei Kindern und Jugendlichen, S. 38-39.

[116] Vgl. ebd.

tische Zukunftsperspektiven, gute Schulbeziehungen und diesbezügliche Leistungs-orientierung ließen sich besonders positiv werten.[117] Ein bedeutender Befund dieser Studie liegt darin, dass dieselben Variablen sowohl Risiko- als auch Schutzfaktoren sein können. Bender und Lösel verdeutlichen dies am Beispiel einer Mitgliedschaft in einer Clique: Diese konnte die Kontinuität im Verhalten durch Bestärkung und Unterstützung bei resilienten Jugendlichen festigen, aber auch das antisoziale Verhalten der auffälligen Jugendlichen kontinuierlich bestärken. In der hierarchischen Regressionsanalyse verdeutlichte sich bei den Jungen zwar kein Haupteffekt, dafür zeichneten sich allerdings zwei bedeutende Interaktionseffekte ab: die Zugehörigkeit zu einer Clique und die Zufriedenheit mit der sozialen Unterstützung. Die Art der Interaktion war für beide sozialen Variablen ähnlich: Jungen, die mit der erhaltenen sozialen Unterstützung zufrieden waren oder einer Clique angehörten, blieben in ihrer Externalisierungsbewertung relativ stabil. Wenn sie mit der Unterstützung jedoch nicht zufrieden waren, zeigten sie ein erhöhtes Problemverhalten.[118] Bei den Mädchen war eine soziale Variable ebenfalls bedeutend: die Benennung mehrerer guter Freunde. Eine Cliquenzugehörigkeit beeinflusste, wie bei den Jungen, nicht nur die Interaktion signifikant, sondern hatte auch eine supprimierende Wirkung. Wie in der männlichen Stichprobe änderten Mädchen, die Cliquenmitglieder und mit der sozialen Unterstützung zufrieden waren, ihr Externalisierungsverhalten nicht. Dasselbe galt für die Aspekte eines großen Netzwerks und eines weniger großen Freundeskreises. Es bestand somit eine hohe Ähnlichkeit zu den Interaktionseffekten für die Zufriedenheit mit der sozialen Unterstützung der Mädchen und der Jungen. Die fehlende Zugehörigkeit zu einer Clique hatte einen schützenden Effekt für die devianten Mädchen und einen Risikoeffekt für die weniger auffälligen Mädchen.[119] Eine mangelnde Einbindung an Peergruppen und eine Unzufriedenheit mit der erfahrenen sozialen Unterstützung stellte sich allerdings (durch höhere Werte an Delinquenz und Aggression) in der Gruppe der angepassten Jugendlichen als Gefahr heraus. Bei der Gruppe der devianten Jugendlichen hingegen zeigte sich ein schützender Faktor, erkennbar an niedrigeren Werten bei der Delinquenz und Aggression.[120] Faktoren erwiesen sich somit je nach Kontext als schützend oder als risikoreich oder hatten mitunter keinerlei Auswirkungen auf bestehende Prozesse. Diese Effekte erklärten Bender und Lösel zum einen damit, dass

---

[117] Vgl. Egle, U. T. / Hoffmann, S. O. / Joraschky, P. (2004): Sexueller Missbrauch, Misshandlung, Vernachlässigung. Erkennung, Therapie und Prävention der Folgen früher Stresserfahrungen, S. 39

[118] Vgl. Bender, D. / Lösel, F. (1997): Protective and Risk Effects of Peer Relations and Social Support on Antisocial Behaviour in Adolescents from Multi-Problem Milieus, S. 666-667.

[119] Vgl. ebd., S. 667-669.

[120] Vgl. Bengel, J. / Meinders-Lücking, F. / Rottman, N. (2009): Schutzfaktoren bei Kindern und Jugendlichen, S. 40.

sich Jugendliche Peergruppen suchen, deren Mitglieder sich ähnlich verhalten, und zum anderen mit der Möglichkeit einer Regression zur Mitte.[121] Wird berücksichtigt, dass sich die extremen Werte des ersten Messzeitpunkts bei wiederholter Messung zur Mitte der Merkmalsverteilung hin verändern, ist keinen reiner protektiver Effekt festzustellen. Vielmehr sind stabile Artefakte für den Rückgang der Verhaltensauffälligkeiten verantwortlich. So kann z. B. eine fehlende soziale Integration (bei der ersten Messung) bei sozial angepassten Jugendlichen mit einer kompensierenden Reaktion auf soziale Zurückweisung interpretiert werden. Ebenso ist aber denkbar, dass die fehlende oder mangelhafte Unterstützung aus den gewählten intensiven Kontakten der devianten Gruppen von Jugendlichen zu stabilisierenden Wirkungen führt.[122] Weiterhin ist zu beachten, dass hauptsächlich Jugendliche untersucht wurden, deren allgemeines Risiko für Verhaltensstörungen im oberen Bereich der Normalbevölkerung liegt, wodurch ein wesentlicher Teil der Varianz bereits durch die Stichprobenauswahl kontrolliert wird. Dadurch zählen die Jugendlichen dieser Studie zu den klinisch relevanten Fällen, weswegen nicht immer trennscharf zwischen *natürlichen Schutzfaktoren* und solchen aus *therapeutischer Wirkung* unterschieden werden kann.[123]

Die Untersuchungsergebnisse stimmten weitgehend mit anderen Längsschnittstudien wie der Kauai-Langzeitstudie überein. Gleichzeitig konnte eine Art Resilienzdynamik verdeutlicht werden, in der etwa ein Drittel der Jugendlichen über die untersuchte Zeit hinweg nicht stabil deviant oder stabil resilient blieb. Eine wichtige Bedeutung kam dem Erziehungs-klima in den Einrichtungen zu, in denen die Jugendlichen untergebracht waren. Die sozial-emotionale Komponente und die Normorientierungen tragen als spezifische Indikatoren zu Veränderungen im Erleben und schließlich auch im Verhalten der Jugendlichen bei. Einschränkend ist anzumerken, dass sich die Ergebnisse nur bedingt verallgemeinern lassen, da bei der zweiten Datenerhebung nur rund zwei Drittel der Jugendlichen erfasst werden konnten. Ein längerer Erhebungszeitraum war nicht möglich, zudem beschränkte sich die Studie ausschließlich auf den norddeutschen Raum.[124]

---

[121] Vgl. ebd.
[122] Vgl. ebd., S. 41.
[123] Vgl. Bender, D. / Lösel, F. (1997): Protective and Risk Effects of Peer Relations and Social Support on Antisocial Behaviour in Adolescents from Multi-Problem Milieus, S. 670.
[124] Vgl. Bengel, J. / Meinders-Lücking, F. / Rottman, N., (2009): Schutzfaktoren bei Kindern und Jugendlichen, S. 41.

2.2.5 Wirkung durch vertrauensvollen und dauerhaft unterstützenden Erwachsenen

Im März 2017 stellten Bellis et al. eine Studie vor, die sich mit dem bereits in den voran-gegangenen Studien hervorgehobenen Schutzfaktor des zuverlässigen Erwachsenen als Ansprechpartner befasst:

> „Does continuous trusted adult support in childhood impart life-course resilience against adverse childhood experiences – a retrospective study on adult health-harming behaviours and mental well-being"[125]

Basierend auf dieser Fragestellung - ob eine dauerhafte Unterstützung eines vertrauensvollen Erwachsenen im Kindesalter die Widerstandsfähigkeit im Laufe des Lebens verbessern kann - wurden zwischen Juni und September 2015 in drei geografischen Gebieten Englands (Hertfordshire, Luton, Northamptonshire) mittels Fragebögen und Hausbesuchen Daten erhoben. Untersucht werden sollten Zusammenhänge negativer Kindheitserfahrungen (verbale, sexuelle und körperliche häusliche Gewalt, psychische Erkrankungen im Elternhaus, Alkohol-konsum, Tabak, Drogen, elterliche Trennung, kriminelles Verhalten inklusive Inhaftierung etc.) und gesundheitsschädigendem Verhalten. Insbesondere wurde geprüft, ob eine erwachsene Bezugsperson, an die sich das Kind in schwierigen Phasen jederzeit vertrauensvoll wenden konnte, spätere Lebenssituationen positiv beeinflussen könne. Zur Datenerhebung wurden bewährte Fragen von Zentren für Krankheitsbekämpfung und Prävention verwendet.[126] Insgesamt wurden neun Kategorien widriger Lebenserfahrungen bis zum Alter von 18 Jahren festgelegt: verbale, körperliche und sexuelle Gewalt, Trennung der Eltern, häusliche Gewalt, psychische Erkrankung im Elternhaus, Konsum von Alkohol, Drogen und Inhaftierung eines Elternteils. Daher wurde das aktuelle Verhalten der Betroffenen in Bezug auf Alkohol- und Tabakkonsum und gesunder Ernährung untersucht. Das psychische Wohlbefinden (MWB) wurde mit der Short Warwick-Edinburgh Mental Wellbeing Scale (SWEMWBS) gemessen.[127] Es wurde erhoben, wie oft Einzelpersonen in den vergangenen zwei Wochen optimistisch in die Zukunft blicken, sich nützlich oder entspannt fühlen, gut mit Problemen umgehen, klar denken, sich anderen Menschen nahe fühlen und in der Lage sind, sich eine eigene Meinung zu bilden. In Bezug auf die bestehende Resilienz wurde folgende Frage gestellt: „Gab es vor ihrem 18. Lebensjahr einen Erwachsenen in ihrem Leben, dem sie vertrauten und

---

[125] Bellis, M. A. / et al. (2017): Does continuous trusted adult support in childhood impart life-course resilience against adverse childhood experiences - a retrospective study on adult health-harming behaviours and mental well-being, S. 1-12.

[126] Vgl. Bynum, L. / et.al (2009): Adverse childhood experiences reported by adults - five states.

[127] Vgl. Stewart-Brown, S. / et al. (2009): Internal construct validity of the Warwick-Edinburgh Mental Well-being Scale (WEMWBS): a Rasch analysis using data from the Scottish Health Education Population Survey, S. 7-15

mit dem sie über persönliche Probleme sprechen konnten?"[128] Zu Analysezwecken wurde eine Ja-Nein-Unterteilung vorgenommen: Entweder gab es immer einen Erwachsenen, dem vertraut wurde, oder gar keinen. Insgesamt wurden rund 28.349 Haushalte aufgesucht. Davon beantworteten allerdings 42,8 % die Fragebögen nicht. Von den übrigen erfüllten 20,8 % die Untersuchungskriterien zur Aufnahme in die Studie (z. B. wegen Alters usw.) nicht. Wiederum 32,1 % verweigerten die Teilnahme an der Studie. Zudem wurden unvollständig beantwortete Fragebögen aussortiert, wodurch eine endgültige Stichprobe von 7047 Probanden/-innen erreicht werden konnte. Von diesen Befragten gaben 43,7 % an, dass sie unter mindestens einem der neun benannten Kategorien aufgewachsen seien. 10,3 % wuchsen unter vier oder mehr der schwierigen Umstände auf. 46,4 % gaben an, in der Zeit vor ihrem 18. Lebensjahr Kontakt zu einem vertrauensvollen Erwachsenen gehabt zu haben.[129]

Als Ergebnis konnten Zusammenhänge zwischen gesundheitsschädigendem Verhalten im Erwachsenenalter und den ungünstigen Lebenserfahrungen im Kindesalter nachgewiesen werden. Kinder, die in vier oder mehr der kategorisierten schwierigen Lebensverhältnisse aufwuchsen, neigten am ehesten zu gesundheitsschädigendem Verhalten. Unterschiede zeigten sich zwar im Bereich des finanziellen Wohlstands, allerdings waren sie eher marginal. Während beim Rauchen zwar kein stark signifikanter Unterschied erkennbar war, ließ sich besonders in Bezug auf gesunde Ernährung, Wohlbefinden und den Konsum alkoholischer Getränke eine moderierende Wirkung eines vertrauenswürdigen Erwachsenen in der Kindheit darstellen.[130] Auch diese Studie unterliegt Einschränkungen. Durch die retrospektive Anlage der Fragebögen sind individuell verzerrte Selbsteinschätzungen nicht auszuschließen, die Compliance betrug nur 59,3 % und nicht alle Befragten waren Alkoholkonsumenten, was die Studienergebnisse beeinflusst.[131] Dennoch konnte eine positive Auswirkung auf das Verhalten von Erwachsenen, die unter schwierigen Umständen aufwuchsen, gezeigt werden. Es wurden Zusammenhänge aufgezeigt, die belegen, dass sich ungünstige Lebensumstände auf das spätere Leben auswirken können, sodass die Betroffenen im späteren Verlauf einen gesundheitsschädigenden Lebensstil pflegen. Zudem wurde nachgewiesen, dass der stetige Kontakt zu einem vertrauensvollen Erwachsenen die Wahrscheinlichkeit eines gesundheitsschädigenden Lebensstils im Erwachsenenalter deutlich reduzieren kann.

Im Hinblick auf die Resilienzforschung wurde mit dem im Kindesalter dauerhaft zugänglichen vertrauensvollen Erwachsenen zwar nur ein einzelner As-

---

[128] Bellis, M. A. / et al. (2017): Does continuous trusted adult support in childhood impart life-course resilience against adverse childhood experiences - a retrospective study on adult health-harming behaviours and mental well-being, S. 3.
[129] Vgl. ebd.
[130] Vgl. ebd., S. 4, Ab. 1.
[131] Vgl. ebd., S. 9.

pekt gemessen, der als fördernd geltend gemacht werden könne. Damit wurden jedoch die Erkenntnisse bestätigt, dass dieser Faktor als einer der bedeutendsten für die Resilienzbildung gilt.[132]

2.2.6 Zusammenfassung

Die Kauai-Längsschnitt-Studie, sowie die Lundby-Studie ermittelte Schutz- und Risiko-faktoren, die durch nachfolgende Studien belegt werden konnten. Zudem konnte überein-stimmend nachgewiesen werden, dass Schutzfaktoren als Moderatoren und davon ausgehend als protektive Faktoren wirken können, welche die schädliche Wirkung von Risikofaktoren moderieren, mindern oder beseitigen können. Eine ebensolche Prägnanz findet sich in der kontextspezifischen Wirksamkeit: Die protektiven Prozesse sind stets kontextspezifisch zu betrachten, da Faktoren je nach Kontext (etwa in verschiedenen Gruppen von Individuen) unterschiedliche Wirkungsweisen (schützend, risikoreich oder neutral) zeigen können.

Alle vorgestellten Studien waren Längsschnitt-Studien, die auf mehrere Jahre angelegt waren und sind teilweise noch aktiv. Die Mannheimer Risikokinderstudie konnte darlegen, wie wichtig eine möglichst frühe Prävention bei risikobehafteten Kindern ist. Die Bedeutung einer guten frühkindlichen Mutter-Kind-Beziehung in Form von Mutter-Kind-Interaktion wurde als enormes Schutzpotential hervorgehoben. Die Bielefelder Invulnerabilitätsstudie legte dar, inwieweit eine Variable sowohl als Risiko- als auch als Schutzfaktor wirken kann. Bender und Lösel verdeutlichten dies am Beispiel der Cliquengemeinschaft, die sowohl Kontinuität im Verhalten durch Bestärkung und Unterstützung bei resilienten Jugendlichen festigt, als auch das antisoziale Verhalten der auffälligen Jugendlichen bestärken kann – mitunter weil sich die Jugendlichen jeweils jenen Gruppen anschließen, die zu ihrem Verhalten bzw. ihren inneren Gefühlslagen passen. Auch Veränderungen im Erziehungsklima beeinflussten ein resilientes oder deviantes Verhalten, was die Resilienzdynamik illustrierte. Dass die Anwesenheit eines Erwachsenen, der als zuverlässiger Ansprechpartner fungieren kann, einer der wichtigsten Schutzfaktoren für das schadenfreie Überstehen von Lebenswidrigkeiten ist, konnte mehrfach belegt werden. Die Studie von Bellis et al. verdeutlichte zudem, dass dieser Faktor eine gesundheitsschädigende Verhaltensweise im Erwachsenenalter minimieren kann.

---

[132] Vgl. Garmezy, N. (1983): Stressors of Childhood, S. 73 ff.; Wustmann, C. (2009): Die Erkenntnisse der Resilienzforschung. Beziehungserfahrungen und Ressourcenaufbau, S. 77; Fröhlich-Gildhoff, K. / Rönnau-Böse, M. (2011): Resilienz, S. 30; Ungar, M. (2012): Social Ecologies and Their Contribution to Resilience, S. 27 f.

3. Methodik

Diese Arbeit orientiert sich an einer abduktiven Forschungslogik,[133] die bislang unbekannte Aspekte zu formulieren versucht, um eine Sachlage zu deuten - die, „würde sie sich als richtig erweisen, uns bei Problemen handlungsfähig macht, angesichts derer wir zuvor handlungsunfähig waren"[134]. Zudem beruht sie auf der biografischen Sozialforschung mit einer Datenakkumulation durch narrative Interviews. Zur Sammlung dieser Werte wurden acht Interviewpartner mit offen gehaltener Eingangsfrage und Zusatzfragen narrativ interviewt. Die Interviews wurden mit einem akustischen Audioaufnahmegerät aufgezeichnet, erstmals gespeichert und anschließend transkribiert. Sieben Interviewpartner wurden ergänzend auf Video aufgenommen. Um das Transkript durch nonverbale Hervorhebungen zu erweitern, wurden anschließend die Videoaufzeichnungen gesichtet und Ergänzungen vorgenommen. Es wurde keine Videoanalyse durchgeführt. Die Daten wurden auf Grundlage der Methode nach Fritz Schütze analysiert.[135] Alle Interviews, die Transkription und die jeweils anschließenden Untersuchungsschritte habe ich persönlich durchgeführt.

Im Zuge der Forschung änderte sich der zuvor angegebene Arbeitstitel: „Ermittlung der relevanten Einflussfaktoren zur Herausbildung einer nachhaltigen Resilienz im langfristigen Lebensverlauf durch qualitative Rekonstruktionen" zu dem endgültigen Titel der Dissertation: „Einflüsse auf die Resilienzentwicklung im Lebensverlauf. Eine rekonstruktive Studie"

3.1 Quantitative versus qualitative Forschung

Qualitative und quantitative Ansätze realisieren die empirische Forschung sowohl einander ergänzend als auch je einzeln. In der quantitativen Wissenschaftsanalytik stehen Daten-erhebungen im Vordergrund, die mittels Untersuchungen großer Stichproben eine statistische Berechenbarkeit von Signifikanzen sichtbar machen und generalisierte objektivierbare Aussagen ermöglichen. Realisiert wird dies häufig mittels standardisierter Befragungen in geschlossener Form, deskriptiver Statistiken, Signifikanztests, Stochastik etc. In der qualitativen Sozialforschung werden nicht standardisierte Daten ausgewertet. Demzufolge werden in den zur Datensammlung häufig angewendeten Interviews offene Fragen gestellt, die z. B. zu eigenständigen Erzählflüssen animieren

---

[133] Vgl. Reichertz, J. (2003): Die Abduktion in der qualitativen Sozialforschung.
[134] Ebd., S. 57.
[135] Vgl. Schütze, F. (1977): Die Technik des narrativen Interviews in Interaktionsfeldstudien.

sollen.[136] Dadurch soll eine Bandbreite an Ergebnissen erlangt werden, die eine große Validität der Inhalte und einen hohen Informationsgehalt ermöglichen, welcher bei standardisierten geschlossenen Befragungs-formen schlichtweg untergehen kann. Die unbeschränkte Vorgehensweise erweist sich als vorteilhaft, da sie noch unbekannte Aspekte hervorbringen kann. Die Ergebnisse müssen nicht repräsentativ sein. Demzufolge findet sich in der qualitativen Sozialforschung eine wesentlich größere inhaltliche und methodische Flexibilität. Die qualitative Biografieforschung nutzt unter anderem biografische Erzählungen, um Lebensverläufe nachzuzeichnen und Sinn-konstruktionen zu erfassen. Sie ist somit ein bedeutendes Element in der Sozialforschung. Die biografischen Erzählungen werden häufig (wie in der vorliegenden Arbeit) in Textform durch die Transkription von Interviews aufgenommen, anschließend ausgewertet und interpretiert. Der Vorteil und daher auch die letztendliche Wahl zu dieser Forschungsmethode liegt in der Möglichkeit durch die gewonnenen Daten ein umfassenderes und tiefgreifenderes Verständnis zu erlangen. Unter genauer Betrachtung von Fragen wie: Wie stellt ein Individuum die soziale Wirklichkeit für sich her? Und wie geht ein dieses Individuum dabei in Auseinandersetzung mit sich, anderen und der Welt? Welche Bedeutungen gibt das Individuum einzelnen Phänomenen? Die Entscheidung fiel zudem auf diese Form der Analysearbeit um durch die subjektiven Daten Entscheidungskriterien, Motivationshintergründe und Handlungsstrukturen sichtbar machen zu können.[137]

3.2 Forschungs- und Wissenschaftsethik und Anonymisierung

Neben rechtlichen Aspekten[138] in Bezug auf die zu analysierenden Individuen sind forschungsethische Fragen im Rahmen der Forschungsbeziehung zu beachten, um mögliche Schäden der befragten Personen zu verhindern.[139] In der Forschungsethik werden Risikoabwägung und Schadensvermeidung, Vertraulichkeit und Anonymisierung, informiertes Einverständnis und die Freiwilligkeit der Teilnahme berücksichtigt.[140] Bezüglich meiner Subjektivität und Reflexivität als Forscherin[141] sei auf meine Berufsausbildung zur Psychotherapeutin (n. HPG) und meine langjährige Berufserfahrung im entsprechenden Einsatzfeld verwiesen. Mit der Vorgehensweise bin ich somit vertraut und

---

[136] Vgl. Flick, U. (1996): Qualitative Forschung. Theorie, Methoden, Anwendung in Psychologie und Sozialwissenschaften, S. 63 ff.

[137] Vgl. Bohnsack, R. / Marotzki, W. / Meuser, M (2006): Hauptbegriffe Qualitativer Sozialforschung, S. 22-24.

[138] Vgl. Hopf, C. (2015): Forschungsethik und qualitative Forschung, S. 590.

[139] Vgl. Unger, H. (2014): Forschungsethik in der qualitativen Forschung: Grundsätze, Debatten und offene Fragen, S. 16.

[140] Vgl. ebd., S. 20.

[141] Vgl. Breuer, F. / Mruck, K. / Roth, M. (2002): Subjektivität und Reflexivität: Eine Einleitung.

weiß sie sicher anzuwenden. Um die in der Wissenschaftsethik geforderte Über-prüfbarkeit zu gewährleisten, basiert die vorliegende Arbeit auf den Leitlinien der Narrationsanalyse nach Fritz Schütze[142] und im Anhang zu findenden de-tailliert aufgestellten Metadatentabelle sowie der in den Kapiteln 3.4 bis 3.7 be-schriebenen Vorgehensweise.

3.2.1 Risikoabwägung und Schadensvermeidung

In der vorliegenden Studie fand dieser Schwerpunkt besondere Beachtung. Durch meine Berufsausbildung zur Psychotherapeutin (n. HPG) und meine langjährige Erfahrung in der Betreuung psychische Erkrankter, sowie als sozial-pädagogische Familienhilfe bin ich mit dem Forschungsfeld und der gebotenen Vorsicht in derartigen Gesprächen vertraut. Daher konnten die Interviews mit der erforderlichen Sensibilität geführt werden. Eine fachgerechte Umgangs-wei-se bei Irritationen, Fragen oder Unsicherheiten konnte sowohl während des Interviews als auch in den Nachgesprächen gewährleistet werden.

3.2.2 Vertraulichkeit und Anonymisierung

Um alle Angaben, die Rückschlüsse auf die Personen ermöglichen, unkennt-lich zu machen, wurden in der vorliegenden Dissertation die Interviewpartner selbst sowie jegliche Namen weiterer Personen, Orte, Institutionen etc. anony-misiert. Ebenso wurde darauf geachtet, dass Funktionsbeschreibungen nicht mit der Person der Interviewten in Verbindung gebracht werden konnten.[143] Die Daten wurden vertraulich behandelt und als gesicherte Rohdaten oder Kopien in einem Safe verwahrt, was im telefonischen Vorgespräch zugesichert wurde. Diese Garantie wurde bei den Interviewterminen schriftlich festgehal-ten. Somit konnte in der vorliegenden Forschungsarbeit eine vertrauensvolle Basis[144] hergestellt werden, die mit Blick auf Interviews unerlässlich ist.

3.2.3 Informiertes Einverständnis

Wie vom Bundesdatenschutzgesetz[145] gefordert, wurden in der vorliegenden Arbeit die jeweiligen Interviewpartner in einem telefonischen Vorgespräch über die Forschungsintention und die Vorgehensweise sowie über die rechtli-

---

[142] Vgl. Schütze, F. (1977): Die Technik des narrativen Interviews in Interaktionsfeldstudi-en, Bielefeld.
[143] Vgl. Hopf, C. (2015): Forschungsethik und qualitative Forschung, S. 597.
[144] Vgl. Döring, N. / Bortz, J. (2016): Forschungsmethoden und Evaluation in den Sozial- und Humanwissenschaften, S. 364.
[145] Vgl. Hopf, C. (2015): Forschungsethik und qualitative Forschung, S. 590.

chen Aspekte der Anonymisierung, die Verwendungs- und Archivierungsmodalitäten der Daten aufgeklärt. Zu Beginn der Interviews wurde dies wiederholt und die jeweilige Einwilligung dazu schriftlich festgehalten. Außerdem wurde zugesichert, dass der Gesprächspartner das Interview jederzeit abbrechen könne. Die Einwilligungsfähigkeit der Probanden[146] musste nicht eigens geprüft werden, da sich der ausgewählte Personenkreis nicht im Bereich kognitiver Beeinträchtigungen bewegte.

3.2.4 Freiwilligkeit der Teilnahme

Mit ihrer Unterschrift bestätigten die Interviewpartner ihre freiwillige Teilnahme. Bereits nach dem ersten telefonischen Informationsgespräch hatten sie sich für oder gegen eine Teilnahme entscheiden können. Diese Möglichkeit wurde zu Beginn des Interviews noch einmal angesprochen. Die Probanden hatten ausschließlich intrinsische Motive, an der Studie teilzunehmen. Finanzielle Anreize wurden nicht geboten, um die generelle Freiwilligkeit zu wahren und eine Beteiligung etwa aufgrund finanzieller Engpässe zu vermeiden.[147]

3.3 Leitfaden

Der Leitfaden der vorliegenden Arbeit richtet sich nach der von Fritz Schütze entwickelten Methodik des narrativen Interviews.[148] Die Fragen wurden möglichst offen formuliert, um eigenständige Redeflüsse zu animieren. Da die Zusammenstellung des Sampels zu einem zentralen Gütekriterium in der qualitativen Forschung zählt, wurden auch in der vorliegenden Arbeit Fälle nach ihrer inhaltlichen Repräsentativität ausgewählt,[149] um im Sinne der Forschung reichhaltige Informationen zu ermöglichen.[150] Es wurden folgende Grundkriterien zur Personenwahl gesetzt:

1. Der/die Interviewpartner/in sollte zwischen 35 und 45 Jahre alt sein. Dieses Alter beruht auf der Bestrebung, aussagekräftige Rekonstruktionen des jeweiligen Lebensverlaufs und daraufhin eine stabile Resilienz erkennen zu können. Die untere Altersgrenze resultierte aus der Annahme, dass eine Stabilität für ein gelungenes Leben in jüngeren Jahren nicht repräsentativ

---

[146] Vgl. Döring, N. / Bortz, J. (2016): Forschungsmethoden und Evaluation in den Sozial- und Humanwissenschaften, S. 123.

[147] Vgl. ebd., S. 127.

[148] Vgl. Schütze, F. (1977): Die Technik des narrativen Interviews in Interaktionsfeldstudien.

[149] Vgl. Lamnek, S. (2005): Qualitative Sozialforschung.

[150] Vgl. Misoch, S. (2015): Qualitative Interviews, S. 186.

genug erscheinen könnte. Die obere Grenze wurde gesetzt, um die Erinnerungsspanne nicht zu überdehnen und somit weitreichende und detaillierte Angaben zu ermöglichen.

2. Bezüglich des Geschlechts blieb die Wahl offen und richtete sich nach dem Verlauf der Interviews und den zustande kommenden Kontaktierungen.

3. Die speziellen lebenswidrigen Umstände in der Kindheit oder Jugend wurden nicht eigens eingeordnet. Eine Orientierung boten die Kriterien aus bestehenden Forschungen wie der Kauai-Studie von Werner und Smith (1992)[151] oder der Lundby-Studie (1996)[152]. Schließlich konnten heterogene Gegebenheiten aufgenommen werden.

4. Als eine weitere ausschlaggebende Grundvoraussetzung galt, dass der/die jeweilige Interviewpartner/in von sich äußerte, trotz erlebter/durchlebter Widrigkeiten in der Gegenwart ein gutes Leben zu führen. Da die Vorstellungen eines guten Lebens individuell sind, wurde jede/r Interviewte gebeten, diesbezüglich eine eigene Definition abzugeben. Dahingehend sollte erkennbar sein, dass der/die Interviewte seine/ihre Erfahrungen klar schildern kann, diese jedoch keine psychischen Belastungen und im gegenwärtigen Leben keine Hindernisse darstellen oder verursachen. Des Weiteren sollte der/die Interviewpartner/in bereits vor der Bitte zur Definition selbst explizit oder implizit äußern, dass er/sie ein gutes Leben führt.

3.4 Zugang zum Feld, Sampling und Pretest

Durch meine berufliche Laufbahn bestehen ausreichend Kontakte zu Ämtern und Institutionen denen ich mein Forschungsvorhaben vorstellen konnte. Es gab Zusicherungen, nach geeigneten Probanden zu suchen, doch erhielt ich leider nur vereinzelt Vorschläge, die zu keinem Interview führten. Nachdem ich mich zu meiner Forschungsarbeit entschieden hatte, erzählte ich in meinem beruflichen und privaten Umfeld offen von meinem Vorhaben. Über meinen Freundeskreis konnte der Kontakt zu einem jungen Erwachsenen hergestellt werden, mit dem ein Pretest durchgeführt werden konnte. Dazu überlegte ich mir eine Eingangsfrage und einige weitere für den Verlauf sowie Fragen, die soziodemografisch von Bedeutung sein könnten. Bei der Formulierung achtete ich besonders auf eine offene Form für einen freien Erzählstimulus.[153] In den meisten Fällen gestaltete sich das erste informative Telefonat so, dass der/die Interviewte mir erzählte, er/sie sei sehr schwierig aufgewachsen, es ihm/ihr heute aber sehr gut gehe. Ablehnungen erfolgten zumeist entweder aufgrund

---

[151] Vgl. Werner, E. E. / Smith, R. S. (1992): Overcoming the Odds: High Risk Children from Birth to Adulthood.

[152] Vgl. Cederbald, M. (1996): The children of the Lundby study as Adults: A salutogenic perspective

[153] Detaillierte Ausführungen zu den gewählten Fragen finden sich in Kapitel 3.5.3

meiner gesetzten Altersgrenze oder wenn mir bereits während des Vortelefonats Unstimmigkeiten auffielen. Dies war einige Male der Fall: Zum Beispiel bezeichneten die Personen zwar ihr derzeitiges Leben als gelungen, erzählten aber zeitgleich von bestehenden, nicht therapierten Zwängen oder Verhaltensweisen, die ich in meiner Ausbildung als Psychotherapeutin (n. HPG) als nicht zweifelsfrei einstufte. Auch gab es nach Telefonaten Absagen der potentiellen Interviewpartner/-innen. Sie wurden meist mit Unsicherheiten begründet, dem nicht Thema gewachsen zu sein, oder mit der Empfindung, nicht der/die Richtige für meine Forschungsarbeit zu sein. Zur Aufnahme der Interviews wählte ich ein Audio- und ein Videogerät. Durch die Videoaufzeichnung erhoffte ich mir auch über nonverbale Gesten einen tieferen Einblick. Sieben der acht Interviewpartner/-innen stimmten beidem zu. Meine dritte Interviewpartnerin wünschte keine Video-aufzeichnung, was ich akzeptierte. Da ich keine Videoanalyse anstrebte, sondern diese ausschließlich als Ergänzungsmodul wählte, stellte dies kein Problem dar. Nachdem ich das Grundgerüst erarbeitet hatte, telefonierte ich mit dem mir als erstes empfohlenen jungen Mann. Dieser schilderte mir knapp seine Kindheit und seine aktuelle Lebenssituation, die er als gut bezeichnete. Da er meine Grundkriterien erfüllte und sich bereit zeigte, mit mir den Pretest durchzuführen, einigten wir uns auf einen Termin in seinem Haushalt. Detailliertere Beschreibungen zu den jeweiligen Interviewverläufen finden sich in den einzelnen Fallvorstellungen in Kapitel 4. Da es nach dem ersten Testlauf weder Anmerkungen des Interviewten gab noch Änderungsintentionen meinerseits bestanden, ich das Interview als gelungen deklarierte und in der Analyse keine unbrauchbaren Aspekte erkannte, entschied ich mich, dieses Interview direkt mit in meine Forschung einfließen zu lassen. In den zwei darauffolgenden Interviews handelte es sich um Weiterempfehlungen. Interviewpartner 1 empfahl mir Interviewpartner 2 und dieser konnte Interviewpartnerin 3 vermitteln. Generell wurden die meisten Interviews durch Empfehlungen geführt, entweder über meinen Freundes-kreis oder durch die Interviewten selbst (Details siehe Metadatentabelle im Anhang). Einzig bei IP7 entschied ich mich dazu, einen Kontakt aus einer früheren Arbeitstätigkeit als sozial-pädagogische Familienhilfe zu nutzen. Ich kannte die Familie, da ich als SPFH zur Unter-stützung für zwei ihrer Kinder zuständig war. Zum Vater hatte ich nur rudimentäre Informationen der widrigen Lebensumstände. Meine Tätigkeit als SPFH endete mit dem Umzug der Familie in ein anderes Bundesland vor mehreren Jahren. Wir hielten allerdings sporadisch Kontakt über soziale Medien, sodass ich ihren Werdegang verfolgen konnte. Da ich von diesem beeindruckt war, versuchte ich, den Familienvater zu einer Teilnahme an meiner Forschung und einem Interview zu bewegen. Er willigte ein und so begab ich mich in diesen Versuch in dem Bewusstsein, dass mein Vorhaben aufgrund unserer Geschichte scheitern könnte. Es galt zu bedenken, dass dieses Interview wegen des persönlichen Hintergrunds unbrauchbar sein könnte. Nach der Analyse und einem intensiven Abwägungsprozess entschied ich mich dennoch, es in meine Forschungsarbeit einfließen zu lassen. Zum einen strebte ich ein breites Spektrum an Persönlichkeiten an und zum anderen imponierte mir die Art der Anerkennung des definierten Lebensglücks dieses Interviewpartners. Zudem fand ich den Bildungsweg von IP7 aufnahmefähig, da er sich von den anderen abhob und so die Vielfalt erweiterte. Nach ca. 4 Interviews und einer Besprechung mit Prof. Dr. Sauerbrey fügte ich meinen Fragestellungen auch die Frage nach der persönlichen Definition eines guten Lebens hinzu. Den ersten Interviewpartnern stellte ich diese Frage rückwirkend, was sich nicht als hinderlich erwies. In der Analyse zeigten sich keine Hinweise auf einen negativen Einfluss dieses Ablaufs.

Kritische Auseinandersetzung

Durch den Pretest, den dadurch entstandenen Kontakt und die Weiterempfehlungen der folgenden Interviewpartner kann kritisch hinterfragt werden, ob die Fallbestimmung der zu interviewenden Personen hinsichtlich des Leitfadens noch in den Händen der Forscherin lag.[154] Allerdings ist einschränkend darauf hinzuweisen, dass ich die einzelnen Interviewpartner/-innen nicht um eine Weiterempfehlung gebeten hatte. Mein Forschungsvorhaben wurde von den bereits Interviewten einzelnen weiteren Personen vorgeschlagen, die sich daraufhin durch intrinsische Motive bei mir meldeten. Der Kontakt wurde meist über WhatsApp von den potentiellen Interviewpartner/-innen selbst hergestellt, da sie meine Nummer bekommen hatten und sich vorstellen konnten an der Studie teilzunehmen. Zu zwei dieser Interviewpartner nahm ich Kontakt auf. Die Prüfung einer geeigneten Teilnahme oblag bei den dann zustande gekommenen Informationstelefonaten mir.

Weiterhin kann und sollte die direkte Bekanntschaft von Interviewpartner 7 kritisch betrachtet werden, da es bei zu engen Kontakten zu Verschiebungen, Verschleierungstendenzen oder zu Opportunierungen kommen kann. Durch die vorangegangene Arbeitsbeziehung achtete ich stark auf Hinweise, bei denen Interviewpartner 7 versucht haben könnte, sich besonders hervorzuheben oder Sachverhalte zu beschönigen. Aufgrund meiner Erfahrungen mit der Person, die schließlich keine entsprechenden Anhaltspunkte gegeben hatte, schätzte ich diese Gefahr als relativ gering ein.

Ob eine persönliche Anrede die professionelle Ebene zwischen Forscherin und Proband gefährdet, ist ebenfalls zu prüfen. Unter dieser Prämisse konnte allerdings ebenfalls keine negative Beeinflussung festgestellt werden. Im Gegenteil schien die persönliche Anrede für eine verstärkte Form nützlicher Vertraut-

---

[154] Vgl. Przyborski, A. / Wohlrab-Sahr, M. (2014): Qualitative Sozialforschung. Ein Arbeitsbuch.

heit gesorgt zu haben, die sich besonders in den sehr persönlichen, emotionalen Erzählungen positiv auf eine detailreiche Schilderung der Ereignisse und Gefühle auswirkte.

Die Frage nach der Beurteilung eines guten Lebens stellte eine große Herausforderung dar, da es nicht klar definiert werden kann und eine Einschätzung in hohem Maß subjektiv ist. Auch in der hier vorliegenden Arbeit finden sich verschiedene Sichtweisen der Interviewten. Sie konnten jedoch alle ihr Leben mir gegenüber als gut bezeichnen und ihre Beurteilung erläutern.[155]

Um die Transkripte so detailreich wie möglich zu erstellen, wurde ergänzend eine Videoaufzeichnung genutzt. Nach der auditiven Transkription wurde das Videomaterial gesichtet, einzelne Gesten – z. B. ein Blick zum Fenster, das Anstecken einer Zigarette etc. –vermerkt und in das Transkript eingefügt. Da es sich hierbei um reine Zusätze handelte, hatte das Fehlen der Videoaufzeichnung bei Interviewpartnerin 3 keine negativen Auswirkungen.

3.5 Interviews und Datenerhebung

3.5.1 Interviewdurchführung

Nach der Unterzeichnung der Einwilligungserklärung wurden alle Interviews von mir selbst und – bis auf eine Ausnahme – im häuslichen Umfeld der Interviewpartner/-innen durchgeführt. Auf Wunsch der Probandin fand ein Interview im separaten Arbeitsbereich meines Haushalts statt. Die Gespräche verliefen ohne äußere Störungen. Alle Interviewpartner/-innen waren ausnahmslos gastfreundlich, in den meisten Fällen waren bereits Getränke und teils Gebäck bereitgestellt. Anfänglicher Small Talk und das Beibehalten der persönlichen Anrede festigten die vertrauensvolle Atmosphäre, die bereits bei den ersten Telefonaten entstanden war. Das Einschalten der Aufnahmegeräte wurde eindeutig signalisiert. Das offizielle Interview begann mit der Eingangsfrage. In den meisten Fällen führte dies bereits zu enormen Erzählflüssen, in einigen Fällen waren kurze, unterstützende, aber ebenso offen gehaltene Stimulanzen erforderlich. Nach den ersten Erzählungen ergaben sich meist Fragen im Rahmen meiner Notizen, die erneute Erzählflüsse erzeugten. Abschließend wurde die Soziodemografie der Interviewpartner/-innen festgehalten. Das offizielle Interview endete mit dem Ausschalten der Aufnahmegeräte. Darauf folgte ein Nachgespräch mit unterschiedlicher Länge und Intension. Zu den Nachgesprächen fertigte ich erst nach der Verabschiedung Notizen an. Nur sehr vereinzelt hielt ich während des Gesprächs Zitate als solche fest.

---

[155] siehe Kapitel 3.4 Leitfaden

52

3.5.2 Datenerhebungsmethode

Zur Aufzeichnung der Interviews wurden ein Audioaufnahmegerät in üblicher Form und ein Videoaufnahmegerät verwendet. Das Interview sollte zusätzlich auf Video aufgenommen werden, um den Redefluss nicht zu stark durch Notizen der Interviewenden zu gefährden. Durch meine langjährige berufliche Tätigkeit als sozialpädagogische Familienhilfe habe ich verschiedene Methoden des Umgangs mit Notizen während wichtiger Gespräche kennengelernt. Besonders in hochemotionalen Momenten erwies es sich sehr häufig als störend, wenn plötzlich Zettel und Stift ihren Einsatz fanden. Oft fühlten sich die Betroffenen dann nicht ernst genommen, in jedem Fall aber unterbrochen. Da in den geplanten Interviews hochemotionale Momente sehr wahrscheinlich waren, suchte ich im Vorfeld nach einer Möglichkeit, auch nonverbale Gesten festhalten zu können, ohne den Erzählfluss – die in diesem Moment der Wiedergabe erlebte rekonstruierte Geschichte – mit all den hervortretenden Gefühlen nicht zu stören. Dafür schien mir eine Videoaufzeichnung als sehr geeignet. In der Tat stellten sich im Verlauf der Interviews wiederholt hochemotionale Momente ein und ich war erleichtert, sie nicht durch mechanische Notizen unterbrochen zu haben. Allein bei Interviewpartnerin 3, die keine Videoaufnahme wünschte, machte ich möglichst knappe Vermerkte. Ich empfand dieses Vorgehen ein wenig als störend, übertrug dieses Gefühl jedoch nicht, sodass keine Unterbrechung festzustellen war. Fragen, die sich im Verlauf ergaben, konnte ich zu Zeitpunkten festhalten, in denen keine Verlaufsunterbrechung durch tiefe Emotionen zu erwarten war. Die Videoaufzeichnungen sollten später nicht eigens analysiert werden, sondern lediglich zu Ergänzungen auf nonverbaler Ebene hinzugezogen werden. Im Pretest wurde dieses Vorgehen mit Einverständnis des Befragten getestet und es erwies sich bei der Überprüfung der Transkription als hilfreich. Während der weiteren Interviews stellte die Videoaufnahme zu keinem Zeitpunkt einen Störfaktor dar. Eine detaillierte Ausführung findet sich im Anhang in der Metadatentabelle.

Als gute Orientierung bezüglich der Handhabung mit dem gesammelten Datenmaterial bot die Teilnahme an dem Onlineseminar der FSU Jena mit dem Titel „Nachhaltig forschen. Zum Umgang mit Forschungsdaten in den Geistes- und Sozialwissenschaften" im November 2020.

3.5.3 Betrachtung des Fragenkatalogs

Alle Fragen wurden so offen wie möglich formuliert und behielten bis auf kleine umgangs-sprachliche Abweichungen oder situativ bedingte verbale Angleichungen (wie der persönlichen Anrede) in allen Interviews denselben Ton. Der erste Erzählstimulus lautete:

Ich bitte Sie, mir jetzt Ihre Lebensgeschichte zu erzählen, mit allen Höhen und Tiefen und so detailgetreu wie möglich, bis zu dem Zeitpunkt, wo für Sie definitiv klar war, dass Sie nun ein gutes, erfülltes Leben führen mit der Sicherheit, die Zukunft weiterhin ebenso gut und erfüllt zu erleben.

Ich wählte die Eingangsfrage in dieser Form, um einen Anreiz zu setzen. Kritisch betrachtet kann die Aufforderung zur Detailgenauigkeit und die Erwähnung von Höhen und Tiefen zu auferlegten Erzählzwängen führen. In den vorliegenden Interviews kam es jedoch nicht zu derartigen Verlaufsstörungen. Die Frage nach dem Zeitpunkt, für sich ein gutes und erfülltes Leben und ein Sicherheitsgefühl für die Zukunft erkannt zu haben, ergab sich bereits aus den Vorgesprächen. Darin hatten ausnahmslos alle Interviewten angegeben, ein gutes Leben zu führen und Zukunftssicherheit zu verspüren.

Nach der Beendigung der ersten Erzählungen und der Beantwortung daraus resultierender Fragen stellte ich meine examenten Fragen wie folgt:

1. Wodurch, wann und oder wie haben Sie bemerkt, dass Sie ein gutes Leben führen? Wie oder wodurch hat sich das geäußert?
    Die Fragepronomen *wie, wann, wodurch* verwendete ich, um möglichst viele Ansätze zu einer neuen Erzählung zu ermöglichen.

2. Führen Sie ein Tagebuch oder haben Sie je Tagebuch geführt, und wenn ja – warum?
    Zu dieser teilgeschlossenen Frage entschied ich mich, da ich die Erkenntnis eines potentiell positiven Einflusses durch das Führen eines Tagebuchs erhoffte. Um einen offenen Fragecharakter anzuschließen, fügte ich die Warum-Frage hinzu.

3. Gab es spezielle Momente, welche für Sie besonders entscheidend / einschneidend waren – in Bezug auf einen positiven Lebensweg?
    Die Intention lag in der Suche nach weiteren, eingehenden signifikanten Markern, die durch zusätzlich angeregte Erzählflüsse offengelegt werden könnten.

4. Gab es bestimmte Personen, die Ihren positiven Lebensweg entscheidend bestimmt oder dazu beigetragen haben?
    Diese Frage stellte ich in Anlehnung an den bereits in der Forschung vorhandenen Er-kenntnissen der Unterstützung durch gesicherte Ansprechpartner. Auch hiermit wollte ich einen neuen Erzählstimulus setzen, was häufig gelang.

5. Gab es bestimmte persönliche Handlungen oder Prozesse von Ihnen, die für Sie besonders hilfreich waren?
    Diese Frage zielte auf die Suche nach positiv unterstützenden intrinsischen Eigenschaften ab. Es galt der Versuch durch Beschreibungen von eigenen Handlungen Motivationsmuster und Handlungsstrategien aufzudecken und möglichst Zusammenhänge in verschiedenen Prozess-geschehen

– wie z.B. durch Betrachtung unterschiedlicher Altersphasen etc. – zu erkennen.

6. Was sind Ihre nennenswerten Ressourcen?
Diese Frage sucht gezielt nach den Stärken des Gesprächspartners. Außerdem soll ermittelt werden, ob er in der Lage ist, sie wahrzunehmen und zu benennen. Es bestand zusätzlich die Hoffnung hierdurch erneute Erzählflüsse über eigene Erkennungshintergründe in Gang zu setzen. Hin und wieder musste diese Frage mit einer neuen etwa nach Hobbys erweitert werden.

7. Was sagen Freunde, was Ihre Ressourcen sind?
Durch einen Perspektivenwechsel soll die vorangegangene Frage ergänzt werden.

8. Wann, wie und wodurch haben sie Ihre Widerstandskraft bemerkt?
Mit der expliziten Frage nach der Widerstandskraft zielte ich auf neue Erzählungen, die intrinsische oder extrinsische Marker erkennen lassen würden, die zu einer dem Probanden bewussten Widerstandskraft beitragen bzw. beigetragen haben.

9. Wie, wann und wodurch kam das Gefühl von Sicherheit für Sie, dass Sie auch künftig ein gutes Leben führen werden?
Diese Frage sollte die bereits im telefonischen Vorgespräch erwähnte Zukunftssicherheit näher beleuchten. Die Fragepronomen sollten für eine möglichst offene Gestaltung der Frage sorgen.

10. Bitte definieren Sie: Was bedeutet für Sie ein gutes Leben?
Diese Frage wurde nach dem 4. Interview in den Fragekatalog aufgenommen, da ich in den vorangegangenen Transkripten die immense Bandbreite der einzelnen Beschreibungen erkannte und diese in einer Besprechung mit Prof. Dr. Sauerbey zu deklarieren versuchte. Um die Individualität jedes Einzelnen festzuhalten und der Thematik keine allgemeine Definition überstülpen zu müssen, nahm ich diese Frage auf. Den ersten vier Interviewpartner/-innen stellte ich diese Frage rückwirkend per E-Mail, die auf gleichem Weg beantwortet wurde.

3.5.4 Datenaufbereitung und Transkriptionsregeln

Alle Interviews und Transkriptionen habe ich persönlich durchgeführt. Die Verschriftlichung der Interviews orientierte sich eng an den Tonbandaufnahmen, das heißt alle umgangs-sprachlichen Äußerungen wurden übernommen, um den Sprechakt so authentisch wie möglich wiedergeben zu können. Nach der ersten Niederschrift wurde die Tonaufzeichnung nochmals abgehört und das Transkript validiert. Danach wurde das Videomaterial gesichtet und Hinweise auf Gestik oder Mimik wurden eingefügt. Dennoch kann ein Datenverlust bei einer Transkription nicht vollständig ausgeschlossen werden, da eine

Originalabbildung des Gesprächs nicht vollständig ermöglicht werden kann. Bei der Originalinterviewsituation handelt es sich um die Primärdaten, die als Sekundärdaten auditiv aufgezeichnet werden. Die Transkription definiert sich dann als „selektive Konstruktion"[156] von Tertiärdaten.[157] Um bei der Transkription Detailgenauigkeit zu gewährleisten, wurden folgende Transkriptionsregeln befolgt:

..	Kurze Pause (1-2 Sekunden)
...	Längere Pause (3-4 Sekunden)
Pause	Pause von mehr als 5 Sekunden
Lange Pause	Pause von mehr als 10 Sekunden
>>,<<	Von Interviewführender gestellte Fragen bzw. Äußerungen
,	Nonverbale Äußerung, Mimik und Gestik der Interviewpartner
Unterstrichenes	Betont
GROßGESCHRIEBEN	Stark betont
Kursives	Besonders melodisch betont

Die Gelegenheit, an der im Juli 2020 stattfindenden Summer School als aktiver Teilnehmer mitwirken zu können bot mir in diesem Teil meiner Arbeit eine gute Orientierung. Hier konnte ich meine Forschungsintentionen, Arbeitsweisen und Ideen vorstellen und hatte die Möglichkeit einer kommunikativen Validierung, was den Teil der Analyse der Transkripte betraf.

3.6 Methodisches Vorgehen

3.6.1 Das autobiografische narrative Interview

„Das autobiografische narrative Interview erzeugt Datentexte, welche die Ereignisverstrickungen und die lebensgeschichtliche Erfahrungsaufschichtung des Biografieträgers so lückenlos reproduzieren, wie das im Rahmen systematischer sozialwissenschaftlicher Forschung überhaupt möglich ist [...]. Das Ergebnis ist ein Erzähltext, der den sozialen Prozess der Entwicklung und Wandlung einer biografischen Identität [...] darstellt und expliziert."[158]

Nachdem der/die Interviewpartner/in als Experte seiner eigenen Lebensgeschichte aufgefordert wurde, seine Lebensgeschichte (oder Aspekte dieser) zu erzählen, befindet er/sie sich in einer Stehgreiferzählung, in der er/sie von eigenen Impulsen geleitet werden soll. Der Interviewende wird dazu angehal-

---

[156] Fuß, S. / Karbach, U. (2014): Grundlagen der Transkription. Eine praktische Einführung, S. 25.
[157] Vgl. ebd.
[158] Schütze, F. (1983): Biographieforschung und narratives Interview, S. 285.

ten, sich allein auf das interessierte Zuhören zu konzentrieren. Ein Eingreifen seinerseits ist zu vermeiden, da die Stehgreiferzählung im Moment des Erzählprozess die gelebte Wirklichkeit im Kontext der Realität widerspiegelt. Um die Darstellungsform als solche nicht zu gefährden, ist die Zurückhaltung des/r Forschenden einzuhalten. Die Stehgreif-erzählung an sich untersteht einem eigenen Regelwerk mit einer Prozessstruktur, auf dessen Basis eine persönliche Rekonstruktion erfolgen kann. In einer Erzählung, welche die Logik des Handelns widerspiegelt, finden sich meist in der Vergangenheit verortete Ereignisse des Erzählenden. Signifikate Akteure führt er als Erzählträger selbst ein und nominiert sie je nach Relevanz. Gleichermaßen benennt er auch bedeutsame Orte oder Situationen. Da dem Erzählenden im Interview nur begrenzt Zeit zur Verfügung steht, unterliegt er einem Relevanzfestlegungs- und einem Kondensierungszwang zur Auswahl von Signifikanzen, die er eventuell durch Gewichtungen und Bewertungen kenntlich macht. Er ist bestrebt, dem Zuhörer eine plausible, nachvollziehbare und thematisch verdichtete Lebensgeschichte zu erzählen.[159] Detaillierungszwänge unterstützen das Verstehen des Zuhörers: Damit dieser die zu übermittelnden Sachverhalte so genau wie möglich nachvollziehen kann, wird der Erzählträger eine Form von Chronik einführen, Vor- und Nachgeschichten anbringen oder Hintergrund-informationen einfließen lassen. Der Gestaltschließungszwang bedingt den formalen Ablauf von Beginn, Verlauf, Höhepunkten zu einem Ende der zu erzählenden Geschichte, um einzelne Sachverhalte voneinander abzugrenzen.[160] Zeitliche oder kausale Entwicklungen werden in Argumentationen repräsentiert, die Einschätzungen, Bewertungen, Bilanzierungen, Deutungen, Erklärungen oder Rechtfertigungen etc. enthalten und die Logik der Darstellung hervorheben. Hierbei werden Hintergründe genauer beschrieben, Personen oder Ereignisse eingeschätzt oder charakterisiert und in sprachlicher Gegenwartsform dargelegt. Temporäre und/oder kausale Strukturen können fehlen, ohne einen Sinnverlust zu bedingen.[161] Gleiches gilt für Beschreibungen von eher statischen Sachverhalten, frei von Bewertungen oder Wandlungserklärungen etc.

Um diese Form der eigenständigen Stehgreiferzählung störungsfrei zu ermöglichen, wurde in den einzelnen Interviews der vorliegenden Arbeit verabredet, alle Medien wie Fernsehapparate, Radios etc. auszuschalten. Auch Telefone und Handys wurden vor dem Beginn des Interviews stumm gestellt. Äußere Störungen konnten somit in allen acht Interviews erfolgreich vermieden werden. Die eingriffsfreie Erzählung glückte in sechs der acht zugrundeliegenden Interviews. Bei zwei Interviewpartnern mussten hin und wieder neue Erzählsti-

---

159 Vgl. Bohnsack, R. (2014): Rekonstruktive Sozialforschung, S. 93.
160 Vgl. Kallmeyer, W. / Schütze, F. (1977): Zur Konstitution von Kommunikationsschemata der Sachverhaltsdarstellung, S. 162.
161 Vgl. Przyborski, A. / Wohlrab-Sahr, M. (2014): Qualitative Sozialforschung. Ein Arbeitsbuch.

muli gesetzt werden, um Unsicherheiten zu mildern. Einzelheiten dazu finden sich in Kapitel 4 in den jeweiligen Fallvorstellungen. Die Forderung nach offen gehaltenen Fragestellungen in der Nachfragephase[162], die Notizen und Fragen des Forschers aufgreift, wurde in den vorliegenden Interviews erfüllt.

3.6.2 Narrationsanalyse nach Fritz Schütze

Das analytische Verfahren narrativer Interviews gliedert Fritz Schütze in sechs aufeinanderfolgende Arbeitsschritte[163]:

a) formale Textanalyse
b) strukturelle inhaltliche Beschreibung der Darstellungsstücke
c) analytische Abstraktion
d) Wissensanalyse
e) kontrastive Vergleiche unterschiedlicher Interviewtexte
f) Konstruktion eines theoretischen Modells

Mit den ersten vier Arbeitsschritten wird zunächst jeder Fall für sich ausgewertet. Anschließend werden diese Einzelfallanalysen fallübergreifend in den Schritten fünf und sechs zusammengeführt und verglichen.

a) Formale Textanalyse

„Formale Indikatoren in Erzähltexten sind insbesondere die narrativen Rahmenschaltelemente, die anzeigen, daß eine Darstellungseinheit abgeschlossen ist und nunmehr die nächste folgt. Der erste Analyseschritt – die formale Textanalyse – besteht mithin darin, zunächst einmal alle nicht-narrativen [sic] Textpassagen zu eliminieren und sodann den ‚bereinigten‘ Erzähltext auf seine formalen Abschnitte hin zu segmentieren."[164]

Um zu erkennen, was die kognitiven Figuren der Stehgreiferzählung (Erzählträger, Erzählkette, Situation, thematische Grundgestalt, Vor- und Nachgeschichte)[165] in der Erfahrungsaufschichtung des Erzählers im zurückliegenden Prozessgeschehen repräsentieren, wird der transkribierte Text einer formalen Analyse unterzogen. In der zugrundeliegenden Arbeit wurden hierzu die nicht narrativen Textpassagen zunächst von den Narrativen selektiert und erst später in die Analyse einbezogen. Die Untersuchung fokussierte vorerst die narrativen Elemente, da ihnen eine besondere Nähe zum erlebten Ereignisverlaufs zuge-

---

[162] Vgl. Schütze, F. (1983): Biographieforschung und narratives Interview, S. 285.
[163] Vgl. ebd., S. 286 ff.
[164] Vgl. ebd., S. 286.
[165] Vgl. Kallmeyer, W. / Schütze, F. (1977): Zur Konstitution von Kommunikationsschemata der Sachverhaltsdarstellung, S. 176 ff.

schrieben wird. Weiter wurden die Transkripte in einzelne Segmente unterteilt und dadurch zusammengefasste Erzählketten gebildet, die den Ereignisverlauf in seiner Gesamtgestalt darstellen sollten.

b) Strukturelle inhaltliche Beschreibung

„Im zweiten Analyseschritt wird sodann eine strukturelle inhaltliche Beschreibung der Darstellungsstücke durchgeführt, die formal durch Rahmenschaltelemente voneinander abgegrenzt sind. […] Die strukturelle inhaltliche Beschreibung arbeitet die einzelnen zeitlich begrenzten Prozeßstrukturen des Lebensablaufs – d. h. fest gefügte institutionell bestimmte Lebensstationen; Höhepunktsituation; Ereignisverstrickungen, die erlitten werden; dramatische Wendepunkte; sowie geplante und durchgeführte biographische Handlungsabläufe heraus."[166]

Bei der dieser Arbeit zugrunde liegenden Analyse der einzelnen Segmente wurden vor allem die formalen und inhaltlichen Verbindungen sowie deren Darstellungen[167] fokussiert, um Klarheit über die Darstellungsform diverser Erlebnisse und Reaktionen des Erzählers zu erlangen. Darüber hinaus wurden Hintergrunderzählungen[168], Belegerzählungen[169] und einzelne Zugzwänge in ihren funktionalen Zusammenhängen mit der Haupterzählung beleuchtet. Anschließend folgte die Verbalisierung von Kausalitäten formaler und inhaltlicher Strukturen und die Offenlegung des Subtexts der jeweiligen Erzählung.[170] Um die Bandbreite der Deutungen in den einzelnen Textpassagen nicht zu begrenzen, wurden diese Arbeitsschritte mit der nötigen Strenge unternommen. Dazu wurden zu jedem Satz, Abschnitt und Segment möglichst viele Lesarten entwickelt, die hinsichtlich ihrer Relevanz im Verlauf der Interpretation an den folgenden Elementen überprüft wurden. Ebenso wurden externe Evokationen betrachtet und evaluative Kommentare des Erzählenden bezüglich ihrer Entstehungen analysiert.[171] Die Verlaufsstrukturen der dargelegten Prozesse wurden unter Berücksichtigung möglichst aller relevanten Einflussgrößen beschrieben: biologische Wandlungsprozesse, biografische Handlungsmuster, Verlaufskurven, institutionelle rahmen-bedingte Ablaufmuster und eventuelle Kombinatio-

---

[166] Schütze, F. (1983): Biographieforschung und narratives Interview, S. 286.
[167] Vgl. Hermanns, H. (1992): Die Auswertung narrativer Interviews. Ein Beispiel für qualitative Verfahren, S. 121.
[168] Eingefügt vom Erzählenden, um dem Zuhörer das Geschilderte zu verdeutlichen, wenn das bisher Erzählte als nicht ausreichend verständlich erachtet wurde.
[169] Der Erzähler belegt hiermit die zuvor mitgeteilten argumentativen Äußerungen, indem er tatsächlich erlebte Situationen schildert oder mehrere verdichtet.
[170] Vgl. Schütze, F. (1983): Biographieforschung und narratives Interview, S. 286.
[171] Vgl. ebd., S. 263.

nen.[172] Die anschließende verbale Expansion befasste sich dementsprechend mit der Sinngesamtheit des Texts und mit vorhandenen Bedeutungen.[173]

c) Analytische Abstraktion

„Das Ergebnis der strukturellen inhaltlichen Beschreibung wird im dritten Abschnitt der Auswertung, nämlich in der analytischen Abstraktion, von den Details der einzelnen dargestellten Lebensabschnitte gelöst, die abstrahierenden Strukturaussagen zu den einzelnen Lebensabschnitten werden systematisch miteinander in Beziehung gesetzt, und auf dieser Grundlage wird die biographische Gesamtformung, d. h. die lebensgeschichtliche Abfolge der erfahrungsdominanten Prozeßstrukturen in den einzelnen Lebensabschnitten bis hin zur gegenwärtig dominanten Prozeßstruktur herausgearbeitet. [So werden] der wesentliche Ereignisablauf und die grundlegende biographische Erfahrungsaufschichtung ermittelt [...].“[174]

Die Resultate der strukturellen inhaltlichen Beschreibung der vorliegenden Analysearbeit wurden anschließend, unter Einbezug deskriptiver und analytische Kategorien, systematisch und in abstrakter Weise miteinander verknüpft, damit ein Strukturplan der Gesamtschilderung entwickelt werden konnte. Auf seiner Basis konnten anschließend durch Rekonstruktion des biografischen Gesamtverlaufs dieser Strukturplan und die dazugehörigen Erfahrungsauf-schichtungen beschrieben und die biografische Gesamtformung erstellt werden (siehe Kapitel 4).

d) Wissensanalyse

„Erst nachdem so der wesentliche Ereignisablauf und die grundlegende biographische Erfahrungsaufschichtung ermittelt ist, [sic] wird es in einem vierten Auswertungsschritt, der Wissensanalyse, möglich, die eigentheoretischen, argumentativen Einlassungen des Informanten zu seiner Lebensgeschichte und zu seiner Identität sowohl aus den Erzählpassagen der beiden ersten Interviewabschnitte als auch aus dem abschließenden argumentierenden und abstrahierenden Abschnitt des narrativen Interviews zu explizieren und unter Ansehung des Ereignisablaufs, der Erfahrungsaufschichtung und des Wechsels zwischen den dominanten Prozeßstrukturen des Lebensablaufs systematisch auf ihre Orientierungs-, Verarbeitungs-, Deutungs-, Selbstdefinitions-, Legitimations-, Ausblendungs- und Verdrängungsfunktion hin zu interpretieren. Ohne den lebensgeschichtlichen Ereignis- und Erfahrungsrahmen für die eigentheoretischen Wissensproduktionen des Biographieträgers zu kennen, ist es unmöglich, den Stellenwert autobiographischer Theorieproduktionen für den Lebensablauf zu bestimmen.“[175]

---

[172] Vgl. Schütze, F. (1981): Prozeßstrukturen des Lebensablaufs, S. 67-156.
[173] Vgl. Wiedemann / Peter M. (1986): Erzählte Wirklichkeit. Zur Theorie und Auswertung narrativer Interviews, S. S. 149
[174] Schütze, F. (1983): Biographieforschung und narratives Interview, S. 286.
[175] Ebd., S. 286 f.

Die beschriebenen Arbeitsschritte bildeten eine geeignete Basis für die Wissens-analyse. Diese findet sich in Kapitel 4 in den jeweiligen Einzelfallvorstellungen. Eigentheorien des Erzählträgers bezüglich seiner Entwicklung wurden einbezogen.

Auf e) den kontrastiven Vergleich der Transkripte wird in Kapitel 5 und zusammengefasst in Kapitel 6 eingegangen; f) die Konstruktion eines theoretischen Modells findet sich in angeglichener Form einer Schlussfolgerung in Kapitel 7.

4. Fallvorstellungen

4.1 Interviewpartner 1

Legende:

Kürzel / Hervorhebung	Bedeutung
IP1	Interviewpartner 1
SV	Stiefvater
z.Z.d.I.	zur Zeit des Interviews
.. (Zitat)	Kurze Pause (1-2 Sekunden)
… (Zitat)	Längere Pause (3-4 Sekunden)

4.1.1 Personenvorstellung

IP1 war zur Zeit des Interviews nicht verheiratet oder liiert, kinderlos und arbeitete selbstständig im Bereich Internetmarketing. Er ist der älteste Bruder von vier weiteren Geschwistern, einer leiblichen Schwester und drei Halbgeschwistern. Mit seiner leiblichen Schwester und der Halbschwester mütterlicherseits ist er in der ehemaligen DDR aufgewachsen. Mit den Halbgeschwistern väterlicherseits gab es in der gesamten Kindheit und Jugend keinen Kontakt, der auch heute nur sehr sporadisch besteht.[176]

Seine Eltern (Vater verstarb mit 65 Jahren: Koch, Mutter z.Z.d.I. 62 Jahre alt, Hebamme, neu verheiratet) ließen sich scheiden, als er ca. fünf Jahre alt war. Nach etwa einem Jahr wuchs er unter einem tyrannischen, gewalttätigen und pädophilen Stiefvater (verstarb mit Mitte 60, Klempner) auf.[177]

IP1 absolvierte ein Abitur, studierte danach einige Jahre in mehreren Fachrichtungen, erlangte jedoch keine Qualifikation oder anderweitige Abschlüsse auf beruflicher Ebene. Als Quereinsteiger fand er zu seiner selbstständigen Tätigkeit, die ihn erfüllt. Mit seinem Leben ist er zufrieden und er bezeichnet sich als glücklich.[178]

4.1.2 Interviewverlauf

Der Kontakt zu IP1 konnte aufgenommen werden, nachdem ich in meinem privaten Umfeld von meiner geplanten Forschung gesprochen und ein Freund

---

[176] Transkript 1, S. 25-28 [Segment 158].
[177] Transkript 1, S. 2 [Segment 3-3b], S. 3 [Segment 6-8a], S. 9 [Segment 55], S. 29-30 [Segment T2].
[178] Transkript 1, S. 25-28 [Segment 158], S. 35 [Segment T45-47].

einen Bekannten empfohlen hatte. Ich erhielt nach dessen Erlaubnis die Telefonnummer des Betroffenen. Beim ersten Telefonat erklärte er mir, dass er unter einem gewalttätigen und pädophilen SV aufgewachsen sei, dass ihn das nicht mehr belaste und er ein sorgenfreies, schönes Leben führe und glücklich sei. Ich erklärte mein Forschungsinteresse und die gewählte Methode. Bereits bei diesem ersten Telefonat baute sich eine Form von Vertrautheit auf, in der das Gefühl entstand, als würden wir uns bereits kennen. Daher einigten wir uns recht schnell auf eine informelle Anrede per Du. Angesichts meiner Forschungsperspektive schien mir ein Interview mit IP1 sinnvoll, dieser willigte ein. Etwa zwei Wochen später fand das Interview im Haushalt von IP1 statt. Größtenteils befanden wir uns im Wohnzimmer, zwischenzeitlich in der Küche, als IP1 rauchte. IP1 trug lockere Kleidung, was die von Beginn an recht gelöste Atmosphäre unterstrich. Das Interview begann recht schnell, ca. fünf Minuten nach meinem Eintreffen und nachdem alle rechtlichen Bedingungen schriftlich festgehalten wurden. Durch meine Eingangsfrage begann er mit der ersten Erinnerung an „diese spezielle Lebensgeschichte"[179] und dem direkten Einstieg in die Trennung der leiblichen Eltern. Diese bildete allerdings nur die Ausgangslage der eigentlichen Erzählung: dem Eintritt des SV in die Familie, der vorerst nett auftrat und dann zu der im Vorgespräch angesprochenen Rolle des Gewaltausübenden wechselte. Die Schilderungen hierzu hatten eher umschreibenden Charakter. Es gab nur wenige detaillierte Darstellungen (IP1 beschrieb dies als schwierig[180]), jedoch verdeutlichte er die Geschehnisse durch das Benennen von Gefühlen wie Todesangst, Ohnmacht, Angst und Schutzlosigkeit.[181] Die ersten Erzählungen blieben eher unscharf und endeten nach ca. sieben Minuten mit einer Frage. Als ich versuchte, durch einen Erzählstimulus auf der Gefühlsebene Anregungen zu setzen, folgte ein weiterer Redefluss von ca. fünfzig Minuten und ich hatte den Eindruck, dass mein Vorhaben glückte. Die Ausführungen von IP1 waren relativ chronologisch, erweckten aber nicht den Eindruck, als seien sie vorher durchdacht oder positiviert worden. Eine große Rolle während des gesamten Interviews spielte der ab Segment 31 erwähnte Notwehrkampfakt gegen seinen SV. Hier war die erste detaillierte Schilderung zu beobachten und fortlaufend wurde in den Erzählungen begründend und/oder argumentierend auf dieses Szenario verwiesen.[182] Nach diesen ca. fünfzig Minuten begann ich mit den Fragen, die ich mir während der vorangegangenen Redezeit notiert hatte. Sie animierten zu weiterem Erzählen, wobei ich immer wieder Zwischenfragen stellte, sodass teilweise ein kleiner Dialog entstand. Durch diese Zwischenfragen schaffte es IP1 teilweise, seine

---

[179] Transkript 1, S. 1 (Zeile 11).
[180] Transkript 1, S. 3 [Segment 6a].
[181] Transkript 1, S. 1-2 [Segment 1-3b], S. 3 [Segment 8-8a], S. 29-30 [Segment T2].
[182] Transkript 1, S. 5-7 [Segment 31-45], S. 8 [Segment 50-50a], S. 11 [Segment 71a], S. 16 [Segment 102], S. 17 [Segment 110], S. 33 [Segment T26, T29].

Gefühlsdarstellungen und seine Hintergrundideen genauer und mit Beispielen bestückt zu verdeutlichen. Die Atmosphäre blieb ungezwungen. Den letzten Abschnitt des Interviews bildeten meine examenten Fragen, die ebenfalls neue Erzählsequenzen hervorriefen.

Besonders auffällig war das durchgängige Bestreben des IP1, die Bedeutung von Logik in fast allen Bereichen seines Lebens hervorzuheben.[183] Nach meinem Frageteil endete das Interview mit der Bekundung seines Interesses für Studien wie die vorliegende, die er als „spannend"[184] umschrieb. Im Nachgespräch zeigte sich IP1 gelassen, hatte keine weiteren Fragen und wir verabschiedeten uns schnell und freundlich, mit dem Hinweis, dass beide Parteien für eventuelle Nachfragen oder Zusatzhinweise erreichbar seien.

Während der Transkription ergaben sich weitere Fragen, die ich ca. drei Wochen nach dem Interview telefonisch stellte. IP1 war offen für ein Telefonat, für das mindestens eine Stunde ungestörte Zeit eingeräumt werden sollte. Ein erneutes Treffen vor Ort schien mir nicht zwingend notwendig. Das Telefonat startete fast direkt mit dem Betätigen des Diktiergeräts und meiner ersten Frage. Es dauerte ca. 45 Minuten und ging teilweise sehr in die Tiefe, besonders auf der Gefühlsebene. Anknüpfend an das Gefühl des eigentlichen Interviews, bot auch dieses Gespräch keinen Verdacht auf Verschönerungen bei dem Erzählten.[185]

Allerdings fiel auf, dass IP1 während des Interviews und des Telefonats sehr auf einen gewählten Sprachausdruck zu achten schien. Nur in einem kleinen Abschnitt während des Telefongesprächs wechselte er in eine derbere Umgangssprache.[186]

Das Telefonat wurde freundlich beendet. Weitere telefonische Kontakte gab es nicht. Die Frage nach der persönlichen Definition eines guten Lebens wurde nachträglich per E-Mail gestellt und schriftlich beantwortet.

4.1.3 Fallvorstellung

Signifikante Themen und Epochen

1. Kindheitsalter bis zum Eintreten der Pubertät und dem von ihm betonten einschneidenden Kampf mit dem SV im Alter von 16 Jahren
2. Zeit nach dem Kampf, Oberstufe des Gymnasiums, folgende Studienwechsel und einschneidender Auslandsaufenthalt

---

[183] Transkript 1, S. 4 [Segment 13], S. 4 [Segment 19-24a], S. 5 [Segment 26b-26c], S. 15 [Segment 100], S. 17 [Segment 112], S. 23 [Segment 146], S. 24 [Segment 151d], S. 40 [Segment T88, T92].
[184] Transkript 1, S. 28 (Zeile 924).
[185] Transkript 1, S. 29-40 [Segment T1-T93].
[186] Transkript 1, S. 33-34 [Segment T22-T30a].

3. Signifikante Marker von Selbstwahrnehmung und Reflektionen, Beziehungs-
gestaltung zur Mutter
4. Entscheidung zur Selbstständigkeit, Meistern des Berufslebens und Betrachtung des eigenen Lebens als gut

1.

Laut IP1 ließen sich seine Eltern scheiden, als er ca. fünf Jahre alt war. Er kann
sich an die Auszugsszenarien vage erinnern, hat diese aber nicht näher ausge-
führt. Unmittelbar danach zog der künftige SV in den Haushalt der Familie
ein. Der bisherige Haushalt bestand neben ihm selbst aus der Mutter und seiner
jüngeren Schwester, später kam noch eine Schwester aus der Verbindung der
Mutter zum SV dazu. Das erste Jahr im Zusammenleben mit dem SV beschrieb
IP1 als „sehr interessante Zeit"[187], er erlebte den SV als „sehr nett, sehr liebens-
würdig [...]"[188], „parallel dazu auch als sehr männlich, stark, dominant"[189].
Danach entwickelte der SV „plötzlich eine sehr, sehr bestimmende Rolle"[190],
die zu vielen Gewalttaten gegenüber den beiden Geschwisterkindern führte.
IP1 berichtet von Gewalt und Unterdrückung, „permanente[n] Schläge[n],
permanent[em] Terror"[191] durch den SV, die nicht nur die Kinder, sondern
auch die Mutter betrafen.[192] Er schilderte während des Interviews zeitversetzt
Szenarien, in denen er z. B. als kleiner Junge gezwungen wurde, ein Pensum
an Liegestützen zu erfüllen, was unmöglich war. Daher wurde er mit Schlägen
oder durch das Eintauchen seines Gesichts in kaltes Wasser bestraft.[193] Er führte
aus, dass er bei einigen dieser Tauchsituationen ein Gefühl von Todesangst
verspürte.[194] Generell charakterisierte er seine kindliche Gefühlswelt mit Begriffen wie Angst, Ohnmacht, Schwäche und Minderwertigkeit. Sie wurde durch
tägliche Übergriffe des SV hervorgerufen, die für ihn und seine Schwester
allerdings „völlig normal"[195], „Standard"[196] und „üblich"[197] waren.[198] Mit dem
Einsetzen der Adoleszenz in einem Alter von dreizehn bis vierzehn Jahren habe
er jedoch angefangen, diese Familienverhältnisse näher zu beleuchten und zu
hinterfragen, indem der sie mit denen aus dem Freundeskreis verglich. Das war

---

[187] Transkript 1, S. 1 (Zeile 18).
[188] Transkript 1, S. 1 (Zeile 19).
[189] Transkript 1, S. 1 (Zeile 19-20).
[190] Transkript 1, S. 1 (Zeile 24).
[191] Transkript 1, S. 2 (Zeile 47).
[192] Transkript 1, S. 2 [Segment 3-3b].
[193] Transkript 1, S. 3 [Segment 7-7a].
[194] Transkript 1, S. 3 [Segment 8a], S. 29-30 [Segment T2].
[195] Transkript 1, S. 2 (Zeile 49).
[196] Transkript 1, S. 3 (Zeile 80).
[197] Ebd.
[198] Transkript 1, S. 3 [Segment 8, 8a], S. 29-30 [Segment T2], S. 38 [Segment T69].

der Beginn des Begreifens, dass dieser Zustand „nicht normal"[199] und üblich war.[200] Als besonders hilfreich benannte er die schulische Aufwertung mit dem Eintritt in die Oberstufe und einer „knüppelharte[n] Geschichtslehrerin"[201], die ihm half zu begreifen, dass er zu logischem Denken in der Lage sei und dieses auch gezielt anwenden könne, um seine schulischen Leistungen zu verbessern. Dies bezeichnete er als „Schlüsselerlebnis,"[202] als „Aha-Erlebnis"[203] im Aufbau einer „eigenständigen Persönlichkeit"[204]. Das anerzogene Gefühl der Minderwertigkeit begann zu schwinden.[205] Ein weiteres Mal verknüpft er die Bedeutung von Logik in seinem Leben durch das beginnende Interesse an PCs und dem Programmieren, was er im Alter von sechzehn Jahren als sein Hobby definierte.[206] Er benannte eine weitere Person, die auf ebenso signifikante Weise behilflich war: seine erste Freundin. Durch das Interesse eines gleichaltrigen Mädchens fühlte er sich in seiner Person aufgewertet.[207] Ähnlich wirkte der Beitritt in einen Kampfsportverein mit einer „sehr harten Variation von einem Kampftraining"[208], das ihm erlaubte, die bei ihm aufkommenden Aggressionen zu kanalisieren und dadurch innerlich ruhiger zu werden.[209]

Als absoluten Marker einer biografischen Wandlung benannte er einen Kampf mit dem SV im Alter von sechzehn Jahren. Als direkten Auslöser bezeichnete er das Bestreben des SV, die weitere Aktivität im Kampfsportverein verhindern zu wollen. Als er versuchte „wieder diese Gewalt"[210] gegen ihn auszuüben, entschied IP1 in diesem Moment: „Nö, das mache ich jetzt nicht mehr mit."[211] Sie prügelten sich. Er habe den SV durch seine Kampfsporterfahrungen in die Knie zwingen können. IP1 hob besonders hervor, dass sich weder er selbst noch ein anderes Familienmitglied je zuvor gewehrt hätten: „niemand von uns."[212] Er beschrieb eindrücklich, wie er sich an erschütterte und angsterfüllte Gesichter und Rufe der Schwestern und der Mutter erinnerte.

> „Und.. ich lag da am Boden.. ja, ich erinnere mich – das war kein Schwitzkasten.. ich hatte den in nem.. Armhebel und ich merkte, ich erzeuge Schmerzen bei ihm, er kommt nicht raus.., weil die Kraft war ja da, für mich. Ich konnte erleben, ich als Jugendlicher, als Halbwüchsiger konnte einen großen, überstarken, ständig Terror aus-

---

199 Transkript 1, S. 2 (Zeile 60).
200 Transkript 1, S. 2 [Segment 5-5c].
201 Transkript 1, S. 5 (Zeile 145).
202 Transkript 1, S. 4 (Zeile 130).
203 Transkript 1, S. 5 (Zeile 149).
204 Transkript 1, S. 5 (Zeile 150).
205 Transkript 1, S. 4-5 [Segment 26-28].
206 Transkript 1, S. 5 [Segment 29-30].
207 Transkript 1, S. 4 [Segment 22-22a], S. 22 [Segment 138].
208 Transkript 1, S. 5 (Zeile 164).
209 Transkript 1, S. 4 [Segment 18], S. 5 [Segment 31a].
210 Transkript 1, S. 6 (Zeile 166).
211 Transkript 1, S. 6 (Zeile 167).
212 Transkript 1, S. 6 (Zeile 170).

übenden Mann unter Kontrolle halten..."[213] „...Und dann hab ich mich dann damals entschieden – ich brech das jetzt ab – weil äh... äh... ich brech diese Klammersituation ab, diesen, diesen Kampf, damit ich einfach halt hier noch physisch da bin und ähm.. damit meinen Schwestern nichts passiert. Weil es gab keine andere Beschützerperson für die Schwestern, ja."[214]

Man konnte während der Erzählung die Bedeutung dieser Situation spüren. Im Verlauf des Interviews verwies er auch viele Male wiederholt auf genau diese Situation, die er als Auslöser von Denkprozessen und als starken Baustein für seine persönliche Entwicklung bezeichnete.[215] Ebenfalls fiel auf, dass der Moment der Verteidigung gegen den SV und der Abbruch der Auseinandersetzung als selbstentschiedener Prozess dargestellt wurde: zum einen die selbst gefällte Entscheidung zur Gegenwehr zum anderen die des Kampfabbruchs zum Schutz der Geschwister.[216]

2.

Nach dieser Kampfsituation hörten die körperlichen Attacken des SV auf. Psychische Gewalt war jedoch noch immer vorhanden und der SV zeigte sich weiterhin sexuell übergriffig gegenüber der leiblichen Schwester. Allerdings hatte sich die Situation für IP1 erheblich verändert, da der geschilderte Kampf einen „gewissen Push"[217] bei ihm auslöste.[218] Direkt nach dieser Kampfsituation ging sein schulischer Werdegang „steil nach oben"[219], wodurch sich sein „Ego komplett neu aufbaute"[220]. Vor Szenarien wie der „Hefterkontrolle"[221], womit der SV die Kinder psychisch unter Druck hielt, hatte IP1 nun keine Angst mehr. Er sah, wie der SV die Dinge, die er zu kontrollieren versuchte, nicht mehr verstand. Aber die guten Noten bekam er zu sehen, was IP1 schlussfolgern ließ: „Aha, er steht intellektuell weit unter mir und er steht körperlich unter mir. Und sein Druckmittel zum Terror durch Hefterkontrolle war – ups – weg."[222] Er hob hervor, wie er dann aktiv begann, diese Situationen und deren Wechselwirkungen zu betrachten. Er beschrieb das folgendermaßen:

„Und da kam ich auch auf die Idee, das alles zu beleuchten für mich. Ich pass in der Schule auf. Ich gehe ganz aktiv um in der Schule und schau mir Freunde an. Ich schau

---

213 Transkript 1, S. 6 (Zeile 180-184).
214 Transkript 1, S. 6 (Zeile 188-191).
215 Transkript 1, S. 6 [Segment 36], S. 7 [Segment 40, 45], S. 11 [Segment 71-71a], S. 16 [Segment 102], S. 17 [Segment 110].
216 Transkript 1, S. 6 [Segment 31b, 36].
217 Transkript 1, S. 7 (Zeile 226).
218 Transkript 1, S. 7 [Segment 39], S. 9 [Segment 55, 60].
219 Transkript 1, S. 7 (Zeile 221).
220 Transkript 1, S. 7 (Zeile 224-225).
221 Transkript 1, S. 11 (Zeile 353).
222 Transkript 1, S. 11 (Zeile 361-363).

mir Lehrer und Lehrerinnen an: Was bringen die mir? Wie bringen die mich weiter? Welche Aktion bringt mich weiter?"[223]

Er begann also, Beobachtungen anzustellen, diese zu nutzen und Folgerungen daraus umzusetzen. „Und dann hab ich das plötzlich alles verstanden"[224], „[…] was ich zu tun habe, um die Fehler, die ich alle erlebt habe, nicht zu tun."[225] Er entwickelte die Idee, nach dem Abschluss der Schule Informatik zu studieren. Dies war naheliegend, da er sich darin zu dem damaligen Zeitpunkt sehr gut auskannte und seines Erachtens „besser und effektiver programmieren konnte als der eigentliche Informatiklehrer"[226] an der Schule. Auch diesen Umstand bezeichnete er als Push.[227] Doch obwohl er sich als innerlich vom SV abgelöst beschrieb und begann, seinen eigenen Zukunftsweg zu planen, befand sich der SV weiterhin in der Familie und war noch immer eine große Bedrohung. „Und das hat natürlich gebremst"[228], was zur Folge hatte, dass er weder Zeit noch Energie aufbringen konnte, um „Dinge zu machen, die andere Jugendliche in diesem Alter machen"[229]. Er verzichtete auf Partys und andere Freizeitbeschäftigungen, um in der Familie eine Ersatzbeschützerrolle übernehmen zu können.[230]

Seine leibliche Schwester, die den sexuellen Misshandlungen ausgesetzt war, entschied mit Hilfe des Kinderschutzbundes (der sie einige Zeit begleitete) aus der Familie auszubrechen und den Missbrauch anzuzeigen. Einen ähnlichen Weg wie seine Schwester zu gehen, konnte er sich nicht vorstellen, da er sich nicht logisch erklären konnte, wie ihn das Reden mit einer fremden Person über Dinge, die ihm widerfahren sind, in seinem Leben weiterbringen sollte.[231]

Bis zu diesem Zeitpunkt (kurz nach seinem achtzehnten Geburtstag) wohnte der SV noch in der Familie. Nach dem Ausbruch der Schwester reagierte auch die Mutter und warf den SV „proaktiv"[232] aus der Familie.[233] Die folgenden Gespräche mit Polizei und Anwälten erwähnte IP1 nur ganz kurz und verwies nochmals darauf, dass der SV seine psychische Anwesenheit nach dem Kampf für ihn verloren hatte.[234]

Er bestand schließlich sein Abitur mit einem Durchschnitt von 2,3. IP1 wies er darauf hin, wie verwundert er war und auch immer noch ist, dass er

---

223 Transkript 1, S. 12 (Zeile 370-373).
224 Transkript 1, S. 12 (Zeile 380).
225 Transkript 1, S. 12 (Zeile 380-381).
226 Transkript 1, S. 8 (Zeile 247-248).
227 Transkript 1, S. 8 [Segment 49-49b].
228 Transkript 1, S. 8 (Zeile 260).
229 Transkript 1, S. 8 (Zeile 262).
230 Transkript 1, S. 8-9 [Segment 52-53].
231 Transkript 1, S. 30-32 [Segment T3-T14], S. 35 [T40a-T44].
232 Transkript 1, S. 9 (Zeile 275).
233 Transkript 1, S. 9 [Segment 56-57].
234 Transkript 1, S. 9 [Segment 59-60].

trotz einer derartigen „desolaten Familiensituation"[235] einen solchen Abschluss erreichen konnte. Nun folgte die Zeit des, wie er es im späteren Verlauf als „Entdeckerkram"[236] bezeichnete, gebrochenen Lebenslaufs, den er damit erklärte, dass er sein Leben nicht als eine Art „Rekonstruktion"[237] planen konnte, sondern für sich völlig neu definieren musste.[238] IP1 versuchte sich in mehreren Studienrichtungen an Universitäten in verschiedenen Bundesländern. Aus Informatik wurde letztlich Geschichte, Erziehungswissenschaft und Philosophie. Beendet hat er allerdings keinen der Studiengänge. Er verwies aber auf eine weitere sehr wichtige Person in einem bedeutsamen Abschnitt seines Lebens: An der dritten Universität, bereits im Bereich Geschichte, Erziehungswissenschaft und Philosophie studierte er nicht nur, sondern arbeitete nebenher für einen Professor, den er als „sehr großen Mentor"[239] bezeichnete. Mit ihm habe er „das Bildungsportal entwickelt und programmiert und in die Universitäten eingeführt"[240]. Jener Professor habe ihm in dieser Arbeit viele Freiheiten gegeben, da er viel von ihm und seinen Kompetenzen gehalten habe, was schließlich dazu führte, erstmals Gedanken an eine spätere Selbstständigkeit im Berufsleben zu entwickeln.[241]

Trotz der Bedeutung des Professors und dieser Arbeit begann ihm die verpasste Pubertät zu fehlen und all die kleineren Eskalationen, die er damit verband. Er entschied sich zu weiteren Universitätswechseln, um diese verpasste Phase seines Lebens nachzuholen, indem er unter anderem in Studentenverbindungen eintrat.[242]

> „Und der richtige… der eigentliche Knoten, der bei mir geplatzt ist im Kopf, ist passiert, als ich für einige Zeit ins Ausland gegangen bin und wieder gekommen bin."[243] „Erwachsen geworden bin ich nur durch [Name des Landes]."[244]

IP1 hatte einen jungen Mann kennengelernt, der mit ihm in dessen Heimatland eine Firma aufbauen wollte, wozu sich IP1 überreden ließ. Dass dies schief ging, begründete er mit seiner Blauäugigkeit.[245] Als er wieder zurückkehrte, war er ohne finanzielle Mittel und wohnte vorübergehend bei seiner leiblichen Schwester.[246] Mit der Formulierung „da war jetzt plötzlich anders: der erwach-

---

235 Transkript 1, S. 8 (Zeile 237-238).
236 Transkript 1, S. 36 (Zeile 1177).
237 Transkript 1, S. 36 (Zeile 1174).
238 Transkript 1, S. 36 [Segment T52-T53].
239 Transkript 1, S. 10 (Zeile 314).
240 Transkript 1, S. 10 (Zeile 316-317).
241 Transkript 1, S. 10 [Segment 66-67], S. 26 [Segment 158].
242 Transkript 1, S. 14 [Segment 84-85].
243 Transkript 1, S. 14 (Zeile 438-439).
244 Transkript 1, S. 14 (Zeile 458).
245 Transkript 1, S. 14 [Segment 87-88].
246 Transkript 1, S. 14 [Segment 89], S. 38 [Segment T64-T67].

sene Geist"[247] beschrieb er allerdings eine Nahtoderfahrung während dieses Auslandsaufenthalts. Er erzählte, dass er zum Schwimmen ins Meer gegangen sei und ihn die Strömung immer weiter hinausgetrieben habe. Er überlebte wohl nur, weil er sich unter Wasser an den Korallen wieder an Land ziehen konnte. In dieser Situation hatte er sein Leben an sich vorbeiziehen sehen.[248] IP1 verglich diese Erfahrung mit den durchaus ähnlichen Nahtoderfahrungen aus seiner Kindheit, als er von seinem SV so oft und lange getaucht wurde, dass er überlegte „ob es noch Sinn macht, dagegen zu kämpfen oder einfach einzuatmen, damit alles vorbei ist"[249]. Als Kind habe er in diesen Momenten noch überlegen können, im Meer unter Wasser habe er jedoch das Gefühl gehabt, sein Leben sei in diesem Moment tatsächlich vorbei.[250] Wie er sich wieder an Land gekämpft hatte und zerschrammt und keuchend am Ufer saß, beschreibt er wie folgt: „Und dann saß ich dann da, so wie in einem Film, und hab nachgedacht über mich, über mein Leben."[251]

3.

Im Rückblick auf die Situation am Strand, als er über sein Leben nachdachte, charakterisierte er seine Beziehung zur Mutter als „erklärungsschwangere Bindung"[252], in der er, selbst in diesem Alter, noch immer versuchte, ihr alles recht zu machen und zu zeigen, dass er ein „guter Sohn"[253] sei. „Und dann hab ich so erkannt: Nee! Nee, ich muss da weg!"[254] Während seiner Erzählungen fiel immer wieder die Distanz zu seiner Mutter auf – hauptsächlich durch ihre Bezeichnung als „Mutterperson"[255], aber auch bei den häufig gestellten Fragen und Erklärungsversuchen zum Nichteingreifen, Nichtbeschützen ihrerseits, die er sich mit Beginn seiner Pubertät stellte. Doch obwohl es im gesamten Verlauf keine klaren Äußerungen zu einer inneren Nähe zu seiner Mutter gab, verwies IP1 durch den Wunsch, ihr alles recht zu machen, darauf, dass er nach Zuneigung und Anerkennung suchte.[256] Diese Anerkennung schien ihm jedoch häufig verwehrt worden zu sein. Konkret wurde dies durch seine Erzählung zum letzten „Abnabelungsprozess"[257], einem Balkongespräch, woraufhin der

---

247 Transkript 1, S. 37 (Zeile 1195-1196).
248 Transkript 1, S. 37 [Segment T54-T55, T58-T59].
249 Transkript 1, S. 37 (Zeile 1191-1192), [Segment T55-T55a].
250 Transkript 1, S. 37 [Segment T56].
251 Transkript 1, S. 37 (Zeile 1208-1209).
252 Transkript 1, S. 37 (Zeile1210).
253 Transkript 1, S. 37 (Zeile 1211-1212).
254 Transkript 1, S. 37 (Zeile 1213).
255 Transkript 1, S. 3 [Segment 9, 11], S. 4 [Segment 14], S. 17 [Segment 110], S. 19 [Segment 122a].
256 Transkript 1, S. 37 [Segment T61a].
257 Transkript 1, S. 37 (Zeile 1215).

Kontakt zu seiner Mutter schließlich ganz zum Erliegen kam: Nach seiner Rückkehr aus dem Ausland wohnte er bei seiner leiblichen Schwester, hatte weder Geld noch Kleidung oder sonstige Güter. In dieser Zeit nahm er finanzielle Hilfe seiner Mutter an und meldete sich beim Arbeitsamt, um Harz IV zu beantragen, was er spürbar ungern tat. In dieser Zeit kam es zu dem Gespräch, in dem es wohl um ihn, sein bisheriges Leben und seine Zukunft ging.[258]

> „[...] da gab's so Argumente, die da auf den Tisch geworfen wurden, wie: Alles was du gemacht hast, ist Scheiße, das taugt nichts "[259] und „alles was du gemacht hast, hat einfach <u>keinen</u> Wert."[260]

> „Und sie hat dann etwas ganz, ganz Falsches gemacht. Deswegen rede ich nicht mehr mit ihr. Ähm… die hat Argumente auf den Tisch geknallt wie der SV früher, der hat versucht, mich klein zu halten mit dem Argument: Du wirst ja dann Straßenkehrer oder arbeitest bei der Reinigung hier."[261]

Er verdeutlichte, wie er daraufhin „rotgesehen"[262] habe, weil seine Mutter in seinen Augen noch immer keine Mutterrolle erfüllte, wie er sie sich vorstellte, nämlich als starke und stabile Frau.[263] Nach diesem Gespräch nahm er sich dennoch nochmals Zeit, um bewusst seine Rolle in der Beziehung zur Mutter zu betrachten und schließlich den „nicht emotionsschwanger"[264], sondern überlegt gewählten, für ihn richtig erscheinenden Weg eines kompletten Bruchs zu gehen. So zog er ca. drei Monate später erneut weg.[265] Es folgten drei Jahre Arbeit und Kontakte mit Gerichtsvollziehern, bis seine finanzielle Situation schließlich wieder bereinigt war.[266] Trotz dieses beschriebenen Bruchs gab es jedoch in dieser Anfangszeit weiterhin einige sichtbare innere Konflikte zu seiner Mutter, da diese seine finanzielle Misslage als enorm schlimm empfunden habe,[267] was IP1 infrage stellte: „Ey, was ist jetzt schlimmer? Es zuzulassen, dass die Kinder geschlagen und gevögelt werden oder Schulden zu machen?"[268] Schließlich beschloss er endgültig für sich, dass sein Lebensweg ein anderer als der seiner Mutter sein sollte. Er wollte nicht dieses unbedingt gut bürgerliche Leben, das keine Kritikfläche für andere bietet. Das habe er ihr dann in einem Brief geschrieben und seitdem haben sich beide tatsächlich weder gesehen, noch in sonstiger Form miteinander kommuniziert.[269]

---

258 Transkript 1, S. 37-38 [Segment T62b-T69].
259 Transkript 1, S. 38 (Zeile 1237-1238).
260 Transkript 1, S. 38 (Zeile 1239-1240).
261 Transkript 1, S. 38 (Zeile 1241-1244).
262 Transkript 1, S. 38 (Zeile 1245).
263 Transkript 1, S. 38 [Segment T70-T71].
264 Transkript 1, S. 39 (Zeile 1262).
265 Transkript 1, S. 38-39 [Segment T73-T78].
266 Transkript 1, S. 39 [Segment T79-T80a].
267 Transkript 1, S. 39 [Segment T79].
268 Transkript 1, S. 39 (Zeile 1271-1272).
269 Transkript 1, S. 39 [Segment T82-T83].

4.

2003 hatte IP1 mit einer Kommilitonin den Entschluss gefasst, eine GbR zu gründen und sich im Bereich Internetmarketing selbstständig zu machen. Den Weg in die Geschäftswelt beschreibt er als gemeisterte Herausforderung, da besonders die Anfangsjahre sehr hart gewesen seien. Im ersten Jahr habe es nur einen Umsatz von 700 Euro gegeben und meinte: „Ich weiß gar nicht mehr, wie ich da überlebt habe...“[270] Dennoch war im gesamten Gespräch der Stolz gegenüber seiner Arbeit und den Erfolgen, die inzwischen damit einhergehen, zu spüren. Als signifikanten Auslöser zur Motivation, nach dem Auslandsaufenthalt wieder neu anzufangen, nannte er die „Hintergrundstory aus der Familie“[271], als er sich aktiv gedanklich mit seinem Zukunftsweg und den verschiedenen Möglichkeiten beschäftigte. Er wollte selbstständig sein; ein selbstständiger Mensch sein.[272] „Die Grundlage dafür liegt irgendwie auch in den Erlebnissen, die ich mit 16 gemacht hatte, mit der Änderung meiner Denkstruktur.“[273] Er bezog sich auf das Lösen von Problemen mit seiner, im Interview häufig benannten, logischen Herangehensweise.[274] Die finanziellen Schwierigkeiten aus dem ersten Jahr seiner Berufstätigkeit schwanden nach und nach, unter anderem dadurch, dass er die Angst besiegte, in Akquiseprozesse hinein zu gehen. Im ersten Jahr habe er diese Kunden noch oft mit dem SV verglichen und Angst vor Autoritäten verspürt. Das habe er allerdings recht schnell erkannt und sei aktiv dagegen vorgegangen, indem er sich immer wieder bewusst an die Zeit ab sechzehn Jahren erinnerte, als er die Autorität des SV hinterfragte.[275] Zudem besann er sich regelmäßig auf die damit verbundene Auswirkung auf seine Schulnoten, was er als „Erkenntnisgewinnungsprozess“[276] bezeichnete, der ihm „jetzt sehr weiter hilft“[277]. Diese Problemlösestrategien habe er bereits im Jugendalter als Werkzeug erkannt – sie zu nutzen habe er damals aber noch nicht gekonnt.[278] Allerdings habe er eine „Faszination für das Finden dieser Optionen“[279] entwickelt. Logik im Denken, nüchternes Betrachten schwieriger Situationen und die Prüfung verschiedener Möglichkeiten in einer Art „If-then-Anweisung“[280], um eine für ihn passende,

---

[270] Transkript 1, S. 15 (Zeile 481).
[271] Transkript 1, S. 15 (Zeile 465).
[272] Transkript 1, S. 15 [Segment 92-95].
[273] Transkript 1, S. 15 (Zeile 488-489).
[274] Transkript 1, S. 15 [Segment 99-100].
[275] Transkript 1, S. 15-16 [Segment 99-102, 104, 106-107, 109], S. 17 [Segment110-112].
[276] Transkript 1, S. 16 (Zeile 504).
[277] Transkript 1, S. 16 (Zeile 504-505), S. 16 [Segment 103].
[278] Transkript 1, S. 13 [Segment 82], S. 16 [Segment 106], S. 18 [Segment 117], S. 19 [Segment 121-122, 122b-124a], S. 20 [Segment 127], S. 29 [Segment N2-N3], S. 21 [Segment 133-134].
[279] Transkript 1, S. 13 (Zeile 421).
[280] Transkript 1, S. 23 (Zeile 749).

stimmige und erfolgreiche Entscheidung zu treffen, seien heute die Marker seines Lebens. Diese Methode wende er nicht nur im Berufsleben an, sondern auch auf persönlicher Ebene, wenn es um Paarbeziehungen gehe.[281]

Er bezeichnete sein Leben als gut, aber realistisch betrachtet als wandelbar, da es immer wieder schwierige Phasen geben könne. Dabei ist er sich allerdings sicher, Strategien zu besitzen, diesen effizient entgegenzutreten.[282]

4.1.4 Qualitative Analyse

IP1 wirkte während des gesamten Interviews recht gefasst und ruhig. Er verwies oft auf die Bedeutung logischen Handelns. Dies sei sein Mittel der Wahl in jedweder Lebenssituation.[283] Deutlich wies er darauf hin, dass dieses Umdenken zur Logik mit Eintritt in die Adoleszenz begonnen habe. Diese Einschätzung spiegelt sich in einigen seiner verlaufsgeschichtlichen Handlungsweisen wider: z. B. als er erklärte, wie er reflektiert und aktiv beschloss, sich mehr der Schule zu widmen, um dort bessere Leistungen zu erzielen. Denn er wollte unbedingt das Abitur schaffen.[284] Viele Studiengänge an unterschiedlichen Universitäten ohne Abschluss absolviert zu haben, begründete er damit, dass er sich in dieser Zeit in einer Art Pubertätsnachholphase befand, in der er nicht zielstrebig dachte und handelte.[285] Diese Argumentation erscheint schlüssig. Auch die Studienfächerwahl fügt sich in seine Erlebensgeschichte: Die Erziehungswissenschaft lässt auf Fragen seiner Familiengeschichte deuten, Geschichte lässt sich durch die Bedeutung der erwähnten Geschichtslehrerin erklären, die in ihm erstmals ein Selbstwertgefühl weckte, und die Philosophie spiegelt sich in seinen ab Klasse 11 beginnenden Logikfragen wider. Eine leichte Diskrepanz sind in seinen Äußerungen zu seinen Problemlösestrategien zu erkennen: In mehreren Passagen erzählt er davon, wie er schwierige Situationen zwar durchdachte, aber schließlich zu dem Schluss kam, sich ihr zu entziehen.[286] Er bezeichnete diese Entscheidungen zwar immer als logisch durchdachte Konsequenz, die er bewusst gezogen habe. Allerdings kann durchaus eine Tendenz zur Umgehung von Schwierigkeiten festgestellt werden, woraus sich die Frage ergibt: Ist ein Verlassen des Orts, der Situation oder der Person, die ihm Schwierigkeiten bereiten, eine wirksame Strategie der Problembewältigung?

---

[281] Transkript 1, S. 12 [Segment 79], S. 15 [Segment 100], S. 19 [Segment 123-124], S. 20-21 [Segment 129-131], S. 23 [Segment 145-148a], S. 24 [Segment 151d], S. 40 [Segment T92].

[282] Transkript 1, S. 18 [Segment 119], S. 19 [Segment 120-121, 123-124a], S. 23 [Segment 145-146], S. 41 [Segment M1].

[283] Transkript 1, S. 4 [Segment 13], S. 15 [Segment 100], S. 23 [Segment 145-148a], S. 40 [Segment T92].

[284] Transkript 1, S. 12 [Segment 77-77b].

[285] Transkript 1, S. 14 [Segment 84-85].

[286] Transkript 1, S. 23 [Segment 145-147a].

Ähnlich verhält es sich hinsichtlich seiner Äußerungen zu Autoritäten: Er beschrieb eindrücklich und wiederholt, dass er keine Angst mehr vor Autoritäten habe, seit er den SV bei besagtem Kampf in die Knie gezwungen habe. Er erzählte dies in Form eines Endresultats[287], was aber im weiteren Verlauf Widersprüche hervorrief. In Bezug auf das erste Jahr seiner Selbstständigkeit berichtete er etwa von vielen Momenten mit Autoritätspersonen, die mit denen des SV vergleichbar seien.[288] Derartige Momente habe er aber dann durch einen bestimmten, sehr reichen Kunden verloren. Diesen Vorgang beschrieb er zwar recht stimmig, z. B. habe er bewusst festgestellt, dass diese Angst in ihm sei und er sich darauf konzentriert habe, sie zu beseitigen.[289] Seine Äußerung im Hinblick auf Autoritätspersonen zeigt bei dem Vergleich mit dem Wort *anbeten* allerdings eine etwas radikal erscheinende Ausdrucksweise: „wie Leute um mich herum sagten: ‚Oh mein Gott, das ist eine gewaltige, gigantische Autorität, man muss ihn anbeten‘.“[290] Offenbar unterscheidet IP1 zwischen zweierlei Maß. Einerseits scheint er mit dem Wort *anbeten* ein totalitäres (unterwürfig wirkendes) Annehmen einer Person zu meinen. Wobei er andererseits jedoch durch diesen einen Vorfall mit dem SV begriffen habe, jede Autorität hinterfragen und prüfen zu müssen.[291] Es stellt sich die Frage, ob er tatsächlich keine Angst mehr vor Autoritätspersonen hat oder ob ein Ausweichmechanismus greift, womit er Unterordnungen gezielt aus dem Weg geht. Ihm ist wichtig, besonders eigenständig und selbstständig zu sein und niemanden als Chef über ihm zu haben:

> „Genau selbstständig sein.. das war.. das hab ich dann auch deswegen durchgezogen, weil ich immer sehr viel Wert darauf gelegt hatte: Ein selbstständiger Mensch, selbstwirksam zu sein. Dinge zu tun, die für mich äh.. intellektuell anregend sind.“[292]

Auch im Nachhall des Interviews betonte IP1, dass er kein Typ für vorgegebene Arbeitszeiten und Arbeitsweisen irgendwelcher Vorgesetzter sei.[293] Für ihn spricht der Erfolg seines Unternehmens, auf den er verweist. Allerdings betont IP1 häufig die Arbeit mit sehr wichtigen oder berühmten Großkunden. Es scheint, als befinde er sich in einer dauerhaften Auseinandersetzung mit Personen, die er als *Autorität* oder *groß* beschreibt. Er möchte mit ihnen mithalten, sie kleiner als sich selbst – aber mindestens auf Augenhöhe – darstellen zu können. Da es sich bei diesen Autoritäten oftmals um seine Kunden handelt, die ihn für seine Dienstleistungen bezahlen und seine Expertise benötigen, wird sein Selbstwert gesteigert. Dass es in ihm einen enormen Drang gibt, wert-

---

287 Transkript 1, S. 10 [Segment 70].
288 Transkript 1, S. 17 [Segment 112].
289 Transkript 1, S. 17-18 [Segment [113-116a].
290 Transkript 1, S. 16 (Zeile 497-498).
291 Transkript 1, S. 10-11 [Segment 70-72a], S. 16 [Segment 102].
292 Transkript 1, S. 15 (Zeile 471-473).
293 Transkript 1, S. 15 [Segment 94] S. 29 [Segment N1].

geschätzt zu werden, lässt sich durch die vielen Jahre der Unterdrückung und Erniedrigung als Kind durch den SV erklären.[294] Der Wunsch, diese Wertschätzung von seiner Mutter zu erhalten, erfüllte sich offensichtlich nicht, so sehr er auch danach strebte.[295] Im Erzählverlauf zeichnete sich immer wieder eine starke Ambivalenz zur Mutter ab. Er sprach mehrfach von den Fragen als Jugendlicher, wieso die Mutter ihn und seine Schwestern nicht vor den Übergriffen des SV beschützt habe.[296] Er versuchte sich in Erklärungen, etwa dass der SV die Mutterinstinkte irgendwie ausgeschaltet habe,[297] und schlussfolgerte, dass sich die Mutter wohl in einer Art Schockstarre und „in einer Abhängigkeitsposition"[298] befand. Er benutzte häufig das Wort „Mutterperson"[299], vermutlich um Distanz herzustellen. Dennoch gibt es auch in seinem späteren Leben (nach dem Kontaktabbruch) viele Hinweise, die einem wirklichen Abschluss mit der Mutter widersprechen:[300]

> „Klar wurde mir nochmal, dass ich mich nicht binde, weil die meisten Frauen.. die, die ich so kennen gelernt habe bisher.. die sind wie meine Mutter. So unselbstständig und unklar und schwammig, untätig, unsicher und ningel, ningel und so."[301]

Recht häufig verglich IP1 im Interview potentielle Lebenspartnerinnen mit seiner Mutter. Diesen begegne er zwar regelmäßig, versuche aber immer wieder, ihnen aus dem Weg zu gehen. Es könnte vermutet werden, dass er diese Frauen unbewusst anzieht oder sucht, weil die ungeklärte Beziehung zur Mutter in ihm nachwirkt und ambivalente Gefühle hinterlassen hat. Er sucht eine „selbstständige, eigenständige, selbstbewusste Frau"[302], die er seiner Mutter entgegenstellt, scheint eine solche aber nicht zu finden. Die Gründe hierfür werden nicht klar. Allerdings scheint er nicht unter diesem Umstand zu leiden, denn in seiner Definition von einem guten Leben findet eine gelingende Partnerschaft keine Erwähnung.

Eindeutig lässt sich bei IP1 eine Stärke hervorheben: die Fähigkeit zur Eigenreflektion. Mit dem Einsetzen der Adoleszenz zieht sie sich durch sein ganzes Leben und hilft ihm, in schwierigen Situationen Lösungs- und Handlungsoptionen zu finden. Selbst bei nahegehenden Themen, wie den Charakterzügen seines SV, scheut er davor nicht zurück:

---

[294] Transkript 1, S. 3 [Segment 8], S. 29-30 [Segment T2], S. 38 [Segment T69].
[295] Transkript 1, S. 37 [Segment T61a], S. 38 [Segment T68].
[296] Transkript 1, S. 3 [Segment 10-12], S. 36 [Segment T51].
[297] Transkript 1, S. 4 [Segment 14], S. 36 [Segment T51a].
[298] Transkript 1, S. 36 (Zeile 1170-1171).
[299] Transkript 1, S. 3 (Zeile 86, 95), S. 4 (Zeile 106), S. 17 (Zeile 530), S. 19 (Zeile 616) u. a.
[300] Transkript 1, S. 24 [Segment 152], S. 39 [Segment T79-T80, T82-T83], S. 40 [Segment T85].
[301] Transkript 1, S. 40 (Zeile 1288-1290).
[302] Transkript 1, S. 40 (Zeile 1291).

„[I]ch muss das immer wieder für mich hinterfragen: Warum ist das so? Warum bin ich eine Autoritätsperson? Ich bin ganz sicher nicht eine Autoritätsperson gegenüber jungen Menschen, wenn ich Gewalt ausübe, körperlicher wie psychischer Art. Weil das kann ja nie nachhaltig sein."[303]

Er will sich von Verhaltensweisen und Mustern abgrenzen, unter denen er aufgewachsen ist, und hinterfragt sich regelmäßig – ob im Umgang mit seinen Nichten und Neffen oder in einer Partnerschaft.[304] Besonders hervorzuheben ist, dass er sich dabei bewusst die Gefühle seiner Kindheit ins Gedächtnis ruft.[305] In diesem Fall verlässt er sich nicht ausschließlich auf seine geschätzte gefühlsarme Logik, sondern bewegt sich gezielt auf der emotionalen Ebene. Als interessant beschreibt er, dass ihn die Erlebnisse seiner Kindheit bestärken:

„Ich finde es total interessant, wie viel Stärke man rauszieht, wenn man so eine scheiß Hintergrundgeschichte hat! Im Gegenteil zu denen, die normal aufgewachsen sind, so mit normaler Familie und tollen Freunden und so.. Wenn da was schiefläuft, dann fallen die alle einfach um. Und dann fällt mir auf, wie gesund ich eigentlich bin, oder Leute, die so aufgewachsen sind. Wir sind gar nicht komisch oder krank!"[306]

Hier findet eine Negativumkehr statt. Es gibt mehrere Stellen während des Gesprächs, in denen er Dankbarkeit beschreibt, Positives aus dem Erlebten zieht, was sich meist auf Entscheidungshilfen bezieht oder die Angst vor Problemen mildert:[307]

„Dann hab ich diese Probleme zu lösen. Und diese Kraft und diese Fähigkeit hab ich einfach entwickelt durch die schräge Familienbasis"[308], „weil ich durch diese Familiengeschichte das Weiterdenken gelernt habe."[309], „Das.. ja... das waren einfach Dinge, die musste ich mir selber aneignen.. die musste ich mir selber anschauen und.. äh.. das ist so die große Lehre. Das erlebe ich auch immer wieder, wenn ich jetzt im Erwachsenenalter ein Problem habe, im Job, im Privatleben. Ja, ich hab mich darum zu kümmern, dass ich mein Problem selbst löse, weil mir keiner dabei hilft."[310], „Und das hab ich in der Familie gelernt durch den sprichwörtlichen Sprung ins kalte Wasser."[311]

Eine weitere Ressource besteht in den eigenständigen Entscheidungshandlungen. Nachdem er mehrfach reflektiert und verschiedene Situationen und Handlungsmöglichkeiten beleuchtet hatte, traf er oft ganz gezielte, bewusste Entscheidungen. Einige Beispiele dazu: Er entschied sich dem SV zu widersetzen, er entschied sich bewusst zum Abbruch dieses Kampfes, entschied sich bewusst

---

303 Transkript 1, S. 12 (Zeile 386-389).
304 Transkript 1, S. 12 [Segment 78-79], S. 24 [Segment 151-151d], S. 31 [Segment T7-T11], S. 36 [Segment T49-T50].
305 Transkript 1, S. 20 [Segment 130], S. 24 [Segment 51c].
306 Transkript 1, S. 29 (Zeile 940-945).
307 Transkript 1, S. 16 [Segment 106, 109], S. 19 [Segment 119a], S. 29 [Segment N2-N3].
308 Transkript 1, S. 18-19 (Zeile 593-596).
309 Transkript 1, S. 16 (Zeile 524).
310 Transkript 1, S. 19 (Zeile 617-621).
311 Transkript 1, S. 20 (Zeile 635).

in der aktiv Schule mitzuarbeiten, selbst die Entscheidung, seine verpasste Pubertät nachzuholen und auszuleben, geschah bewusst; Gleiches gilt für zahlreiche Entscheidungen im Berufsleben. Häufig beschrieb er solche Situationen auch mit einem Hinsetzen und aktiven Nachdenken – er wollte überlegen und dann durchdacht handeln.[312] Nicht nur, aber besonders im Berufsleben zeigte sich, dass IP1 über Willensstärke verfügt: Nach dem Kampf mit dem SV verfiel er – trotz Versuchen des neuen Unterdrucksetzens – nicht wieder in die vorherige Opferrolle. Ihm war wichtig, das Abitur zu bestehen, also tat er, was dazu nötig war. Ihm war Abstand zu seiner Familie wichtig, also zog er um.[313] Ihm war Selbstständigkeit wichtig, also wagte er die Gründung seiner eigenen Firma als Quereinsteiger. Schwierigkeiten wie finanzielle Probleme oder Fehlschläge ließen ihn nicht kapitulieren. Er war sich vielmehr gewiss, jeder künftigen Schwierigkeit optimistisch entgegengehen zu können.[314] IP1 beschreibt sein Leben als gut, er zeigte sich stolz auf alles, was er erreicht hat, genießt seinen beruflichen Erfolg und ist sozial durch enge Freundschaften eingebunden. Er ist davon überzeugt, seinen weiteren Weg in jeder Hinsicht meistern zu können.[315]

4.1.5 Einflüsse auf signifikante Resilienzfaktoren

a) Fähigkeit zur bewussten und zielgerichteten Reflexion

Diese Eigenschaft gehört zu den Stärken von IP1. Ihr Ursprung findet sich im Eintritt in die Phase der Adoleszenz, als er begann, sich mit den Handlungsweisen des SV auseinanderzusetzen.[316] IP1 gab keine Person an, die ihm dahingehend unterstützend zur Seite gestanden hätte, und nannte kein bestimmtes Ereignis, das ihn diese Eigenschaft habe entwickeln lassen. Es weist demnach alles daraufhin, dass diese Fähigkeit auf der personalen Ebene liegt. Eine indirekte Förderung dieser Fähigkeit lässt sich allerdings im Zusammenhang mit der Geschichtslehrerin und den schulischen Aktivitäten erkennen. Erste positive Erfahrungen mit seiner neuen Form der Denkweise machte er in der Oberstufe des Gymnasiums, zum Beispiel in der Reaktion seiner Geschichtslehrerin. Weitere positive Rückmeldungen erhielt er später vom erwähnten Professor. Es zeigt sich also eine Förderung auf sozialer Ebene. IP1 definierte zwar sein logisches Handeln als seine Hauptcharakter-eigenschaft, doch bedingt auch

---

[312] Transkript 1, S. 13 [Segment 81], S. 15 [Segment 93], S. 36 [T49], S. 37 [T61].
[313] Transkript 1, S. 7 [Segment 42-43], S. 8 [Segment 47-51].
[314] Transkript 1, S. 10 [Segment 67-68], S. 14 [Segment 87-90], S. 15 [Segment 93-98], S. 18 [Segment 117].
[315] Transkript 1, S. 18-19 [Segment 119-119a], S. 23 [Segment 145-146], S. 35 [Segment T45], S. 41 [Segment M1].
[316] Transkript 1, S. 11 [Segment 73-74].

dies die Fähigkeit der Reflexion beim Betrachten von Situationen, im Prozess des Abwägens und Vergleichens, um anschließend einen logischen Weg zu erarbeiten. Unterstützung bot und bietet ebenso die Fähigkeit inkrementelle Erfahrungswerte zu erkennen und zu nutzen.

b) Autonomie

Der Drang nach Autonomie zeichnete sich bei IP1 erstmals nach dem Kampf mit dem SV ab und wurde mit der Steigerung der schulischen Mitwirkung und den daraus resultierenden besseren Leistungen konkreter. Als Ursache kommt zum einen der biografische Wandlungsprozess der Adoleszenz infrage, der ein neues Denken hervorgerufen zu haben scheint, zum anderen einer externen Förderung durch positive Erfahrungswerte auf sozialer Ebene - der institutionellen Grundlage der Schule. Nachdem er erkannt hatte, dass seine Handlungen eine bestimmte Wirkung erzielten, strengte er regelmäßig Selbstreflexionen an. Er erhob sich im Kampf mit dem SV zum ersten Mal gegen die ihm übergestülpten Vorschriften. Damit setzte er die Basis, um derartige Regeln (auch in Form von sozialüblichen Umgangsweisen mit Autoritäten) und Vorgaben von Vorgesetzten zu hinterfragen und sich diesen gegebenenfalls zu widersetzen. Dafür spricht der Weg in die berufliche Selbstständigkeit. Der besagte Kampf kann nicht vollends gesichert als Ursache für die Autonomie von IP1 gewertet werden, jedoch ist er als biologisches Handlungsmuster durchaus richtungsweisend.

c) Widerstandsfähigkeit, Durchhaltevermögen und Willensstärke

Es ist auffällig, dass diese Fertigkeiten gepaart mit Mut und Optimismus IP1 dazu verhalfen, immer wieder neue Wege zu gehen, um seine Ziele zu verfolgen. Der erste große Widerstand, der seine Machtlosigkeit beendete, zeigte sich im Kampf mit dem Stiefvater. Unterstützung zu diesem Prozess findet sich auf personaler Ebene die Entwicklungsphase der Adoleszenz (geistig, wie körperlich) und auf sozialer Ebene die Vereinsmitgliedschaft. Bedingt durch den Erfolg begann er, sein Leben zu planen, welches er mit großem Durchhaltevermögen in schwierigen Phasen zielgerichtet in eine positive Zukunft lenken konnte. Dabei unterstützte ihn auch sein – durch den biografischen Wandel verursachtes – verändertes Denkmuster. Trotz Rückschlägen und finanziellen Engpässen kapitulierte er nicht und behielt seine Ziele im Auge. Für die Berufswahl bot diese Haltung eine solide Grundlage. Vermutlich konnte er besonders durch seine Willensstärke den Weg der Selbstständigkeit meistern. Die Wahl der selbstständigen Tätigkeit auf dem Gebiet der IT kann auf die positiven Bewertungen und

Anleitungen des von IP1 erwähnten Professors zurückgeführt werden. Da IP1 diesen Professor als Mentor bezeichnete, könnte das Ziel, auf seinem Gebiet erfolgreich zu sein, auch mit dem Wunsch verbunden sein, den Professor in seiner Vision für IP1 zu bestätigen und ihn stolz zu machen (würde er noch leben).[317] Widerstand in Kindheitstagen blieb weitgehend unerwähnt, jedoch zeigt IP1 in dieser Zeit starkes Durchhaltevermögen. Denkbar ist die Grundlage einer auf personaler Ebene liegenden Eigenschaft, sich den Gegebenheiten unterzuordnen, bis sich die Gelegenheit zur Gegenwehr bot (bietet).

d) Aktive Bewältigungsstrategien

Es liegt nahe, dass diese Bewältigungsstrategien sich durch personale Faktoren (welche allerdings erst ab dem Pubertätsalter erkennbar sind), seine zielgerichtete Reflexionsfähigkeit sowie die Summe von Erfahrungswerten ausbau(t)en. Das erste Beispiel dazu findet sich in der körperlichen Gegenwehr zum Stiefvater. Durch die Reflexion des von ihm beschriebenen – auf

seiner eigenen Entscheidungshandlung beruhenden – Kampfes mit dem SV erkannte IP1, dass sich aufgrund dieser Auseinandersetzung die Gegebenheiten und die Handlungen des SV nachhaltig für IP1 zum Positiven veränderten. Von nun an wurde er nicht mehr körperlich geschlagen.[318] Ähnlichkeiten zeigten sich in der Schulzeit nach dem biografischen Wandlungsprozess der Adoleszenz. Mit neuen Denkstrukturen und bewussten Reflexionen des eigenen Handelns sowie den daraus resultierenden Folgen, begann er aktiv mitzuarbeiten und seinen weiteren Lebensweg mitzubestimmen. Dies verweist auf eine Förderung seiner internalen Kontrollüberzeugung auf sozialer Ebene. Inkrementelle Erfahrungswerte und die Erkenntnis, sich diese zunutze zu machen, boten daneben eine Stärkung auf dem weiteren Berufs- und Lebensweg.

e) Internale Kontrollüberzeugung

Die internale Kontrollüberzeugung scheint durch Erfahrungswerte gestärkt. Hervorzuheben sind folgende Erkenntnisse: dass er durch schulische Aktivität seine Noten verbessern konnte, dass er durch sein Verhalten dem SV gegenüber die häusliche Situation beeinflussen konnte, dass Naivität und zu wenig Recherche sein Auslandsprojekt scheitern ließen.[319] Erste Anzeichen internaler Kontrollgefühle zeigten sich mit dem biografischen Wandlungsprozess der Pu-

---

317 Transkript 1, S. 10 [Segment 66-67], S. 11 [Segment 72].
318 Transkript 1, S. 5-7 [Segment 31b-41, 43].
319 Transkript 1, S. 4-5 [Segment 26-29a], S. 7 [Segment 39-43], S. 12 [Segment 76-80], S. 14 [Segment 87-89].

bertät. Nach dem Kampf mit dem SV war IP1 sich seiner Wirkungsweise bewusst, ebenso im schulischen Bereich in Bezug auf die Notenvergabe. Demnach kann eine Förderung auf sozialer Ebene durch den institutionellen Rahmen der Schule und durch die ihm zugewandte Lehrerin beschrieben werden.[320] Bei Betrachtung des Kampfes und dem körperlichen Kontrollbewusstsein kann ebenfalls auf sozialer Ebene die Mitgliedschaft in dem Kampfsportverein als förderlich gewertet werden. Dass sich vor der Adoleszenzzeit keine signifikanten Anzeichen zur internalen Kontrollüberzeugung finden lassen, liegt wahrscheinlich an der vollständigen Unterdrückungssituation. Die heutige innere Sicherheit, bei Schwierigkeiten internale Kontrolle zu besitzen und zu behalten, stützt sich auf das Wissen um erfolgreiche Bewältigungsstrategien und inkrementelle Erfahrungswerte. Beides findet durch kontinuierliche Selbstreflexion von IP1 Bestätigung.

f) Freundeskreis und signifikante Personen

IP1 deutete in seinen Erzählungen eine positive Beeinflussung durch Vorbilder an. Er erwähnte zwar keine signifikanten Freundschaften, dafür allerdings zwei wichtige Personen, durch die er seinen eigenen Selbstwert erkennen konnte: die Geschichtslehrerin[321] und der Professor,[322] mit dem er in Studienzeiten zusammenarbeitete. Zwar weisen diese Personen nicht die in vorangegangenen Forschungen belegte Bedeutung konstanter Präsenz eines zuverlässig erreichbaren, unterstützenden Erwachsenen auf, da beide nur temporär und nicht als Ansprechpartner in schwierigen Situationen fungierten. Dennoch verkörperten beide eine Relevanz durch die Rolle eines sozialen Vorbilds nach Werner und Smith (1992).[323] Sie sind zudem im Kontext eines qualitativen Bildungsniveaus zu betrachten. Dies kann den Wunsch befördert haben, ein höheres Bildungsniveau zu erreichen. Auch wenn IP1 keinen Universitätsabschluss vorweisen kann, so bestand er sein Abitur und absolvierte danach eine universitäre Laufbahn. Dass er keinen Studiengang zum Abschluss brachte, lässt sich zu einem großen Teil auf die Umstände der Selbstfindungsphase zurückführen. Die Unterstützung durch die Lehrerin in seinem Selbstkonzept, das er im Zuge der Adoleszenz herausbildete, schien zudem mit dem Bestehen des Abiturs maßgeblich zum Erfolg beigetragen zu haben. Im Zuge der Bestärkung in seiner Person, seinem Können und der Idee zur beruflichen Selbstständigkeit war später der von ihm als Mentor bezeichnete Professor ausschlaggebend.

---

[320] Transkript 1, S. 4 [Segment 26].
[321] Transkript 1, S. 4-5 [Segment 26-27], S. 22 [Segment 137a].
[322] Transkript 1, S. 10 [Segment 66-67], S. 11 [Segment 72].
[323] Vgl. Werner, E. E. / Smith, R. S. (1992): Overcoming the Odds: High Risk Children from Birth to Adulthood.

g) Realismus und realistische Ziele

Die Zielsetzungen seines Lebens bezogen sich bei IP1 zumeist auf den schulischen oder beruflichen Zweig. Ab der 11. Klasse richtete er seine Aufmerksamkeit auf das Erreichen des Abiturs und den darauffolgenden Studienweg. Durch den Einfluss des Professors entschied er sich für den Weg der beruflichen Selbstständigkeit. Trotz einiger Hindernisse hatte er Erfolg, was durchaus für eine realistische Zielsetzung spricht. Auch hinsichtlich seiner Zukunft – beruflich wie privat – blieb er in seinen Äußerungen durchweg realistisch, was durch beständige Selbstreflexion unterstützt wird. Ein Ursprung der realistischen Einschätzung seiner Situation scheint auf personaler Ebene liegen, da IP1 im Zuge der Adoleszenz das logische Denken für sich entdeckte. Eine Förderung dessen erfolgte auf sozialer Ebene durch die Lehrerin, das Schulsystem und den Professor. IP1 selbst beschreibt diese Eigenschaft als ihn dominierenden, wichtigen Charakterzug. In seinem Berufszweig kann er sie erfolgreich und zur Zufriedenheit ausleben.[324]

h) Qualität der Bildung

Der Bildungsweg von IP1 wurde maßgeblich durch zwei signifikante Personen mitbestimmt. Den Grundstein jedoch scheint auf familiärer Ebene seine Mutter gelegt zu haben, die ihn in Richtung des Abiturs dirigierte.[325] Bestätigung und Förderung erfuhr IP1 auf sozialer Ebene durch seine Geschichtslehrerin und eigene Umstrukturierung von Gedanken im Zuge der Adoleszenz. Er absolvierte das Abitur und schlug einen Studienweg ein, der vielen räumlichen und themenbestimmten Wechseln unterlag. Ursächlich dafür waren ein fehlendes klares Zukunftsziel und die Sehnsucht danach, vermeintlich verpasste Jugendaktivitäten nachzuholen. Angestoßen durch den Professor an IP1 letzter Universität, mit dem er im Informatikbereich zusammenarbeitete, begann ein weiteres Umdenken: weg vom universitären Studium hin zur Gründung einer Firma im Informatikbereich. Die dazu notwendige Bestätigung seines Könnens erhielt er von seinem Professor, was den Berufsweg unterstützte, mit dem sich IP1 die innere Sehnsucht nach völliger autonomer Arbeitsgestaltung erfüllte. Seit seiner Gründung fühlt sich IP1 in der Ausübung seiner Tätigkeit durchweg gut. Daran vermochte offensichtlich bisher auch keine geschäftliche Krisenzeit etwas zu ändern.[326]

---

[324] Transkript 1, S. 4 [Segment 13, 13a], S. 10 [Segment 64], Seite15 [Segment 100], S. 17-18 [Segment 112-117], S. 23 [Segment 146], S. 40 [Segment T92].

[325] Transkript 1, S. 26 [Segment 158].

[326] Transkript 1, S. 10 [Segment 66-68], S. 19 [Segment 123-124a].

i) Positives Nutzen durchlebter Widrigkeiten

Besonders herausgestochen hat die Äußerung von IP1, dass Menschen wie er, die mit lebenswidrigen Ereignissen konfrontiert waren, gesund und stark seien. In einer Selbstreflexion zieht er somit den Rückschluss, dass er durch diese negativen innerfamiliären Erlebnisse stärker sei als manch andere Person, die behütet und ohne große Hürden aufgewachsen sei. Auch seine Zukunftssicherheit führt er auf diese prekäre Vergangenheit zurück.[327] Da keine hinreichend erkennbaren, äußeren Faktoren seine Überlegungen stützen, scheint auch diese Fähigkeit auf der personalen Ebene zu liegen. Eine positive Verstärkung seiner Rückschlüsse durch intendierte Reflexionen sowie durch Erfahrungswerterkennung und -nutzung erkennbar. Seine Äußerung deutet an, dass IP1 Menschen mit ähnlichen und nicht ähnlichen Erlebnissen kennengelernt habe und durch Betrachtung ihrer Verhaltensmuster diese Rückschlüsse gezogen hat. Explizite Beispiele dazu gab er jedoch nicht.

j) Impulskontrolle

IP1 sprach von kontinuierlichen, zielorientierten Reflexionen bezüglich des möglichen Auftretens von Impulsen. Es wurde deutlich, dass er durch sein Aufwachsen unter einem sehr gewalttätigen und pädophilen Stiefvater die Befürchtung hatte, er habe bestimmte Handlungen durch das Vorleben des Stiefvaters in einem Erlernungsmechanismus übernehmen können. Im Umgang mit den Kindern seiner Schwester beobachtete er daher stets reflektiert seine Gefühle – in der Angst, auch nur ansatzweise Anzeichen eines SV ähnlichen Verhaltens zu erkennen. Sichtlich erleichtert berichtete er davon, bisher niemals einen Impuls zur Pädophilie, oder einen Wunsch eine Partnerin schlagen und unterdrücken zu wollen an sich erkannt zu haben. Mit dem Thema Gewalt in einer Partnerschaft habe er sich bereits in seiner Jugendzeit mit seiner ersten Freundin auseinandergesetzt. Reflektiert und auf der Basis logischer Argumentationen, habe er sich entschieden, strikt different zum SV handeln zu wollen, was ihm seit jeher gelungen sei. Auch im beruflichen Bereich liegt eine stetige Reflexionsarbeit zugrunde. Dadurch können immer mal wieder auftretende Impulse eines erniedrigenden Gefühls bekämpft werden, etwa bei mächtig erscheinenden Geschäftspartnern, vergleichbar mit der Figur des SV in der Zeit des Heranwachsens. Anfängliche Schwierigkeiten konnten ebenfalls mit logischen Herangehens-weisen und konstanter intendierter Reflexion überwunden werden. Hinweise zu direkten externen Förderungen sind nicht gegeben. Der

---

[327] Transkript 1, S. 16 [Segment 106, 109], S. 19 [Segment 119a], S. 29 [Segment N2-N3b].

eigene Wille sich diversen Impulsen zu stellen und einen differenten Lebensstil zum SV zu gestalten beruhen auf intrinsischer Motivation (personale Ebene).

k) Logisches Handeln

IP1 begann im Zuge des biografischen Wandlungsprozesses der Adoleszenz, viele Situationen und Handlungsfelder zu hinterfragen und logisch zu analysieren. In seinen Erzählungen fand sich niemand, der ihn dahingehend hätte anleiten haben können. Seine Ausführungen benennen auch keine Ereignisse, welche diese Handlungsmuster begünstigen oder hätten auslösen können. Sie müssen daher auf der persönlichen Ebene verortet werden. Es kann fördernd gewertet werden, dass durch die ständige Reflexionsarbeit von IP1 und die positive Wirkung seines auf Logik basierenden Handelns angestrebte Erfolge verwirklicht werden konnten. Im Umkehrschluss erkannte er, dass bei nicht logisch durchdachten Handlungen Misserfolge eintreten konnten. IP1 selbst erkennt und benennt sein logisches Denken als innehabenden Persönlichkeitsfaktor.

4.1.6 Stabilitätshinweise (z.Z.d.I.)

Fähigkeit zur bewussten und zielgerichteten Reflexion	IP1 verdeutlichte mehrfach, wie er sich regelmäßig in intendierte Reflexionsarbeit begebe. Schwankungen in seiner Haltung und Lebensweise waren in seinen Äußerungen nicht erkennbar.
Autonomie	Autonomie ist im Berufs- und Privatleben von IP1 und in seinen Hobbys eine andauernde, gelebte Konstante.
Widerstandsfähigkeit, Durchhaltevermögen und Willensstärke	Willensstärke und Durchhaltevermögen zeigen sich besonders in seinem Berufsleben stabil. Dass IP1 sich seiner Widerstandsfähigkeit sicher ist, konnte er glaubhaft vermitteln.
Aktive Bewältigungsstrategien	Bewältigungsstrategien von IP1 gehen seit seiner Pubertät in jeder schwierigen Situation in die Richtung des bewussten, aktiven Handelns, wodurch er stabile, positive Zukunftssicherheit vermittelte.
Internale Kontrollüberzeugung	In seinem Beruf und in seinem Privatleben ist IP1 sich sicher, dass er durch sein Auftreten und sein Handeln Folge-ereignisse mitbestimmen und zum Teil kontrollieren kann.
Signifikante Personen	Die zwei erwähnten Menschen mit signifikanter Vorbildfunktion sind in seinem Leben nicht mehr präsent. Die von ihnen ausgelösten, unterstützenden und ausgebildeten Ressourcen und Fähigkeiten, haben jedoch nach wie vor konstanten Bestand.
Realismus und realistische Ziele	Da IP1 seine Lebensplanung bisher stets realistisch ausgelegt und kontinuierlich verfolgt hat, kann diese Vorgehensweise als stabil bezeichnet werden.

Qualität der Bildung	IP1 ist mit seinem Bildungsweg im reinen. Er fühlt sich wohl in seiner Selbstständigkeit. Er bleibt in berufl. Weiterbildung aktiv, um beständige Kompetenz garantieren zu können.
Positives Nutzen durchlebter Widrigkeiten	IP1 empfindet seine Erlebnisse als stärkend, was ihn in seiner Zukunftssicherheit stabilisiert.
Impulskontrolle	IP1 legt viel Wert auf seine Impulskontrolle, die er beständig im Umgang mit jedweden Lebenssituationen aufrechterhält.
Logisches Handeln	Indem IP1 das von ihm geschätzte logische Denken und Handeln anwendet und lebt, ist er sich sicher, Hindernisse in der Zukunft überwinden zu können.

4.1.7 Bezug zur persönlichen Definition eines guten Lebens

„Gutes Leben bedingt innere und äußere Anerkennung. Wichtig für mich Kernkompetenzen zu besitzen Probleme egal in welcher Form lösen zu können. Eine sichere, eigene Wohnung/Haus zu haben ist ein weiteres meiner Ziele. Eine weitere Haupteigenschaft für ein gutes Leben für mich bedeutet absolute Kontrolle über mein eigenes Leben zu haben."[328]

Die von IP1 hier eigens angesprochene innere und äußere Anerkennung erreicht er im Berufsleben und durch sein Hobby der Fotografie. Dass er über Kompetenzen zu Problemlösestrategien verfügt und diese sicher anwenden kann, wurde mehrfach deutlich. Inwieweit die Kontrolle über sein eigenes Leben den gewünschten absoluten Bereich abdeckt, liegt im Auge des Betrachters. Für IP1 allerdings scheint dieses Ziel mit seiner Lebenswahl weitgehend erreicht. Eine eigene Wohnung oder ein eigenes Haus zu besitzen, bleibt ein weiteres Ziel, das im Rahmen einer reellen Erreichungswahrscheinlichkeit liegt. Eine Deckungsgleichheit zur persönlichen Definition eines guten Lebens lässt sich somit darlegen.

Zusammenfassend kann festgehalten werden: IP1 ist ein selbstständiger, nach Autonomie strebender, selbstbewusster Mann. Dabei befindet er sich in ständiger, zielgerichteter Selbstreflexion. Er ist stetig auf logisches Handeln bedacht und scheut keine Mühen, sich seine Eigenständigkeit auch weiterhin zu erhalten.

---

[328] Transkript 1, S. 41 (Zeile 1324-1328) [sic]

4.2 Interviewpartner 2

Legende:

Kürzel / Hervorhebung	Bedeutung
IP1	Interviewpartner 1
IP2	Interviewpartner 2
z.Z.d.I.	zur Zeit des Interviews
.. (Zitat)	Kurze Pause (1-2 Sekunden)
… (Zitat)	Längere Pause (3-4 Sekunden)
unterstrichen (Zitat)	betont
GROßGESCHRIEBEN (Zitat)	stark betont

4.2.1 Personenvorstellung

IP2 wurde in der ehemaligen DDR geboren. Er wuchs mit seinem Vater auf (z.Z.d.I. 83 Jahre alt, zeitweise Alkoholiker und unter diesem Einfluss zu Gewalt neigend), der alleinerziehend als Maler, leitender Gastronom und zuletzt als Hausmeister arbeitete. Im Haushalt lebten zudem der ältere Bruder, der ebenfalls zu Gewalt neigte und eine ältere Schwester, zu der IP2 eine gute Beziehung hatte. Die Mutter (wurde ca. 33 Jahre alt, Gastronomin) verstarb an Krebs, als IP2 etwa fünf Jahre alt war. Zu zwei Halbgeschwistern väterlicherseits (aus vorangegangener Ehe) besteht bis heute kaum Kontakt. Nach der Grundschule besuchte IP2 die Realschule, schloss diese ab und beendete einige Jahre später erfolgreich eine Schreinerausbildung. Ein dortiger Arbeitsunfall brachte ihn dazu, sich zum Arbeitspädagogen umbilden zu lassen und dann in einem Kindergarten zu arbeiten. Nach einem Motorradunfall absolvierte er eine weitere Umschulung zum Techniker. Diese wurde z.Z.d.I. mit einer Anstellung zum Bauleiter beendet. Seit zehn Jahren arbeitet er zudem nebenberuflich als Betreuer in einem Wohnheim für behinderte Menschen. IP2 ist verlobt, hat noch keine Kinder, diese seien aber in Planung.[329]

4.2.2 Interviewverlauf

Der Kontakt zu IP2 wurde durch IP1 hergestellt. Nachdem ich mit IP1 das erste Interview geführt hatte, gab dieser meine Telefonnummer mit einer Empfehlung an IP2 weiter. Dieser kontaktierte mich per SMS und wir verabredeten ein Telefongespräch. Ich stellte meine Arbeit und die methodische Herangehens-

---

[329] Transkript 2, S. 1 [Segment 1], S. 2 [Segment 3-3b], S. 4 [Segment 10a-10b, 10d-11a], S. 11-12 [Segment 76a-76b], S. 15 [Segment 104], S. 31 [Segment 188], S. 37-39 [Segment 222].

weise vor und IP2 schilderte mir in knappen Zügen sein Aufwachsen und seine heutige Lebenssituation. Bereits zu Beginn des Telefonats bot IP2 mir das „Du" an, da ihm alles andere zu unpersönlich sei und im Falle eines Erzählens seiner Lebensgeschichte merkwürdig erscheine. Diese Argumentation war für mich nachvollziehbar. Das Telefonat verlief ohne Anspannung und überraschend vertraut. Mit der Methodik des narrativen Interviews und mit meinem Wunsch, dieses Interview über ein Diktiergerät und per Videoaufzeichnung festzuhalten, war er einverstanden. Ich hielt IP2 für meine Forschung geeignet. Wir verabredeten, das Interview in seinem Haushalt zu führen, was ca. drei Wochen später stattfand. Die gesamte Zeit über befanden wir uns im Wohnzimmer einer durchweg sauberen und sehr geordneten Wohnung. IP2 trug Jeans und T-Shirt. Er bot Tee an. Das Interview begann mit der Betätigung des Diktiergeräts und der Kamera. Die Atmosphäre war locker und freundschaftlich und zog sich in selbigem Maße durch das gesamte Interview. Bedingt durch meinen ersten Erzählstimulus, stieg IP2 bei der ersten Erinnerung ein, die ihm wichtig erschien: ein Gespräch des Vaters mit einer Kindergärtnerin, bei dem diese über den Tod der Mutter informiert wurde.[330] Der erste Redefluss dauerte ca. eine Stunde, woran der Frageteil anknüpfte, der jeweils nochmalige kleinere Redeflüsse erzeugte. Obwohl ich bei einigen Fragen innerlich zögerte, da IP2 diese bereits zuvor in seiner Erzählung beantwortet zu haben schien, gab es von ihm keine Momente von Verwirrung oder Stocken. Im Gegenteil kam regten die Fragen oftmals detaillierte, differenzierte Aussagen und zu weiteren Erinnerungsanstößen bzw. zu ergänzenden Erzählungen an. Es gab eine kurze äußere Irritation wegen eingehender Nachrichten auf dem Handy von IP2, das nur stumm geschaltet war.[331] Jedoch unterbrachen sie den Redefluss nicht, sodass kein Nachteil für das Interview entstand. Generell herrschte während der gesamten Interviewzeit eine gelöste Stimmung, die nur selten ernster wurde (z. B. in Bezug auf seinen Bruder). IP2 lächelte viel und seine betont positive Grundeinstellung war nicht nur durch seine Ausführungen, sondern durch seine gesamte nonverbale Ausstrahlung spürbar. Er wählte eine auffallend betonende und melodische Sprache, die im Nachhinein allerdings keine kontradiktorischen Effekte aufwies. Nach meinen soziodemografischen Fragen wurde

---

[330] Transkript 2, S. 1 [Segment 1-1a], Entgegen der Erwartung, dass der Umstand des Verlusts der Mutter die Hauptinformation sei, schien dies eher eine Einleitung und eine Hintergrundinformation zu sein: Der Tod der Mutter erwies sich als Ursache dafür, dass der Vater die Kinder allein erzog und durch Überforderung mit der Situation (Verlust der Frau, alleinerziehend) zu trinken begann und gewalttätig wurde (S. 2, Segment 3-4, S. 3, Segment 8a). Hauptthema war recht schnell die kategorische Ablehnung einer überbehüteten und mitleidigen Umgangsweise ihm gegenüber (durch Erzieher/-innen oder Lehrer/-innen). Den Verlust der Mutter an sich beschrieb er eher nebensächlich, was glaubhaft erscheint, da er erklärte, dass er sie generell nur von kurzen Krankenhausbesuchen (aufgrund ihrer Krebserkrankung) gekannt und es daher auch keine enge Mutter-Kind-Beziehung gegeben habe (S. 1, Segment 1c, 2-2a).

[331] Transkript 2, S. 26 [Segment 170].

das Interview mit dem Ausschalten der Aufnahmegeräte beendet. Wir saßen danach noch weitere etwa fünfzehn Minuten beisammen und IP2 sinnierte noch etwas, was ich im Nachgang (nach dem Verlassen der Wohnung) so getreu wie möglich niederschrieb. Bei der freundlichen Verabschiedung vereinbarten wir, gegenseitig für eventuelle Nachfragen oder Ergänzungen erreichbar zu sein. Tatsächlich stellte ich meine Frage zur persönlichen Definition eines guten Lebens etwas später per E-Mail, die am selben Tag beantwortet wurde.[332] Weiteren Kontakt gab es nicht.

4.2.3 Fallvorstellung

Signifikante Themen und Epochen

1. Kindergarten und Grundschulzeit
2. Schulzeit, Jugend, beruflicher Werdegang
3. Familiengefüge und Bruder
4. Alkohol, Sucht und Gewalt
5. Zukunftsplanung und Eigenheim

1.

IP2 erzählte gleich zu Beginn, dass er kaum Erinnerungen an seine Mutter habe. Sie soll einige Zeit vor ihrem Tod bereits im Krankenhaus verbracht haben. So erinnerte er sich nur vage an einzelne Besuche in der Klinik oder an Kurzurlaube von ihr zu Hause. Dass sie starb, wurde ihm nicht direkt mitgeteilt – demzufolge sei er auch bei der Beerdigung nicht dabei gewesen. Der einzige Kontaktpunkt mit dem Tod der Mutter sei ein diesbezügliches Informationsgespräch zwischen seinem Vater und der Kindergärtnerin gewesen, das IP2 vage mitbekommen habe. Er habe den Inhalt des Gesprächs nicht nicht verstanden, wohl aber festgestellt, dass danach „alles anders"[333] war und er fortan in „Watte gepackt"[334] wurde. Niemand aus der direkten Verwandtschaft und keine nähere Vertrauensperson habe mit ihm über den Tod der Mutter gesprochen. Dies habe er erst in einer kurzen Ansprache, dass er „jetzt keine Mutter mehr hatte,"[335] über die Institution Kindergarten erfahren. Mit ihm persönlich seien keine direkten Gespräche geführt worden, nur das Verhalten der Bezugspersonen habe sich geändert. Allerdings erklärte er, dass das zum damaligen Zeitpunkt für ihn in Ordnung gewesen sei, weil er ein Leben mit

---

[332] Transkript 2, S. 40 [Segment M1].
[333] Transkript 2, S. 1 (Zeile 18).
[334] Transkript 2, S. 1 (Zeile 19).
[335] Transkript 2, S. 1 (Zeile 20).

einer Mutter ja gar nicht gekannt habe und sich unter ihrem Tod nichts weiter habe vorstellen können.[336] IP2 habe erst in der Schulzeit durch Erzählungen von Mitschülern erkannt, dass ein Leben mit Mutter etwas ganz anderes zu sein schien, als das, was er von zu Hause kannte. Da seien dann auch zum ersten Mal Neidgefühle in ihm aufgekommen, weil sein Vater mit Problemen von Kindern *männlich* umgegangen sei, indem er sie „untern Tisch fallen" ließ.[337] Im Zuge dieser Erzählung erwähnte er, dass jene Zeit für seinen Vater auch sehr schwer gewesen sein müsse und dieser daraufhin angefangen habe zu trinken.[338] Bereits im Kindergartenalter habe IP2 dann, weil er „noch so jung war,"[339] mit seinem Vater mitgehen müssen, wenn dieser am Wochenende „seine Runden gedreht hat"[340]. IP2 beschrieb seinen Vater als „Kneipier"[341], der in der Stadt alle Gaststätten und Betreiber gekannt habe. Jeden Samstag soll er mit einer „Frühschoppenrunde"[342] gestartet haben, bei der er in jeder Gaststätte anhielt, um Hallo zu sagen und mit den Anwesenden etwas zu trinken. Als Resultat sei er nach jeder dieser Runden „dann halt total blau"[343] gewesen. Diese Erlebnisse bezeichnete IP2 als seine Kindheit.[344] Zu dieser Zeit habe er dem Vater gegenüber durchaus zwiegespaltene Gefühle gehabt: „Einerseits war's ganz cool, so mit dem Vater immer ständig zusammen zu sein, andererseits"[345] habe es ihn „als Kind schon schockiert."[346] Er erläuterte glaubhaft und ausdrucksstark, dass er sich als Kind in diesen Situationen bereits geschworen habe: „Das mache ich mit meinem Kind definitiv nicht so. Das gehört sich nicht."[347] Dennoch betonte IP2, wenn auch etwas salopper, dass er es nicht anders gekannt habe. Da er nun mal das jüngste Kind gewesen sei, habe er mit gemusst, während seine Geschwister schon allein zu Hause bleiben konnten und das ganze Ausmaß der Trinkerei gar nicht so mitbekamen.[348]

Die Grundschulzeit bezeichnete er als stressfrei. Ärger in der Schule (mit Mitschülern oder mit Lehrern) habe er aber versucht von zu Hause fernzuhalten „weil man halt Schiss hatte, Prügel zu beziehen oder wie auch immer Ärger zu bekommen"[349]. Er beschrieb sich selbst als „Selbstversorger" in diesem

---

[336] Transkript 2, S. 1 [Segment1-2a].
[337] Transkript 2, S. 1-2 [Segment 2b-2d], S. 2 (Zeile 36).
[338] Transkript 2, [Segment 3].
[339] Transkript 2, S. 2 (Zeile 42).
[340] Transkript 2, S. 2 (Zeile 43).
[341] Ebd.
[342] Transkript 2, S. 2 (Zeile 45).
[343] Transkript 2, S. 2 (Zeile 47).
[344] Transkript 2, S. 2 [Segment 4].
[345] Transkript 2, S. 2 (Zeile 52-54).
[346] Transkript 2, S. 3 (Zeile 67).
[347] Transkript 2, S. 2 (Zeile 65).
[348] Transkript 2, S. 3 [Segment 6-7].
[349] Transkript 2, S. 3 (Zeile 80-81).

Zeitabschnitt,[350] der nie Hausaufgaben machte, bis der Vater von der Arbeit kam. Er habe seine Freizeit komplett selbst gestaltet und hatte somit seine Ruhe.[351] Als sehr einprägsam schilderte IP2 die Momente, in denen der Vater von der Arbeit nach Hause kam:

> „das Geräusch vom Schlüssel-ins-Türschloss-Stecken"[352], „dieses: Scheiße, was kommt jetzt auf mich zu?! Dieses Ungewisse."[353] „Das ging durch den ganzen Körper! Dieses Gefühl.. und das war.. schon fast Angst."[354]

Das gleiche Gefühl überkomme ihn selbst heute noch ab und zu, wenn er das Geräusch eines Schlüssels wahrnehme, allerdings inzwischen in abgeschwächter Form. Als Kind habe er nie vorhersehen können, ob sein Vater mit guter oder schlechter Laune nach Hause kam. Er beschrieb seinen Vater (ein ehemaliges Mitglied der Volksarmee) als sehr penibel in einigen Dingen. So habe z. B. ein unaufgeräumtes Besteck vom Essen ausgereicht, um Ärger oder Schläge zu beziehen. Allerdings blieb unklar, wofür es wann welche Form von Ärger gab. Es schien, als sei dem Vater ein sauberer Haushalt wichtiger als Schulnoten oder „gutes Benehmen auf der Straße"[355] gewesen.[356]

2.

IP2 sah sich in seiner Schulzeit als Selbstversorger, der seinen Tag und seine Aktivitäten selbst geplant und größtenteils mit seinen Freunden erlebt habe. Sein Freundeskreis war ihm sehr wichtig: zum einen, weil seine Freunde an seinem Leben um einiges mehr teilgenommen hätten als seine Familie, da er mit ihnen seine gesamte Freizeit verbrachte habe; zum anderen auch in Bezug auf den Kontakt mit Drogen und deren Konsum. In seinem Freundeskreis sei zwar sehr früh geraucht und hin und wieder Alkohol konsumiert worden sein, jedoch nie maßlos und nicht um sich etwas zu beweisen. Eine weitere wichtige Rolle schrieb IP2 dem Freundeskreis zu, als sein Bruder inhaftiert wurde. Hier, so sagt er, übernahmen die Freunde teilweise Schutzfunktionen und Streitschlichtungsaufgaben. Sie halfen ihm immer wieder in den Situationen, in denen Geldeintreiber oder andere Personen, die Ärger mit seinem Bruder hatten, versuchten, dies über IP2 zu regeln. Einige der damaligen Freundschaften hätten heute noch Bestand und würden weiterhin gepflegt.[357]

---

[350] Transkript 2, S. 3 (Zeile 92).
[351] Transkript 2, S. 3 [Segment 8, 9-9b].
[352] Transkript 2, S. 4 (Zeile 101-105).
[353] Transkript 2, S. 4 (Zeile 108).
[354] Transkript 2, S. 4 (Zeile 112-113).
[355] Transkript 2, S. 8 (Zeile 234).
[356] Transkript 2, S. 4 [Segment 10e-11a], S. 8, [Segment 40-41].
[357] Transkript 2, S. 9-10 [Segment 58-62], S. 12 [Segment 81-82], S. 13 [Segment 84-84a], S. 31 [Segment 186].

In Bezug auf die schulische Leistung war es dem Vater offenbar nicht wichtig, dass IP2 weder Hausaufgaben machte noch intensiv für die Schule lernte, er habe „nie Stress gemacht für schlechte Noten"[358]. Weder die Wiederholung der 7. Klasse noch die weiteren jährlichen Versetzungsgefahren seien für ihn problematisch gewesen. Dass die Lehrer von einem Schulwechsel von der Real- auf die Gesamtschule abgeraten hatten, habe der Vater jedoch ernst genommen und so sei IP2 geblieben, wo er war – mit gleichem Notendurchschnitt. IP2 gab an, seinem Vater dankbar dafür gewesen zu sein, dass dieser keinen Schuldruck ausgeübt habe. Nach einem Streich (von IP2 und zwei Mitschülern), nach dem das Lehrerkollegium eine Heimunterbringung der Geschwisterkinder habe in die Wege leiten wollen, zeigte er sich durchaus stolz auf die Reaktion des Vaters.[359] Zeitgleich benannte IP2 die Kehrseite der fehlenden Unterstützung. So sei der Vater weder bei der Übergabe seines Abschlusszeugnisses dabei gewesen – „Ich war der einzige, der alleine da stand"[360] – noch bei der Abschlussfeier, noch habe es je Gespräche darüber gegeben, wie sich die Zukunft nach der Schule gestalten sollte oder könnte. Er bezeichnete sich in dieser Situation als „relativ allein gelassen"[361]. Im Verlauf des Interviews kam es zu Überlegungen, ob es nicht besser gewesen wäre, wenn sein Vater ihm wegen der Noten mehr Druck gemacht hätte. Daraufhin bemerkte er allerdings, dass er dann vielleicht bessere Noten geschrieben, aber dennoch kein Ziel für einen zukünftigen Beruf gehabt hätte. Seiner Meinung nach hätte er viel mehr Unterstützung in diese Richtung gebraucht. Nach dem Realschulabschluss habe er sich wahllos deutschlandweit und nicht gebunden an eine bestimmte Berufsgruppe überall beworben, wo es freie Ausbildungsstellen gegeben habe. Fest stand für ihn allerdings immer, dass er arbeiten würde – egal als was. Es sei ihm immer klar gewesen, dass er definitiv eine Ausbildung beginnen und beenden würde. Dass es nicht bei seinem ersten erlernten Beruf als Schreiner geblieben ist, lag seiner Meinung nach daran, dass er sehr lange Zeit einfach keinen Plan gehabt und sich keine Gedanken um seine Zukunft gemacht habe: „Ich finde jetzt, den einzigen Nachteil, den ich jetzt bei mir sehe, ist jetzt das, was andere Leute schon mit 25 erreicht haben, hab halt mit 38 erst erreicht."[362] Es habe schlicht keine Unterstützung für die Wahrnehmung von Möglichkeiten und die zielgerichtete Umsetzung von Plänen gegeben. IP2 sei es erst einmal darum gegangen, mit dem Verdienst – aus welcher Arbeit auch immer – seine spontanen Bedürfnisse zu befriedigen: z. B. ein Motorrad und ein Auto zu haben. Stark betonte er, dass er nie Schulden gemacht hat. Auch war beim Erzählen dieser Gegebenheiten kein besonderer Ärger zu spüren. Im Gegenteil schien

---

[358] Transkript 2, S. 4 (Zeile 129-139).
[359] Transkript 2, S. 6-7 [Segment 22-23].
[360] Transkript 2, S. 5 (Zeile 144).
[361] Transkript 2, S. 8 (Zeile 245).
[362] Transkript 2, S. 32 (Zeile 1036-1037).

er sehr zufrieden mit dem, was er bis dato erreicht hatte. Den Abschluss zum Techniker, seine jetzigen guten Noten und besonders die künftige Arbeitsstelle, die bereits vertraglich geregelt worden sei, betonte er mit Stolz.[363]

3.

Im Bereich häuslicher Gewalt sei der Bruder wichtiger gewesen als der Vater. Laut IP2 soll dieser auch viel mehr Einfluss auf ihn ausgeübt haben als der Vater. Er erzählte, dass ihm ein gutes Verhältnis zu seinem Bruder lange Zeit wichtig gewesen sei, dennoch sei es immer wieder zu Schwierigkeiten gekommen. Zum einen habe sich der Vater immer bei seinem Bruder darüber ausgelassen, wenn es Probleme gegeben habe. Er habe diesem vermutlich zwar

> „keinen direkten Auftrag gegeben aber mein Bruder hat das so ein bisschen als Erziehungsauftrag gesehen, dass er mich dann halt erziehen sollte. Und mit seinen Fähigkeiten hat er's natürlich nur über Gewalt getan. Also wurde ich dann oft von meinem Bruder verprügelt, für Blödsinn."[364]

Zum anderen bezeichnet er seinen Bruder auch als das „Lieblingskind"[365] des Vaters, das jede Unterstützung bekommen habe, ganz gleich ob mentaler oder finanzieller Art – all die Dinge, die ihm selbst verwehrt geblieben seien. „Also ich musste für mich alles selber erarbeiten, ansparen und machen."[366] Außerdem sei sein Bruder für Schlägereien und Drogengeschäfte stadtbekannt gewesen, für die er letztlich auch zwei Jahre inhaftiert worden sei. Zu diesem Zeitpunkt sei IP2 ca. sechzehn Jahre alt gewesen. Trotz der Schwierigkeiten, die er durch die Taten seines Bruders in dieser Zeit habe erdulden müssen (weil die Stadt recht klein und sein Name bekannt gewesen sei; außerdem sei oft versucht worden, ihn für die Vergehen seines Bruders zur Rechenschaft zu ziehen) bezeichnete er diese Phase seines Lebens – ohne seinen Bruder – als besser. Nachdem sein Bruder aus der Haft entlassen worden sei, habe er erneut versucht, ein gutes Verhältnis zu ihm aufzubauen. Dies sei allerdings gescheitert, da sein Bruder den gewünschten Familienzusammenhalt nur vorgegeben habe, um seine eigenen Ziele zu erreichen und seine eigenen Bedürfnisse so einfach wie möglich zu befriedigen. Die Familienzugehörigkeit habe er lediglich als Druckmittel genutzt. „Er hat immer versucht, so einen kleinen Erpressungsfaktor oder Druck aufzubauen, um einen an sich zu binden."[367] Schließlich sei ihm klar geworden, dass es niemals ein gutes Verhältnis zu seinem Bruder

---

[363] Transkript 2, S. 9 [Segment 54], S. 18 [Segment 124], S. 21 [Segment 136, 139-140, 142a], S. 25 [Segment 162c], S. 37 [Segment 222], S. 39 [Segment N3].

[364] Transkript 2, S. 11-12 (Zeile 355-359).

[365] Transkript 2, S. 11 (Zeile 345).

[366] Transkript 2, S. 11 (Zeile 350).

[367] Transkript 2, S. 14 (Zeile 427-428).

geben könne und so habe er sich von ihm losgesagt. Dies sei im Alter von 27 Jahren durch einen einschneidenden Moment mit körperlicher Gegenwehr geschehen, als es zu einer nicht ungewöhnlichen Gewaltszene seines Bruders kam.[368] „Und da war's das erste Mal, dass ich mich gegen ihn gewehrt habe. [...] Und dann hab ich halt zu ihm gesagt [...] ab jetzt wehre ich mich!"[369] Direkt danach habe er seine Taschen gepackt und sei in eine andere Stadt gezogen, in der er heute noch lebt. Er habe jeglichen Kontakt zu seinem Bruder abgebrochen und begonnen, sein Leben mit Blick nach vorne neu zu gestalten. Dieser Kontaktabbruch bestehe bis heute. Rückblickend betrachtet IP2 dies als richtige Entscheidung. Er sei auch nicht bereit, seinem Bruder eine weitere Chance zu geben, wieder in sein Leben zu treten. Er machte sehr deutlich, dass es ihm seither erheblich besser gehe.[370]

4.

IP2 habe Alkohol und dessen übermäßigem Konsum bereits sehr früh kritisch gegenübergestanden. Bereits im Kindergartenalter, als er seinen Vater auf dessen Rundengängen durch die Kneipen habe begleiten müssen, habe er beschlossen, als Erwachsener anders handeln zu wollen.[371] In der Schulzeit, mit dem Eintritt in die Pubertät, sei er mit diesem Thema in anderer Form in Berührung gekommen. Mit zwölf Jahren, nach der Wiedervereinigung Deutschlands und dem Schulwechsel von der Grundschule auf die Realschule (7. Klasse), habe er begonnen zu rauchen.[372] Wieder betonte er in diesem Zusammenhang seinen guten Freundeskreis, in dem zwar geraucht und auch hin und wieder Alkohol konsumiert worden sei, wobei sich wohl aber alles im Rahmen gehalten habe. Es habe keine großen Ausschweifungen gegeben und unter den Freunden sei niemand gewesen, der einen Drang zu anderweitigem Drogenkonsum gehabt oder ausgelebt habe. Zu diesem Freundeskreis habe IP2 sich allerdings willentlich entschieden, denn es habe wohl auch einen gegeben, der durchaus mit Drogen jeglicher Art experimentiert habe.[373]

Doch diese Erlebnisse habe IP2 nicht teilen wollen:

> „Also ich hatte irgendwie die Grundeinstellung, ähm.. nee will ich nicht! Irgendwie, dieses, war wahrscheinlich auch geprägt von dieser Phase, wo mein Vater sich da immer angetrunken hat."[374]

---

368 Transkript 2, S. 14 [Segment 89-89d].
369 Transkript 2, S. 14 (Zeile 447).
370 Transkript 2, S. 14-15 [Segment 90-95a], S. 16 [Segment 107-108a].
371 Transkript 2, S. 2 [Segment 5a].
372 Transkript 2, S. 9 [Segment 58-59].
373 Transkript 2, S. 9-10 [Segment 60-69].
374 Transkript 2, S. 10 (Zeile 312-314).

Und so habe er bewusst entscheiden:

> „Ich wollte NICHT hilflos, unkontrolliert irgendwo abhängen. Also ich wollte das
> schon immer kontrolliert haben. [... Ich hatte] nie Interesse dran [...] mich da irgend-
> wo anders geistig hin beamen zu lassen [...]"[375].

Dies habe er in seinem Leben dann auch durchweg so umgesetzt. Er gab jedoch ehrlich an, es mit dem Alkohol dennoch bereits übertrieben zu haben und das Gefühl der Hilflosigkeit in diesen Momenten zu kennen, was die Argumentation bekräftigte.

> „Jeder hat seine Erfahrungen gemacht und hat sich die Hacken bekotzt. Ich konnt's
> nicht vermeiden, aber es war nie mein Ziel."[376] „Feierabendbier.. Ist bei mir kein The-
> ma. Gibt's nicht. Ich hab nie bewusst Alkohol bei mir zu Hause für einen emotionalen
> Notfall."[377]

Bei diesen Aussagen war keine Angst vor einer Suchtproblematik zu erkennen, sondern vielmehr die Bedeutung der Kontrolle über sich, sein Handeln und Wirken. Dies bezog er nicht nur auf den Konsum bestimmter Substanzen, sondern auch auf die Ausprägung von Hobbys oder Interessen:

> „Sucht, oder dieses Extreme,"[378]„[...] das war nie mein Fall. Also ich wollte immer
> erst so schauen: Ist das war für mich und erst dann würde ich Geld investieren, vorher
> nie."[379]

Im Übrigen sei er seit zehn Jahren konsequenter Nichtraucher.[380]

Die erfahrene häusliche Gewalt wurde im Verlauf des Interviews nur in Form von Erzählungen über den Vater und den Bruder thematisiert. Der Vater habe in betrunkenem Zustand zur Gewalt geneigt. Wesentlich häufiger äußerte sich IP2 zu seinem Bruder, der den aktiven Teil des Vaters irgendwann über-nommen zu haben schien.[381] In seinen rückblickenden Erzählungen erwähnte IP2 mehrfach und eindrücklich Gegenentscheidungen zu Suchtmitteln, aller-dings blieb das Thema Gewalt in Bezug auf seine eigene Person völlig außen vor. Dies fiel allerdings erst bei der Bearbeitung des Transkripts auf und war keinesfalls während des Interviews als personenbezogenes Thema auffällig. Es gibt keinen Anlass, eine Verschleierung oder ein bewusstes Auslassen dieses Themas zu vermuten – weder in Form einer Übernahme gewalttätiger Denk- oder Handlungsmuster noch hinsichtlich charakterlicher Tendenzen.

---

[375] Transkript 2, S. 10 (Zeile 315-316), S. 11 (Zeile 331-332).
[376] Transkript 2, S. 27 (Zeile 864-866).
[377] Transkript 2, S. 27 (Zeile 878-879).
[378] Transkript 2, S. 10 (Zeile 324).
[379] Transkript 2, S. 11 (Zeile 328-330).
[380] Transkript 2, S. 40 [Segment N11].
[381] Transkript 2, S. 3 [Segment 8a], S. 4 [Segment 10-11a], S. 11-12 [Segment 76a-76b], S. 14 [Segment 89].

5.

Einen weiteren Teil des Interviews machte die Zukunftsplanung eines Eigenheims aus. IP2 habe sich ein Grundstück gekauft, um sich darauf ein Haus bauen zu können. Dieses Grundstück sei relativ nah an seinem Wohnort, etwas unzugänglich und es müsse wohl einiges darauf gemacht werden, z. B. Baumfällarbeiten usw. Er habe keinen konkreten Zeitplan, wann er ein Haus bauen wolle, es gebe ihm jedoch ein Gefühl von Sicherheit, die Möglichkeit zu haben, ein solches Projekt zu gegebener Zeit starten zu können.[382] Er habe diesen Kauf bewusst für sich getätigt und betonte, dass er das Haus selbst bauen wolle.

> „Ich.. ich beschäftige mich mit den Baupreisen. Und das heißt wenn ich das Geld zusammen habe, dann kaufe ich mir das, was ich brauche, um mein Haus zu bauen und ich bau's halt auch allein. Also ich hab mir das halt geholt für mich und nicht, dass das 'n anderer macht. Ich will's machen! Bei mir ist das dann halt so..“[383]

Zu einem späteren Zeitpunkt des Interviews räumte er jedoch ein, dass die Form des Hauses, die Art und Weise der Entstehung und auch der definitive Platz durchaus variieren könnten und nichts feststehe. Mit dem Grundstück habe er sich lediglich eine Möglichkeit geschaffen, die ihm eine Tür in Richtung Eigenheim öffne. Wie sich das letztlich tatsächlich gestalte, lasse er offen. Der Wunsch, dass das Eigenheim auch ein realistisch geplanter, finanzierbarer und zeitlich unbegrenzter Eigenbau (durch seiner eigenen Hände Arbeit) werde, wurde allerdings mehrfach deutlich erwähnt.[384]

4.2.4 Qualitative Analyse

IP2 vermittelte während des gesamten Interviews einen sicheren und aufrichtigen Eindruck. Seine Satzmelodie fiel mitunter durch eine Art Singsang auf. Viele Sätze wurden eher wie eine Frage beendet, jedoch gab es in der Analyse keine Hinweise für Widersprüche oder bewusste und unbewusste Unehrlichkeiten. Auffallend war, dass er trotz der geschilderten Schwierigkeiten in seinem Leben – wie die Abwesenheit der Mutter, der Alkoholkonsum des Vaters, die daraus resultierende Gewalt des Vaters, der gewalttätige Bruder, schulische Leistungsmiseren, finanzielle Probleme oder Verletzungen durch Unfälle – nie von Momenten des Klagens berichtete. Auch seine Mimik war die gesamte Interviewzeit über freundlich, offen und optimistisch; häufig lächelte er. Bei rückblickend belastenden Themen zeigte er durchaus Zeichen von Ernsthaftigkeit,

---

[382] Transkript 2, S. 20-21 [Segment 132, 134-137, 139-141], S. 26 [Segment 169, 172-172a], S. 36 [Segment 219-220], S. 40 [Segment M1].
[383] Transkript 2, S. 21 (Zeile 664-668).
[384] Transkript 2, S. 21 [Segment 141], S. 25 [Segment 165-166], S. 26 [Segment 169].

aber keine Verbitterung. Es gab keine längeren Pausen oder heftige emotionale Ausbrüche wie Tränen oder Wut.

Die bewusste Entscheidung gegen Selbstmitleid und die Ablehnung des Mitleids anderer brachte er mehrfach deutlich zum Ausdruck. Optimismus, Realismus, die enorm früh einsetzende Reflexionsfähigkeit, aktives und bewusstes Handeln in verschiedenen Situationen sowie sein Drang nach eigenhändiger Arbeit an ausgewählten Projekten und der Wunsch nach Selbstwirksamkeit (Mut) und Selbstbestimmtheit stachen ebenfalls hervor. Auffallend war immer wieder, wie er seinen Freundeskreis als hilfreich bezeichnete: „[I]m Nachhinein würde ich immer wieder behaupten, dass mein Freundeskreis MASSGEBLICH mehr an meinem Leben Teil hatte als meine Familie!"[385] IP2 erwähnte während des Interviews des Öfteren die Wichtigkeit von guten Freundschaften. Er erzählte nie von Zeiten, in denen er ohne wichtige Freunde gewesen sei. Besonders bedeutungsvoll seien diese zu Beginn und während der Pubertätszeit mit dem Schulwechsel (7. Klasse) und den ersten Kontakten mit Alkohol und Tabak hervorgetreten.

> „Da hab ich halt nen guten Freundeskreis gehabt, muss ich sagen. Also da wurde ich sehr geprägt vom Freundeskreis. Da waren NIE welche dabei, die da so ins Extreme fallen. Also Drogen waren in unserer Clique kein Thema, war halt nur rauchen, Alkohol. Was relativ jung war, aber es war halt ähm.. wir haben uns nicht gegenseitig hochgeschaukelt und wollten uns gegenseitig was beweisen, das war halt in der Gruppe bei uns überhaupt nicht so."[386]

Er habe seine Freizeit im Wesentlichen selbstgestaltend, in und mit seinem Freundeskreis verbracht. Da sein Vater auf schulische Leistungen und demzufolge auf Hausaufgaben oder Lernen keinen Wert gelegt habe, sei für die Freizeitgestaltung außerhalb viel Zeit geblieben.[387] Für die Zeit, in der sein Bruder inhaftiert gewesen sei und sich etwa die Geldeintreiber vorzugsweise an IP2 gewandt hätten, erwähnte IP2 keine Hilfe von Familienseite, wohl aber Hilfe von Freunden: „Da ich einen guten Freundeskreis hatte, konnte man das echt gut kompensieren [...]."[388]

Auch nach dem Bruch mit dem Bruder sei es ein Freund gewesen, bei dem er nach dem Entschluss zum Wegziehen sofort habe unterkommen können. Diesen Freundschafen, von denen viele bis heute beständig seien, sprach IP2 einen besonderen und hohen Wert zu, was sich in seiner Betonung der Bedeutung in der Wahl eines solchen Freundeskreises widerspiegelte. „Dass ich dann halt sage, bei der Wahl der Freunde schau ich halt auch genau hin: Was machen die und was sagen die? Passt das überein, oder passt das nicht?"[389] IP2 legt(e)

---

385 Transkript 2, S. 10 (Zeile 300-301).
386 Transkript 2, S. 9-10 (Zeile 292-299).
387 Transkript 2, S. 3 [Segment 9-9a], S. 4-5 [12-16].
388 Transkript 2, S. 13 (Zeile 392).
389 Transkript 2, S. 23 (Zeile 748-750).

nachweislich viel mehr Wert auf ein qualitativ hochwertiges Miteinander, gezeichnet durch Zuverlässigkeit, gegenseitige Unterstützung und Aufrichtigkeit in seinen Beziehungen (freundschaftlich, kollegial oder im Paarbereich) als auf Quantität. Als wichtigste seiner Ressourcen würden Freunde seine Zuverlässigkeit benennen. Auf meine Frage, ob es jemanden gegeben habe, der ihn durchweg maßgeblich unterstützt habe, antwortete er: „[S]o Mentor mäßig.. gab's keinen. Wichtig waren meine Freunde."[390]

Ebenfalls auffällig war sein nicht vorhandener Hang, vielmehr die bewusste Entscheidung gegen Mitleid oder Selbstmitleid – weder als Kindergartenkind beim Verlust der Mutter noch später in der Schule.

> „Ich bin so nie in dieses Mitleid, in dieses Selbstmitleid verfallen. Das gab's für mich schon, schon als Kind nicht mit dieser Nachricht mit dem Tod meiner Mutter.. das gab's halt einfach nicht, ich wollte diese Mitleidskarte nie in meinem Leben ziehen."[391]

Wie brenzlich die Situationen gewesen sein mochten und ob wirklich Ärger drohte:

> „ich bin nie reingegangen in die Sache und habe dieses Selbstmitleid gesucht. Das wollt ich nicht, das fand ich immer doof. Ich habe, wenn ich Ärger hatte, in der Schule oder wie auch immer Gespräch mit den Lehrern, hab ich nie die Karte gezogen: ähm.. Meine Mutter ist tot."[392]

Im Gegenteil habe er immer versucht, sich von diesem Klischee zu distanzieren.

> „Das haben immer andere für mich gemacht. Weißt du, andere haben mein Verhalten immer damit entschuldigt, weil ich halt keine Mutter hatte… ähm.. also.. und ich fand das halt immer doof."[393]

Auch als Jugendlicher oder Erwachsener habe er sich dagegen entschieden, die Gegebenheit seines schwierigen Aufwachsens zu seinem Vorteil zu nutzen, um z. B. bei den Frauen zu punkten: „Was viele Kumpels als.. als Masche beim Mädelsaufreißen: Ihr.. ihr schlechtes Leben dafür verantwortlich zu machen. Nee! Wollt ich einfach nicht."[394] Sein Motto, auch in schwierigen Zeiten, in allen Bereichen lautet: „Arschbacken zusammenkneifen und durch! Vom Hinsetzen passiert, bewegt sich halt nix."[395] Dabei blieb er bei seinen Äußerungen stets realistisch, in dem Wissen, dass solche Phasen jederzeit in sein Leben treten könnten. Er benannte zudem bereits erlebte Phasen von Hilflosigkeit, z. B. einen größeren Autoschaden, den er habe finanziell stemmen müssen.[396]

---

[390] Transkript 2, S. 31 (Zeile 1002-1003).
[391] Transkript 2, S. 17 (Zeile 544-547).
[392] Transkript 2, S. 5 (Zeile 152-155).
[393] Transkript 2, S. 5 (Zeile 156-158).
[394] Transkript 2, S. 17 (Zeile 548-549).
[395] Transkript 2, S. 18 (Zeile 568-570).
[396] Transkript 2, S. 18-20 [Segment 124-129].

Dabei skizzierte er durchaus realistisch einen offenen Ausgang der Situation, wenn seine damalige Freundin ihm nicht helfend zur Seite gestanden hätte: „Hätt ich jetzt nicht sagen können, was da passiert wäre."[397] Und doch sticht selbst in dieser Situation sein Optimismus heraus: „Wär schon irgendwas gegangen... aber... wahrscheinlich nicht in der Geschwindigkeit, wie es damals halt passiert.., abgelaufen ist."[398] Es wird deutlich, dass IP2 die Schwierigkeit der Situation erkannt hatte. Dennoch war er sich sicher, dass er das Problem würde lösen können. Dabei wird kein Übermut sichtbar, denn er war durchaus in der Lage, die Hilfe der Freundin dankbar und wertschätzend anzunehmen. Gleiches wird bei dem von ihm geschilderten Motorradunfall deutlich. Als er nach einer Operation und diversen körperlichen Problemen am Bahnhof stand, weil niemand Zeit hatte, ihn vom Krankenhaus nach Hause zu fahren, hätte er die Schmerzen verfluchen können, er hätte sich über die Tatsache ärgern können, dass ihm niemand half. Er hätte Angst vor der Zukunft haben können, weil er wusste, dass dies nicht die letzte Operation sein würde.[399] Aber er stand am Bahnhof und betrachtete seine Situation mit einem Schmunzeln und dem Gedanken:

> „frisch operierter Zeh, geprellte Rippen, Rückenschmerzen, zwei kaputte Schultern am Bahnhof gestanden und da dachte ich mir so: Ohne Scheiß, körperlich kann's doch jetzt nicht mehr schlimmer werden. Und da hab ich für mich so gesagt: Es kann doch nur noch besser werden. Und da hab ich so diesen blöden Spruch: Zehn Finger – zehn Zehen, eigentlich ist alles dran, eigentlich kann ich zufrieden sein."[400]

Als er diese Szene beschrieb, lachte er. Dabei war jedoch keine Verbitterung zu spüren, keine Trauer und keine Form von Vorwürfen. Auffallend war ebenfalls seine positive Formulierung: „Es kann doch nur noch besser werden."[401] Nachdem er sich mit etwas Humor betrachtet hatte – dass es körperlich kaum noch schlimmer werden könne –, zählte er seine Verletzungen und derzeitigen Defizite nicht negativ auf. Im Gegenteil: Er belächelte sie und nahm dies zum Anlass, etwas Positives zu benennen, ausgedrückt in dem Bild, noch alle zehn Finger und zehn Zehen zu haben. Ihm kommt nicht der relativierende Gedanke, dass es auch schlimmer hätte sein können, sondern er bleibt vollauf optimistisch, dass es nur noch besser werden kann. Der Zusatz *nur noch werden kann* lässt keinen anderen gedanklichen Werdegang zu. Offensichtlich gelingt es IP2 immer wieder, in schwierigen Situationen die Fassung zu wahren und einen positiven Ausgang im Blick zu haben. Dies zeigte sich deutlich in der finanziellen Misere, in der er sich zwar hilflos fühlte, aber dennoch keinerlei

---

[397] Transkript 2, S. 20 (Zeile 626-627).
[398] Transkript 2, S. 20 (Zeile 628-629).
[399] Transkript 2, S. 16 [Segment 109], S. 17 [Segment 112-113], S. 29 [Segment 178a].
[400] Transkript 2, S. 17 (Zeile 533-539).
[401] Transkript 2, S. 17 (Zeile 537).

Gedanken an ein Aufgeben äußerte, sondern vielmehr die Lösung ausschließlich auf der Zeitebene verschob.[402]

Ebenso verhält es sich im Nachgang des Motorradunfalls, den er auf meine Frage nach speziellen Momenten, die für ein positives Weitermachen stehen, als einschneidenden Moment angab.

> „Hab ich da grade meinen IST-Zustand angeschaut und dann so: ach schau mal – das kaputt, das kaputt, das kaputt.. Und dann ist mir grad erst bewusst geworden, WAS so alles ist. Und dann dachte ich mir so: Scheiße! Krass! Aber hier guck mal: zehn Finger, zehn Zehen. Und dann war wieder der Blick nach vorne da... Das war auch ein.. sehr.. sehr... bleibender Moment..“[403]

Er bezeichnete sich selbst nicht als Mensch, der in schweren Momenten ins Emotionale verfalle. Stattdessen entscheide er sich bewusst für einen positiven, zukunftsorientierten Blick:

> „Und ich möchte mir auch keine Gedanken machen über Sachen, die ich nicht mehr beeinflussen kann. Weißte? Ich kann's doch nicht mehr. So und dann muss ich's halt so nehmen, wie's ist. Und wenn's halt scheiße war, dann war's scheiße, ich kann's in Zukunft nur noch besser machen.“[404]

Herausstechend ist die aktive Entscheidung, trotz negativer Erfahrungen positiv in die Zukunft zu blicken. Er trauert bewusst nicht über Verlorenes, Vergangenes, Schiefgegangenes oder schmerzhaft Erlebtes, sondern wählt stattdessen einen gezielten Blick nach vorn, damit sich solche Situationen nicht wiederholen und um es in Zukunft besser zu machen. Kritisch betrachtet könnte man Verdrängungsmechanismen vermuten, die aber im Grundschema des Interviews nicht auftauchen. Er ist zudem durchweg in der Lage, schwierige Lebenssituationen der Vergangenheit zu benennen und seine Gefühle und Gedanken klar auszusprechen. Es gibt keinen Anlass, seine Aussagen anzuzweifeln. Seine Lebensweise, Gedankengänge und Umsetzungen erscheinen in den gesamten Schilderungen kohärent. Als Beispiel kann das Resümee seiner Schulzeit und die ausbleibende Zuwendung und Unterstützung in Bezug auf seine berufliche Zukunft gelten. Er jammert(e) nicht, weil er seinen Weg nicht direkt gefunden habe. Seine verschiedenen Zugänge zählen zu seinem Leben und werden nicht negativ betrachtet.[405] Die Jahre im Alter zwischen zwanzig und dreißig beschrieb er immer wieder positiv: „Ich habe bis dahin wirklich nichts ausgelassen"[406], „war ne gute Zeit, muss ich halt sagen."[407] Die gute Zeit bezog er auf die direkte Befriedigung seiner Bedürfnisse in dieser Zeit. Auch wenn IP2 offensichtlich länger gebraucht habe, um Zukunftsideen zu entwickeln

---

402 Transkript 2, S. 18-20 [Segment 124a-131].
403 Transkript 2, S. 29 (Zeile 946-950).
404 Transkript 2, S. 30 (Zeile 955-958).
405 Transkript 2, S. 32 (Zeile 1036-1037).
406 Transkript 2, S. 9 (Zeile 280)
407 Transkript 2, S. 9 (Zeile 284).

und zu verfolgen. Bei diesem Thema lächelte er offen, freundlich und ohne Missmut. Er schaute optimistisch und mutig in die Zukunft, was etwa anhand des Hausbauplans ersichtlich ist: „Ich habe mir für dieses Projekt gesagt: Ja das schaff ich. Und finanziell.. Ja.. ich geh jetzt in die Baubranche, ich werd da schon was finden."[408] Die Formulierung: *Ich werd da schon was finden* unterstrich er mit selbstbewusster, sicherer und optimistischer wirkender Mimik und Körperhaltung (lächelnd mit erhobenem Kopf und aufrechtem Sitz, direktem Blickkontakt und geöffneten Armen). Er schätzte sich selbst wie folgt ein: „Also ich bin da <u>definitiv</u> Optimist. Aber ich bin ein durchdachter Optimist [...]."[409]

Seine Reflexionsfähigkeit ist bemerkenswert früh entwickelt. Bereits im Kindergartenalter, als er mit seinem Vater auf dessen Wochenendtouren unterwegs war, bemerkte er, dass sie keine gute Wirkung hatten. Er verstand, dass sein Vater betrunken wurde und sich dadurch sein Wesen negativ veränderte. Er verstand, dass es eine Wahl für eine andere Handlungsmöglichkeit geben musste.[410] Wenn er es damals auch nicht habe *klar kommunizieren* können, so habe es ihn bereits *schockiert* und er habe sich *geschworen*[411]: „Das mache ich mit meinem Kind definitiv nicht so. Das gehört sich nicht."[412] In seinen Erzählungen waren diese Momente die ersten, in denen er bereits sehr früh in der Lage war, bestimmte Handlungsmuster zu erkennen, zu definieren und bewusst Alternativen zu entwickeln. Diese Entscheidung aus dem Kindergartenalter setzte er konsequent um. Auch wenn er keine Kinder hat, mit denen er anders umgehen könnte, so ist er bisher nicht in Alkoholexzesse verfallen, weder zum Spaß oder Zeitvertreib noch in schwierigen Lebenssituationen. Generell zeigt sich bei IP2 keine Tendenz zu Drogenkonsum. Zum einen schilderte er eindrücklich, wie er sich bewusst gegen die Handlungsweisen seines Vaters entschied.[413] Zudem hat er keine alkoholischen Getränke zu Hause, weder einfach nur so noch für einen „einen emotionalen Notfall"[414]. Zum anderen verspüre er auch nie den Drang, diverse Mittel auszuprobieren, da er dieses unkontrollierte Handeln, das man dadurch zuweilen an den Tag lege, nicht würde durchleben wollen. Auch dies kann auf die Erkennungs- und Entscheidungsebene aus der Zeit mit seinem Vater zurückzuführen sein. Die Fähigkeit zur Reflexion komplexer Sachverhalte zeigte sich während des Interviews immer wieder. So habe er sich bewusst dagegen entschieden, über vergangene Momente zu trauern, in denen es ihm nicht gut ging. Er schaue sich diese gezielt an, um daraus zu lernen und es künftig besser machen zu können.[415] Ebenso war er in der Lage, sich nach

---

[408] Transkript 2, S. 21 (Zeile 654-655).
[409] Transkript 2, S. 25 (Zeile 817).
[410] Transkript 2, S. 2-3 [Segment 5a-5b].
[411] Ebd.
[412] Transkript 2, S. 2 (Zeile 65).
[413] Transkript 2, S. 27 (Zeile 878).
[414] Transkript 2, S. 27 (Zeile 879).
[415] Transkript 2, S. 30 [Segment 181-182].

der körperlichen Auseinandersetzung mit dem Bruder den bisherigen Verlauf ihrer Beziehung anzuschauen und gezielt zu entscheiden, dass es für ihn und seine Zukunft besser wäre, den Kontakt komplett abzubrechen. Diese Entscheidung fällte er nicht emotional aufgeladen, sondern zielgerichtet, abwägend und zuversichtlich mit dem Blick nach vorn gerichtet.[416]

Richtet man den Blick weg von emotionalen Lebensabschnitten auf sachliche Entscheidungen, wie finanzielle Investitionen, lässt sich die Reflexionsfähigkeit erneut bestätigen. Er habe sich mit Interesse der Aktienanlage zugewandt, wobei ihn niemand in den Sachverhalt eingeführt habe. IP2 habe sich eigenständig schlau gemacht. Er habe die Resultate betrachtet, um daraus zu lernen, und sich so kontrolliert in die Materie eingearbeitet. Seine Aktionen habe er immer wieder reflektiert, um Erfolge und Niederlagen sortieren und künftig verbessern zu können. Er habe sich nie gescheut, Fehler zu machen oder Investitionen zu verlieren. Daher habe er nur kleinere Beträge gesetzt, deren Verlust zu verkraften gewesen wäre. Da er weiß, dass sich überraschende Veränderungen einstellen und schwierige Zeiten unverhofft eintreten können, schließt er keine unnötigen Verträge ab.[417] IP2 zeigte sich während des Interviews stets zuversichtlich, indem er betonte, dass er keine Angst vor der Zukunft habe. Er habe schon alles erlebt und sei sich sicher, dass er nicht in ein Jammertal fallen werde, wenn Schwierigkeiten auftreten. Inzwischen habe er genug Strategien erlernt, auf die er sich stützen könne, wenn es nötig sei.[418] Ratschläge oder Hilfestellungen nimmt er reflektiert an. Er betrachte sich die Menschen, die Hinweise geben, besonders unter dem Blickpunkt seiner Erfahrungswerte. Er räumte ein, dass er sich mit dem Annehmen von Ratschlägen sehr schwertue, weil er bei Gegenargumenten lieber erst selbst versuche, ob es nicht doch irgendwie zu schaffen sei. Reflektierend schätzt er sich jedoch so ein, dass er sich nicht gänzlich gegenüber Erfahrungen anderer verweigere, sondern nur der Personen, die in seinen Augen keine belastbaren Erfahrungswerte vorweisen könnten.

> „Also wenn ich gemerkt habe, jemand hat keine Erfahrung, aber erklärt mir etwas: dass ich das nicht schaffe. Dann hab ich den ignoriert."[419] „Wenn jemand wirklich aus dem Bereich kam und gesagt hat, und der konnte mir das plausibel erklären, warum das nicht funktioniert, dann war das für mich so: Dann hab ich die Erfahrung gleich für mich übernommen, ohne sie selber gemacht zu haben. Weil ich dann halt dem wirklich auch vertraut habe."[420]

---

[416] Transkript 2, S. 30 [Segment 182].
[417] Transkript 2, S. 39 [Segment N3, N6].
[418] Transkript 2, S. 20 [Segment 133b], S. 16 [Segment 111].
[419] Transkript 2, S. 23 (Zeile 730-731).
[420] Transkript 2, S. 23 (Zeile 733-736).

Er beschrieb sich mit den Worten:

„[I]ch bin kein <u>so</u> spontaner Mensch, dass ich mir den Folgekosten einfach nicht bewusst bin. Ich denke <u>schon</u>, dass ich mir vorher <u>sehr</u> viel Gedanken mache: ob das <u>gut</u> ist für mich, ob das <u>schlecht</u> ist. Ob ich das finanziell stemmen kann. Also ich bin da <u>sehr</u>... doch <u>vorausschauend</u> in dem Sinne. Dass ich dann halt versuche, mich einzuschätzen. Im Gegenteil gibt es mir noch viel mehr Schwung und Energie, wenn jemand dagegenredet, weil ich es ihm dann halt auch <u>beweisen</u> will. Nicht um dem das klein zu reden, sondern einfach weil ich <u>weiß,</u> dass ich das kann! Und.. und Überforderungssituationen sind von vornherein eingeplant."[421]

Es gilt hervorzuheben, dass er sich durch Zweifel und Skepsis nicht von seinem Vorhaben abbringen lässt. Sie wirken eher motivierend. Seine Haltung ist nicht mit Trotz zu verwechseln. Obwohl es ihn nerve, wenn Menschen versuchten, ihn kritisch zu belehren, nutze er dies, um noch einmal ganz logisch, durchdacht an die jeweilige Sachlage heranzugehen:

„Wo ich aber gestern auch dagesessen habe und noch mal überlegt habe, ob ich.. also ich <u>hab's</u> dann wirklich noch mal <u>reflektiert</u>! Was er dann halt gesagt hat, ob ich mich jetzt wirklich überfordere."[422]

Er prüft seine Entscheidungen gezielt und beschließt danach, welchen Weg er nun tatsächlich gehen will. Dazu nimmt er das eigentlich Negative (Gerede), um es in etwas für sich Positives (gesteigerter Antrieb) umzuwandeln. Dies tut er bedacht, zielgerichtet, offen und sachlich. IP2 zeigte nicht nur, dass er in der Lage ist zu reflektieren, indem er vorab verschiedene Ausgänge abwägt (durch Einbeziehen aller eigener negativer wie positiver Erlebnisse, Reflexionen seiner Bewältigungsstrategien oder durch Ratschläge oder Zweifel von außen). Er greift darüber hinaus auf sein realistisches Denkvermögen zurück und plant Überforderungssituationen von vornherein mit ein.[423] Als gutes Beispiel kann auch hier seine Planung des Eigenheims herangezogen werden. Er informierte sich gut über Preise und Handlungsmöglichkeiten und hatte zudem gerade eine Ausbildung in diesem Bereich absolviert. Mit Überforderungs- und Überlastungssituationen rechnet er zudem vorab. Diese Berücksichtigung verweist auf ein ausgeprägtes Realitätsbewusstsein in Bezug auf die bevorstehenden Arbeiten sowie auf Respekt und Mut. Sein Handeln wirkt nicht naiv oder überstürzt. Er ist in der Lage, Grenzen einzuräumen, zu erkennen und notfalls zu akzeptieren:

„[Der] Wunsch des Hauses ist natürlich da, aber wenn das finanziell nicht machbar ist, werde ich in kein Loch fallen und werde nicht anfangen zu heulen. Dann ist das halt so. Dann ist das halt ne Grenze, die ich für mich erreicht habe. Und dann akzeptier ich das dann halt auch für mich."[424]

---

[421] Transkript 2, S. 24 (Zeile 767-776).
[422] Transkript 2, S. 24 (Zeile 761-763).
[423] Transkript 2, S. 24 [Segment 161].
[424] Transkript 2, S. 36 (Zeile 1170-1173).

Gleiches lässt sich mit der Einschätzung seiner finanziellen Krise belegen. Er habe sich realistisch in einer Überforderungssituation und an einer Grenze der Selbstwirksamkeit gesehen, so dass er die Hilfe seiner Freundin in Form von Organisation gern angenommen habe.[425] IP2 kann sich selbst angemessen einschätzen. Auffallend war zudem seine Schlussfolgerung bezüglich des Motorradunfalls: „Und der Unfall hat mir <u>schon</u> aufgezeigt, wie schnell es geht, von.. äh.. nem gut gefüllten Konto, auf ein Schmalspurkonto..“[426] IP2 nahm den Unfall nicht als Anlass, derartige Momente in seinem Leben zu verfluchen, sondern als mögliche Geschehnisse zu verbuchen. Weiter sagte er, dass er keine Angst vor derartigen Gegebenheiten habe, da er durch den Unfall im Auffangnetz des Staates gelandet und damit durchaus zurechtgekommen sei.[427] In diesem Zusammenhang beschrieb er sich selbst als genügsam, was sich ganz eindeutig in seiner Definition von einem guten Leben widerspiegelt: „Im Endeffekt reicht ein Dach übern Kopf und ein voller Kühlschrank... Alles andere darüber hinaus ist die Kirsche auf der Torte. Kann man haben, muss man aber nicht.“[428] Wenn es knapp werde, drücke er die Pausetaste und schließe deshalb – im Bewusstsein eines stets drohenden finanziellen Engpasses – auch in guten Zeiten keine Sinnlosverträge ab und kaufe sich nichts auf Kredit.[429]

Dass er in der Lage ist, bewusst Situationen zu durchdenken und dementsprechend zu handeln, wurde während des Interviews mehrfach deutlich. Selbstbestimmung sei für ihn sehr wichtig. Das zeigte sich unter anderem in den Äußerungen zu Alkohol. Er gab an, dass er Herr seiner Sinne und Handlungen sein und bleiben wolle und keinen Kontrollverlust anstrebe. Für den Bruch mit seinem Bruder entschied er sich bewusst, prüfend und selbstbestimmt. Er beschloss, sich aus jeder Abhängigkeit vom Bruder zu lösen und sein Leben künftig eigenständig und unabhängig zu gestalten. Eine weitere Form der Selbstbestimmung zeigt sich auch in der Prüfung der Gegenargumente anderer zu seinen Vorhaben. Generell lasse er sich nicht gern in sein Leben hineinreden, blocke dabei aber nicht sofort ab. Im Gegenteil beschrieb er mehrere Situationen, in denen er gerade durch Gegenargumente seine Ideen, Ziele und geplanten Wege genau prüfte, um seinen Weg selbstbestimmt und eigenständig festzulegen.[430] Ganz deutlich sagte er:

---

425 Transkript 2, S. 19-20 [Segment 126-130].
426 Transkript 2, S. 36 (Zeile 1160-1161).
427 Transkript 2, S. 36 [Segment 216-218].
428 Transkript 2, S. 40 [Segment M1].
429 Transkript 2, S. 39 [Segment N3, N6].
430 Transkript 2, S. 10 [Segment 67, 69, 72], S. 15 [Segment 92a-95a], S. 20-21 [Segment 132-137], S. 21 [Segment 141, 143-144], S. 23 [Segment 146a-148], S. 25 [Segment 165], S. 27 [Segment 173], S. 30 [Segment 181-182], S. 35 [Segment 213].

„[I]ch bestimme, wann ich plane. Und wenn mir etwas unwichtig ist, dann plane ich das auch nicht, aber wenn mir was wichtig ist, dann plane ich das durch und dann gehe ich ganz gut organisiert rein."[431]

Es ist erkennbar, dass der Wunsch nach Selbstwirksamkeit bereits sehr früh sein Leben bestimmte. IP2 habe schon früh dazu geneigt, Dinge aktiv zu überprüfen. Auf meine Frage, wann er seine Widerstandskraft entdeckt habe, erzählte er eine Geschichte aus seiner Kindheit, die er offenbar mit dem Gefühl von Selbstwirksamkeit gleichsetzte. Im Alter von sieben oder acht Jahren habe er ein defektes Spielzeug repariert – angetrieben von seiner Neugier und weil er die Einschätzung nicht akzeptieren konnte, das Spielzeug sei nicht mehr zu reparieren.[432] Dieses Szenario und seinen Stolz auf seine vollbrachte Leistung deutete er als „Startschuss des Bastelns und des Selbermachens [...]."[433] Gleichermaßen habe es sich in der Schulzeit mit Dingen verhalten, die Lehrer als unmöglich oder unschaffbar dargestellt hätten. Diese Situationen seien für ihn nicht befriedigend oder einfach hinnehmbar gewesen, so dass er, wenn er anderer Meinung gewesen sei, jedes Mal eigenständig tätig geworden sei: „Und ich konnte jedes Mal beweisen, dass ich's doch geschafft habe. So und das war dann so diese Selbstbestätigung."[434] Diese Eigenständigkeit spielte in seinem Leben immer eine wichtige Rolle: Dinge selbst zu machen, zu entdecken, sich selbst einzuarbeiten, selbst zu bauen, um damit etwas zu bewirken (reparieren) oder zu erschaffen (Umbau des Motorrads, Eigenheim). Generell zeichnet er sich durch Aktivität aus. Er suchte sich nicht nur seine Ausbildungen selbstständig, sondern organisierte seine Umzüge, zeigte Eigenständigkeit und Aktivität in der Einarbeitung in die Aktienwelt, baute sein Motorrad selbstständig um und gestaltete seinen Garten mit eigenen Händen (fällte Bäume und grub Wurzeln aus). Auch den Eigenheimbau plant IP2 ebenfalls selbst: „Ich will's machen!"[435] Wenn er sich zu Schritten entschieden hat, zeigt er sich nicht wankelmütig, sondern selbstbewusst und resolut: „Das diskutier ich nicht."[436] Kritisch betrachtet könnte dies, besonders durch das häufig verwendete Verb beweisen, auf ein geringes Selbstwertgefühl hindeuten, das mit aller Macht dementiert werden soll. Demgegenüber wirkte IP2 bei all den Erzählungen aber nicht getrieben oder genötigt, allenfalls eher bestätigt: „[...] weil ich es ihm dann halt auch beweisen will. Nicht um dem das klein zu reden, sondern einfach, weil ich weiß, dass ich das kann!"[437] Möglicherweise ist ein Baustein, der zu jenem Handlungsmuster beiträgt, darin zu finden, dass er bereits in den ersten

[431] Transkript 2, S. 34-35 (Zeile 1116-1120).
[432] Transkript 2, S. 33-34 [Segment 203-203a].
[433] Transkript 2, S. 34 (Zeile 1094).
[434] Transkript 2, S. 23 (Zeile 725-726).
[435] Transkript 2, S. 21 (Zeile 668).
[436] Transkript 2, S. 25 (Zeile 798).
[437] Transkript 2, S. 24 (Zeile 774-775).

Schuljahren seine Freizeit eigenständig, selbstversorgend und selbstbestimmt gestaltete. Einem Zwang zur Selbstbestätigung widerspricht auch die Aussage, dass er mit Dingen, die er sich selbst erarbeitet habe, ganz anders umgehe und sehr pflege.[438] Sich selbst erklärt IP2 sein aktives Handeln mit seiner Neugier:

> „Ja, Neugier ist, denke ich, auch ein großer Faktor."[439] „[F]ür mich ist das dann halt eher so der Schritt zur Wahrheit. Denn ich kann halt mit .. ähm.. mit Mutmaßungen kann ich nichts anfangen. Weißte: Hätte, wäre, könnte... stresst mich nur. Ich kann mir den ganzen Tag den Kopf zerbrechen, was alles passieren könnte.. aber.. äh.. ich glaube, das ist auch ne gute Fähigkeit! Zu verifizieren, was ist wichtig, was ist unwichtig."[440]

Neben Genügsamkeit, Bescheidenheit und Neugier sind die meisten Ressourcen, die er benennt, in einem aktiven Bereich angesiedelt: Organisations-, Planungs- und Entscheidungs- sowie Unterscheidungstalent (zwischen wichtig und unwichtig). Selbst sein Optimismus scheint aktiv entschieden und gelebt.[441]

4.2.5 Einflüsse auf signifikante Resilienzfaktoren

a) Fähigkeit zur bewussten und zielgerichteten Reflexion

Anhand der spontanen Äußerung und der Tonlage zu den Gedanken als Kind in den Situationen mit dem sich betrinkenden Vater kann davon ausgegangen werden, dass das Erzählte die damalige Realität weitgehend wiedergeben konnte. Dies deutet auf eine sehr früh einsetzende bewusste Reflexionsfähigkeit. In diesem Alter ist es schwer, Rückschlüsse auf die Förderung einer bewussten Reflexionsfähigkeit zu ziehen, zumal auch in den Erzählungen Hinweise darauf fehlen. Demnach scheint diese Ressource mit hoher Wahrscheinlichkeit auf der personalen Ebene zu liegen. Auch das Beibehalten dieser Fähigkeit und ihre regelmäßige Anwendung, gerade bei der Überprüfung vieler Vorhaben (angeregt durch innere und äußere Stimuli), liegt keiner gezielten äußeren Förderung zu Grunde. Jedoch kann davon ausgegangen werden, dass die positiven Erfahrungswerte, die IP2 mit dieser Strategie für sich verbuchen kann, seine zielorientierte Reflexionsfähigkeit weiter ausgebaut und bestärkt haben können.

---

438 Transkript 2, S. 49 [Segment N10].
439 Transkript 2, S. 35 (Zeile 1128).
440 Transkript 2, S. 35 (Zeile 1130-1134).
441 Transkript 2, S. 21 [Segment 136, 137 140], S. 25 [Segment 168], S. 26 [Segment 172a], S. 35 [Segment 210-213], S. 36 [Segment 219].

b) Autonomie

Den Wunsch nach selbstbestimmtem, selbstwirksamem unabhängigem Handeln und Entscheiden brachte IP2 mehrfach zum Ausdruck. Den Ursprung der Selbstwirksamkeit und selbstbestimmtem Handeln sah IP2 selbst in diversen Auseinandersetzungen mit Lehrern und seinen Gegenbeweisen in Bezug auf scheinbar Unmögliches. Als „Startschuss des Bastelns und des Selbermachens…"[442] definierte er selbst den Tag, an dem er ein elektrisches Spielzeug seines Freundes reparierte, was dessen Vater nicht vermochte.[443] Es ist gut möglich, dass die darauffolgende Achtung des Vaters seines Freundes oder der durch die Reaktionen ausgelöste Stolz ausschlaggebend waren. Dieser Moment hat IP2 nachhaltig geprägt und seinen Wunsch Dinge und Gegebenheiten zu untersuchen verstärkt. Er selbst definierte den Drang, vermeintlich Unmögliches selbst überprüfen zu müssen, als *Grundeinstellung*.[444] So berichtete er stolz von mehreren geglückten Gegenbeweisen zu Sachverhalten, die Lehrer als unmöglich bezeichnet hatten. Derartige Gegebenheiten lassen sich zum Teil der sozialen Ebene zuordnen. Dadurch könnten die Fähigkeiten, Dinge zu hinterfragen, zu untersuchen, zu verifizieren oder zu falsifizieren herausgebildet oder gefördert worden sein. Ob die Lehrer IP2 gezielt herausforderten, um seine Kompetenzen zu fördern, konnte nicht geklärt werden. Seine Unabhängigkeit, Entscheidungs- und Handlungsfreiheit, die sich z. B. in seiner klaren Entscheidung gegen Drogen erkennen lassen, scheinen mit Mustern verbunden zu sein, die er in seiner Kindheit erlernt hat. Da der Vater tagsüber arbeitete, konnte IP2 bereits im frühen Schulalter seine Freizeit selbst gestalten und bestimmen. Diese Lebensart, die für IP2 konstant mit positiven Aspekten verbunden war, behielt er durchweg bei was auf eine indirekte Förderung auf familiärer Ebene verweist. Er will auch heute noch über sein Leben, sein Handeln und seine Entscheidungen selbst bestimmen. Diesbezüglich lässt er sich auch von Gegenargumenten nicht irritieren, sofern diese nicht durch belegbare Gründe untermauert sind. Vielmehr geht er souverän seinen Zielen entgegen, wobei er Überforderungssituationen einplant. Dabei ist eher der Weg das Ziel als das eigentliche Endresultat. IP2 genießt den Weg des eigenen Machens und Erschaffens. Im Umgang mit alkoholischen Getränken erweist sich seine intendierte Reflexionsfähigkeit als fördernd. Noch immer lebt er gezielt entgegen den erlebten Kontrollverlustmomenten des Vaters.

---

[442] Transkript 2, S. 34 (Zeile 1094).
[443] Transkript 2, S. 33-34 [Segment 203-203a].
[444] Transkript 2, S. 33-34 [Segment 203-207], S. 34 (Zeile 1102).

c) Widerstandsfähigkeit, Durchhaltevermögen und Willensstärke

Im Verlauf des Interviews zeigten sich eine Widerstandsfähigkeit und Willensstärke, besonders beim Alkoholkonsum. Kontrollverlust jeglicher Art war und ist für IP2 eine unerwünschte, definitiv nicht erstrebenswerte Erfahrung, die er bewusst und zielgerichtet umgeht. Eine deutliche Ursache findet sich in den frühkindlichen Erlebnissen mit seinem Vater und dessen wiederkehrenden Alkoholexzessen. Hier deutet sich eine indirekte Förderung, durch das negative Vatervorbild, auf familiärer Ebene an. Eine schützende Wirkung entfaltete seine zielgerichtete Reflexionsfähigkeit, die ihm bewusste Gegenentscheidungen ermöglichte. Seine Willensstärke und das dazugehörige Durchhaltevermögen präsentierten sich übergreifend auf allen Lebensbereichen. Bereits aus seiner Kinderzeit beschrieb er Situationen, in denen er sich für diverse Handlungen entschied. Dass diese auf personaler Ebene einzuordnen sind spricht das junge Alter: Bereits im frühkindlichen Alter entschied er, für den Verlust der Mutter kein Mitleid ernten zu wollen. Diesen Umstand wollte er weder durch Begleitumstände noch gezielt einsetzen. Im Jugendalter lehnte er bewusst und beständig den Konsum von kontrollverändernden Drogen ab. Im Erwachsenenalter verteidigt er diese Entschlüsse weiterhin. Wenn er sich für eine Handlung entschlossen habe, könne ihn nichts so leicht wieder davon abbringen. Als Ursache benannte er neben der inneren *Grundeigenschaft* des Antriebs zum Selbermachen und dem Drang der Selbstbehauptung (was auf einen Ursprung auf personaler Ebene hindeutet) die Möglichkeit, dass der Vater in seiner emotionsarmen Erziehung kein mitleiderhaschendes Jammern unterstützt haben könnte.[445] Unterstützungen um die Zeit des Heranwachsens (die vom Alkoholkonsum des Vaters geprägt war) durchzuhalten erfuhr er durch die autonome Freizeitgestaltung die er auf sozialem Rahmen mit seinen Freunden verbrachte. Hier fand er einen positiven Gegenpol zu den häuslichen Schwierigkeiten. Auf familiärer Ebene zu werten ist eine indirekte Förderung durch den Vater, der diesen Lebensstil ermöglichte.

d) Aktive Bewältigungsstrategien

Der Hang Dinge zu prüfen, zu hinterfragen und durch eigenständige Handlungen ggf. Anderes aufzuzeigen findet einen Ursprungs in der Geschichte der Spielzeugreparatur.[446] Förderung auf sozialer Ebene findet sich in Momenten, in denen er den Lehrern stichhaltige Gegenargumente lieferte. Doch auch wenn diese sich wiederholenden Gegebenheiten die aktiven Strategien von IP2 verstärkt haben, so muss eine Fähigkeit vorhanden gewesen sein, überhaupt in

---

[445] Transkript 2, S. 17 [Segment 117-118b], S. 34 [Segment 207].
[446] Transkript 2, S. 33-34 [Segment 203-207].

die Gegenargumentation zu gehen. Es ist möglich, dass auch dieser Ursprung in der Reparatur des Spielzeugs in seiner Kindheit liegt. Andererseits kann auf einen Charakterzug gedeutet werden, der in die personale Ebene fallen würde. Betrachtet man gezielt die Bewältigungsmomente schwieriger Umstände, so fällt die bewusst gefällte und gelebte Entscheidung gegen ein Jammern auf. Sein Blick ist stets positiv nach vorn gerichtet. Er weigert sich nach wie vor, über vergangene Schwierigkeiten zu trauern. Im Gegenteil nutzt er die Erfahrungen dieser Momente, um ähnliche Situationen künftig zu vermeiden oder besser zu meistern. Klare Hinweise, die als Auslöser oder Verstärkung gewertet werden könnten, finden sich nicht. Denkbar ist ein begünstigender Einfluss durch das Erkennen und Nutzen der Summe inkrementeller positiver Erfahrungswerte. Zudem fungiert seine positive Grundstimmung unterstützend, ein Weg des Selbstmitleids war für IP2 nie eine Option. Selbst in den heftigsten Momenten körperlicher Gebrechen blieb seine positive Grundeinstellung bestehen und unterstützte den Blick in eine positive Zukunft. Dieses Grundgefühl spiegelt sich in seinem Optimismus wider. Ein entsprechender Sprachgebrauch und Humor scheinen ihren Ursprung auf der personalen Ebene zu haben. Es finden sich kaum Hinweise auf äußere Faktoren, weder in Kindergartentagen oder der Schulzeit noch im jungen Erwachsenenalter.[447] IP2 erfuhr weder in Problemlösungen Unterstützung vom Vater (dies sei nicht männlich) noch im schulischen Rahmen (Noten seien egal gewesen). Auch was die Ausbildung und berufliche Orientierung betraf, war er auf sich selbst gestellt und bestritt diesen Weg allein. Stagnation kam aber auch hierbei für ihn nicht in Frage.[448] Der Moment der körperlichen Gegenwehr gegen seinen Bruder beendete die körperliche Unterdrückung von ebendiesem und bestärkte die Freiheit, eigene, aktive Entscheidungsmomente leben zu können. Wohnortwechsel, berufliche Aus- und Fortbildungen organisierte IP2 selbstständig, stets passend zu seinen jeweiligen Lebensumständen. Unterstützung erfuhr IP2 allerdings, als er sich in einer fast aussichtslosen Lage mit zerstörten Fahrzeugen und zusätzlich auf Wohnungssuche befand, von einer Freundin. In dieser einmaligen Situation, in der er partiell keinen Ausweg gesehen habe, sei es die Freundin gewesen, die aktiv wurde und sich mit ihm gemeinsam Schritt für Schritt der Problemlösung widmete.[449] Die bewusste Reflexion dieses Umstands und der damaligen Strategien können als stärkenden gewertet werden.

---

447 Transkript 2, S. 17 [Segment 112-114], S. 29-30 [Segment 178a-182].
448 Transkript 2, S. 2 [Segment 2d], S. 4-5 [Segment 13-17a], S. 8 [Segment 44a-51], S. 11 [Segment 75b], S. 17-18 [Segment 117-119].
449 Transkript 2, S. 18-20 [Segment 124-129].

e) Internale Kontrollüberzeugung

Bereits in ganz früher Kindheit lassen sich internale Kontrollideen andeuten. Deutlich wird dies in seinen Ausführungen, als er sich geschworen habe, später als Vater seinem Kind gegenüber anders zu agieren als sein Vater es ihm gegenüber (unter Alkoholeinfluss) getan habe.[450] Gleichermaßen spricht die bereits im Kindergartenalter getroffene Entscheidung, kein Mitleid für den Tod der Mutter anzunehmen, für ein Bewusstsein, wodurch er in der Lage war, mittels Handlungen und Entscheidungen Einfluss auszuüben.[451] Besonders sein frühkindliches Agieren spricht für eine Eigenschaft auf personaler Ebene. Eine im Laufe der Kindheit bestärkende Rolle auf sozialer Ebene kommt den Lehrern zu, die stetige Gegenbeweismomente von IP2 duldeten oder gar herausforderten. Das Erkennen und Nutzen inkrementeller Erfahrungswerte z.B. von eigenen Reparaturen wirkten sich zusätzlich stärkend aus. IP2 suchte sich stets Wirkungsfelder, in denen er kontrolliert agieren kann. Er ist sich sicher, Herr über sich, seine Handlungen und deren Wirkungen sein zu können. Seine Projekte plant er konzentriert, damit er Ereignisse kontrollieren kann. Als unterstützend können zielgerichtete Selbstreflexion sowie das Erkennen und Nutzen inkrementeller Erfahrungswerte eingestuft werden.

f) Freundeskreis und signifikante Personen

Angelehnt an die Resultate von Bender und Lösel (1997)[452] wird im Interview mit IP2 die Bedeutung eines positiven Freundeskreises bestätigt, da er diesen mehrfach nannte und als hilfreich bezeichnete. Bereits in früher Kindheit habe er maßgeblichen Kontakt zu Freunden in seiner Freizeit außerhalb des Elternhauses gehabt.[453]

Mit dem Schulwechsel und einer Klassenwiederholung habe er wählen können zwischen zwei unterschiedlich orientierten Peergruppen: 1. draufgängerische, mit Drogen experimentierende Jugendliche und 2. eine Gruppe, die sich gegen übermäßige Ausschweifungen mit Drogen und Ähnlichem entschied. IP2 wählte die zweite Gruppe, da er sich gegen Kontrollverluste durch Substanzen entschieden habe.[454] In ihrer Studie kommen Bender und Lösel zu dem Schluss, dass Jugendliche sich zu der Gruppe bewegen, die ihr Interessengebiet und ihre Emotionen spiegelt. Auf dieser Basis ist davon auszugehen, dass auch

---

450 Transkript 2, S. 2 [Segment 5a].
451 Transkript S. 17 [Segment 115a].
452 Vgl. Bender, D. / Lösel, F. (1997): Protective and risk effects of peer relations and social support on antisocial behaviour in adolescents from multi-problem milieus.
453 Transkript 2, S. 10 [Segment 62-63].
454 Transkript 2, S. 9-10 [Segment 59-69].

hier die Grundlage der Wahl seines Freundeskreises vornehmlich auf der personalen Ebene liegt.[455] Die positive Wirkung des Freundeskreises als Schutzfaktor
findet sich zum Teil auf der sozialen Ebene. Seine Freunde boten ihm eine
familienähnliche Umgebung. IP2 betonte mehrfach, dass sein Freundeskreis
maßgeblich mehr in sein Leben involviert gewesen sei als seine Familie.[456]
Auch wenn er nicht davon berichtete, dass er in die Familien seiner Freunde
integriert gewesen sei, um diese aktiv als Vorbild anzunehmen, ist nach allen
Äußerungen davon auszugehen, dass die Gemeinschaft der Peergruppe an sich
eine schützende Funktion und einen positiven Einfluss auf seine Lebensper-
spektive hatte. IP2 fand eine Form von emotionaler, gegenseitiger Sicherheit
und Unterstützung, die auch weiterhin Bestand hat. Er halte nach wie vor zu einigen Freunden aus dieser Zeit Kontakt.[457] Freundschaften haben einen hohen
Stellenwert in seinem Leben. Sie waren stets ein verlässlicher Faktor in schwierigen Situationen. Bezüglich der Wahl des Freundeskreises gibt es Hinweise
auf eine Bestärkung durch Reflexionen: Sein Bruder pflegte einen anderen, delinquenten Umgang und wurde schließlich inhaftiert. Die damit verbundenen
negativen Aspekte blieben IP2 also nicht verborgen, was ihn in seiner Wahl
bestärkt haben mag. Direkte Aussagen dazu gibt es allerdings nicht. Auf die
Frage nach signifikanten Personen, die er als Unterstützung empfunden habe,
verwies er auf eine Freundin, die ihm in einer ausweglosen Lage zur Seite
gestanden habe.[458] Zudem bestätigte er, dass manche Lehrer oder Nachbarn
durch die Herausforderung, vermeintlich nicht zu Schaffendes erfolgreich zu
bewältigen, seinen Untersuchungs-, Bastel- und Schaffenstrieb gefördert hätten,
was sich positiv auf seine Projekte auswirke. Jedoch gab er ausdrücklich an, dass
sein Freundeskreis als Gesamtheit bis heute seine maßgebliche Stütze geblieben
sei.

g) *Realismus und realistische Ziele*

Zielsetzungen und Planungen (Ausbildung, Arbeitssuche, Umschulung, Ak-
tieneinstieg, Garten, Motorradumbau, Hausbau etc.) wurden von IP2 stets
durchdacht und realistisch kalkuliert. Seine enorme Zielstrebigkeit scheint stets
intrinsisch motiviert. Seine Vorhaben konnte er fast immer zu einem erfolgreichen Ende führen. Da IP2 explizit kaum bis selten zeitliche Limits setzte,
sind seine Erfolge zumeist gut realisierbar. Hinzu kommt, dass er realistisch
die Möglichkeit eines Scheiterns einkalkuliert. Als Verstärkung können das

---

[455] Vgl. Bengel, J. / Meinders-Lücking, F. / Rottman, N., (2009): Schutzfaktoren bei Kindern und Jugendlichen, S. 40
[456] Transkript 2, S. 10 [Segment 62].
[457] Transkript 2, S. 31 [Segment 186].
[458] Transkript 2, S. 18-20 [Segment 124-129].

Erkennen und Nutzen inkrementeller Erfahrungswerte sowie seine Reflexionsfähigkeit, Willensstärke und sein Durchhaltevermögen ausgemacht werden.

h) Qualität der Bildung

Auf sozialer Ebene unterstützt durch die Lehrer und auf familiärer Ebene durch
den Vater, der ihren Rat befolgte, kann ein wesentlicher Einfluss auf den
Bildungsweg zugeschrieben werden. Sie beschlossen, dass IP2 den Schulzweig
nicht in Richtung eines niedrigeren Bildungsniveaus verlassen dürfe.[459] Er beendete die Schullaufbahn mit dem Realschulabschluss und suchte sich anschließend selbstständig eine Ausbildungsstelle im gesamten deutschen Raum. Dabei
fokussierte er jede erdenkliche handwerkliche Richtung. Keine Ausbildung
zu beginnen war für ihn nie eine Option. Da er nicht wusste, in welchem
Bereich er arbeiten wollte, bewarb er sich in einem breiten Spektrum.[460] Die
Konzentration auf den handwerklichen Bereich lässt sich mit seinem persönlichen Hang zu Bastelarbeit und zu handwerklichen Tätigkeiten erklären. Im
weiteren Verlauf seines Lebens strebte er ebenfalls selbstständig zu immer weiteren Qualifikationen, was ebenfalls eine Form von Suche widerspiegelt. Eine
Ursache hierfür findet sich in der Tatsache, dass ihm jegliche Unterstützung
bei der Zukunftsplanung verwehrt blieb.[461] Mit dem aktuellen Abschluss als
Bauleiter sei er zufrieden und er sehe einer Zukunft in diesem Arbeitsbereich
optimistisch entgegen. Es scheint, als habe er nach vielen Anläufen seinen Weg
gefunden.[462] Eine indirekte Förderung kann auf familiärer Ebene durch das
beständige Verwehren emotionaler, materieller, wie finanzieller Unterstützung
durch den Vater belegt werden. IP2 lernte früh, dass er sich die Erfüllung seiner
Wünsche selbst erarbeiten musste.[463]

i) Impulskontrolle

Obwohl IP2 angab, dass ihn Belehrungen anderer, ungebetene Ratschläge oder
Gegenreden störten, gab er dennoch keinem trotzähnlichen Impuls nach, seinen Weg unbeirrt zu gehen. Er reflektiert sein Vorhaben vielmehr umfassend,
bevor er es umsetzt.[464] Daher kann davon ausgegangen werden, dass seine
Impulskontrolle von seiner Reflexionsfähigkeit zumindest verstärkt wird. Mög-

---

459 Transkript 2, S. 30 [Segment 184a-185].
460 Transkript 2, S. 8 [Segment44c-49].
461 Transkript 2, S. 8 [Segment44a-44b], S. 32 [Segment 197-201].
462 Transkript 2, S. 37-38 [Segment 222].
463 Transkript 2, S. 11 [Segment 75b].
464 Transkript 2, S. 24 [Segment 160].

licherweise zeigt sich hier auch ein Zusammenhang zwischen Impulskontrolle und Entscheidungsfähigkeit. Ebenfalls deuten sich weitere Zusammenhänge in seiner frühen Kindheit und den Beobachtungen des betrunkenen Vaters unter Impulskontrollverlust an. Da sich IP2 bereits in seiner Kindheit selbst reflektieren konnte, könnte dabei der Grundstein für eine bewusste Kontrolle seiner Impulse gelegt worden sein. Kontrollverluste unter Alkoholeinfluss waren und sind in seinem Leben kein Thema, da er (bis auf vereinzelte Ausnahmen in seiner Jugendzeit) kontrolliert und sehr bewusst Alkohol konsumiert. Seine gelingende Selbststeuerung in Geschäften wie Aktien oder generellen Anschaffungen scheint inkrementellen Erfahrungswerten zu entspringen. So gab er klar zu verstehen, dass er ausschließlich kalkulierbare und bei Verlust zu verkraftende Summen einsetze.[465] Zum einen scheint dies in Erfahrungen wie dem abzuzahlenden Auto mit Motorschaden begründet zu liegen. Zum anderen diente sein Bruder als Negativbeispiel, der wegen Schulden und eines delinquenten, unkontrollierten Lebensstils inhaftiert wurde.

j) Bewusste Entscheidung gegen Mitleid oder Selbstmitleid

Immer wieder hob IP2 die Bedeutung dieses Aspekts deutlich hervor, doch finden sich nur vage Hinweise zu Zusammenhängen. So gibt er z. B. an, dass er niemals Mitleid für den Tod seiner Mutter oder für schwierige Momente seiner Kindheit wollte und dass er übergestülptes Mitleid von Erzieher/-innen oder Lehrern vehement abgelehnt habe. Ein Grund dafür kann in dem unangenehmen Gefühl liegen, das er dabei empfand. Dies spricht für ein intrinsisch motiviertes, resultierendes Verhalten was seinen Ursprung auf der personalen Ebene findet.[466] Aussagen wie: „Ich wollte diese Mitleidskarte nie in meinem Leben ziehen"[467] deuten auf eine bewusste Entscheidung. IP2 geht in der Selbstreflexion sogar so weit, dies als *grundsätzliche Einstellung* zu bezeichnen, die er als seine genetische Veranlagung verstehe.[468] Diese Einschätzung kann zutreffen, jedoch wird die Entscheidung nachträglich bewusst gelebt: „Nee, ich wollte dieses niemals ziehen und hab ich auch nie gezogen.."[469] Die Entscheidung, seine Geschichte nicht dazu zu nutzen, um Erfolg bei Frauen zu haben, traf er zumindest zu einem Teil durch Vergleiche mit Altersgenossen. Auch der Entschluss, nicht zu jammern, wenn es ihm schlecht geht, und Freunde nacheinander anzurufen, ist bewusst im Vergleich zu anderen gewählt und stützt

---

465 Transkript 2, S. 21 [Segment 142a].
466 Transkript 2, S. 5 [Segment 18, 20], S. 17-18, [Segment 115-122].
467 Transkript 2, S. 17 (Zeile 546-547).
468 Transkript 2, S. 18 (Zeile 556-558).
469 Transkript 2, S. 18 (Zeile 560).

sich auf seine zielgerichtete Reflexionsfähigkeit. Den Grund dafür vermutet IP2 in seiner genetischen Veranlagung.[470]

4.2.6 Stabilitätshinweise (z.Z.d.I.)

Fähigkeit zur bewussten und zielgerichteten Reflexion	Durch die regelmäßige Anwendung von intendierter Reflexion und Eigenreflexion bleibt IP2 stets wachsam für Eventualitäten und erhält sich dadurch seinen erwählten Lebensstil.
Autonomie	Da IP2 sich noch immer Arbeits- und Wirkungsfelder sucht, in denen er seinen auf Autonomie ausgerichteten Wünschen, Impulsen und Handlungen nachgehen kann, scheint auch dieser Aspekt stabil zu sein.
Widerstandsfähigkeit, Durchhaltevermögen und Willensstärke	IP2 lebt willentlich und konstant bewusst mit einer größtmöglichen Kontrolle über sein Denken und Handeln und widersteht jedweden gegenteiligen Impulsen. Für eine Stabilität spricht zudem, dass IP2 diese Eigenschaften seinem Wesen zuschreibt.
Aktive Bewältigungsstrategien	IP2 ist ein Mensch der Herausforderungen aktiv annimmt. Nichts tun kommt für ihn nicht in Frage. Die bewusste Entscheidung zu dieser Lebensweise (bisher, gegenwärtig, künftig) trägt dazu bei, dass dieser Resilienzfaktor eine schützende Wirkung stabil aufrecht-erhält.
Internale Kontrollüberzeugung	Zielgerichtete Reflexionsfähigkeit und das Bewusstsein, über sein eigenes Handeln und Wirken im Berufs- und Privatleben sprechen für eine beständige internale Kontroll-überzeugung.
Freundeskreis und signifikante Personen	Der Freundeskreis, der IP2 besonders wichtig ist, hat seit jeher Bestand. Ressourcen wie das Sicherheitsgefühl, in schweren Zeiten nicht allein zu sein und in Freunden durchgängige, mentale Unterstützung zu haben, zeigen sich zuverlässig und beständig.
Realismus und realistische Ziele	Inkrementelle Erfahrungswertnutzung und kontinuierliche Eigenreflexion, sowie die Anwendung notwendiger Kompetenzen ließen bisher all seine Planungen und Projekte realistisch erscheinen. Es lässt sich keine Abwendung vom dahingehenden Lebens- und Handlungsstils erkennen.
Qualität der Bildung	Mit seinem beruflichen Werdegang ist IP2 im Reinen. Das Streben nach weiterer Bildung und Qualifikation wird wohl auch weiterhin das Leben von IP2 prägen.
Impulskontrolle	Da IP2 Kontrollverlust unter allen Umständen vermeiden möchte, ist Impulskontrolle in jedem Bereich seines Lebens eine Grundvoraussetzung. Er hält sie durch beständige Reflexionsarbeit und der gezielten Nutzung inkrementeller Erfahrungswerte aufrecht.
Bewusste Entscheidung gegen Mitleid oder Selbstmitleid	IP2 vermutet diese Haltung als genetisch bedingt. Daher definierte sie sich als beständige und geschätzte Charakter-eigenschaft.

---

[470] Transkript 2, S. 18 [Segment 118b-118c].

4.2.7 Bezug zur persönlichen Definition eines guten Lebens

„Im Endeffekt reicht ein Dach übern Kopf und ein voller Kühlschrank... Alles andere darüber hinaus ist die Kirsche auf der Torte. Kann man haben, muss man aber nicht. Dennoch möchte ich mein eigenes Haus haben um als Rentner abgesichert zu sein."[471]

Alle in der Analyse aufgeführten Eigenschaften, Handlungsweisen und Wünsche von IP2 decken sich hinsichtlich ihrer Anwendung mit seiner persönlichen Definition von einem guten Leben. Einen vollen Kühlschrank und ein Dach über dem Kopf hat er und er ist sich auch sicher, diesen Zustand in jeder Lebenslage halten zu können. Ein eigenes Haus zu besitzen, ist ihm zufolge die „Kirsche auf der Torte"[472], die er zwar anstrebt, aber nicht um jeden Preis zu erreichen versucht. Gemäß seiner Definition führt er bereits ein gutes Leben.

Zusammenfassend kann IP2 als positiv eingestellter Mann charakterisiert werden, den seine Freunde als zuverlässig bezeichnen. IP2 agiert durchdacht, optimistisch, er bleibt immer aktiv und geht selbstbestimmt seinen Weg. Er liebt es, sich Projekte zu suchen, die er mit eigen-ständiger Arbeit selbstwirksam und ohne jeden Druck verwirklichen kann. IP2 ist stolz auf alles, was er bereits erlebt, überstanden und erreicht hat.

---

[471] Transkript 2, S. 40 (Zeile 1306-1308).
[472] Ebd.

114

4.3 Interviewpartnerin 3

Legende:

Kürzel / Hervorhebung	Bedeutung
IP3	Interviewpartnerin 3
z. Z. d. I.	zur Zeit des Interviews
KH	Krankenhaus
FSJ	Freiwilliges soziales Jahr
.. (Zitat)	Kurze Pause (1-2 Sekunden)
… (Zitat)	Längere Pause (3-4 Sekunden)
unterstrichen	betont

4.3.1 Personenvorstellung

IP3 wuchs in einem Dorf auf, das nur aus zwölf Häusern besteht. In ihrem Elternhaus lebte sie mit ihrer zehn Jahre älteren Schwester, ihren Eltern (z. Z. d. I. 65 Jahre alt, Vater verstarb mit 69 Jahren), den Großeltern (bereits verstorben) und der Urgroßmutter (verstorben), die in ein Pflegeheim kam, als IP3 vierzehn Jahre alt war. Die Schwester verließ den Haushalt bereits, als IP3 ca. sieben Jahre alt war. Der Vater (ein studierter Metallformer) und die beiden Großeltern waren Alkoholiker, solange IP3 sich erinnern könne. Die Mutter (ausgebildet und angestellt bei der Post) habe nie Probleme mit Alkohol gehabt. Die Großeltern und Eltern seien jeweils durchweg verheiratet gewesen.[473]

IP3 besuchte eine Grundschule in einem Nachbardorf, absolvierte in einer benachbarten Stadt das Abitur und entschied sich danach für ein FSJ in einer Klinik für Alkohol- und Medikamentenabhängigkeit. Nach einer Ausbildung zur medizinischen Masseurin und einer sechsmonatigen Phase ohne Arbeit studierte sie Jura.[474] In dieser Zeit zog sie mit ihrem langjährigen Freund, ein ehemaliger Patient aus der FSJ-Zeit[475], zusammen, bekam einen Sohn und wurde später als Referentin an der obersten Landesbehörde für Hochschulrecht angestellt. Sie ist z. Z. d. I. ledig und beschreibt ihr Leben heute als so gut, wie es noch niemals zuvor gewesen ist.[476]

---

[473] Transkript 3, S. 1 [Segment 1-2], S. 5 [Segment 25-26], S. 6 [Segment 35a], S. 9 [Segment 63], S. 10 [Segment 67], S. 31 [Segment N15].
[474] Transkript 3, S. 28-29 [Segment 161].
[475] Transkript 3, S. 32 [Segment T3].
[476] Transkript 3, S. 2-3 [Segment 8-15], S. 4 [Segment 19], S. 15 [Segment 93f].

Auch der Kontakt mit IP3 kam ich durch einen Hinweis und die Vermittlung der Telefonnummer in meinem Freundeskreis zustande. Das erste Telefonat war informativ gehalten. Ich klärte die Fragen zur Interviewtechnik und IP3 schilderte mir sehr knapp die Problematik ihres Aufwachsens. Durch die persönliche Ebene meiner Forschung bot mir IP3 das Du an, weil sich dies für sie stimmiger anfühle. Da es in den letzten Interviews zu keinerlei negativen Erfahrungen gekommen war, stimmte ich ihrem Angebot zu. IP3 erklärte sich mit einer Tonaufnahme einverstanden, lehnte allerdings eine Videoaufzeichnung ab. Dem Wunsch kam ich nach. Ich sicherte ihr zu, dass alle Daten vollständig anonymisiert werden. Da mir IP3 für meine Studie geeignet erschien, einigten wir uns auf einen ca. eine Woche späteren Termin in ihrem Haushalt. Planungsgemäß fand er im Wohnzimmer von IP3 statt. Die Begrüßung war freundlich, IP3 war klassisch, aber bequem gekleidet und bot Tee an. Alle zuvor telefonisch besprochenen rechtlichen Modalitäten wurden schriftlich festgehalten. Das Interview startete mit dem Einschalten des Diktiergeräts und meiner Eingangsfrage, die sie zügig, konzentriert und sachlich beantwortete. Nach ca. fünfzehn Minuten schloss sie mit ihren Ausführungen und ich setzte einen erneuten Erzählstimulus, mit dem ich versuchte, die Gefühlsebene zu erreichen.[477] Dies gelang zwar, allerdings waren weitere Stimuli erforderlich. Es entstand nicht das Gefühl, dass IP3 über manche Dinge nicht sprechen wollte, vielmehr benötigte sie einen roten Faden. Die Atmosphäre blieb sachlich, aber freundlich und einander zugewandt. Zeitweise gab es emotionale Phasen und daraus resultierende Pausen, die den allgemeinen Ablauf aber nicht störten. Auch die immer wieder benötigten Erzählstimuli oder Nachfragen meinerseits waren kein Hindernis. Nach ca. eineinhalb Stunden endeten wir mit dem Ausschalten des Aufnahmegeräts. Es folgte ein etwas freieres Nachgespräch, das sich durch eine lockere und fröhliche Atmosphäre auszeichnete.[478] IP3 zeigte sich dankbar dafür, dass sie durch das Interview eigene Stärken erkannt habe.

Die Frage nach der Definition eines guten Lebens beantwortete sie auf meine Anfrage hin sehr ausführlich ca. vier Wochen später per Mail.[479] Während meiner Transkription ergaben sich einige Fragen, die ich in einem vereinbarten Telefonat stellen konnte.[480] Auch hier war die Grundstimmung freundlich. Das Telefonat dauerte nur wenige Minuten und bestand aus einer knappen, aber angenehmen Begrüßung, direkten Antworten auf gestellte Fragen und einer wohlwollenden Verabschiedung. Weiteren Kontakt gab es danach nicht.

---

[477] Transkript 3, S. 4 [Segment 20].
[478] Transkript 3, S. 30-31 [N1-N17].
[479] Transkript 3, S. 34 [Segment M1].
[480] Transkript 3, S. 32-33 [Segment T1-T9].

4.3.3 Fallvorstellung

Signifikante Themen und Epochen

1. Zeit des Aufwachsens im Elternhaus unter Alkoholikern und mit mangelnden Kontakten zu Gleichaltrigen, bedingt durch die geringe Zahl an Einwohnern
2. Zeit in der Schule, FSJ, Ausbildung und Studium sowie die Anstellung als Volljuristin, gepaart mit kontroversen Gefühlen
3. Leben mit dem Vater und dessen Ableben
4. Aktuelles Leben

1.

IP3 wurde unter schwierigen Bedingungen geboren, da sie ca. sechs Wochen zu früh auf die Welt kam. Den Anfang ihres Lebens habe sie auf einer Frühgeburtenstation in einer ca. 50 km von ihrem Heimatdorf entfernten Stadt verbracht. Nach sieben Wochen habe sie dann nach Hause zu ihrer Familie gedurft.[481] Diese habe in einem Dorf gelebt, das aus zwölf Häusern und etwa siebzig Einwohnern bestand.[482] Sie hat eine zehn Jahre ältere Schwester, zu der, wahrscheinlich altersbedingt, kein besonders enger Kontakt aufgekommen sei. Zudem habe diese das Elternhaus bereits verlassen, als IP3 ca. sieben Jahre alt gewesen sei.[483] Ihren Vater (Alkoholiker) beschrieb sie als durchweg übellaunig und laut:

> „Also er hat generell immer viel rumgenörgelt, ist dann auch laut geworden. Gewalttätig ist er nicht geworden. Aber war halt sehr laut und ist halt immer schnell aus der Haut gefahren."[484] Er hatte „das Sagen und alle haben sich dem untergeordnet."[485]

Sein Alkoholkonsum sei an den Wochenenden signifikant angestiegen. Unter der Woche sei er zuverlässig zur Arbeit gegangen und habe abends sein Bier getrunken.

> „Und er kam dann so irgendwann gegen um 5, hat sich dann in die Stube gesetzt, hat den Fernseher angemacht und er hat auch sein Bier aufgemacht [...]. Und dann wollte er auch erst mal seine Ruhe haben."[486]

Dies habe dazu geführt, dass IP3 sich in ihr Zimmer zurückgezogen und die Zeit bis zum Schlafengehen allein verbrachte habe. Am Wochenende habe

---

481 Transkript 3, S. 31 [Segment N17].
482 Transkript 3, S. 1 [Segment 1].
483 Transkript 3, S. 1 [Segment 2], S. 9 [Segment 63].
484 Transkript 3, S. 5 (Zeile 159-162).
485 Transkript 3, S. 6 (Zeile 166).
486 Transkript 3, S. 9 (Zeile 266-269).

der Vater seinen durch die Arbeit geregelten Tagesablauf verlassen und sich durchweg betrunken. Er sei dann „ein anderer Mensch"[487] als unter der Woche gewesen, wo er „normal"[488] gewesen sei.

> „Wenn ich jetzt an zu Hause denke, hat man halt immer das gleiche Bild. Wenn man in die Stube reingekommen ist: Mein Vater saß halt immer auf dem Sessel, saß da rum, hat irgendwie getrunken oder genölt."[489]

Ihre Großeltern, die im selben Haus auf der oberen Etage lebten, seien ebenfalls Alkoholiker gewesen, die sich viel und laut gestritten und irgendwann auch ihre Hygiene vernachlässigt hätten: „[D] haben dann irgendwann auch nicht mehr auf sich geachtet.. also.. Pflege war nicht mehr.. und Umgang war sowieso nicht mehr."[490] Für diese häusliche Situation schämte sie sich, weswegen sie Besuch vermieden habe: „Es war auch schwierig, Leute nach Hause einzuladen. Das hab ich z. B. nie gemacht."[491] Doch nicht nur das Verhalten der Familienmitglieder habe sie daran gehindert, ihre sozialen Kontakte zu pflegen. Sie hatten „nicht die Ausstattung, die eine normale Wohnung"[492] zur Verfügung gehabt hätte. Es sei für sie unmöglich gewesen, irgendwen mit nach Hause zu nehmen: Als Bad habe ein Waschhaus ohne Heizung gedient, mit einem Waschkessel, der einmal wöchentlich für Badewasser beheizt wurde. Als Toilette fungierte ein außen am Haus angebrachtes Auffangbecken mit entsprechendem Geruch. Dies habe Kindern in der Schule Anlass zu einigen Hänseleien geboten.[493]

Als IP3 noch recht klein gewesen sei, habe es im Dorf zwei gleichaltrige Kinder gegeben, die allerdings wegzogen seien. Die älteren Jugendlichen im Dorf hätten eine Art Jugendclub gehabt, zu dem sie aber keinen Zugang gefunden habe.[494] Innerfamiliär sei sie ebenfalls viel allein gewesen. Sobald der Vater nach Hause gekommen sei, habe sie sich in ihr Zimmer zurückgezogen, um seinen Launen aus dem Weg gehen zu können.[495] Ihre Schwester war bald ausgezogen, ihre Mutter war damit beschäftigt, den Haushalt zu organisieren und für etwas Normalität zu sorgen, es gab keine Möglichkeit zu Außenkontakten und alle weiteren, im Haus lebenden Erwachsenen waren dem Alkohol erlegen (ausgenommen der Urgroßmutter). Daher befand sie sich tatsächlich in Isolation. Sie schilderte die Beziehung zu ihrer Mutter zwar positiv:

---

[487] Transkript 3, S. 8 (Zeile 242).
[488] Ebd.
[489] Transkript 3, S. 8 (Zeile 237-239).
[490] Transkript 3, S. 6 (Zeile 180-181).
[491] Transkript 3, S. 6 (Zeile 177).
[492] Transkript 3, S. 6 (Zeile 182).
[493] Transkript 3, S. 6-7 [Segment 35b-37].
[494] Transkript 3, S. 4 [Segment 20], S. 5 [Segment 24-24a].
[495] Transkript 3, S. 6 [Segment 30-32].

„Mit meiner Mutti hab ich mich gut verstanden. Wir haben da eher bissel zusammen gehalten, haben uns da auch ein bissel ausgetauscht.. also was jetzt meinen Vater betroffen hat und ähm da hatten wir schon ein.. ein gutes Verhältnis."[496]

Dennoch sei ihre Mutter kein Ansprechpartner für Probleme außerhalb gewesen:

„Viele Sachen hab ich ihr auch nicht erzählt. Also was mit den Leuten im Bus war oder mit denen in der Schule, das hab ich alles nicht erzählt. Weil ich wusste, da kann sie mir eh nicht helfen."[497] „Wir haben über sowas generell nicht geredet."[498]

Zur Urgroßmutter schien IP3 nicht viel Kontakt gehabt zu haben, da sie so gut wie unerwähnt blieb. Positiv hervorgehoben wurden hingegen wöchentliche Kontakte zur Kirchengemeinde und zugehörigen Kinder- und Jugendgruppen.[499]

2.

Die von IP3 besuchte Grundschule habe sich in einem Nachbardorf befunden, das zwar etwas größer war, mit seinen ca. 150 Einwohnern dennoch als sehr klein zu bezeichnen ist.[500] Um in die Schule zu kommen, sei IP3 mit dem Fahrrad gefahren. Ab der 5. Klasse sei sie mit dem Bus ab dem Nachbardorf zur Schule gefahren – ihr Gymnasium habe in der nächstgrößeren Stadt gelegen. Um zur Bushaltestelle zu gelangen, sei sie mit dem Fahrrad gefahren. Sie erzählte leicht sarkastisch von Fahrten durch Schnee:

„Und wenn man Glück hatte, hat's mich dann am Morgen schon zwei, dreimal hin gedroschen, bevor ich am Bus war. Weil's halt einfach so glatt war und da halt auch kein Schneepflug kam und sowas."[501]

Verbitterung war allerdings nicht spürbar. In der Zeit auf dem Gymnasium habe es zwei Mädchen gegeben, mit denen sie sich freundschaftlich verbunden gefühlt habe. Im Bus und von Jungen ihrer Klasse sei sie allerdings wegen ihres Aussehens gehänselt worden. IP3 verband dies mit dem Umstand, dass sie nur einmal in der Woche habe baden können.[502]

[496] Transkript 3, S. 10 (Zeile 300-302).
[497] Transkript 3, S. 10 (Zeile 307-309).
[498] Transkript 3, S. 10 (Zeile 312).
[499] Transkript 3, S. 13 [Segment 86- 86a], S. 23 [Segment 129].
[500] Transkript 3, S. 33 [Segment T10].
[501] Transkript 3, S. 1 (Zeile 25-27).
[502] Transkript 3, S. 6 [Segment 36], S. 7 [Segment 39-40].

Während der Abiturzeit habe sie unter Panikattacken gelitten, die sie dem Hochwasser 2002 und dessen Folgen zuschrieb:

„Ich konnte nicht alleine sein. Wir hatten das erste Hochwasser 2002. Und danach waren die Räume unten alle leer und ich war in meinem Zimmer alleine und ich hab auf einmal die übelste Panik gekriegt, weil ich allein war in dem Raum."[503]

Berichte über negative Gefühle beim Alleinsein in allen weiteren Lebensphasen zogen sich fortlaufend durch das ganze Interview.

Ihr Abitur habe IP3 bestanden und sich danach für ein FSJ entschieden, vom Elternhaus entfernt. Dafür habe sie eine Entzugsklinik für Alkohol- und Medikamentenabhängige gewählt. Die Wahl habe sie eigenständig getroffen. Sie habe sich dort sicher gefühlt, weil es ein bekanntes Gebiet mit bekannten Gegebenheiten geboten habe.[504] In dieser Zeit habe sie ihren Freund kennengelernt, mit dem sie inzwischen eine Familie gegründet hat. Er sei wegen einer Alkoholabhängigkeit Patient in der Klinik gewesen. Seither sei er allerdings nie wieder rückfällig geworden. Für IP3 fungierte er sehr häufig als Person, die ihr in schwierigen Momenten geholfen habe, durchzuhalten und positiv nach vorn zu schauen.[505] Insgesamt beschrieb IP3 die Zeit des FSJ als sehr angenehm, da sie mit den Leuten im Internat sehr gut zurechtgekommen sei und die Gemeinschaft geschätzt habe.[506] Nach dem FSJ habe sie eine Ausbildung zur Masseurin und medizinischen Bademeisterin begonnen. Diese Ausbildung sei ebenfalls vom Elternhaus entfernt gewesen, sodass sie in der Stadt der Ausbildung gewohnt habe. Diese Zeit beschrieb sie als sehr schwierig, weil sie keinen Anschluss zu den Menschen dort gefunden und sich viel allein gefühlt habe. Außerdem habe sie einen enormen, wenn auch selbst auferlegten, Leistungsdruck verspürt, auch wenn ihr Notendurchschnitt überwiegend bestens gewesen sei.[507] Dennoch habe sie sich sehr unwohl gefühlt, sodass sie darüber nachgedachte habe, „die Ausbildung abzubrechen, weil ich da nicht.. also es ging einfach nicht."[508] IP3 habe die Ausbildung, inklusive des Anerkennungspraktikums, jedoch trotzdem erfolgreich beendet.[509] Darauffolgend sei sie mit ihrem Freund zusammengezogen und habe nach einem halben Jahr Arbeitslosigkeit ein Studium der Rechtswissenschaft begonnen, das sie zwar als „anstrengend, aber machbar"[510] bezeichnete. Dieses Studium habe sie in der Regelstudienzeit absolviert und danach ein halbes Jahr in einer nahegelegenen

---

503 Transkript 3, S. 13 (Zeile 394-398).
504 Transkript 3, S. 1 [Segment 5-6], S. 32 [Segment T1-T2].
505 Transkript 3, S. 4 [Segment 18], S. 7 [Segment 44-44a], S. 8 [Segment 54], S. 24 [Segment 132a-132b], S. 32 [Segment T3-T4].
506 Transkript 3, S. 2 [Segment 6a-6c], S. 7 [Segment 42].
507 Transkript 3, S. 2 [Segment 7a-7c], S. 7 [Segment 43], S. 11 [Segment 77].
508 Transkript 3, S. 2 (Zeile 47-48).
509 Transkript 3, S. 28 [Segment 161].
510 Transkript 3, S. 2 (Zeile 57).

Rechtsanwaltskanzlei gearbeitet. In dieser Zeit habe sie mit ihrem Freund ihre Familie gegründet und fünf Monate den ersten Teil des Referendariats durchlaufen, um dann für zehn Monate in Elternzeit zu gehen. IP3 habe sich bewusst für diesen Zeitraum entschieden, um den zweiten Abschnitt des Referendariats „bündig anschließen"[511] zu können. Nach drei Jahren Referendariat (inkl. Elternzeit) habe sie die Ausbildung beendet. Seitdem sei sie „Volljuristin"[512] und arbeite seit 2018 im Ministerium als Referentin an der obersten Landesbehörde für Hochschulrecht.[513]

3.

Eine beherrschende Rolle im Leben von IP3 nimmt ihr Vater ein, nicht nur weil er für einen großen Teil der ungünstigen Bedingungen ihres Aufwachsens verantwortlich war, sondern auch weil sie sich mit ihm und seiner Person vergleicht: „Ich glaube auch, dass wir von der Art her relativ ähnlich sind."[514] Sie beschrieb ihn als einen sehr schlauen Menschen mit einem unglaublichen Allgemeinwissen, der viele Geschichten habe erzählen können, was sie als sehr positiv empfunden habe.[515] „Ich glaub, dass er auch ein sehr sensibler Mensch war, aber er hat darüber nicht geredet."[516] Vergleichend bezeichnet sie sich selbst als: „[...] sehr sensibel in so feinen Sachen. In welcher Stimmung ist jetzt der andere, wie kann ich jetzt reagieren, wie kann ich da auch vorgehen"[517]. Zudem seien beide als einzige in ihrer Familie Akademiker, was dazu führte, dass sie ein gemeinsames Gesprächsthema hatten.[518] Eine eher ungünstige Begleiterscheinung war allerdings der Leistungsdruck, den sie verspürte. Möglicherweise resultierte er aus dem Wunsch, dem Bild des Vaters gerecht zu werden. Nachdem sie das Elternhaus verlassen und mit dem FSJ begonnen hatte, habe sich ihr Kontakt verbessert, der nie ganz abgebrochen sei. Wöchentlich hätten sie telefoniert und an den Wochenenden und alle zwei bis drei Wochen habe sie ihre Eltern besucht.[519]

In der Zeit des Studiums habe ihr Vater eine erste Krebsdiagnose erhalten. Betroffen seien die Rachenmandeln gewesen. Ihre Gefühle hätten sich in dieser Zeit nicht primär auf den möglicherweise tödlichen Ausgang dieser Krankheit bezogen. Sie habe eher nüchtern die Operation abgewartet, von welcher der

---

[511] Transkript 3, S. 2 (Zeile 64).
[512] Transkript 3, S. 3 (Zeile 69).
[513] Transkript 3, S. 2-3 [Segment 8-15], S. 28 [Segment 161].
[514] Transkript 3, S. 17 (Zeile 530).
[515] Transkript 3, S. 16-17 [Segment 100-100a].
[516] Transkript 3, S. 17 (Zeile 527-528).
[517] Transkript 3, S. 6 (Zeile 174-176), S. 25 [Segment 144].
[518] Transkript 3, S. 17 [Segment 103-103a].
[519] Transkript 3, S. 17 [Segment 104-105].

Vater sich auch gut erholt habe. „Ein paar Jahre später"[520] sei allerdings die nächste Krebsdiagnose an der Speiseröhre erstellt worden, die schließlich auch zum Tod geführt habe.[521] „Und da hatte ich mich dann schon mehr damit befasst. Ich hatte mich da auch belesen, wie dann so die Prognose ist. Und das war dann schon eher ungünstig."[522] Die Intensität des Kontakts habe sich dadurch allerdings nicht verändert. Es sei bei den regelmäßigen Telefonaten und den zwei- bis dreiwöchigen Besuchen geblieben, die ausschließlich von IP3 ausgegangen seien.[523] 2018 sei der Vater an den Folgen der Krankheit – im Beisein seiner Frau, seiner Schwester und den beiden Töchtern – in einem Krankenhaus verstorben. Während der Ausführungen zu diesen Geschehnissen war eine reelle Trauer spürbar. IP3 erzählte von dem letzten Moment, in dem der Vater nicht mehr habe sprechen können. Dennoch schien er geistig klar gewesen zu sein, um die Zufriedenheit mit dem Medikamentenspiegel signalisieren zu können und um – für IP3 besonders wichtig – Folgendes zu verstehen zu geben:[524] „Ich hab euch immer geliebt.."[525] Um mit seinem Tod abschließen zu können, habe sie begonnen, ihm tagebuchartig Briefe zu schreiben – anfangs in dem Rhythmus der vorausgegangenen Telefonate, später immer, wenn ihr danach war.[526] Dieses Ritual beschrieb sie als interessant und hilfreich:

> „Weil es fühlt sich an, wie sofort angekommen. Er ist zwar jetzt nicht hier, ich kann mit ihm nicht reden. Aber indem ich das aufschreibe, ist das so, als würde ich mit ihm reden und er würde das wahrnehmen.. Das finde ich sehr hilfreich! Na also das hat mir auch so zum Abschluss geholfen. Wenn ich auch immer denke, naja.. früher hatten wir telefoniert. Geht ja jetzt schlecht. Dann setz ich mich hin und schreib irgendwas."[527]

4.

„Es ist jetzt besser als jemals zuvor."[528] Dieses Gefühl zu erreichen, sei laut IP3 ein schleichender Prozess gewesen. Richtig bewusst geworden sei es ihr im letzten Jahr (vor dem Interview), als sie ihr Leben betrachtet habe: ihre Familie, bestehend aus ihrem Freund und ihrem gemeinsamen Sohn und die zufriedenstellende Arbeit, der sie nachgehen könne. Das Kollegium sei nett und „angenehm"[529]. Besonders hob sie hervor, wie wichtig es ist, ihr eigenes

---

520 Transkript 3, S. 18 (Zeile 568).
521 Transkript 3, S. 18 [Segment 106-109], S. 18 [Segment 111-111a], S. 28 [Segment 161].
522 Transkript 3, S. 18 (Zeile 572-573).
523 Transkript 3, S. 18 [Segment 109].
524 Transkript 3, S. 18-119 [Segment 111-111c], S. 28 [Segment 161].
525 Transkript 3, S. 19 (Zeile 595), IP3 weinte bei diesen Worten für einige Minuten.
526 Transkript 3, S. 16 [Segment 97-97c], S. 19 [Segment 112].
527 Transkript 3, S. 16 (Zeile 509-514).
528 Transkript 3, S. 15 (Zeile 461).
529 Transkript 3, S. 3 (Zeile 75).

Geld zu verdienen und selbst zu arbeiten: „Ich bin jetzt auf Arbeit, ich hab mein.. naja, also ich verdiene selber mein Geld."[530] Sie betonte die erste richtige Arbeit, nicht mehr das Referendariat, sondern die Anstellung als vollwertige Mitarbeiterin. Die Anstellung im Ministerium, die berufliche und familiär gefestigte Tagesstruktur bedinge das Gefühl: „Jetzt ist gut."[531] Auch wenn sie dies nicht als stabilen Zustand betrachte, denn „es kann sich sicher auch noch besser entwickeln"[532]. Sie hätte gern noch mehr Zeit für ihre Familie. Zudem würde sie in Zukunft gern die Mitgliedschaft in einem Sportverein oder in einem Chor angehen, was durch das derzeitige Pendeln zur Arbeit allerdings erschwert sei.[533]

4.3.4 Qualitative Analyse

Zu den schwierigen Lebensumständen, unter denen IP3 aufgewachsen ist, zählt nicht nur der Alkoholismus im Elternhaus durch Vater und Großeltern, den sie lange Zeit als normal empfunden habe. Auch die Größe des Heimatdorfs mit seinen ca. siebzig Einwohnern[534] und die daraus resultierende Isolation als Kind und noch stärker als Jugendliche zählten zu erschwerten Bedingungen. Die zwei gleichaltrigen Spielfreundinnen zogen früh weg und mangels Möglichkeit in Nachbarorte zu gelangen, blieb ihr im Alltag nur der Rückzugsort des eigenen Zimmers. Zur zehn Jahre älteren Schwester habe es in Kindertagen keinen nennenswerten oder erinnerbaren engen Kontakt gegeben. Mit den anderen Kindern in der Grundschule sei sie immer gut ausgekommen, schulische Anforderungen hätten ihr keine Schwierigkeiten bereitet. Erst ab der Zeit des Gymnasiums, auf das die befreundeten Mitschüler nicht mitgekommen seien, sei es für IP3 deutlich und spürbar schwieriger geworden. Zwar habe sie sich mit den meisten Klassenkameraden gut verstanden und erwähnte neben hänselnden Jungen auch Freundschaften in der Klasse, die sie entfernungsbedingt außerschulisch jedoch nicht habe pflegen können. Ein Zugang zu dem bestehenden Jugendclub im Dorf sei ihr ebenfalls nicht geglückt. Wegen der großen Entfernungen sei es ihr auch nicht gelungen, sich in Vereinen anzumelden, um soziale Kontakte knüpfen zu können.[535]

Die einzige Kontaktperson ohne bestehenden Alkoholismus war daher lange Zeit ausschließlich die Mutter, die IP3 lobend bedachte. Sie erlag als einzige in

---

530 Transkript 3, S. 14 (Zeile 449-450).
531 Transkript 3, S. 14 (Zeile 456), S. 4, [Segment 18], S. 14-15 [Segment 93a-93f], S. 22 [Segment 123], S. 34 [Segment M1].
532 Transkript 3, S. 15 (Zeile 460).
533 Transkript 3, S. 15 [Segment 94].
534 Transkript 3, S. 1 [Segment 1].
535 Transkript 3, S. 4-5 [Segment 20-24a], S. 6 [Segment 31], S. 7 [38-40].

einem alkoholisierten Mehrfamilienhaushalt nicht dem Alkoholismus, sondern organisierte den Alltag und schaffte somit eine Art Normalität.

> „Das war schon so die große Stütze! Das würde ich jetzt gar nicht so in den Schatten stellen wollen. Selbst wenn sie da jetzt auch hilflos war und das auch nicht so effektiv war, was sie gemacht hat [...]"[536]

Indem sie nicht mittrank, fungierte die Mutter durchaus als Vorbild und zeigte Ausdauer, Konsequenz und Durchhaltevermögen bei Schwierigkeiten, was als positiv bewertet werden kann.

Auch wenn IP3 keine engen Freundschaften pflegen konnte, so gab es durch die Anbindung an die Kirchengemeinde im Heimatort immerhin einmal in der Woche Kontakt zu anderen Menschen außerhalb der Schule. Die Gemeinschaft tat ihr gut, sie beschrieb diese immer wieder als angenehm. Über innerfamiliäre Probleme habe sie allerdings mit niemandem dort sprechen können. Zum einen habe es eine Art Gebot gegeben, dass man über häusliche Geschehnisse nicht reden dürfe, zum anderen seien die Eltern musikalisch ebenfalls in dieser Kirchengemeinde angebunden und aktiv gewesen.[537] Obwohl diese Gruppe und später die Jugendkirchgemeinschaft eines Nachbardorfs regelmäßig mit Gleichaltrigen und außerhalb des Elternhauses stattfand, reichte dies nicht aus, um das Gefühl von Einsamkeit signifikant abzuschwächen. Dies liegt vermutlich darin begründet, dass ihre Scham wegen des Verhaltens und des Erscheinungsbilds der trinkenden Familienmitglieder, der hygienischen Gegebenheiten im Haus nicht ausgesprochen, geschweige denn behoben werden konnte.

Meine Frage, ob es signifikante helfende Begleiter in ihrem Leben gegeben habe, an die sie sich besonders in den jungen Jahren und in schwierigen Situationen hätte wenden können, verneinte sie. An dieser Stelle sei auf die Mutter verwiesen, zumindest als Vorbildfaktor. Die Kirchengemeinde bot für IP3 keine Form von nennenswerter Hilfestellung für das Leben unter Alkoholikern. Doch auch wenn IP3 die kirchlichen Angebote und die Freundinnen während der Schulzeit nicht als signifikant beschreibt, sollten diese keineswegs geringgeschätzt werden. Denn neben der Schule konnte sie mindestens einmal pro Woche eine wesentliche außerschulische Zeit mit Nichtalkoholikern verbringen. Die Bedeutung wird erkennbar, weil IP3 diese Gemeinschaft immer wieder erwähnte und als sehr angenehm bezeichnete.[538] Auch wenn sie es selbst anscheinend nicht als bedeutend empfand, kann dieser Umstand erheblich dazu beigetragen haben, dass IP3 keine nennenswerten psychischen Beeinträchtigungen aufweist. Dies kann dadurch untermauert werden, dass sie wiederholt die Anwesenheit von netten Menschen betonte, wenn sie von angenehmen

---

[536] Transkript 3, S. 31 (Zeile 996-998).
[537] Transkript 3, S. 13 [Segment 86-86a], S. 23 [Segment 129-129b], S. 31 [Segment N16].
[538] Transkript 3, S. 13 [Segment 86-86a], S. 14 [Segment 90-92].

Zeiten sprach: die Kirchengemeinde,[539] in der FSJ-Zeit die Zivis und nette Mitauszubildende[540] und aktuell das nette Kollegium.[541] Zeiten, in denen es ihr nicht gut ging, waren immer begleitet von Einsamkeit. Für ihr Wohlbefinden ist offenbar nette Gesellschaft erforderlich, selbst wenn sie diese nicht als maßgeblich bezeichnete. IP3 verwies zwar darauf, dass sie keinen ständigen Begleiter an ihrer Seite gehabt habe, benannte allerdings ihre Tante und ihren Freund als feste Ansprechpartner des Austauschs und der Unterstützung.[542] Ihre Tante (väterlicherseits) habe ihr während des Studiums oft zur Seite gestanden, indem sie ihr regelmäßig Mut zugesprochen habe. Ihre besondere Verbindung habe darin bestanden, dass sie beide in demselben Dorf aufgewachsen seien und (trotzdem) beruflichen Erfolg hätten. Sie hätten daher beide ähnliche Erfahrungen in Bezug auf ihren Werdegang und damit verbundene Selbstwertgefühle.[543] Auch ihr Freund spielte in den Jahren des Erwachsenseins eine wesentliche, unterstützende Rolle. Während der ersten Ausbildung, als es IP3 wegen des fehlenden Anschlusses und ihrer Einsamkeit oft nicht gut gegangen sei, habe er sie viel besucht. Er sei zu einer wichtigen Stütze geworden. Als besonders hilfreich empfand IP3, dass er ihr bei aufkommenden Zweifeln immer aufgezeigt habe, was sie in ihrem Leben bereits geschafft habe.[544] Darüber hinaus gebe er ihrem Leben eine Struktur, die ihr merklich wichtig ist.[545] Auch wenn der Freund – ähnlich dem Vater eine Vergangenheit als Alkoholiker aufweist, verkörpert er anders als der Vater verkörpert ihr Freund offensichtlich all jene Werte, die sie sich als Kind gewünscht hätte: Ihr Freund sei nach dem Aufenthalt in der Klinik (während des FSJ von IP3) nie wieder rückfällig geworden,[546] er lebt (mit ihr) in festen Strukturen und sei ein ruhiger, beständiger und liebevoller Vater für ihren gemeinsamen Sohn.[547] Überdies erwähnte sie als besonders wichtige Person, die ihr unterstützend zur Seite gestanden habe, eine Therapeutin, die sie sich gesucht habe, als sie in der Abiturphase unter Essstörungen gelitten habe. Die Therapeutin habe ihr „da bissel zur Seite gestanden"[548]. Das verniedlichende Wort *bissel* (bisschen) und auch die Formulierung des Zur-Seite-Stehens (nicht etwa der *Therapie*) impliziert einerseits die emotionale Nähe einer leicht freundschaftlichen Beziehung, andererseits aber auch eine

---

[539] Ebd.
[540] Transkript S. 2 [Segment 6a-6c].
[541] Transkript 3, S. 3 [Segment 15a].
[542] Transkript 3, S. 12 [Segment 81], S. 31 [Segment N11-N11a].
[543] Transkript 3, S. 12 [Segment 81], S. 21 [Segment 119-120], S. 31 [Segment N11-N11a].
[544] Transkript 3, S. 24 (Zeile 765).
[545] Transkript 3, S. 4 [Segment 18], S. 7 [Segment 44a-44b], S. 8 [Segment 54], S. 12 [Segment 80], S. 14 [Segment 93b], S. 20 [Segment 114], S. 24 [Segment 132-132b], S. 31 [Segment N11-N11a].
[546] Transkript 3, S. 32 [Segment T4].
[547] Transkript 3, S. 33 [Segment T6].
[548] Transkript 3, S. 11 (Zeile 334), S. 10-11 [Segment 72-72e].

gewisse Distanz und das Bewusstsein der eigenen Fähigkeiten: Sie habe ihr zur Seite gestanden und sie nicht etwa geheilt. Eine weitere Therapeutin habe ihr über Magenprobleme in der Studienzeit hinweggeholfen. Während des Interviews sprach IP3 mehrere Situationen an, in denen sie sich an außenstehende Personen wie Therapeuten oder Sozialarbeiter gewandt habe.[549] Es handelte sich hierbei fast ausschließlich um somatoforme Episoden: Panikattacken,[550] Magenprobleme,[551] chronische Nervosität[552] oder Essstörungen[553]. Auffällig ist die Wahl der Hilfspersonen: soziales bzw. psychisch geschultes Fachpersonal. In der Schulzeit wandte sie sich an die Schulsozialarbeiter, an Psychotherapeuten und eine Studienberatung. Dass sie nicht zu Ärzten ging, spricht dafür, dass sie die psychischen Zusammenhänge der einzelnen Symptome erkannte, was wiederum auf bestehende Reflexionsfähigkeit hinweist. So konnte sie mehrfach feststellen: „Irgendwas ist nicht richtig."[554] Sie erkannte oft, „[…] dass man irgendwie was machen muss."[555] Dementsprechend konnte sie sich Hilfe suchen und diese auch annehmen.[556] Ebenfalls fiel auf, dass sie sich für diese Art von Hilfe durchweg an Außenstehende wandte und nicht an Freunde oder Verwandte. Überdies deuten sich weitere Zusammenhänge zwischen den von ihr benannten Problemen und ihrer Geschichte an: Ursprünglich fungierte ihr Zimmer als positiver Rückzugsort, in dem sie dem häuslichen Stress und den Schwierigkeiten entkommen konnte. Im weiteren Verlauf ihres Lebens wirkte sich das Alleinsein jedoch immer negativer aus: Panikattacken, als sie allein in einem leeren Zimmer gewesen sei, sowie starkes Unwohlsein zu Zeiten der Ausbildung, in denen sie „sehr alleine war"[557]. Hervorzuheben ist des Weiteren die Selbstständigkeit bei der Wahl der verschiedenen Hilfen. Sie erkannte nicht nur eigenständig, dass etwas nicht stimmte – sie wurde nicht etwa von einem Arzt oder einem Freund darauf hingewiesen –, sondern sie wählte sich eigenverantwortlich und adäquat die passende Anlaufstelle. Im Nachgespräch des Interviews bezeichnete sie dies als eine ihrer großen Stärken, was auf Sicherheit für die Zukunft schließen lässt.[558] Erkennbar wird zudem das Bewusstsein für Eigenverantwortlichkeit wie aus ihrer Antwort auf meine Frage hervorgeht, welche Bedeutung Religion für sie habe: „[I]ch bin jetzt mehr selber verantwortlich für das, was ich mache und muss mich jetzt selber

---

549 Transkript 3, S. 11 [Segment 77-78].
550 Transkript 3, S. 13 [Segment 84-84b].
551 Transkript 3, S. 12 [Segment 78].
552 Transkript 3, S. 11 [Segment 77-77a].
553 Transkript 3, S. 10-11 [Segment 72-72e].
554 Transkript 3, S. 10 (Zeile 321).
555 Transkript 3, S. 10 (Zeile 323).
556 Transkript 3, S. 30 [Segment N8].
557 Transkript 3, S. 2 (Zeile 46), S. 2 [Segment 7c], S. 13 [84-84a].
558 Transkript 3, S. 30 [Segment N4-N5, N8].

darum kümmern."[559] Sie legt ihr Handeln und seine Folgen nicht in fremde Hände oder übergibt die Verantwortung einer höheren Macht. Sie beschrieb Momente in ihrem Leben, in denen sie auf das Wirken von außen gehofft habe (wie etwa durch Gebete), dann aber gemerkt habe, dass dies „nichts bringt"[560], weil keine höhere Macht etwas an ihren Lebensumständen ändern könnte. Sie müsse selbst Sorge dafür tragen.[561] Im Bereich des seelischen Gleichgewichts zeigt sich dies an ihrer Wahl zur Therapie: Sie habe sich niemanden gesucht, der sie von ihrem Übel hätte befreien oder heilen sollen, sondern sie begab sich in eine Verhaltenstherapie, was mit Eigenarbeit verbunden ist. Die Formulierung, dass die Therapeutin ihr „ein bissel zur Seite gestanden"[562] habe, verweist zudem auf das Vertrauen in eigene Stärken, die unterstützt und nicht erst aufgebaut bzw. erlernt werden mussten. Sie hätte genauso gut zu einem Arzt gehen und sich Medikamente verschreiben lassen können, entschied sich aber bewusst dagegen, was auf aktive Bewältigungsstrategien hindeutet. Diese Haltung legte sie auch während ihrer Ausbildungen an den Tag. IP3 gab nicht auf, als sie – nach der ersten Ausbildung – ein halbes Jahr lang keine Anstellung fand, obwohl die Zeit schwierig war, es ihr nicht gut ging und sie begonnen habe an sich und ihren Fähigkeiten zu zweifeln.[563] Sie verließ die Ebene des Hoffens und Wartens aktiv mit ihrem Entschluss, eine weitere Ausbildung zu beginnen. Auch in Bezug auf das Studium erzählte sie von schwierigen Momenten, von Zweifeln und Überforderungssituationen, die sie ebenfalls durchhielt und überstand. Sie erkannte dies als ihre großen Stärken: Durchhaltevermögen und das Beenden von Begonnenem: „[W]as ich anfange, kann ich zu Ende bringen, auch wenn's schwierig ist und wenn's mir nicht gut geht."[564] Diese Fähigkeit bringe ihr eine Form von Sicherheit für die Zukunft. Da sie anpassungsfähig sei und nicht vor Schwierigkeiten zurückschrecke, sei sie sich recht sicher, Vieles meistern zu können.[565] Betrachtet man die innerfamiliäre Rolle der Mutter, sind auch hier Gemeinsamkeiten zu erkennen: Durchhaltevermögen, Anpassungsfähigkeit, Konsequenz. Zugleich betonte sie allerdings, dass sie den Zustand von Glück in ihrem Leben nicht als selbstverständlich voraussetze oder etwa als eine stabile Größe. Sie sei sich bewusst, dass dies alles wandelbar sei. Sie sei dankbar und gehe sensibel und pfleglich mit der Situation um.[566]

Während des Interviews schwangen zwei Eigenschaften mit: einerseits die innere Stärke und andererseits etwas ganz Vorsichtiges, Demütiges und Schüch-

---

[559] Transkript 3, S. 23 (Zeile 749-750).
[560] Transkript 3, S. 23 (Zeile 742).
[561] Transkript 3, S. 23 [Segment 130-130d].
[562] Transkript 3, S. 11 (Zeile 334).
[563] Transkript 3, S. 7 [Segment 45].
[564] Transkript 3, S. 24 (Zeile 783-785).
[565] Transkript 3, S. 24 [Segment 137], S. 30 [N1, N5].
[566] Transkript 3, S. 26-27 [Segment 153-155], S. 30 [Segment N2-N3].

ternes. Es ist denkbar, dass IP3 viele Selbstzweifel hege. Sie erzählte, dass sie sich gar nicht erklären könne, wie jemand, der aus so einem kleinen Dorf stamme, überhaupt einen Vorstellungstermin beim Landesministerium bekommen könne. Sie habe sich mit dem Gedanken, ohnehin keine Chance zu haben, nicht einmal dort bewerben wollen. Ihre Stimme war bei Erzählungen zu Erfolgen häufig leiser und zurückhaltender oder IP3 streichelte sich die Schulter. Demgegenüber stehen folgende Aspekte: das gezielte Aufsuchen von Hilfestellen im persönlichen und psychischen Bereich, das Durchhaltevermögen, alle begonnenen Ausbildungen gut und regelgerecht zu beenden, das mutige Annehmen von Herausforderungen, wie das Jurastudium oder die Arbeit im Ministerium. Sie schien demütig angesichts der Zerbrechlichkeit des momentanen guten Zustands ihres Lebens, wofür sie Dankbarkeit äußerte. Sie geht nicht selbstverständlich davon aus, dass sie alles meistern wird und bleibt so auf dem Boden der Realität. So räumte sie auch die Möglichkeit ein, durch äußere Einflüsse an Grenzen der eigenen Kraft stoßen zu können:[567]

> „Also ich bin mir schon bewusst, dass das, was ich jetzt habe, dass das gut ist, aber dass das auch zerbrechlich ist, auf Grund von Sachen, die ich nicht in der Hand habe."[568] „Und das halt ich mir auch immer mal so bewusst vor Augen: um zu merken, dass das nicht selbstverständlich ist, wie sich manche Sachen entwickeln."[569]

Gleiches gilt für das Thema des Alkoholmissbrauchs. Ihr sei bewusst, dass ihr Aufwachsen in einem betroffenen Haushalt per se eine gewisse Grundgefährdung mit sich bringe, daher sei sie diesbezüglich besonders achtsam.[570]

Es lässt sich nicht mit Bestimmtheit sagen, ob sie sich ihrer inneren Stärke nicht vollends bewusst ist oder ob sie dieses Gefühl von Sicherheit bewusst zurückhält, um Überheblichkeit oder Selbstüberschätzung zu vermeiden. Sie machte sich häufig verbal und auch körperlich etwas kleiner, indem sie eine leicht geduckte Körperhaltung einnahm und beim Bezug auf Erfolge die Stimme senkte. Auf die Frage nach ihren Ressourcen antwortete sie: „Ich kann besonders gut unsichtbar sein."[571] Obwohl das Wort *unsichtbar* und der Satz an sich auf eine große Unsicherheit deuten, kristallisierte sich dies im Verlauf des Gesprächs – und dessen näherer Betrachtung – durchaus als positive Eigenschaft heraus: IP3 muss nicht im Mittelpunkt stehen. Indem sie sich lieber im Hintergrund hält, ist sie in der Lage, Situationen und Menschen in ihrem Handeln zu beobachten und zu deuten, um dann optimal agieren zu können.[572]

---

[567] Transkript 3, S. 3 [Segment 15b-17], S. 21-22 [Segment 119-124].
[568] Transkript 3, S. 27 (Zeile 856-857).
[569] Transkript 3, S. 22 (Zeile 699-700).
[570] Transkript 3, S. 30 [Segment N9-N10].
[571] Transkript 3, S. 24 (Zeile 779).
[572] Transkript 3, S. 24 [Segment 135-136], S. 25 [Segment 142, 144], S. 26 [Segment 148-151].

Um die Beschreibung ihrer Person unter der Rubrik Ressourcen betrachten zu können, sei auf das DISG-Modell für Persönlichkeitstypen verwiesen.[573]

IP3 weist eine deutliche Tendenz zu Typus S (stetig) auf, der sich durch Bescheidenheit, Hilfsbereitschaft, Treue, Loyalität und Verlässlichkeit auszeichnet und stets auf ein stabiles, harmonisches und langlebiges Umfeld bedacht ist. Trotz häufig herausragenden Leistungen kann dieser Typus vom Umfeld übersehen werden. Menschen mit der sogenannten S-Ausprägung zeichnen sich durch Talente aus: sich Spezialwissen aneignen und hochkonzentriert Sachfragen widmen zu können, hohe Anpassungsfähigkeit und wertfreie Unterordnungstendenzen, während sie ihr Umfeld und die zwischenmenschlichen Belange im Sinne von Harmoniebildung oder Stabilisierung des Teams oder des Umfelds fest im Blick haben.[574] Mit dieser Perspektive entfaltet die von IP3 beschriebene und oft im Interview gezeigte zurückhaltende Art eine positive Wirkung. Gleichermaßen zeigte sie sich kritikfähig:

> „[D]as was andere Leute sagen, kann ich auch neutral zur Kenntnis nehmen und kann auch eine andere Meinung gut akzeptieren, als andere Meinung, ohne mich da jetzt angegriffen zu fühlen."[575]

Sie besitzt Anpassungsfähigkeit – „[...] ich kann mich auch sehr zurück nehmen und.. anderen so ihren Raum lassen"[576] – sowie Toleranz: „Ich muss da nicht immer meine eigenen Befindlichkeiten durchsetzen oder in den Vordergrund stellen, sondern ich kann auch andere Leute so nehmen, wie sie sind, ohne dass mir das jetzt irgendwie enorm gegen den Strich geht."[577] Gleichermaßen fällt ihr Drang nach Eigenständigkeit und Selbstwirksamkeit auf. Sie betonte häufig, wie gut es sei, dass sie durch eigenständige Arbeit selbst ihr Geld verdiene. Zudem nutzt sie gezielt ihre erreichten Abschlüsse, die sie „schwarz auf weiß hat"[578], um sich regelmäßig ihre Widerstandsfähigkeit, ihr Durchhaltevermögen und ihre Stärke vor Augen führen zu können und sich dessen bewusst zu sein – eine ihrer Taktiken in schwierigen Phasen, neben Sport und Musik.[579] Zur Musik sei sie in Teenagerjahren gekommen, in denen sie in ihrem Zimmer den Schwierigkeiten der Familie aus dem Weg gegangen sei. Sie erzählte, dass sie sich das Gitarrespielen autodidaktisch beigebracht und ruhige Lieder von Metallica gewählte habe.[580] Diese Angaben verdeutlichen ihren inneren Zwist: Auf der einen Seite stand die bekannte, laute Heavy-Metal-Band

---

573   Vgl. Dauth, Georg (2019): Führen mit dem DISG Persönlichkeitsprofil, S. 37-41.
574   Vgl. ebd.
575   Transkript 3, S. 26 (Zeile 837-839).
576   Transkript 3, S. 26 (Zeile 831).
577   Transkript 3, S. 26 (Zeile 833-836).
578   Transkript 3, S. 24 (Teile 768).
579   Transkript 3, S. 14 [Segment 93a, 93c-93e], S. 22 [Segment 125-128], S. 24 [Segment 132b-133, 137-138], S. 25 [Segment 139-141], S. 34 [Segment M1].
580   Transkript 3, S. 13 [Segment 87b].

und auf der anderen Seite das ruhige Mädchen, das sich wie selbstverständlich die wenigen ruhigen Lieder dieser Band aussuchte und spielte. Die Wahl der Band könnte auf den Wunsch des Ausbrechens und des *Laut-werden-Wollens* hinweisen. Die Wahl der Lieder dagegen kann ein Zeichen für den Harmonie-wunsch und/oder eine (eventuell) anerzogene, antrainierte oder innerlich gege-bene Zurückhaltung sein. Weiterhin zeichnet sich IP3 dadurch aus, dass sie nicht jammerte, nie über negative Erlebnisse klagte oder in vorwurfsvollem Ton darüber sprach. Sie bagatellisierte immer wieder mit Sätzen wie:

> „Meine Eltern haben sich vielleicht auch ein bissel gestritten.“[581], „[…] so jetzt ganz gravierende Sachen waren jetzt nicht dabei..“[582], „[…] wenn jetzt irgendwas ganz Krasses gewesen wäre.“[583]

Es gibt allerdings keine Hinweise auf Verdrängung oder auf bewusstes Herun-terspielen im Sinne von Vertuschen. Eher scheint es zu ihrer Persönlichkeit zu gehören, dass sie die Dinge so nimmt, wie sie sind und sich dem anpasst, ohne zu klagen. Zudem finden sich Hinweise auf eine innere Sehnsucht nach Har-monie. Das Bagatellisieren kann etwa die Funktion einnehmen, das Ausmaß geringer zu halten oder den Erlebnissen die Heftigkeit zu nehmen. Für ein bewusstes Vorgehen liegen allerdings keine Anhaltspunkte vor. Eventuell zeigt sich hier eine weitere Gemeinsamkeit zur Mutter - in Bezug auf deren Vorbild-funktion bzw. die Persönlichkeit, welche nicht klagend beschrieben wurde. Durch zu geringe Reflexion hätte ein Risiko in der Übertragung des Erlebten auf die eigene Familie bestehen können, was hier allerdings offenbar nicht der Fall ist. Im Gegensatz zum erlebten Familienkonstrukt ihres Aufwachsens besteht sie in ihrem persönlichen Familienleben auf eine Struktur mit gere-gelten Tagesabläufen und eine harmonische Atmosphäre für ihren Sohn. Sie achtet auf eine Erziehung ohne Einsamkeitsmomente und fernab von alkohol-missbräuchlichen Episoden. Dies deutet daraufhin, dass sie Erlebtes reflektiert und gezielt anders handelt.

4.3.5 Einflüsse auf signifikante Resilienzfaktoren

a) Fähigkeit zur bewussten und zielgerichteten Reflexion

Nicht nur bei dem Erkennen ihrer mehrfach auftretenden somatoformen Stö-rungen und der gezielten Suche nach adäquater Hilfe wird ihre intendierte Reflexionsfähigkeit sichtbar - indem sie sich immer wieder bewusst dazu ent-schied sich und ihre Umstände gezielt zu reflektieren um Besserungen zu initi-ieren. Auch das Einbringen von Eigenarbeit zur Besserung der Symptome und

---

[581] Transkript 3, S. 5 (Zeile 163).
[582] Transkript 3, S. 8 (Zeile 252).
[583] Transkript 3, S. 12 (Zeile 383).

ihr gelebter familiärer Lebensstil implizieren diese Reflexionsfähigkeit. Besonders in Bezug auf ihre Kernfamilie treten deutliche Unterschiede zum eigenen Aufwachsen zutage: Sie achtet auf Tagesstrukturen, auf eine harmonische Umgebung für ihren Sohn und sie ist gemeinsam mit ihrem Lebenspartner sehr achtsam im Hinblick auf mögliche oder durch ihr Aufwachsen und die frühere Suchtproblematik des Lebenspartners bedingte Alkoholmissbrauchstendenzen. Es finden sich keine direkten Hinweise auf äußere Hilfestellungen oder das Üben von Reflexion und Eigenreflexion, was auf einen Ursprung auf der personalen Ebene hinweist. Jedoch kann vermutet werden, dass die durchlaufenen Therapien zu ihrer Stärkung beigetragen haben können. Auch wenn IP3 nicht viel von den einzelnen Therapien erzählte, so fiel auf, dass sie sich immer wieder an dieselbe Hilfsform wandte, was die Annahme stärkt, dass die Therapeutinnen ihr mehr als nur „ein bissel zur Seite gestanden"[584] haben. Ein Zusammenhang mit den Therapien ist dahingehend festzustellen, dass hierbei bewusste Reflexionsarbeit stattgefunden haben kann.

b) Autonomie

Der Wunsch nach Selbstbestimmung, Eigenständigkeit, aber besonders nach selbstwirksamem, unabhängigem Handeln wurde mehrfach deutlich. Ein Ursprung lässt sich auf personaler Ebene durch bewusste Reflexionsarbeit erahnen. IP3 berichtete in Bezug auf ihre Mutter, dass deren Handlungen zwar konsequent darauf abzielten, Normalität zu schaffen. Sie sei damit aber erfolglos gewesen, da die innerfamiliären Probleme offenbar alle Versuche überschattet haben. Das konstante Versuchen der Mutter, Änderungen zu bewirken, ist dennoch als indirekte Förderung auf familiärer Ebene positiv hervorzuheben. Gleiches gilt für ihr persönliches Gegenbeispiel zur Alkoholsucht. Ihr Handeln und ihre Sinne konnte die Mutter somit stets selbst kontrollieren. Da IP3 trotz der wiederholt erlebten Machtlosigkeit und Unwirksamkeit der Mutter in ihrem eigenen Leben nach Autonomie strebend erfolgreich und zielgerichtet ihren Weg geht, kann eine Unterstützung durch intendierte Reflexionsarbeit angenommen werden. Ihr ist es wichtig, mit ihrem Handeln etwas bewirken, ihr eigenes Geld verdienen und dadurch selbstständig sein zu können. Das Streben der Mutter hatte demnach offenbar einen positiven Einfluss.

c) Widerstandskraft, Durchhaltevermögen und Willensstärke

Es wurde mehrfach deutlich, dass IP3 in der Lage ist, herausfordernde Zeiten zu überstehen. Der als Kind erlebten Machtlosigkeit wirkt sie mit der Fähigkeit

---

584 Transkript 3, S. 11 (Zeile 334).

entgegen, die Notwendigkeit von Hilfe zu erkennen, diese aktiv zu suchen und anzunehmen. Auch wenn sie als Kind keinen Widerstand leistete, da sie sich in das von Alkoholabhängigkeit beeinflusste Familienkonstrukt einfügte, fand sie dennoch Strategien, um diese Zeit durchstehen zu können. Sie passte sich den Gegebenheiten an und schaffte sich positive Momente z.B. durch räumliche Distanz oder durch Gitarrespielen. Weiter lässt sich darlegen, dass eine Konzentration auf die schulischen Anforderungen einen Ausgleich zu den häuslichen Gegebenheiten brachte, wodurch das Durchhaltevermögen gestärkt wurde. Förderung findet sich hier also auf sozialem Rahmen. Zwar habe sich IP3 selbst nie als besonders schlau empfunden, sie berichtete aber von guten Noten in der Ausbildungszeit.[585] Die erreichten Abschlüsse und die erlangte Arbeitsanstellung spiegeln ihr in regelmäßigen Reflexionsmomenten ihre Willensstärke und ihr Durchhalte-vermögen. Eigene Widerstandsfähigkeit erkennt sie in kontanter eigener Alkoholabstinenz.

d) Aktive Bewältigungsstrategien

IP3 hat erkannt, dass sie für ihr Handeln selbst verantwortlich ist. Bewusst sorgt sie für ihre Psychohygiene. In schwierigen Phasen suchte sie stets die jeweils notwendigen Hilfs-anlaufstellen selbstständig auf. Dies tat sie aktiv von sich aus. Gleichermaßen spricht ihre eigens angestrebte, fortlaufende berufliche Weiterbildung für Aktivität in der Bewältigung: In der schweren Zeit ohne berufliche Anstellung wählte sie den Weg einer weiteren Ausbildung, um ihre beruflichen Chancen zu erhöhen. Der genaue Ursprung hierfür lässt sich nicht ermitteln. Zu vermuten sind positive Erfahrungen durch Therapien, obgleich sie bereits zur diesen selbstständig ging. Von einem diesbezüglichen Vorbild wurde nicht gesprochen. Vielmehr gab sie an, dass sie sich für die Therapie entschieden habe, weil sie selbst bemerkt habe, dass etwas nicht stimme und sie etwas dagegen unternehmen müsse.[586] Dies deutet auf einen inneren Erkennungsmechanismus, entspringend auf personaler Ebene. Das sichere und wiederholte Aufsuchen gleichwertiger Hilfeanlaufstellen spricht für das Erkennen und Nutzen inkrementeller Erfahrungswerte unter Anwendung zielgerichteter Reflexionsfähigkeit.

---

[585] Transkript 3, S. 2, [Segment 7a-7b].
[586] Transkript 3, S. 10 [Segment 72-72b], S. 11 [Segment 77].

e) Internale Kontrollüberzeugung

„Ich bin jetzt mehr selber verantwortlich für das, was ich mache und muss mich jetzt selber mehr darum kümmern."[587] Diese Aussage beschreibt sehr eindeutig ihre Sicherheit, die Kontrolle über ihr Handeln und die darauffolgenden Ereignisse zu haben. Diese Gewissheit lässt sich mit hoher Wahrscheinlichkeit einer Summe an Erfahrungswerten und diesbezüglicher, intendierter Reflexionsarbeit zuschreiben. Externe Förderungen in der Kindheit lassen sich nicht erkennen, ebensowenig signifikante Anzeichen für ein Bewusstsein über internale Kontrollüberzeugung. Dieser Umstand mag an der völligen Unterordnung unter die häuslichen und familiären Gegebenheiten gelegen haben. Einzig die Idee, Schwierigkeiten abmildern zu können, indem sie ihnen ausweicht, kann erste Anlagen gebildet haben. Die selbstständig getroffene Entscheidung zur ersten Psychotherapie ist auf intrinsische Motivation zurück-zuführen. Der daraus resultierende Erfolg und die bewusste Reflexionsfähigkeit können als Anfänge internaler Kontrolle gedient haben. Es ist auch möglich, dass in der Therapie genau dieses Thema besprochen und unterstützt wurde. Die wiederholte Inanspruchnahme professioneller Hilfe verweist auf das Wissen um die positiven Aspekte inkrementeller Erfahrungswerte. Darüber hinaus kann davon ausgegangen werden, dass der schulische Erfolg, der Abschluss ihrer Ausbildung und des Studiums ihre internalen Kontrollüberzeugungen festigten, zumal sie die Abschlüsse in ihrer aktuellen bewussten Reflexionsarbeit regelmäßig zur inneren Stärkung nutzt.

f) Freundeskreis und signifikante Personen

IP3 erwähnte weder einzelne Freunde noch einen Freundeskreis, der in den schwierigen Zeiten des Aufwachsens hätte unterstützend wirken können. Die Möglichkeiten, Freunde zu finden und Freundschaften zu pflegen, waren in ihrer Kindheit und Jugend nicht gegeben. Dennoch haben einzelne signifikante Personen unterstützenden Charakter: Die Mutter ist auf familiärer Ebene durch ihre konsequenten Bemühungen ein Vorbild für die Grundidee einer schöneren Familienform.[588] Die Kirche ermöglichte auf sozialer Ebene durch die Kinder- und Jugendgruppen Kontakt zu Gleichaltrigen und erleichterte den Zugang zur Musik, die sich im Laufe ihrer Jugend als positiver Rückzugsort erwies.[589] Ebenfalls auf familiärer Ebene sprach die Tante ihr während der Ausbildungen Mut zu, außerdem konnte IP3 mit ihr über Minder-wertigkeits-

---

[587] Transkript 3, S. 23 (Zeile 749-750).
[588] Transkript 3, S. 31 [Segment N12-N15].
[589] Transkript 3, S. 13 [Segment 86-86a], S. 23 [Segment 129].

gefühle sprechen.[590] Der langjährige Lebenspartner steht ihr bis heute stets unterstützend zur Seite und stärkt sie vor allem durch die Wertschätzung ihrer Erfolge. Ebenso scheint er durch seine konsequente erfolgreiche Alkoholabstinenz nach seiner Suchterkrankung auch in diesem Bereich eine emotionale Lücke zu schließen, die der Vater nach seinem Tod hinterließ.[591] Auch die einzelnen Therapeuten und die jeweiligen Hilfen wirkten (auf sozialer Ebene) bestärkend auf die Zukunftssicherheit und eigenen Handlungsmöglichkeiten.[592] Eine dauerhafte und sichere emotionale Unterstützung in Form eines sicheren Ansprechpartners während der Kindheit und Jugend gab es allerdings nicht. Die zuvor benannten Personen wurden von IP3 nur als temporär wirksam benannt. Die Mutter war zwar konstant vorhanden, jedoch unterlag ihre Beziehung einer kleinen Themenauswahl und so konnte IP3 über viele belastende Dinge nicht mit ihr sprechen. Der langjährige Freund und die Tante wirkten einschränkungsfrei unterstützend, allerdings erst ab dem jungen Erwachsenenalter. Beide gaben ihr stets positive Impulse und emotionale Hilfestellungen in anspruchsvollen Perioden, die Tante insbesondere in Bezug auf Selbstwertgefühl und Selbstvertrauen im Bereich höherer Bildung.[593]

g) *Realismus und realistische Ziele*

IP3 formulierte im Interview stets realisierbare Ziele. Dies gilt besonders für die Definition von einem guten Leben. Bezüglich des Umgangs mit Substanzen wie Tabak und Alkohol zeigte sie sich sehr neutral, weder beschönigend noch ausblendend. Sie ist sich der Gefahrenpotentiale bewusst. Gleiches gilt für den erreichten Lebensstandard, den sie nicht als selbstverständlich und konstant voraussetzt. Der Ursprung dieser Form von Respekt liegt wohl in den Erfahrungswerten des Aufwachsens (besonders unter Betrachtung der Lebensverläufe der einzelnen Familienmitglieder) und in der Fähigkeit, diese bewusst zu reflektieren und zu nutzen. Gleichermaßen deuten intrinsische Charakterzüge von Dankbarkeit und Bescheidenheit unterstützende Funktionen an – zumindest beim Ziel der Erhaltung des erreichten Lebens-standards.[594]

---

590 Transkript 3, S. 12 [Segment 81], S. 21 [Segment 119-120], S. 31 [Segment N11a].
591 Transkript 3, S. 7 [Segment 44a-44b], S. 8 [Segment 54], S. 12 [Segment 80], S. 14 [Segment 93b], S. 20 [Segment 114], S. 24 [Segment 132a-132b], S. 32 [Segment T4], S. 33 [Segment T6].
592 Transkript 3, S. 10-11 [Segment 72-72e], S. 11-12 [Segment 77-78], S. 20 [Segment 118].
593 Transkript 3, S. 7 [Segment 44-44b], S. 8 [Segment 54], S. 10 [Segment 68-70], S. 12 [Segment 80-81], S. 20 [Segment 111-114a], S. 21[Segment 119-120], S. 24 [Segment 132-132b], S. 31 [Segment N11-N11a].
594 Transkript 3, S. 26-27 [Segment 153-155], S. 30 [Segment N9-N10] S. 34 [Segment M1].

h) Qualität der Bildung

Bildung ist IP3 wichtig. Angelehnt an den Werdegang des Vaters absolvierte sie das Abitur und

auf ein FSJ und eine Ausbildung zur medizinischen Bademeisterin folgte ein Jurastudium. Sie betonte eine studienbedingte Ähnlichkeit zu ihrem Vater, was ihnen ein gemeinsames, positives Thema gab.[595] Es kann daher angenommen werden, dass die Wahl zum Studium vielleicht nicht durch den Vater initiiert, doch auf der Gefühlsebene wohl unterstützt wurde. In Momenten des Vergleichs zum Vater in seiner Sensibilität und Intelligenz, die in Zeiten zum Vorschein gekommen sei, in denen er nicht unter Alkoholeinfluss gestanden habe, war eine Sehnsucht (nach Ähnlichkeit) zu spüren, welche die obige Annahme untermauert. Zudem stützt die Qualität ihrer Bildung in hohem Maße die Sicherung ihrer autonomen Lebensgestaltung. Beim Erreichen eines höheren Grads an Bildung wirkten zudem auf familiärer Ebene die Tante und der Lebenspartner unterstützend.[596]

4.3.6 Stabilitätshinweise (z.Z.d.I.)

Fähigkeit zur bewussten und zielgerichteten Reflexion	IP3 leistet regelmäßig zielorientierte Reflexionsarbeit um familiäre und berufliche Harmonie in geregelter Struktur und die Distanz zum Alkohol aufrecht zu erhalten.
Autonomie	Das Ausleben von Autonomie ist für IP3 ein wichtiger Umstand zur Sicherung ihres persönlichen Wohlbefindens. Die bisher angewandten beruflichen wie privaten Strategien zeigen sich stabi
Widerstandskraft, Durchhaltevermögen und Willensstärke	Um eine schwankende Gefühlsebene und eigene Unsicher-heiten auszugleichen, hält sie sich beständig immer wieder vor Augen, was sie bereits geschafft und erreicht hat.
Aktive Bewältigungsstrategien	Das Erkennen inkrementeller Erfahrungswerte und deren mehrfache positive Nutzung in aktiven Bewältigungs-mechanismen verweisen auf eine hohe Wahrscheinlichkeit von Stabilität dieses Resilienzfaktors.
Internale Kontrollüberzeugung	Die Fähigkeit zu Reflexion und inkrementelle Erfahrungs-werte zu erkennen und zu nutzen weisen auf Stabilität.
Freundeskreis und signifikante Personen	Positive Erfahrungen mit Hilfsangeboten und die beständige Unterstützung durch nahe Angehörige geben einen stabilen Sicherheitsfaktor.
Realismus und realistische Ziele	IP3 weist eine konstant realistische Lebenseinstellung auf.

[595] Transkript 3, S. 17 [Segment 103], S. 28 [Segment 161].
[596] Transkript 3, S. 21 [Segment 119-120], S. 24 [Segment 132-132b].

Qualität der Bildung   Ihren Bildungsweg nutzt IP3 konstant zu innerer Stärkung. In
                                      der Ausübung ihrer Arbeit kann sie ihren Wunsch nach einem
                                      autonom gehaltenen Arbeitsbereich und ihr Bestreben, eigenes
                                      Geld zu verdienen, für sich bestätigen.

4.3.7 Bezug zur persönlichen Definition eines guten Lebens

„Was macht für mich ein gutes Leben aus?
(in ungeordneter wertungsfreier Reihenfolge)

– Ich muss nicht gänzlich gesund sein, möchte aber keine Schmerzen oder gravierende Einschränkungen haben. Alle meine Sinne funktionieren ausreichend gut. Mein Verstand ist klar.
– Meine Familie ist gesund. Wir haben zwar evtl. Meinungsverschiedenheiten, aber jeder hat zu jedem Kontakt und es gibt keine gravierenden, auch keine versteckten Konflikte.
– Ich kann allein sein, wenn ich es will, habe aber jederzeit jemanden, der für mich da ist und mir angenehme Gesellschaft leisten kann.
– Es gibt wenigstens einen Menschen, mit dem ich über alles reden kann und der mich so akzeptiert wie ich bin.
– Ich bin materiell und finanziell ausreichend versorgt ohne mich um die kommende Zeit sorgen zu müssen.
– In meinem Leben gibt es eine Hand voll echter Freunde.
– Meine Arbeit macht mir Spaß; sie wird geschätzt und gebraucht.
– Ich kann einem, zwei oder mehr Hobbys nachgehen.
– Wichtig ist mir, hin und wieder Kontakt zu mir selbst zu haben und mir bewusst zu sein, wie es mir geht und die Welt auch mal für ein paar Atemzüge ohne mich weiterdrehen zu lassen."[597]

IP3 ist gemäß ihren Ausführungen zu einem guten Leben körperlich und geistig in guter und ausreichend gesunder Verfassung. Ihr Familiengefüge ist inzwischen als konstant ausgewogen zu bezeichnen. Keiner der Angehörigen leidet an einer schwerwiegenden Erkrankung. Isolation und Einsamkeit sind kein Thema mehr. Ihr Freund ist für sie durchweg ein zuverlässiger Ansprechpartner und Begleiter. Ihre berufliche Anstellung sorgt für ausreichende finanzielle Absicherung und deckt den Wunsch nach Wertschätzung. Sie geht gern zur Arbeit. Aktuelle, konkrete Freundschaften erwähnte IP3 im Interview nicht, beklagte allerdings auch nicht ihr fehlen. Womöglich ist die Nichterwähnung der Ermangelung einer expliziten Fragestellung geschuldet. Auch wenn sie sich zur Zeit des Interviews eine Intensivierung ihrer Hobbys wünschte, scheint dies nicht unerreichbar und bleibt ein realistisches Ziel. Zeit, um sich selbst zu spüren, nimmt sie sich regelmäßig im autogenen Training.[598] Somit sind all ihre sehr detaillierten, zu einem guten Leben gehörenden, Visionen erreicht oder dem Erreichen nahe. Mit den benannten Ressourcen und angeeigneten oder

---

[597] Transkript 3, S. 34 (Zeile 1094-1111).
[598] Transkript 3, S. 15 [Segment 94], S. 22 [Segment 128], S. 25 [Segment 139-141].

innehabenden Resilienzfaktoren versucht sie, diese auch weiterhin aufrecht zu erhalten.

Zusammenfassend ist IP3 eine bescheidene und dankbare, aber sehr eigenständige Persönlichkeit, die bewusst und aktiv ihre Erlebnisse reflektieren und benennen kann und sich durch ihr Verhalten von Risikobereichen des Aufwachsens distanziert. Sie ist zielstrebig und auf Selbstwirksamkeit bedacht, pflegt achtsam die erreichte familiäre Harmonie und findet sich in ihrem Lebensstil im Einklang mit ihrer persönlichen Definition von einem guten Leben.

4.4 Interviewpartnerin 4

Legende:

Kürzel	Bedeutung
IP3	Interviewpartnerin 3
IP4	Interviewpartnerin 4
z. Z. d. I.	zur Zeit des Interviews
.. (Zitat)	Kurze Pause (1-2 Sekunden)
… (Zitat)	Längere Pause (3-4 Sekunden)
Kursiv (Zitat)	Besonders melodisch betont
<u>Unterstrichen</u> (Zitat)	betont
GROßGESCHRIEBEN (Zitat)	Stark betont

4.4.1 Personenvorstellung

IP4 ist die ältere Schwester von IP3. Die Wahl als Interviewpartnerin basierte auf der Erwartung, dass der Altersunterschied und die Einblicke in das Familienleben vor dem Alkoholismus der Erwachsenen umfassendere Aufschlüsse geben können.

Ihre Kindheit beschreibt IP4 als schön, bis im Alter von zehn Jahren ihre Schwester sieben Wochen zu früh auf die Welt gekommen sei. Ungefähr um dieselbe Zeit habe der Vater mit dem Trinken begonnen. Sie habe zusammen mit einer Urgroßmutter und ihren Großeltern gelebt, die ebenfalls im Laufe ihrer Kindheit alkoholkrank geworden seien (Zeitpunkt undefiniert).[599] IP4 hat die Realschule absolviert und danach eine Ausbildung zur examinierten Krankenschwester mit Zusatzausbildung einer nichtärztlichen Praxisassistentin durchlaufen. Sie ist medizinische Fachangestellte und arbeitet als Arzthelferin in einer Arztpraxis. IP4 lebt nach wie vor in der Nähe ihres Heimatdorfs, ist geschieden und hat eine Tochter im Pubertätsalter, die zu früh auf die Welt gekommen sei und z. Z. d. I. das Gymnasium besuche.[600]

4.4.2 Interviewverlauf

Nach unserem Interview wies mich IP3 darauf hin, dass ihre Schwester auch eine geeignete Kandidatin für ein Interview sei. IP3 gab mir nach vorheriger Absprache deren Telefonnummer, woraufhin ich den Kontakt herstellte. Bei einem kurzen Telefonat erklärte ich meine Forschungsintention und die

---

[599] Transkript 4, S. 2 [Segment 7-11], S. 5 [Segment 27-28], S. 5-6 [Segment 32-35, 40-42], S. 18 [Segment 103].
[600] Transkript 4, S. 62-63 [Segment 299].

gewählte Interviewmethodik. IP4 zeigte sich sofort begeistert, an meiner Forschung teilzunehmen. So verabredeten wir einen Termin zur Durchführung des Interviews ca. eine Woche später, da sie mir durch eine kurze Beschreibung ihrer heutigen Lebenssituation für meine Forschung geeignet erschien. Einige Hintergründe des Aufwachsens waren mir bereits durch IP3 bekannt, die IP4 grob bestätigte. Wie auch in den vorangegangenen Fällen einigten wir uns sehr schnell auf eine informelle Anrede, wobei die Initiative von IP4 ausging. Mit der Audio- und Videoaufnahme erklärte sich IP4 einverstanden. Ich sicherte eine vollständige Anonymisierung aller personengebundenen Angaben zu. Daraufhin erhielt ich die Zustimmung von IP4, die Aufzeichnungen zu meinen Forschungszwecken nutzen zu dürfen. Das Interview fand zum verabredeten Zeitpunkt im Haushalt von IP4 statt. Die Begrüßung war herzlich. IP4 hatte Gebäck und Tee bereitgestellt. Sie trug legere Kleidung und anfänglich einen Schal, obwohl es nicht kalt war. Wir befanden uns durchweg im Wohnzimmer. Nachdem alle rechtlich bedingten Modalitäten schriftlich festgehalten wurden, begann das Interview nach ca. zehn Minuten mit dem Einschalten des Diktiergeräts, der Kamera und der Eingangsfrage. IP4 begann direkt, von Erinnerungen an ihren Vater zu erzählen. Sie beschrieb ihre junge Kindheit als schön und sprach liebevoll von allen Familienmitgliedern, mit denen sie zusammengewohnt hatte, und der Zeit des Aufwachsens im Heimatdorf.[601] Die Stimmung des Erzählens änderte sich erstmals vom liebevollen Duktus in eine ernstere Tonlage, als IP4 vom Tod ihres ersten Hundes sprach. Dies benannte sie bereits nach etwa fünfzehn Minuten des Interviews als Wendepunkt in ihrem Leben; ebenso wie die Geburt ihrer Schwester als sie zehn Jahre alt war. Etwa um dieselbe Zeit habe der Vater mit dem Trinken begonnen.[602] Die Erzählstimmung wurde allmählich gedrückter und ernster. IP4 erzählte sehr detailreich und ausladend in Gestik und Mimik. Sie sprach über viele sehr schwierige Phasen und erzählte von tiefen, schmerzlichen und auch schamhaften Gefühlen und Begebenheiten. Diese Ausführungen waren häufig begleitet von Tränen und Pausen. Über eine Phase ihres Lebens wollte sie im Interview nur sporadisch erzählen. Es sei ein Lebensabschnitt von Depression gewesen, der durch einen Stalker ausgelöst worden sei. Mehrfach bezeichnete sie diese Phase allerdings als einen Auslöser für ihre Stärke und das Wissen, künftig alles schaffen zu können.[603] Nach vielen beleuchteten Beziehungen, Epochen und Erfolgen ihres Lebens schloss sie nach ca. zwei Stunden und fünfzehn Minuten mit einem Kurzresümee zur Sicherheit, alles schaffen zu können (weil sie wisse, was sie bereits alles geschafft habe).[604] Mein Nachfrageteil regte

---

601 Transkript 4, S. 1-2 [Segment 1-13a].
602 Transkript 4, S. 5 [Segment 26-29], S. 6 [Segment 32-35].
603 Transkript 4, S. 39-40 [212-213], S. 55-56 [Segment 272-272b], S. 60 [Segment 292], S. 66 [Segment N16].
604 Transkript 4, S. 49-50 [Segment 248-253].

nochmals kleinere Erzählflüsse an.[605] Das Interview endete nach drei Stunden und zwei Minuten mit dem Ausschalten der Aufnahmegeräte. IP4 lehnte sich lachend zurück und beschrieb das Interview als sehr positiv. Das Nachgespräch war geprägt von Reflexionsarbeit durch IP4.[606] Abschließend dominierte bei ihr ein euphorisches Gefühl wegen der Erkenntnis ihrer Stärken und Erfolge. Wir verabschiedeten uns herzlich mit der gegenseitigen Zusage, für eventuelle Ergänzungen oder Fragen erreichbar zu sein.

Da die Frage nach der Definition eines guten Lebens auch in diesem Interview noch nicht im Fragenkatalog enthalten war, wurde sie später in Form einer E-Mail gestellt und beantwortet.[607] Etwa drei Wochen später erhielt ich in einer Sprachaufzeichnung eine längere Ergänzung bezüglich ihrer Gefühle nach dem Tod des Vaters und einer Gefühlsentladung an dessen Grab.[608] Weiterer Kontakt war nicht nötig.

Auffällig war bei diesem Interview, dass IP4 während des Erzählens sehr häufig ihre Hände an oder um ihren Hals oder auf ihren Brustkorb in Halsnähe legte. Diese Geste konnte durch die Videoaufnahme sechzehnmal gezählt werden. Eine nähere Betrachtung findet sich in der folgenden Analyse.

4.4.3 Fallvorstellung

Signifikante Themen und Phasen

1. Kindheit vor der Alkoholerkrankung des Vaters (und der Großeltern)
2. Zeit mit dem alkoholkranken Vater (im selben Haushalt)
3. Beziehung zum Vater
4. Ehemann und Geburt der gemeinsamen Tochter
5. Beziehung mit einem Alkoholiker
6. Der Stalker
7. Erkenntnis und Akzeptanz der Andersartigkeit und heutige Sichtweise auf ihr Leben

1.

Auch wenn IP4 erklärte, dass sie sich rückwirkend nicht an das Gefühl erinnern könne, je eine Mutter (betont als „meine Mami") und einen Vater (betont als „mein Vater") gehabt zu haben, beschrieb sie ihre Kindheit bis zum Alkoholismus des Vaters als schön. Sie erinnerte sich daran, mit dem Vater ein

---

[605] Transkript 4, S. 50-61 [Segment 264-298].
[606] Transkript 4, S. 64-66 [Segment N1-N19].
[607] Transkript 4, S. 66 [Segment M1].
[608] Transkript 4, S. 67-68 [Segment N20-N24].

Iglu gebaut zu haben, an gemeinsame Urlaube und auch an kampfsportartige Verteidigungsübungen, die ihr Vater ihr beigebracht habe. Obgleich sie deren ständiges Vorführen damals als lästig und hin und wieder peinlich empfunden habe, habe sie sich dennoch besonders gefühlt, weil sie sie beherrschte. IP4 habe ein gutes Verhältnis zu den Großeltern gehabt, die im oberen Stockwerk des Hauses wohnten. Sie sei häufig bei ihnen gewesen und habe der Oma bei der Herstellung von Eierlikör geholfen oder Honigbrötchen genossen. Generell habe ihr Leben in jungen Kindertagen aus sehr vielen Menschen bestanden, die immer um sie herum gewesen seien: die Großeltern, die Eltern, die Urgroßmutter und Freunde im Heimat- und im Nachbardorf. Das Leben auf dem Land habe sie, trotz der ärmlichen Verhältnisse und der selbst gehaltenen Tiere (inkl. des Schlachtens) nicht als unüblich oder negativ empfunden. Im Gegenteil sei das Kaninchenschlachten „ein Highlight"[609] für sie gewesen, da habe sie beim Entnehmen der Organe helfen und „die Lunge aufpusten"[610] dürfen. Dies sei für sie faszinierend, keineswegs merkwürdig und nicht mit Ekel verbunden gewesen – im Gegensatz zu ihren Mitschülern, denen sie diese Faszination immer habe näherbringen wollen. Dass sie von den Mitschülern dafür eher als „bekloppt"[611] bezeichnet wurde, verstand sie nicht, denn für sie „war alles super besonders"[612]. Die abweichende Sichtweise der anderen habe sie zu diesem Zeitpunkt auch nicht belastet, da sie ihr Leben als schön empfunden habe. Sie habe viele nette Menschen, Familienmitglieder und Freunde um sich gehabt, habe beim Schlachten helfen und mit dem Schäferhund spazieren gehen dürfen.[613] Das erste einschneidende Erlebnis, das an dem friedlichen Leben etwas geändert habe, sei das Einschläfern des Hundes und das Bagatellisieren des Vaters gewesen: „Das hab ich überhaupt nicht verstanden und das hab ich ihm schon extrem übel genommen."[614] Wenngleich sie von dieser Zeit fast ausschließlich in positivem Ton sprach, war ihr (explizit erwähnt) „extrem wichtig"[615] zu sagen, dass ihr Vater ihr grundsätzlich wenig Zutrauen zugesprochen und ein sehr verachtendes und erniedrigendes Frauenbild gepflegt habe:

> „Ich hab immer gehört: ‚Kriegst du nicht hin! Schaffste nicht! Blödes Weibervolk!' […] Immer! Immer. Immer! Also der.. das war ja auch derjenige, der immer gesagt hat: ‚Dieses blöde Weibervolk' und ‚Ihr kriegt das auch nicht hin!' und ‚Guck dir mal die Weiber an!' und ‚Guck dir mal die an!'"[616]

---

[609] Transkript 4, S. 2 (Zeile 58).
[610] Transkript 4, S. 2 (Zeile 59).
[611] Transkript 4, S. 3 (Zeile 76).
[612] Transkript 4, S. 2 (Zeile 73).
[613] Transkript 4, S. 1-3 [Segment 1-17], S. 4 [Segment 25].
[614] Transkript 4, S. 5 (Zeile 134-135).
[615] Transkript 4, S. 4 (Zeile 112-113).
[616] Transkript 4, S. 4 (Zeile 113-118).

Es scheint, als habe sie dies in der damaligen Zeit aber noch nicht nachhaltig negativ beeinflusst, denn bis sie im Alter von zehn Jahren war, habe sie „alles klasse"[617] empfunden. Sie schwärmte von den Familienurlauben, in denen der Vater alle mit seinen Witzen und seinem Wissen über Geschichte unterhalten und beeindruckt habe. Da sei er „so der Held" gewesen.[618]

2.

Etwa zeitgleich mit der Einschläferung des Hundes sei der Vater auf eine andere Stelle versetzt worden und habe mit dem Trinken begonnen.

> „Und dann ging das langsam los [...],da hab ich irgendwie gemerkt: Irgendwas ist faul. Irgendwas ist anders. [E]r hat dann angefangen zu trinken."[619], „Und ab DA kann ich mich eigentlich an ihn als.. besoffen.. als Arschloch erinnern.. also das war für mich einfach so. Es war.. er war der Säufer!"[620]

Ebenso um etwa dieselbe Zeit sei die Schwester auf die Welt gekommen, was das bisherige Leben ebenfalls einschneidend verändert habe. Eine starke Geschwisterkonkurrenz habe sich entwickelt, wobei sich IP4 fast immer zurückgesetzt, unwichtig, nicht mehr gesehen und weniger Wert gefühlt habe. Alles habe sich fortan um die Schwester gedreht.[621] Nebenher habe der Vater immer häufiger zur Flasche gegriffen. Komplett realisiert, dass der Vater „säuft.., dass er eigentlich überhaupt nicht mehr da ist..."[622], habe sie durch einen Vorfall, bei dem ihr Vater die kleine Schwester, die gerade zu laufen begonnen habe, in betrunkenem Zustand von sich gestoßen habe. Daraufhin sei diese in Bierflaschen gefallen und habe eine große Schnittwunde am Kopf erlitten, die im Krankenhaus habe versorgt werden müssen.[623] Von da an habe IP4 „auch heute noch.. das Gefühl, dass"[624] sie „ab da die große Schwester war, die Verantwortung übernehmen musste"[625] und ihr Leben für sich selbst „alleine.. gelebt"[626] habe. IP4 berichtete von einem allein zu bewältigenden Schulweg, in eine Schule zwei Dörfer entfernt: „Ob das Winter war, ob da 'n Meter Schnee war oder Glatteis"[627]. Mit ihr sei nicht für die Schule gelernt worden, sie habe weder Hilfe bei Hausaufgaben noch Lob für gute Noten bekommen. Nach

---

617 Transkript 4, S. 4 (Zeile 130).
618 Transkript 4, S. 12 (Zeile 364), S. 11-12 [Segment 74-78].
619 Transkript 4, S. 5 (Zeile 136, 138-140).
620 Transkript 4, S. 5 (Zeile 142-143).
621 Transkript 4, S. 5 [Segment 32-33], S. 8 [Segment 54-58], S. 9 [Segment 61-64].
622 Transkript 4, S. 6 (Zeile 192-193).
623 Transkript 4, S. 6 [Segment 40-40b].
624 Transkript 4, S. 7 (Zeile 199).
625 Transkript 4, S. 7 (Zeile 202).
626 Transkript 4, S. 7 (Zeile 203).
627 Transkript 4, S. 8 (Zeile 250-251).

ihren Ausführungen hätten ihre Eltern durchaus gelobt, allerdings nicht sie, sondern ihre Schwester.[628]

Neben der Hoffnung auf Anerkennung habe sich ihr Leben zunehmend um die Flucht vor dem Vater im Elternhaus gedreht. Bis dieser von der Arbeit gekommen sei, hätten sie und ihre Schwester mit der Mutter oft zusammen in der Wohnstube gesessen und einen Film geschaut oder Kaffee getrunken. Wenn der Vater nach Hause gekommen sei, habe er das Wohnzimmer übernommen und alle anderen seien in die Küche gewandert. Habe er den Raum gewechselt, so hätten alle anderen Familienmitglieder ebenfalls den Raum verlassen.[629] „Aber es war NIE.., dass wir irgendwas ZUSAMMEN gemacht haben. Kann ich mich nicht mehr erinnern."[630] Obwohl sie in einem Mehrfamilienhaushalt aufwuchs, sei sie zu dieser Zeit dann eher allein gewesen. Der Vater sei fast immer alkoholisiert gewesen, die Großeltern seien „schon.. ganz.. zeitig am Saufen"[631] gewesen. Mit der Schwester habe durchweg ein Konkurrenzverhältnis geherrscht und die Mutter habe mit dem Haushalt zu tun gehabt. Als einzige Bezugsperson sei ihr die Urgroßmutter geblieben. Innerfamiliäre Ausnahmen des Alltags ohne die alkoholisierten Launen des Vaters hätten die Familienurlaube geboten, in denen er nicht getrunken habe. Hier habe IP4 ihren Vater ähnlich der Zeiten als Kind (unter zehn Jahren) wieder als „superschlau"[632], witzig und gewandt im Erzählen von Witzen, Geschichten und Gedichten erlebt.[633]

Als sie achtzehn Jahre alt war, habe die Mutter aufgrund eines Beinbruchs im Krankenhaus gelegen. IP4 habe sich zu dieser Zeit in der Ausbildung und im Schichtdienst befunden und einen festen Freund gehabt, bei dem sie oft geschlafen habe. An einem dieser Tage sei sie ins Elternhaus gekommen, um Sachen für sich zu holen und es sei zu einer Auseinandersetzung mit dem Vater gekommen, weil dieser von ihr verlangt habe, den Abwasch zu erledigen und seine Wäsche zu waschen. IP4 habe dies verweigert:

> „Du, ich war den ganzen Tag nicht da. Ich war auch letzte Woche nicht da. Also ich wasche deine Wäsche nicht! Du wirst es ja wohl hinkriegen, deine Wäsche alleine zu waschen!"[634]

Ihr alkoholisierter Vater habe dies weder verstehen noch annehmen wollen: „Ihr Weiber habt doch sonst nichts zu tun!"[635] Doch IP4 sei standhaft geblieben und so habe sie der Vater des Hauses verwiesen:

---

[628] Transkript 4, S. 8-9 [Segment 58-61].
[629] Transkript 4, S. 10 [Segment 66-68].
[630] Transkript 4, S. 11 (Zeile 330-331).
[631] Transkript 4, S. 18 (Zeile 564).
[632] Transkript 4, S. 12 (Zeile 380).
[633] Transkript 4, S. 11-12 [Segment 74-78].
[634] Transkript 4, S. 13 (Zeile 421-423).
[635] Transkript 4, S. 13 (Zeile 425).

„DU verlässt jetzt DIESES Haus!"[636], „Und du kommst mir hier NICHT MEHR rein!"[637], „Du kommst hier nicht wieder rein! Und du betrittst dieses Haus NIE WIEDER!"[638]

Auch wenn sie schon früh in ihrem Leben das Gefühl gehabt habe, allein zu sein und ihr Leben für sich selbst gestalten zu müssen, weil sich das Leben der Familie entweder um die Schwester oder beim Vater um den Konsum von Alkohol gedreht habe, sei dies ein einschneidender Moment gewesen, durch den IP4 in ihr Leben „geschubst"[639] worden sei: „Ich konnte auch gar nicht anders. Ich musste es ja irgendwie auf die Reihe kriegen, weil ich konnte ja nicht mehr nach Hause."[640]

3.

Die Beziehung zum Vater war mehrschichtig. Zum einen gibt es eine Zeit vor dem Alkohol, gute Erinnerungen an gemeinsame Aktivitäten oder Geschichtserzählungen und Gedichtsrezitationen, in denen IP4 ihren Vater als sehr schlau und gesellig erlebte und auch Vaterliebe empfand. Zeitgleich habe es allerdings bereits in diesem Abschnitt ihres Lebens einen durchweg frauenverachtenden Ton gegeben, womit er Frauen generell als „blödes Weibervolk"[641] betitelte, das „nichts auf die Reihe"[642] kriege. Dies schloss IP4 nicht nur mit ein, er habe auch sie persönlich abgewertet: „Ich hab immer gehört: ‚Kriegst du nicht hin! Schaffste nicht! Blödes Weibervolk [...]'. Immer! Immer! Immer!"[643] „Du wirst mal nie rechnen können!"[644]

Eine weitaus längere Periode beginnt, nachdem der Vater mit dem Trinken begonnen hatte. Für diese Zeit konnte IP4 ihn ausschließlich negativ beschreiben. Doch trotz des Kummers über diese Beleidigungen, der Wut und des Unverständnisses, wie jemand „nur so besoffen, so bescheuert sein [könne], sein Leben zu versaufen und nichts draus zu machen"[645], zeigte sich im Gesprächsverlauf immer wieder die Suche nach seiner Achtung und die Trauer darüber, dass diese fortwährend verwehrt wurde. IP4 erinnerte sich an keine wertschätzenden Äußerungen für gute Noten, selbstständig bewältigte Schulwege oder sonstige Anstrengungen ihrerseits. Auch die gute Beendigung der Schule und

---

[636] Transkript 4, S. 14 (Zeile 429).
[637] Transkript 4, S. 14 (Zeile 431).
[638] Transkript 4, S. 14 (Zeile 436-437).
[639] Transkript 4, S. 17 (Zeile 557).
[640] Transkript 4, S. 17 (Zeile 557-559).
[641] Transkript 4, S. 4 (Zeile 113-114).
[642] Transkript 4, S. 13 (Zeile 425).
[643] Transkript 4, S. 4 (Zeile 113-114).
[644] Transkript 4, S. 11 (Zeile 344).
[645] Transkript 4, S. 12 (Zeile 382-383).

die Ausbildung zur Krankenschwester sei für den Vater nichts im Vergleich dazu gewesen, dass ihre Schwester auf dem Gymnasium und auf dem Weg zum Abitur gewesen sei, so wie auch er selbst und seine Schwester ein Abitur hätten vorweisen können.

> „Ey ich hab eine abgeschlossene Ausbildung als Krankenschwester! Ich bin Kranken-schwester! Ich hab ein Fachschulstudium! Ich hab drei Jahre geschuftet und hab alles mit 2 abgeschlossen! Nee, das hat keinen interessiert. War auch wirklich so."[646]

IP4 habe ihren Führerschein beim ersten Versuch bestanden und sei sehr stolz darauf gewesen. Auch wenn es vom Vater keine anerkennenden Worte dafür gegeben habe, so habe sie sich selbst bestätigt, dass sie etwas leisten könne: im Gegensatz zu dem, was sie vom Vater ihr Leben lang eingetrichtert bekommen habe – dass sie nichts könne und nie etwas können würde, da sie ja eine Frau sei. Für IP4 sei der Führerschein und das Bestehen beim ersten Anlauf ein be-stätigendes Zeichen gewesen: „Ich KANNS! So.. so einfach dieses Ja! Ich kann's doch!"[647] Zwischen der Suche nach der Liebe des Vaters, seiner Achtung oder Hilfe und der Auflehnung gegen ihn und sein verachtendes Frauenbild habe IP4 versucht, ihren Weg zu gehen. Sie befand sich in einem andauernden inne-ren Zwiespalt von Zuneigung durch frühkindliche Vater-Tochter-Erfahrungen. Auf der einen Seite standen Erinnerungen an einen liebevollen Vater, der ein guter Mensch sein könne, auf der anderen Seite standen die Wut und der Schmerz wegen seines gemeinen Verhaltens und der Alkoholsucht. Auch wenn sie durchweg ihren eigenen Weg ging und versuchte ihm zu zeigen, dass sie entgegen seiner Voraussagen ihr Leben organisieren könne, gab es weiterhin vereinzelte Versuche, ihren Vater als Ratgeber ernst zu nehmen. Doch sie habe meist dieselbe Antwort erhalten: „Ich sage dir eins: Du schaffst das nicht! Du hast eine Tochter, und du bist eine Frau und du schaffst das nicht!"[648] Mit der Zeit habe IP4 gelernt, derartige Äußerungen als Antrieb für ihre Vorhaben zu nutzen, z. B. bei der Trennung von einem alkoholkranken Freund. Nach einem Gespräch mit dem Vater, seinem Abraten und verletzenden – aber nicht unbekannten – Worten habe sie „eher einen Aufwind"[649] gespürt, der ihr das Gefühl gegeben habe, „es wird und ich trenn mich!"[650] „Auch wenn noch nicht klar war, wie, aber es war klar: Es wird."[651]

Neben den Versuchen, sich stets zu beweisen, ein eigenständiges, gutes Le-ben zu führen, standen aktive Auflehnungen gegen alltägliche Gemeinheiten des Vaters. Sie berichtete von einer Begebenheit, als sie mitbekommen habe, wie ihr Vater ihre Mutter in betrunkenem Zustand „rund gemacht und [...]

---

646 Transkript 4, S. 25 (Zeile 799-801).
647 Transkript 4, S. 16 (Zeile 497).
648 Transkript 4, S. 65 (Zeile 2120-2122).
649 Transkript 4, S. 65 (Zeile 2128).
650 Transkript 4, S. 65 (Zeile 2130).
651 Transkript 4, S. 65 (Zeile 2129-2130).

runtergeputzt"[652] habe. Erstmals habe IP4 nicht vor seinen Launen die Flucht ergriffen und ihm die Stirn geboten:[653]

> „[I]ch werde NICHT zulassen, dass du so mit dem Mütterchen redest, nur weil DU weißt, dass du irgendwann mal eher stirbst als sie, heißt das noch lange nicht, dass du so mit ihr umzugehen hast!"[654]

Sie habe geschrien, Türen geknallt und auf eine Reaktion gewartet, von der sie sich irgendeine Form von Einsicht erhoffte. Doch der Vater habe nicht reagiert. Erst zwei Stunden später habe er sich vor ihr aufgebaut. Er sei betrunken gewesen, doch habe er vor ihr mit erhobenem Kopf gestanden, „als ob er nüchtern war, mit Anzug, Schlips und Kragen"[655] und habe angefangen, sie in einer Art und Weise zu erniedrigen, die sie ihm bis heute nicht verzeihen könne:

> „Und wo wir jetzt gerade mal beim Austeilen sind. Wer hier mit wem so redet, das steht noch nicht fest. Du hast mit mir überhaupt nicht so zu reden. UND wo wir gerade mal beim Austeilen sind. Wer hat's denn nicht geschafft, sein Kind durch die 9. Klasse zu kriegen? Wer hat's denn nicht geschafft, endlich auf eigenen Beinen zu stehen? Wer schaffts denn, immer wieder hier aufzuschlagen, sich hier durchzufressen und mir auf die Nerven zu gehen? Wer schaffts denn nicht mal sein Leben" Wie hat er gesagt? „Mal eine Beziehung zu führen, die auch mal länger als 2 Jahre hält? Wer kriegt denn sein Leben nicht auf die Reihe? Das will ich dir mal sagen. Du brauchst überhaupt nicht mit mir zu reden. Du musst auch nicht über deine Tochter mit mir reden. Ich will mit der ganzen Sache nichts mehr zu tun haben. Das wollte ich dir nur mal sagen."[656]

Nach dieser Tirade sei IP4 in sich „zusammengefallen"[657], habe es allerdings geschafft, in diesem Moment ruhig zu bleiben, nicht zu weinen und sich selbst die eigenen Erfolge bewusst zu machen:

> „Ey du hast ganz andere Sachen hinter dich gebracht! Du hast ganz andere Sachen geschafft! Und ich kann überhaupt nichts dafür, dass [Name der Tochter] nicht die 9. Klasse geschafft hat, also nicht wirklich. Das war einfach.. ja die Pubertät und so.. Ich wusste, dass das nicht alleine meine Schuld war und dass ich mein Bestes gegeben hab."[658]

Es seien einmal mehr Erinnerungen an weitere Verletzungen durch die Worte des Vaters geblieben.

Und dann sei die erste Krebsdiagnose gekommen. Das Blatt habe sich gewendet. Es habe ein Gespräch zwischen Vater und Tochter gegeben, das plötzlich eine völlig andere Ebene betreten habe. Er habe ihr von der Diagnose in einem nüchternen Moment erzählt und sie hätten dann über die Krankheit und auch

---

[652] Transkript 4, S. 42 (Zeile 1358-1359).
[653] Transkript 4, S. 42 [Segment 218].
[654] Transkript 4, S. 42 (Zeile 1361-1365).
[655] Transkript 4, S. 42 (Zeile 1377-1378).
[656] Transkript 4, S. 42-43 (Zeile 1378-1388).
[657] Transkript 4, S. 43 (Zeile 1401).
[658] Transkript 4, S. 43 (Zeile 1395-1399).

über Ängste gesprochen: „Das war so ein krasses Gespräch! Er war WIE FRÜ-HER!"[659] Er sei plötzlich wieder ein Vater gewesen und IP4 habe sich „wie ein kleines Mädchen mit ihrem Papa" gefühlt,[660] vor allem, als er sie mit ihrem Kosenamen aus der Zeit vor dem Alkohol angesprochen habe.[661] Mit einem Mal seien die Ausbildung und somit auch die Meinung der Tochter etwas wert gewesen. Er habe ihr die Arztbriefe gezeigt und sie nach ihrer Meinung zu den Befunden befragt. Doch habe ein Kreislauf von ständigem Hoffen und erneuten Enttäuschungen begonnen – weniger durch die Krebserkrankung, sondern vielmehr durch die abwechselnden Phasen des Trinkens und der Nüchternheit. In den folgenden Jahren hätten sich mehrere Krebsdiagnosen abgewechselt. Mehrere Krankenhausaufenthalte hätten alkoholfreie Phasen mit sich gebracht, in denen er ansprechbar gewesen sei und den Glauben geweckt habe: „[E]s wird besser. [M]it dem kann man sich unterhalten und JETZT wird die Beziehung wie Vater und Tochter."[662] Auf und Ab, Hoffnung und Hass wechselten sich ab. Nach jeder enttäuschten Hoffnung auf eine Zeit in Anlehnung an die positiven Erinnerungen aus der Kindheit sei die Wut bis hin zu Gedanken gewachsen wie: „Mein Gott, dann stirb doch! Dann stirb doch! Dann ist diese ganze Scheiße mit der Sauferei und [...] dann ist das alles vorbei!"[663] Nicht nur Gefühle von Wut und Hoffnung hätten stets gewechselt, sondern es habe auch einen andauernden Wechsel von Herabwürdigungen in alkoholisiertem Zustand und Achtung ihres Wissens in nüchternem Zustand gegeben, etwa wenn er sie um ihre Meinung zu Arztbriefen gefragt habe oder mit dem Gedanken an sie herangetreten sei, sich das Leben zu nehmen. Sie habe ihm verboten, sich das Leben zu nehmen. Mit dem Versprechen, dafür sorgen zu können, dass er nicht ersticken würde, habe sie sich somit erstmals – mit gefühltem Eigenwert – vor ihm behaupten können. Das Blatt drehte sich: IP4 war jetzt diejenige, die über das Wissen verfügte, das ihm Hoffnung geben konnte.[664]

Gegen Ende der Krankheit habe er dann alle Arztbriefe verheimlicht, wodurch sein Ableben für die Familie überraschend gekommen sei. Daher habe es auch eine Weile gedauert, bis IP4 begriffen habe, wann es tatsächlich auf das Sterben zugegangen sei. Zumal sie sich mehr in ihrer Rolle als Tochter befunden habe, die sie in dem erneut nüchternen Zustand des Vaters nun auch wieder gewesen sei. In dieser Situation habe sie nicht einfach nur Krankenschwester sein können und habe so Signale, die sie bei der Arbeit nicht übersehen hätte, nicht wahrgenommen und sich in dem gewohnten Kreislauf von

---

659 Transkript 4, S. 41 (Zeile 1319-1320).
660 Transkript 4, S. 41 (Zeile 1329).
661 Transkript 4, S. 41 [Segment 216a].
662 Transkript 4, S. 41 (Zeile 1338-1339).
663 Transkript 4, S. 42 (Zeile 1348-1350).
664 Transkript 4, S. 43-44 [Segment 219-220a].

positiven Erwartungen verloren. Sie habe ihn im Krankenhausbett gepflegt, ihm die Nägel geschnitten und Hilfsmittel organisiert, um für Verbesserungen zu sorgen. Jeden Tag sei sie bei ihm gewesen und sie hätten als Tochter und „Väterchen. Altes, graues, weises Väterchen" geredet.[665] Sie sei es auch gewesen, die alle Familienmitglieder in der Nähe zusammengerufen habe, als die Anzeichen mehr und mehr dafür gesprochen hätten, dass er sterben würde. Sie sei es ebenfalls gewesen, die mit dem Arzt die Medikation besprochen und dafür gesorgt habe, dass er nicht habe leiden müssen. In den letzten Stunden sei sie innerlich immer wieder zwischen Tochter und Krankenschwester, zwischen Schwester und Nichte, hin- und hergesprungen.[666]In den letzten Momenten seines Lebens seien schließlich sie, ihre Mutter, ihre Schwester und ihre Tante (seine Schwester) anwesend gewesen. Sie und ihre Schwester hätten dabei seine Hände gehalten.[667] Sie befand sich in einer starken Welle von Ambivalenzen. Auf der einen Seite stand sein momentanes Verhalten, Blicke mit „Sterne[n] in den Augen, Herzchen in den Augen"[668], voll Liebe für seine Tochter, Kosenamen aus schönen Kindertagen und Dankbarkeit für die Fürsorge und die Anwendung des Wissens als Krankenschwester in seinen letzten Tagen. Auf der anderen Seite standen die vielen Verletzungen der vergangenen Jahre:

> „Ich wollte eigentlich nur zeigen: Ich bin da und ich bin die Krankenschwester und ich krieg das hin. Ich bin diejenige, die verhindert, dass du erstickst. Obwohl ich ihn im ganzen Leben eigentlich hätte ersticken wollen.. oder erwürgen."[669]

Diese große Ambivalenz halte teilweise bis heute an:

> „Hab ich ihn lieb gehabt? Oder hab ich ihn nicht lieb gehabt? Eigentlich hab ich ihn gehasst. Und dann ne Zeit lang auch wieder nicht. Der war so.. so LIEB.. das war.. meine Tante sagt: ‚Der ist in Liebe vergangen und der hat sich in Liebe aufgelöst.' Und das hat er nicht verdient! Er hat's einfach nicht verdient!.... Und auf der anderen Seite find ich das schön, dass man das so ermöglichen konnte, das ICH ihm das ermöglichen konnte, dass er nicht erstickt ist…"[670]

Erst im Sterben habe sie ihm tatsächlich beweisen können, was sie zuvor immer versucht habe: dass sie etwas könne, dass ihr Beruf als Krankenschwester etwas wert sei, dass er stolz sein könne, denn sie habe ihm das Sterben erleichtern können. Obwohl dieses Wissen für IP4 bedeutend sei, hätten weiterhin Wut, Trauer und Verletzungen in ihr getobt. In einem unbeobachteten Augenblick habe sie daher gegen das Grab des Vaters getreten. Sie habe alle Wut aus sich herausgetreten mit dem Gedanken und dem Gefühl, es ihm so zusenden zu

---

[665] Transkript 4, S. 45 (Zeile 1460).
[666] Transkript 4, S. 43-45 [Segment 221-229], S. 47 [Segment 236].
[667] Transkript 4, S. 47 [Segment 236, 238].
[668] Transkript 4, S. 46 (Zeile 1498-1499).
[669] Transkript 4, S. 48 (Zeile 1565-1569).
[670] Transkript 4, S. 48 (Zeile 1570-1578).

können, ihm so zeigen zu können, wie sehr sie ihr Leben lang unter seinen Gemeinheiten gelitten habe.

> „[E]s war einfach das Gefühl, dass ich diese Wut und diese Trauer einfach aus mir raustrete und ihm dann so hinschicke. Das war wie ein.. also das hat sich wirklich angefühlt wie ein Loswerden, wie ein: Jetzt bin ich diese Wut und diese Trauer an dich endlich losgeworden, jetzt konnte ich's dir irgendwie noch zeigen, wie wütend und wie sauer und wie traurig ich eigentlich über diese ganze Geschichte war. Wie er mich so behandelt hat und wie mein Leben so durch ihn geworden ist."[671]

> „Aber in dem Moment, wo ich da zugetreten hab, hat's ihn erreicht. Weil ich hab ihn ja getroffen, so: Den Tritt hat er gespürt. Den hat er für mich gespürt! Bums Ende! Und das war.. das war total cool! Das war wirklich echt ich habs dir jetzt einfach mal, ich hab dir in den Arsch getreten! Wie oft wollte ich dir in den Arsch treten, wie oft wollte ich dir eine reindrücken, wie oft wollte ich dich die Treppe runterschupsen? Jetzt konnte ich wenigstens zutreten und jetzt haste wenigstens auch was davon gemerkt und jetzt konnte ich einfach mal zutreten! So war das für mich."[672]

Dankbarkeit sei heute noch das vorherrschende Gefühl, wenn sie an diese Begebenheit zurückdenke. Dankbarkeit dafür, dass sie diesen Ausbruch zugelassen habe, da sie seitdem nicht mehr das Gefühl habe, etwas beweisen zu müssen.[673] Bei ihrem letzten Satz: „Ich muss jetzt nicht mehr kämpfen!"[674] war ein Gefühl innerer Ruhe spürbar.

4.

Nachdem der Vater IP4 hinausgeworfen habe, habe für sie eine emotionale Suche begonnen. Ihre Ausbildung als Krankenschwester habe sie gut absolviert. Anschließend habe sie direkt Arbeit gefunden und sich weitergebildet.[675] In diesem Bereich ihres Lebens habe sie Anerkennung und Wertschätzung für ihr Können und ihr Wissen bekommen – dies sei auch heute noch so. Hier sei sie gut, das wisse sie auch und sei stolz auf sich.[676]

Emotional war ihr Weg eher holprig. Eine Beziehung sei der nächsten gefolgt. Sie habe nicht allein sein wollen. Ihre Partner seien meist „Sonderlinge"[677] gewesen. Es lässt sich vermuten, dass in ihr immer wieder die Worte des Vaters eine Rolle spielten, dass sie allein als Frau nichts schaffen könne. Es schien weniger wichtig, welchen Partner sie wählte, vielmehr schien es

---

671 Transkript 4, S. 67 (Zeile 2200-2206).
672 Transkript 4, S. 68 (Zeile 2221-2228).
673 Transkript 4, S. 68 [Segment N24].
674 Transkript 4, S. 68 (Zeile 2233).
675 Transkript 4, S. 62 [Segment 299].
676 Transkript 4, S. 16-17 [Segment 98-101], S. 25 [Segment 136-138], S. 57 [Segment 277-277a, 279], S. 59 [Segment 287], S. 60 [Segment 290-291], S. 64 [Segment N5].
677 Transkript 4, S. 18 (Zeile 582).

darauf anzukommen, dass ein Partner anwesend sei. Für ihren späteren Ehemann habe sie als Jugendliche bereits geschwärmt weil er für sie so ein eher Unerreichbarer und so Hübscher gewesen sei. Mit ihm an ihrer Seite habe sie sich ganz besonders gefühlt, da er sich schließlich für sie entschieden habe.[678] Von ihrer Hochzeit schwärmte sie, weil sie so gewesen sei, wie sie sich das immer gewünscht habe: am Geburtstag ihrer Urgroßmutter und mit dem Gefühl, eine Prinzessin zu sein. Dennoch sei dies keine reine Liebesentscheidung gewesen, sondern das Resultat einer Überlegung, ihre verstorbene Urgroßmutter zu ehren.[679] Ihr Mann habe sich schließlich als notorischer Fremdgeher entpuppt.[680]Die gemeinsame Tochter sei auch nicht geplant gewesen und eine Freundin habe ihrem Mann die Nachricht von der Schwangerschaft mitteilen müssen. Bereits zu diesem Zeitpunkt habe IP4 von den vielen Seitensprüngen ihres Mannes gewusst und immer wieder versucht, ihm diese nachzuweisen, was ihr aber nicht gelungen sei. Zudem habe sie die Hoffnung gehabt, dass sich mit der Geburt des gemeinsamen Kindes die Untreue erledigen würde. Sie habe an ihrem Traum festgehalten vom: „Heiraten und Kinder kriegen und dann ein Haus und einen Hund und einen Garten und alles schön!"[681] In der Schwangerschaft habe sie sich durchweg allein gefühlt, ihr Mann sei kaum anwesend und auch keine Unterstützung gewesen. Zudem habe sie aufgrund der bestehenden Risikoschwangerschaft fast durchweg liegen müssen: „Ich hab wirklich auch die ganze Schwangerschaft durchweg geheult."[682] Unterstützung durch Familie oder Freunde blieben zu dieser Phase ihres Lebens im Interview unerwähnt. Sie versuchte jedoch, trotz der schwierigen äußeren Umstände eine Beziehung zum ungeborenen Kind aufzubauen. Ihre Tochter sei gerade in dem Moment, als die ersten solcher Gefühle einsetzten, sieben Wochen zu früh zur Welt gekommen. Damit habe eine nervenaufreibende Zeit von Besuchen im Krankenhaus begonnen. Sie habe um jeden Preis eine perfekte, innige und romantische Mutter-Kind-Beziehung haben wollen und habe gegeben, was sie konnte. Doch habe es sich nicht so eingestellt, wie sie sich das gewünscht habe.[683]

> „Ich hab nicht das Gefühl gehabt, dass ich die oberglücklichste Mama der Welt bin. Ich hab nicht das Gefühl gehabt, dass er der oberglücklichste Papa der Welt ist. Weiß ich nicht.. also dieses Glück, dieses Heulen, wie man sich das so vorstellt, das war überhaupt nicht da.."[684]

---

678 Transkript 4, S. 18-19 [Segment 108d-110], S. 20 [Segment 115], S. 23 [Segment 129-130], S. 64 [Segment N7], S. 66 [Segment N15].
679 Transkript 4, S. 24 [Segment 134].
680 Transkript 4, S. 27 [Segment 147-148], S. 30 [Segment 166].
681 Transkript 4, S. 28 (Zeile 892-893).
682 Transkript 4, S. 28 (Zeile 894-895).
683 Transkript 4, S. 28 [Segment 152-154].
684 Transkript 4, S. 28 (Zeile 904-908).

Erschwerend sei der Umstand der Frühgeburt hinzugekommen. Sie habe ihre Tochter erst eineinhalb Tage nach der Geburt sehen und „nur mit dem Finger ihr Füßchen durch das Loch streicheln"[685] dürfen. Ihr Mann sei nur selten ins Krankenhaus gekommen und zum Leidwesen von IP4 sei ihre Tochter bei ihm auf der Brust beim Känguruhen wesentlich ruhiger gewesen als bei ihr. Von ihrem Mann habe sie auch nach der Schwangerschaft in der Wochenbettzeit sowie den Wochen und Monaten danach keine Unterstützung erhalten, wohl aber ab diesem Zeitpunkt von ihrer Mutter: „Wenn ich's Mütterchen nicht gehabt hätte – keine Ahnung, wie ich das gepackt hätte."[686]

Als ihre Tochter zwei Jahre alt gewesen sei, habe sie von einem Ehebruch mit einer Freundin erfahren und daraufhin endgültig den Schlussstrich gezogen. Drei Monate später habe sie erfahren, dass jene Frau von ihrem Mann ein Kind bekomme, was sie nochmals „aus allen

Welten" habe fallen lassen.[687] Da habe sie gestanden, frisch getrennt mit einem kleinen Kind und dem Gefühl:

> „[I]ch krieg das nicht hin!"[688] „[I]ch konnte es NICHT glauben, dass ich DAS alleine schaffe! Dass ich ein Kind ALLEINE großziehen kann, dass ich der alles geben kann, was wichtig ist. Dass ich überhaupt weiß, wie man ein Kind erzieht. Keine Ahnung.. ich wusste NICHT, wie man ein Kind erzieht. Ich konnte 's mir auch nicht vorstellen. Ich hatte überhaupt keinen Plan, NULL Plan. Und hatte Angst, dass ich irgendwas versaue, dass ich sie verliere, dass sie mir weggenommen wird, oder, oder, oder."[689]

Allerdings habe sie eine Anstellung in einer Arztpraxis mit geregelten Arbeitszeiten gefunden, wodurch das finanzielle Auskommen gesichert gewesen sei. Unterstützung habe sie in dieser Zeit von ihrer Mutter, ihrer Schwester und von einer Freundin erfahren. IP4 erwähnte diese Konstellation als ihre Familie: „Das war richtig, richtig, richtig gut."[690]

Zwischendurch habe es immer mal wieder Partnerschaftsversuche mit Männern gegeben, die sich aber nicht lange gehalten hätten. Den Großteil ihres Lebens habe sie mit ihrer Tochter allein verbracht. Rückwirkend sei sie stolz auf sich:[691] „Ich hab's gerockt!!"[692]

---

685 Transkript 4, S. 28 (Zeile 918-919).
686 Transkript 4, S. 29 (Zeile 935), S. 32 [Segment 174].
687 Transkript 4, S. 31 (Zeile 1006-1007), S. 30-31 [Segment 166-169].
688 Transkript 4, S. 31 (Zeile 1008).
689 Transkript 4, S. 31 (Zeile 1013-1018).
690 Transkript 4, S. 32 (Zeile 1026), [Segment 173].
691 Transkript 4, S. 32 [Segment 173, 176], S. 64 [Segment N5, N8].
692 Transkript 4, S. 32 (Zeile 1027), [Segment 174].

5.

Als ihre Tochter die 2. Klasse besuchte, sei IP4 mit ihrem folgenden langjährigen Freund verkuppelt worden. Dieser sei für sie ihr „...<u>Prinz auf dem weißen
Pferd</u>!"[693] gewesen. In der darauffolgenden Zeit habe sie ihren langersehnten
Traum von Haus, Kind, Mann in Harmonie gelebt. Ihre Tochter sei gut in
der Schule gewesen, habe Freunde gehabt und sich wohlgefühlt. Also seien sie
zu ihrem Freund ins Haus gezogen und IP4 habe das Gefühl genossen: „Jetzt
bin ich da. Mit dem Ritter auf dem weißen Pferd."[694] Dieser Umstand habe
allerdings ihre ausgeprägte Eifersucht nochmals erheblich aufkeimen lassen:
„[I]ch war krankhaft eifersüchtig."[695] Sie sei sich dessen bewusst gewesen, doch
den Gedanken, diesen Mann und ihren Traum vom Leben, den sie offenbar
erreicht hatte, wieder zu verlieren oder wieder allein sein zu müssen, habe
sie nicht ertragen können. Dies habe sich erst geändert, als sie in einer guten
Phase der Beziehung begonnen hätten, Swingerclubs zu besuchen. Durch diese
Erfahrung habe IP4 schließlich „tiefes Vertrauen"[696] entwickelt, da sie bei allen
Aktivitäten dabei gewesen sei. Er habe sie mitgenommen und sich offenkundig
nicht für sie geschämt. Auch wenn sie der Meinung gewesen sei, nicht schön zu
sein, habe er sich mit ihr bei jenen Events gezeigt und nicht geteilt. So bewies
er ihr, dass er niemals etwas ohne sie machen würde, wenn sie das nicht gewollt
hätte.[697]

Doch habe sie die schleichend zunehmende Rolle des Alkohols im Leben
dieses Partners wahrgenommen. Anfangs habe er nur auf Partys immer viel
zu viel getrunken. Beim genaueren Nachdenken sei ihr aber aufgefallen, dass
er bereits bei den Telefonaten in der Kennenlernphase gelallt habe, was sie
allerdings damals nicht mit Alkohol in Verbindung gebracht habe. Es hätten
sich die Tage gehäuft, an denen er getrunken habe. Immer wieder sei es zu
Peinlichkeiten und Streitereien gekommen. Doch – ähnlich den Trockenpha-
sen des Vaters – habe die Hoffnung überwogen, dass alles wieder gut würde. Sie
sei lange zuversichtlich gewesen, doch irgendwann hätten die Androhungen
überwogen, sie werde ihn verlassen, wenn er nicht mit dem Trinken aufhöre.
Tatsächlich hätten in ihr mehrere Konflikte getobt. Auf der einen Seite habe
sie keine Beziehung mit einem Alkoholiker führen wollen und auf der anderen
Seite habe dieser Traum vom Leben mit diesem Mann (ihrem Prinzen) gestanden. Dann sei da wiederum diese große Angst gewesen, das Leben allein als

---

[693] Transkript 4, S. 33 (Zeile 1072).
[694] Transkript 4, S. 33 (Zeile 1075).
[695] Transkript 4, S. 34 (Zeile 1091).
[696] Transkript 4, S. 34 (Zeile 1106).
[697] Transkript 4, S. 34 [Segment 183-184], S. 56 [Segment 275], Das dadurch entwickelte
Vertrauen zum Partner festigte sich. Diese Erfahrung war in den folgenden Beziehungen äußerst hilfreich, denn Eifersuchtsausbrüche hatte IP4 in späteren Beziehungen
nicht mehr.

Frau nicht schaffen zu können. Letzteres sei vom Vater unterstrichen worden, indem er ihr gesagt habe, dass sie nun mal nicht dazu in der Lage sei, allein mit ihrer Tochter leben zu können, weil sie eine Frau sei.[698] Das Zusammenleben mit einem Alkoholiker sei aber immer unerträglicher geworden, sodass sie sich irgendwann an eine Suchtberatungsstelle gewandt habe. Nachdem bekannte Sätze, die auf das Verlassen des Partners abgezielt hätten, nicht gefruchtet hätten, habe ihr die Sozialarbeiterin folgenden alles verändernden Rat gegeben:

> „Also wenn ihnen dieser Schritt zu krass ist, dann gucken sie, dass sie auf sich achten. Gucken sie, dass sie für sich ein schönes Leben führen. Gucken sie, dass sie für sich ein Hobby finden, dass sie zu Freunden gehen, dass sie einfach anfangen, ihr Leben wieder zu leben. Also dass sie sich nicht von ihm abhängig machen, sondern sich wieder ein eigenes Leben aufbauen. Neue Freunde und gehen sie zur Disco, alleine, gehen sie mit ner Freundin. Gehen sie in die Sauna, zum Sport, machen sie irgendwas. Machen sie ihr Leben von ihm unabhängig, weil, wenn er hart ist, dann müssen sie nicht zu Hause sitzen, da können sie ihr Ding machen."[699]

Diese Beratungsweise bezeichnete IP4 so, als habe man ihr „das Hirn.. gespült!"[700] Vorher habe sie sich „so klitzeklein und so hilflos und so ratlos"[701] gefühlt. Sie habe sich nicht trennen wollen. „Und dann dieser Ausweg"[702], sich „nicht trennen zu müssen"[703], sondern den Fokus auf ihr eigenes Leben legen zu können, sei unerwartet und enorm befreiend gewesen: „Ich bin da raus, ich hab gedacht: Ich hab Flügel!"[704] Sie habe sich auf einmal „FREI"[705] gefühlt, als habe sich in ihr ein „Schalter um[gelegt]"[706]. Der Druck der notwendigen Trennungsentscheidung sei danach weggefallen, was den Entschluss, sich schließlich doch zu trennen, erheblich erleichtert habe. Sie habe diesen Freund trotz seines Flehens, Bettelns und trotz Gewaltausbrüchen gegen die Kellereinrichtung verlassen. Da sie so schnell aber keine Wohnung gefunden habe, sei sie mit ihrer Tochter – auf den Rat ihrer Tante hin – wieder in das Elternhaus gezogen. Dort habe sie die obere Etage bezogen, auf der vorher die inzwischen verstorbenen Großeltern gelebt hätten. Trotz aller schwierigen Umstände habe sie gewusst:

> „Ich muss den Schritt machen und es hat sich extrem geil angefühlt. Das war so ein richtiger Neustart: so ein richtiges: Jo ich krieg das hin! Das wird einfach! Ich war extrem mutig."[707]

---

698 Transkript 4, S. 35 [Segment 187, 190-191], S. 36 [Segment 196-197a], S. 65 [Segment N10].
699 Transkript 4, S. 37 (Zeile 1183-1190).
700 Transkript 4, S. 37 (Zeile 1194).
701 Transkript 4, S. 37 (Zeile 1195).
702 Transkript 4, S. 37 (Zeile 1198).
703 Transkript 4, S. 37 (Zeile 1199).
704 Transkript 4, S. 37 (Zeile 1201).
705 Transkript 4, S. 37 (Zeile 1202).
706 Transkript 4, S. 37 (Zeile 1204).
707 Transkript 4, S. 38 (Zeile 1245-1247).

Ihren Vater habe sie in dieser Zeit im selben Haus ausgeblendet, was recht gut gelungen sei, da es durch die unterschiedlichen Etagen kaum Berührungspunkte gegeben habe und sie bereits darin erfahren gewesen sei, ihm aus dem Weg zu gehen. Nach drei Monaten sei sie dann mit ihrer Tochter in ihre eigene Wohnung gezogen, in der sie noch immer wohnen.

6.

Etwa ein bis zwei Jahre später sei es zu einem Flirt gekommen, der allerdings nicht zu einer Paarbeziehung geführt habe. Dieser Mann sei nach der Abweisung zunehmend aufdringlicher geworden und habe sich als handfester Stalker entpuppt. Von dieser Zeit wollte IP4 nicht viel erzählen, jedoch war es ihr enorm wichtig, diesen Umstand zu erwähnen, da er sie in eine tiefe Depression gebracht habe, die eine psychologische Behandlung erforderlich gemacht habe.[708] Dennoch habe sie durch diese Episode ihres Lebens erkannt, dass sie vor nichts mehr Angst haben müsse, weil sie wirklich alles schaffen könne.[709] „Da hab ich gemerkt, wie ich wirklich was abhalten kann. Das mich nicht so schnell was zerstört!"[710] Den Moment, in der sie den Ausweg aus der Depression gefunden habe, benannte IP4 als einen der wichtigsten für ihre innere Sicherheit und das Gefühl: „Ich kann mich von alleine wieder aufbauen und ich kriege mein Leben wieder hin und ich schaff das, ich schaff das, ich schaff das!"[711] Um dies zu erreichen, habe sie nicht nur regelmäßig die Hilfe der Polizei in Anspruch genommen, sondern auch die einer Psychologin. Diese habe sie nicht nur wegen des Stalkers und bei den daraus resultierenden Angstzuständen und Panikattacken unterstützt, sie habe auch mit IP4 eine Aufarbeitung ihrer Vergangenheit und Kindheit begonnen.[712]

Die Beziehung zu ihrer Tochter beschrieb IP4 durch das gemeinsame Durchleben dieses schweren Lebensabschnitts als extrem gefestigt und schön.[713] Jetzt habe IP4 mit ihrer Tochter diese lang ersehnte Form von Beziehung, mit dem Gefühl: „Ich will nie wieder ohne sie sein! Wir können, wir reden über alles!"[714]

---

708 Transkript 4, S. 39-40 [Segment 212-212b], S. 50 [Segment 254-254b], S. 55-56 [Segment 272-272b].
709 Transkript 4, S. 61 [Segment 294-296].
710 Transkript 4, S. 61 (Zeile 1983-1984).
711 Transkript 4, S. 61 (Zeile 1987-1988).
712 Transkript 4, S. 50 [Segment 254-254c].
713 Transkript 4, S. 40 [Segment 213], (Zeile 1296-1297)
714 Transkript 4, S. 40 [Zeile 1298-1299].

7.

IP4 erzählte mehrfach im Interview, dass sie sich immer „komisch"[715] und ganz anders gefühlt habe als alle anderen und die Welt ganz anders wahrgenommen habe. Bereits im Kindergarten habe sie ihren eigenen Kopf gehabt und nicht blindlings Anweisungen befolgt. Sie habe z. B. ihre Kindergärtnerin nie mit dem Nachnamen angesprochen, so wie dies üblich gewesen sei, sondern gezielt mit dem Vornamen. Sie habe in dieser Zeit bereits andere Dinge erstrebenswerter gefunden als die übrigen Kinder. So habe sie z. B. keinen Sinn darin gesehen, Fahnen für den Tag der Deutsch-Sowjetischen Freundschaft zu basteln und sich über die Euphorie der Gleichaltrigen gewundert.[716] In der Grundschulzeit habe sie ihren Mitschülern stolz Innereien von zu Hause geschlachteten Kaninchen mitgebracht und mit völliger Faszination eine Lunge aufgepustet. Sie habe überhaupt nicht nachvollziehen können, wieso die anderen das nicht auch toll finden konnten, sondern sich davor geekelt und sie als „bekloppt"[717] bezeichnet hätten. Auch als sie in der weiteren Schulzeit von Urlauben und geschlachteten Wildschweinen erzählt habe, sei die Reaktion der Mitschüler ähnlich gewesen.[718] Generell habe sie ein Problem mit Mädchen in der Pubertät gehabt, die begonnen hätten, sich zu schminken, ihre Nägel zu lackieren oder sich besonders frisierten. Diese Reaktion ist naheliegend, da sie vom Vater eine große Verachtung von Weiblichkeit erfuhr. Auf der einen Seite habe sie dies furchtbar gefunden und jene Mädchen als „Tussen"[719] bezeichnet. Auf der anderen Seite habe sie den inneren Wunsch verspürt, sich ebenfalls so stylen zu können und sei traurig darüber, dass sie „immer scheiße"[720] ausgesehen habe. (IP4 sprach auch von Hänseleien, weil sie in ärmlichen Verhältnissen aufgewachsen sei und ihre Familie viele Dinge, die für andere normal gewesen seien – ein Bad, Zentralheizung, ein Auto, schöne Kleidung – nicht gehabt habe.) Die innere Abwehrhaltung und eine abwertende Grundeinstellung gegenüber den gestylten Mädchen habe aber stark überwogen.[721]

Bestätigung für sich selbst und ihre Art zu leben und zu fühlen, habe sie erst durch eine Freundin erhalten, die sie mit der Wave-Gothic-Szene bekannt gemacht habe. Hier habe IP4 für sich realisiert, dass sie gar nicht wie die Mainstream-Mädchen sein müsse. Sie habe erkannt, dass es in Ordnung sei, anders zu sein, eher dunklere Musik zu hören, nicht so viel zu reden und sie habe sich eingestanden, dass es ihr ein gutes Gefühl gebe, sich zurückzuziehen.

---

[715] Transkript 4, S. 16 (Zeile 499).
[716] Transkript 4, S. 3-4 [Segment 19b-22c].
[717] Transkript 4, S. 3 (Zeile 76).
[718] Transkript 4, S. 11 [Segment 73].
[719] Transkript 4, S. 16 (Zeile 502).
[720] Transkript 4, S. 16 (Zeile 511).
[721] Transkript 4, S. 16-17 [Segment 94-101].

Zunehmend entwickelte sie eine der wichtigen Ressourcen für den weiteren Verlauf ihres Lebens: „Ich hab da so meine Insel für mich aufgebaut."[722] Wenn sie Ruhe gebraucht habe, habe sie sich bei entsprechender Musik völlig fallen lassen können. Diese Strategie setze sie auch heute noch ein.[723] Durch die WGT-Szene habe sie Kontakt zu Menschen aufgebaut, die genauso empfunden hätten wie sie, die mit „Mainstream-Mädels"[724] ebenfalls nichts hätten anfangen können, ihren Musikgeschmack geteilt und sich auch gern dunkel gekleidet hätten.

> „Das hat mir echt ne Menge Ego und das hat mir gezeigt, genau, DAS hat mich dann langsam so irgendwann zu dem Gedanken gebracht, der auch stimmt: Ich BIN NICHT anders! Es gibt noch genug, 100 000 Menschen, die so sind wie ich…"[725]

Die einzigen Momente, in denen sie sich eingestanden habe, sich fraulich zu kleiden, hätten sich durch den Eintritt in einen Karnevalsverein und durch eine weitere Freundin ergeben, die sie dort kennengelernt habe. Zuerst habe sie diese eingebildet und blöd gefunden, weil sie eben all diese Dinge verkörpert habe, die IP4 an sich nicht habe zulassen wollen: „lackierte Nägel, WAHNSINNS gestylt, Wahnsinns-Klamotten, DIE Figur, [...], selbstbewusst."[726] Durch die gemeinsame Arbeit an den Kulissen hätten sie sich näher kennengelernt und angefreundet. Diese Freundin habe ihr „das Leben gezeigt"[727], ihr einen „Arschtritt"[728] verpasst und demonstriert, was für ein Mensch sie sein könnte, wenn sie das wolle und ihr „jemand zeigt, wie das geht"[729]. Sie habe ihr beigebracht, wie man sich schminkt, habe ihr die Haare gestylt und eröffnet, wie „das Leben eigentlich so sein kann, wenn man ein bisschen was verändert"[730]. Sie habe IP4 von einem „schwarzen Schwan [...] in ein weißes Täubchen"[731] verwandelt.

> „Wenn ich jetzt so nachdenke, bis dahin war ich eigentlich komplett alleine.. [Name] war für mich Mutter, Vater, Freundin, keine Ahnung Schwester."[732], „[I]ch hab dort in der Zeit so viel gelernt.. SO VIEL.., was wichtig ist und was ich eigentlich auch verpasst hab.. Ich hab in der Zeit eigentlich wirklich alles nachgeholt, was nachzuholen ging."[733]

IP4 habe Anerkennung durch andere erlebt und habe (legimitiert) durch den Karnevalsverein die weibliche Seite an sich selbst entdecken, zulassen und aus-

---

722 Transkript 4, S. 20 (Zeile 642).
723 Transkript 4, S. 19-20 [Segment 113-114c], S. 59 [Segment 285-286].
724 Transkript 4, S. 57 (Zeile 1865).
725 Transkript 4, S. 57 (Zeile 1860-1862).
726 Transkript 4, S. 21 (Zeile 656-657).
727 Transkript 4, S. 21 (Zeile 680).
728 Transkript 4, S. 21 (Zeile 669).
729 Transkript 4, S. 21 (Zeile 670).
730 Transkript 4, S. 52 (Zeile 1693-1694).
731 Transkript 4, S. 21 (Zeile 673-674).
732 Transkript 4, S. 21 (Zeile 684-687).
733 Transkript 4, S. 22 (Zeile 702-704).

leben können. Sie sei mit „eure Lieblichkeit"[734] angesprochen worden, wenn sie als Prinzessin verkleidet gewesen sei. Dies habe IP4 eine völlig neue Erfahrung geboten: „Ich hab da auch wirklich gemerkt, dass ich was <u>wert bin</u>, dass ich jemand <u>bin</u>."[735] So komplettierte sich ihr inneres Selbstbild. Sie konnte sich jetzt, Dank des WGT, in ihrem Stil kleiden und ein Leben jenseits des Mainstreams führen. Ihren Musikgeschmack musste sie nicht mehr verheimlichen und konnte eins mit sich selbst sein. In ihrer Zeit beim Karneval konnte sie die weibliche Seite an sich akzeptieren und sich darin entfalten. Ihre abgeschlossene Berufsausbildung als examinierte Krankenschwester erlaubte ihr zudem, sich einzugestehen, dass sie nicht dumm sei und dass sie trotz aller Lebensumstände etwas könne und geschafft habe: „Das hat mir ganz viel.. ganz viel Ego gegeben. […] „Ja ich krieg's ja doch hin!"[736]

Inzwischen sagt sie von sich: „Ich habe MICH GEFUNDEN! Ich weiß, was ich will und ich weiß, was ich nicht will!"[737] Als besonders hilfreich dafür benannte sie nicht nur die Summe aller Erfahrungen und Erlebnisse mit verschiedenen Freunden, sondern auch die Zeit als Single, in der sie bewusst nicht für einen Mann gelebt habe. Sie begann sich auf sich selbst zu konzentrieren und das zu festigen, was ihr die Suchtberaterin aufgezeigt und ihre Psychologin unterstrichen hatte: ihr eigenes Leben zu leben, herauszufinden, was ihr gefalle, was sie wirklich wolle und dem nachzugehen.

4.4.4 Qualitative Analyse

Während des Interviews fiel eine immer wiederkehrende Geste auf. IP4 legte wiederholt ihre Hände um oder an den Hals, teils über Kreuz, teils in Halsnähe. Beim Sichten des Videomaterials konnte ich sechzehn Momente dieser Art festhalten. Neben diesen einengenden Gesten waren Bewegungen der Hände an bzw. auf den Brustkorb zu beobachten. Diese Momente konnte ich elfmal dokumentieren. Im Folgenden werden die einzelnen Sequenzen aufgelistet und gedeutet:

Äußerungen mit der Geste *Hand/Hände um/an den Hals gelegt*:

1. Kinn auf Hand gestützt: Thema Mutter und Vater: IP4 sprach davon, dass beide für sie keine Bezugspersonen darstellten, ebenso äußerte sie Unsicherheit: „Ich will halt alles richtig machen!"[738]

---

734 Transkript 4, S. 22 (Zeile 714).
735 Transkript 4, S. 22 (Zeile 717-718).
736 Transkript 4, S. 17 (Zeile 549-551).
737 Transkript 4, S. 66 (Zeile 2155).
738 Transkript 4, S. 1 (Zeile 30) [kurz nach Segment 6].

2. Hände um den Hals: liebevolle Erinnerung an die Oma und ihre Hilfe beim Eierlikörherstellen[739]
   (zu beachten ist jedoch, dass die Oma im Verlauf ihrer Kindheit ebenfalls alkoholkrank wurde und später daran starb[740])
3. Hände um den Hals: Ihr Leben sei in Ordnung gewesen, bis der Hund gestorben sei.[741]
4. Hände vom Kinn zum Hals: Die kleine Schwester sei durch einen Stoß ihres Vater in herumstehende leere Bierflaschen gestürzt.[742]
5. Beide Hände um den Kehlkopf gelegt: Die kleine Schwester habe sich dadurch eine große Schnittwunde am Kopf zugezogen und im Krankenhaus versorgt werden müssen, Schock wegen der Tat des Vaters[743]
6. Hände in Halsnähe: Die Schwester habe ständig im Vordergrund gestanden[744]
7. Leichtes Kratzen am Hals: nachdem sie davon gesprochen hatte, dass sie mit ihrer Schwester jetzt im Reinen sei, da sie an der Bevorzugung nicht schuld gewesen sei[745]
8. Hände an den Hals: Einleitung zu Urlauben mit dem Vater und dessen Äußerung: „Du wirst mal nie rechnen können."[746]
9. Hände um/am Hals (wandernd): Einleitung ihres Rauswurfs durch den Vater; Beinbruch der Mutter und damit verbundener Krankenhausaufenthalt[747]
10. Hände in Halsnähe/Kragen: Erwähnung von Mobbing in der Schulzeit[748]
11. Hände über Kinn und Hals streichend: Ausführungen über den Tod der Urgroßmutter[749]
12. Finger am Hals: Erzählungen von ihrer Schwangerschaft, dem Wissen, dass der Ehemann fremdgegangen sei, und der Hoffnung, dass er sich ändern würde, wenn das Baby auf der Welt sei[750]
13. Finger am Hals: schwierige Schwangerschaft, zu viel Gewicht durch ständiges Liegen[751]

---

[739] Transkript 4, S. 2 [Segment 12b].
[740] Transkript 4, S. 18 [Segment 103].
[741] Transkript 4, S. 4 [Segment 25-26].
[742] Transkript 4, S. 6 [Segment 40b].
[743] Transkript 4, S. 6 [Segment 42].
[744] Transkript 4, S. 7 [Segment 44].
[745] Transkript 4, S. 9-10 [Segment 65-66].
[746] Transkript 4, S. 11 (Zeile 344), [Segment 70-71].
[747] Transkript 4, S. 13-14 [Segment 82a (-82e)].
[748] Transkript 4, S. 16 [Segment 97].
[749] Transkript 4, S. 24 [Segment 133].
[750] Transkript 4, S. 27 [Segment 148].
[751] Transkript 4, S. 27 [Segment 150].

14. IP4 legte beide Hände um den Hals, als sie erzählte, dass sie nach der Trennung vom Ehemann den Großteil ihres Lebens mit ihrer Tochter allein gelebt habe[752]

15. IP4 legte beide Hände um den Kehlkopf, als berichtete, wie sie mit Widerwillen die Hand des sterbenden Vaters gehalten habe[753]

16. Hände um den Hals: Rekonstruktion des Geburtsjahrs des Vaters[754]

Äußerungen mit der Geste *Hand/Hände auf der Brust/dem Brustkorb, umarmend*:

1. IP4 legte umarmend die Hände auf den Brustkorb, als sie von Geborgenheit bei der Uroma sprach.[755]

2. Hände auf Brustkorb, liegend: IP4 sprach von dem Aussöhnen mit der Schwester, sie gebe der Schwester an den Schwierigkeiten ihrer Kindheit keine Schuld[756]

3. Hand von Stirn auf Brustkorb: IP4 habe ihren Wert durch den Vergleich ihrer Ausbildung mit einer ehemaligen Mitschülerin erkannt, fühle sich mehr wert, als diejenigen, die in Schulzeiten über IP4 gelästert hätten[757]

4. Hand auf Brustkorb: Selbstbeweis „Ich krieg's ja doch hin!"[758] – immer noch im Ausbildungsvergleich: IP4 empfinde ihre Ausbildung als viel besser als die einer Friseurin

5. Hand auf Brustkorb (ähnlich einem liebevollen Umarmen eines kindlichen Ichs): IP4 sprach von einer Umgarnung eines älteren Mannes in der Karnevalvereinszeit, belächelte dabei ihre Naivität[759]

6. Hand auf Brustkorb gedrückt: Kennenlernen des Ehemanns: Sie betonte, dass dieser ihr zugehört habe.[760]

7. Hand wandert von Hals auf Brustkorb: Bewältigung aller Schwierigkeiten nach der Trennung vom Ehemann; Angabe, wie stolz sie auf sich sei[761]

8. Hand auf Brustkorb: ehrliches Zugeben einer Schwäche: IP4 habe sich vom Freund mit Alkoholproblem nicht trennen wollen.[762]

9. Hand auf Brustkorb: IP4 habe nicht erkannt, dass der Vater im Sterben gelegen habe.[763]

---

[752] Transkript 4, S. 32 [Segment 173].
[753] Transkript 4, S. 47 [Segment 238].
[754] Transkript 4, S. 62 [Segment 299].
[755] Transkript 4, S. 8 [Segment 52].
[756] Transkript 4, S. 9 [Segment 65].
[757] Transkript 4, S. 16-17 [Segment 98-99].
[758] Transkript 4, S. 17 (Zeile: 551), [Segment 101].
[759] Transkript 4, S. 23 [Segment 129].
[760] Transkript 4, S. 23 [Segment 130].
[761] Transkript 4, S. 32 [Segment 176].
[762] Transkript 4, S. 36 [Segment 197].
[763] Transkript 4, S. 46 [Segment 227].

10. Beide Hände auf Brustkorb: Erzählung vom Wechsel der Rollen zwischen Krankenschwester und Tochter, während der Vater im Sterben gelegen habe[764]
11. Hand auf Brustkorb: schöne Erinnerung an die Freundin, die ihr die weibliche Seite eröffnet habe[765]

Die Unterschiede der Gesten sind klar zu erkennen und zu deuten. Wanderten die Hände in Halsnähe, an den Hals oder gar um den Hals, befand sich IP4 jedes Mal in einem Abschnitt ihrer Erzählung, in der negative Erinnerungen vorherrschten oder zumindest mitschwangen. So ist z. B. die Erinnerung an ihre Oma und die gemeinsame Zubereitung von Eierlikör an sich liebevoll, die Stimme von IP4 und ihre Blicke waren verträumt und sie lächelte. Dennoch wurde im Verlauf des Interviews erwähnt, dass die Oma in den Zeiten ihrer frühen Kindheit die wichtigste Bezugsperson gewesen sei, die dann weggebrochen sei, da sie wie der Vater alkoholkrank geworden sei. An den Folgen sei sie auch gestorben.[766] Demzufolge ist es nicht verwunderlich, dass die würgende Geste in dem Moment auftrat, in dem IP4 von der Herstellung eines alkoholischen Getränks sprach.

Legte IP4 dagegen die Hände auf den Brustkorb, hatte diese Geste schützende Implikationen. Ähnlich verhielt es sich bei ambivalenten Passagen (dem Sterben des Vaters) oder dem Zugeben eigener Schwächen. Häufig jedoch begleitete diese Geste eine positive Erinnerung, wie jene an die Geborgenheit bei der Uroma, die Versöhnung mit der Schwester, die Entdeckung ihrer weiblichen Seite durch eine Freundin und Stolz auf erreichte Erfolge in ihrem Leben.

Beides gestaltete sich stets situationsbedingt passend und unterstützte den anzunehmenden Wahrheitsgehalt der Erzählung und die Gewichtung der jeweiligen Gefühlsebene.

Die materiell ärmlichen Umstände des Aufwachsens störten IP4 in ihren Kindertagen nicht. Sie beschrieb die ersten zehn Jahre ihres Lebens als schön. Sie strahlte bei der Erinnerung an ihre Großeltern.[767] Eine ganz besondere Beziehung hatte sie in ihrer Jungendzeit zu ihrer Urgroßmutter, die ebenfalls in dem Haus wohnte. Dieser Kontakt vertiefte sich während ihrer Pubertät und in den Jahren des Alkoholismus des Vaters. Die Urgroßmutter und auch die Mutter seien dem Alkoholkonsum nicht verfallen.[768] Ein bereits früh einsetzender, erschwerender Umstand für IP4 war die andauernde, bereits in Kindertagen intensiv geäußerte Frauenfeindlichkeit des Vaters. In seinen Augen

---

[764] Transkript 4, S. 48 [Segment 240 (241)].
[765] Transkript 4, S. 52 [Segment 261a].
[766] Transkript 4, S. 1 [Segment 2], S. 2 [Segment 8-10, 12-12b], S. 17 [Segment 103].
[767] Transkript 4, S. 1-3 [Segment 1-17], S. 4 [Segment 25].
[768] Transkript 4, S. 7-8 [Segment 48-53].

seien Frauen ohne einen Mann nicht lebensfähig. Dieses, wie er immer wieder betont habe, „blöde Weibervolk"[769] sei vielleicht in der Lage, den Haushalt zu machen, aber zu allen weiteren lebenswichtigen Dingen eben nicht.[770] Um welche Aufgaben es auch gehen mochte, der Vater gab IP4 immer wieder zu verstehen: „Du schaffst das nicht!"[771] Es überrascht somit nicht, dass sie mit Minderwertigkeitsgefühlen und Ängsten vor einem Leben ohne Mann an ihrer Seite zu kämpfen hatte. So verwundert es auch nicht, dass sie ab der Pubertätszeit eine Beziehung nach der anderen führte, sich nicht besonders viel Zeit bei der Wahl der Partner ließ und immer an sogenannte *Sonderlinge* geriet. Die Bedeutung der Eigenschaften von Männern schienen vom Vater nie thematisiert worden zu sein.[772] Ob vom Vater suggeriert oder nicht, IP4 fühlte sich bereits von klein auf anders als alle anderen. Sie teilte nicht die Freuden am Fähnchenbasteln im Kindergarten, es zog sie in Pubertätszeiten nicht zu Experimenten mit Frisuren, Schminkartikeln oder Nagelverzierungen. Letzteres lehnte sie möglicherweise sogar ab. Denkbar ist eine innere unbewusste Solidarisierung mit dem Vater. Immerhin wäre dies dann ein Aspekt, den sie gemeinsam hätten vertreten können. Es wäre ein Bereich, bei dem sie sich hätten einig sein können und wodurch auch eine Form von Zuwendung und Zusammengehörigkeit zwischen Vater und Tochter hätte entstehen können. Dass aber diese Seite in ihr existierte und gelebt werden wollte, obwohl sie oft das Schöne am Anderssein betonte, wurde deutlich, als sie vom Eintritt in den Karnevalsverein erzählte. Sie sei *verwandelt* worden, von einem *schwarzen Schwan* in ein *weißes Täubchen*. Sie habe sich nie als hübsch oder intelligent oder besonders empfunden.[773] Nicht nur der Vater unterstützte diese Sichtweise, sondern auch Mitschülerinnen, die sie hänselten.[774] Sie habe sich als anders und komisch empfunden, wie ein schwarzer Schwan. Allein in dieser Wortwahl lässt sich allerdings ein innerer Zwiespalt erkennen: Die geliebte schwarze Farbe, für Dunkelheit stehend, nicht bunt – in Ablehnung von Farbe und Weiblichkeit. Dagegen steht der *Schwan*, ein schönes, prachtvolles und edles Tier. Sie hätte auch einen Wurm nennen können, eine Maus, einen Hasen oder Käfer etc. Sie wählte jedoch einen Schwan, einen Vogel, der in der Lage ist zu fliegen. Möglicherweise wird hierdurch bereits der Wunsch nach dem Öffnen (der imaginären Flügel), dem Entfalten (des Edlen, Schönen) und dem Fliegen (weg von allem Negativen) sichtbar. Und in was wurde sie verwandelt? In ein Täubchen. Es ist anzunehmen, dass eine Entwicklung in einen schönen, weißen Schwan für sie zu gewagt gewesen wäre. Wahrscheinlich hätte es wohl

---

769 Transkript 4, S. 4 (Zeile 116).
770 Transkript 4, S. 4 [Segment 23-23a], S. 13 [Segment 82c].
771 Transkript 4, S. 65 (Zeile 2122-2123), S. 4 [Segment 23-23a].
772 Transkript 4, S. 18 (Zeile 582).
773 Transkript 4, S. 17 [Segment 94-95], S. 21 [Segment 121a].
774 Transkript 4, S. 16 [Segment 97], S. 17 [Segment 100].

noch so einiges mehr an innerer Sicherheit und Mut erfordert, damit sich IP4, die sich eher als klein, unbedeutend, unwichtig und unschön empfand, selbst als leuchtenden Schwan präsentieren würde. Ein Täubchen durfte es hingegen sein – wenn auch ein kleineres Tier als der Schwan, dennoch ein weißes und ein fliegendes, mit edler Bedeutung (Frieden, Freiheit, Romantik). Nun also hatte sie eine Berechtigung gefunden, ihre weibliche Seite vollends zeigen und leben zu können, wenngleich auch nur unter dem Deckmantel des Karnevals. Zu bedenken ist ebenfalls, dass der Karneval eine Kultur ist, die der Vater belächeln konnte und nicht ernst nehmen musste, was IP4 in ihrer weiblichen Auslebung ein gewisses Maß an Sicherheit bot. Im alltäglichen Leben legte sie weiterhin großen Wert darauf, anders als die „Mainstream-Mädels"[775] zu sein. Sie bevorzugte (auch heute noch) dunkle Kleidung, eher düstere Musik und wollte keine oberflächlichen Gespräche führen müssen. Durch eine Freundin, die ähnlich empfand, wurde ihr klar, dass sie dies auch nicht müsse und so leben dürfe, wie sie das als angenehm empfinde. Ihre beiden inneren Seiten finden so ihre Daseinsberechtigung beim Karneval und bei Wave-Gothic-Treffen, die sie regelmäßig besucht. Eine Besonderheit bei den WGT ist die Verbindung der von IP4 bevorzugten Dunkelheit mit der Weiblichkeit: durch aufwendige und frauliche Kleider und mit dem Auflegen von zeremoniellem Make-up. Sowohl der Karneval als auch die WGT hätten ihr „ne Menge Ego"[776] gegeben. Im Alltag stützen der Abschluss zur examinierten Krankenschwester, ihre Zusatzausbildung und diverse Bildungskurse ihren Selbstwert.[777]

Innerfamiliär blieben allerdings einige Probleme bestehen. Dieses Gefühl, im Gegensatz zu ihrer Schwester „irgendwie nicht da"[778] zu sein, von den Eltern nicht gesehen und besonders vom Vater nicht (positiv) wahrgenommen zu werden, begannen für sie mit der Geburt der Schwester. Der Fokus der Eltern lag für IP4 fast ausschließlich auf der Schwester, was Gefühle von Minderwertigkeit und Geschwisterkonkurrenz schürte. Diese blieben lange Zeit bestehen und schwächten sich erst nach einer innigen Aussprache mit der Schwester ab, als IP4 bereits einige Zeit aus dem Elternhaus ausgezogen und verheiratet war. Hinweise zu einer Aussprache mit den Eltern gab es keine. Die Schwestern hätten festgestellt, dass sie beide für ihre Beziehungsschwierigkeiten und ihre Konkurrenz nicht unbedingt selbst verantwortlich gewesen seien, dennoch war nicht die Rede davon, dass sie diesbezüglich ein Gespräch mit den Eltern gesucht hätten.[779]

---

[775] Transkript 4, S. 57 (Zeile 1865).
[776] Transkript 4, S. 57 (Zeile 1860).
[777] Transkript 4, S. 16-17 [Segment 98-101], S. 19-20 [Segment 113-114b], S. 57 [Segment 276a-277a, 279].
[778] Transkript 4, S. 25 (Zeile 814).
[779] Transkript 4, S. 25-27 [Segment 135-145].

In der Rolle als Mutter verfolgten IP4 viele Jahre Versagensängste. Sie habe sich nicht vorstellen können, dass sie allein in der Lage sei, ein Kind zu erziehen. Generell habe sie nicht gewusst, wie man ein Kind erziehe, da sie auf keine vorbildhaften Erinnerungen habe zurückgreifen können. Besondere Angst habe sie nach der Trennung von ihrem Ehemann gehabt, da sie nun auch allein für die Erziehung ihrer Tochter verantwortlich gewesen sei. Und da die Worte des Vaters (das blöde Weibervolk sei zu nichts in der Lage) in ihr lebten, quälte sie viele Jahre die Angst, etwas falsch zu machen, oder dass ihr gar die Tochter weggenommen werden könne.[780]

Längere Phasen, in denen sie Single war, habe es lange Zeit nicht gegeben, da sie viele Beziehungen geführt habe. Zwar habe sie im Haushalt allein mit ihrer Tochter gelebt, dennoch sei immer ein Mann in irgendeiner Form Teil ihres Lebens gewesen. Es habe sich auch dabei fast immer um Männer mit sonderbaren Gepflogenheiten und Ansichten gehandelt, mit denen recht bald eine ernsthafte Partnerschaft auszuschließen war. Mitunter sei ihr recht schnell klar gewesen, dass eine Beziehung nicht gut gehen werde, sie habe aber dennoch einige Zeit daran festgehalten, weil ihre Tochter den Mann gemocht habe.[781]

Bereits während des Interviews fiel auf, dass sie davon ausging, immer in derartigen Beziehungsformen zu enden. Basierend auf ihrer Eigenbetrachtung ist der Gedanke recht naheliegend, als „schwarzer Schwan"[782] sei sie es vielleicht gar nicht wert, weniger sonderbare Männer zulassen zu können. Dieser Aspekt kann in ihrer langjährigen und beziehungsübergreifenden Eifersucht aufgegriffen werden. Die Angst, dass der Partner sie gegen eine bessere, hübschere Frau austauschen könnte, lässt sich auf den verinnerlichten herablassenden und abwertenden Ton des Vaters ihr gegenüber zurückführen. Neben der Angst, die Zeit bis zum Kennenlernen eines nicht sonderbaren Partners allein verbringen zu müssen, könnte demnach unbewusst die Frage stehen, ob sie es denn auch wert sei, dass solch ein Mann sich für sie interessieren könne. Weiterhin fällt auf, dass die drei Partner, von denen sie detailreicher berichtete, Ähnlichkeiten zum Vater aufwiesen. Der erste Freund, zu dem sie gezogen ist, sei ausfallend geworden, habe sie erziehen wollen und ihr auch Ohrfeigen gegeben.[783] Der Vater sei nicht physisch, wohl aber psychisch (verbal) gewalttätig gewesen. Achtung brachte er IP4 gegenüber bis zu seiner Krebserkrankung nicht entgegen. Ähnlich verhielt es sich auch bei ihrem Ehemann, der sie oft betrog. Er unterstützte die frauenverachtenden Worte des Vaters mit seinen Taten. Der dritte erwähnte, langjährige Partner war wie ihr Vater Alkoholiker. Jedoch sollte beachtet werden: Die Beziehung zum Vater konnte sie nicht ohne Weiteres

---

[780] Transkript 4, S. 4 [Segment 23-23a], S. 31 [Segment 170, 172], S. 55 [Segment 270].
[781] Transkript 4, S. 18 [Segment 108-108b], S. 19 [Segment 109-110], S. 32 [Segment 173, 177].
[782] Transkript 4, S. 21 (Zeile 673).
[783] Transkript 4, S. 15 [Segment 86], S. 18 [Segment 108c].

auflösen. Selbst wenn sie den Kontakt gänzlich abgebrochen hätte, so wäre er doch ihr Vater geblieben. All diese Männer hingegen hat sie aktiv verlassen. Selbst wenn sie in problematische Beziehungsgefüge geriet, war sie in der Lage, sie mit der Zeit zu erkennen und sich ihnen zu entziehen. Sie konnte aktiv Lebensstrukturen verändern, indem sie die jeweiligen Beziehungen beendete. Diesbezüglich stellt sich die Frage, ob sie eventuell unbewusst diese Partner mit genau diesen Mustern auswählte, um sich dann wieder aktiv von ihnen trennen zu können. Es war ihr nicht möglich, den Vater zu verlassen, doch tat sie es indirekt Stück für Stück mit jeder der von ihr beendeten Beziehungen? Die Frauenfeindlichkeit stoppte sie mit der Trennung vom ersten Freund und wiederum, als sie sich von ihrem Ehemann trennte. Den Alkohol verurteilte sie bei dem erwähnten *Prinz*[784]; dabei erkannte sie den Konsum als Problem, zog letztlich den Schlussstrich und verließ ihn. Auch den Vater beschrieb sie als prinzengleichen *Held[en]*[785] : Sie erwähnte mehrfach, für wie schlau sie ihn gehalten habe, wie witzig und redegewandt er gewesen sei. In den guten Zeiten habe sie ihn bewundert und zu ihm aufgeschaut.[786] Doch auch wenn sie später versuchte, sich gegen seinen Alkoholismus und die damit verbundenen Verhaltensweisen aufzulehnen, trug dies keine Früchte und änderte nichts.[787] Es war ihr nicht möglich, etwas zum Positiven zu bewegen. Doch war es machbar, diesen Teil von ihm in Form ihres Partners verbal verurteilen und verlassen zu können und somit eine indirekte, vergleichbare Änderung zu provozieren. Während des gesamten Interviews waren die widersprüchlichen Gefühle in IP4, von denen sie immer wieder sprach, deutlich spürbar. Ihr Vater stand für Wissen und Intelligenz, er hatte etwas erreicht in seinem Leben, denn er hatte studiert, er beherrschte eine andere Sprache, er hatte Witze erzählen und damit Menschen zum Lachen bringen und vereinen können. Und gleichzeitig stand er (dominierend) für Dummheit, Versagen und Bosheit, für die Wut in ihr und die Traurigkeit, für immer wiederkehrende Hoffnung, Enttäuschungen und Hass.[788] Dennoch blieb der immerwährende Wunsch nach seiner Anerkennung bestehen. Es scheint, als habe IP4 vieles in ihrem Leben getan, was zumindest zum Teil darauf abgezielt hätte, vom Vater dafür gelobt zu werden. In den letzten Stunden seines Lebens schien ihr dies auch gelungen zu sein. Denn sie war seine Krankenschwester. Sie nahm erstmals eine offensichtlich überlegene Position ein: konnte ihm erklären, was er nicht verstand, verfügte über Kompetenzen, die er nicht hatte, konnte ihm etwas ermöglichen, zu dem er nicht in der Lage gewesen wäre. In den letzten Momenten seines Lebens war

---

784 Transkript 4, S. 34 (Zeile 1097).
785 Transkript 4, S. 12 (Zeile 364).
786 Transkript 4, S. 11-12 [Segment 72-75].
787 Transkript 4, S. 42-43 [Segment 218-218e].
788 Transkript 4, S. 4 [Segment 23-23a], Seite11-12 [Segment 74-75, 78-79], S. 41-43 [Segment 217-218c], S. 67 [Segment N20b-N20d].

sie wertvoll und die wichtigste Person für ihn. Es wurden keine Vorwürfe und Herablassungen mehr laut. Auch wenn seine auf dem Sterbebett liebevoll geäußerten Worte sie eher durcheinanderbrachten, aufwühlten und wütend machten, so waren sie dennoch ausgesprochen. IP4 erkannte, dass sie ihm einen friedlichen Tod ermöglicht hat.[789] Während des Sterbens und nach dem Ableben des Vaters war sie mit vielen gemischten Gefühlen konfrontiert. Einen Abschluss für all ihre Wut und all die Trauer und den Hass konnte sie erst finden, als sie sich erlaubte, gegen sein Grab zu treten – erst sachte, dann mit voller Kraft. Oft habe sie ihn zu Lebzeiten anschreien, erwürgen oder die Treppe hinunterstoßen wollen. In dem Moment, als sie an seinem Grab stand und „volles Rohr"[790] ihre Wut und ihre Trauer aus sich herausgetreten habe, habe sie loslassen können. Erst als sie ihm dadurch sinnbildlich ihre Emotionen zusenden konnte, bekam sie das Gefühl eines Abschlusses. Sie hatte es ihm zu Lebzeiten nicht nahebringen können, doch nach dem Aufbäumen am Grab (ca. eine Woche nach der Beerdigung) habe sie für sich mit all den Verletzungen etwas abschließen können.[791]

Es fiel während des Interviews auf, dass IP4 bereits von klein auf rebellische Charakterzüge hatte. Sei es im Kindergarten, wo sie im Gegensatz zu allen anderen ihre Kindergärtnerin mit Vornamen ansprach, sei es in der Schule, als sie entgegen allen Mitschülern das Schlachten der eigenen Kaninchen (oder Wildschweine) als normal empfand und vertrat. Später zeigte sich dies in den stetigen Versuchen, auf eigenen Beinen zu stehen, unabhängig und stark zu sein und somit den abwertenden Worten des Vaters zu trotzen. Es gehört auch nicht minder Mut dazu, seine Meinung so vehement gegenüber allen Zweiflern und Kritikern zu verteidigen. Sie ließ sich nicht davon abbringen, das Schlachten als normal und die Innereien als faszinierend zu betrachten und auch offen dazu zu stehen, obwohl sie dafür von anderen abgelehnt wurde. Den Herabwürdigungen des Vaters verbal entgegenzutreten, erforderte mit Sicherheit ebenso Mut und Stärke. Im Nachhinein bezeichnete sie dies als „Trotz"[792]. In mehreren Etappen erreichter Ziele konnte IP4 für sich diese innere Stärke erkennen und das Gefühl erlangen, eigene Vorhaben und Herausforderungen des Lebens sicher bewältigen zu können: „[E]gal was passiert, ich überlebe das!"[793] Daher besitzt sie heute die Fähigkeit, sich für Gelungenes selbst zu loben. Die verweigerte Anerkennung des Vaters entmutigte sie nicht, sie begann sich selbst Lob auszusprechen für das Erreichte. Somit wird deutlich, dass sie reflektieren und dementsprechend handeln kann. Hat sie etwas erreicht, erkennt sie dies und fühlt sich positiv. Ihre Fähigkeit zur Reflexion

---

789 Transkript 4, S. 48 [Segment 240-241].
790 Transkript 4, S. 67 (Zeile 2199).
791 Transkript 4, S. 46-49 [Segment 239-247], S. 68 [Segment N24].
792 Transkript 4, S. 64 (Zeile 2108), [Segment N8].
793 Transkript 4, S. 55 (Zeile 1800).

war stets erkennbar, denn sie berichtete offen über verschiedene, zum Teil sehr schwierige Themen. Sie gab Schwächen und Ängste in Beziehungsgefügen, Singlemomenten und im Umgang mit ihrer Tochter zu.[794] Ehrlich und nachvollziehbar berichtete sie z. B. von den Schwierigkeiten und dem Wunsch nach einer idealen Mutter-Tochter-Beziehung. Sie wurde sich jedoch bewusst, dass sie diese innigen Gefühle ihrer Vorstellung nicht entwickelt habe und auch gar nicht wisse, welche Gefühle als Mutter überhaupt normal seien.[795] Sie hat sich immer wieder Vorwürfe gemacht und Bedenken entwickelt, ihrer Tochter etwas verwehrt zu haben, da sie nur wenige Momente früher erinnert, in denen sie dieses Gefühl empfunden: „Ich lass dich NIE WIEDER LOS."[796]

IP4 erzählte glaubhaft und detailliert von schwierigen Situationen ihres Lebens, aber auch von schönen Erlebnissen. Sie hat ein gutes Gespür dafür entwickelt, was ihr gut tut und was nicht. Sie weiß, dass sie auch weiterhin mit Schwierigkeiten im Leben konfrontiert werden kann. Allerdings hat sie Strategien entwickelt, um solche Episoden gut zu meistern: Rückzug in die Musik, die WGT, Freunde und Familie, notwendige Aussprachen. Sie ist inzwischen auf dem Stand eines guten Selbstwertgefühls angelangt, sodass sie sich auch bei der Partnerwahl inzwischen Zeit lasse. Sie ist realistisch genug, um festzustellen, dass sie Hindernisse meistern könne. Gleichzeitig ist ihr bewusst, dass sie noch nicht gänzlich frei von Angst sei. Doch wisse sie mit ihr umzugehen, „wenn die Angst mal kommt"[797].

Auf meine Frage, welche Handlungen oder Prozesse in ihrem Leben für sie hilfreich gewesen seien, antwortete sie vielschichtig. Sie benannte z. B. den Besuch von Swingerclubs gegen die Eifersucht, die Anstellung in der Arztpraxis, in der sie immer noch arbeitet, einen absolvierten Palliativ-Aufbaukurs, der ihr ein weiteres realistisches Ziel in ihrem Leben biete, den Eintritt in den Karnevalsverein und die Besuche der WGT.[798] Besonders hob sie Freunde und Verwandte (Tante, Cousine) hervor, die ihr Auswege aus schwierigen Situationen gezeigt oder ihr dabei geholfen hätten, sich selbst zu finden und ihren Selbstwert zu erkennen oder zu steigern.[799] Eine ganz wichtige Person in ihrem Leben war die Uroma, die sie *Mutter* nannte. Besonders in Zeiten der Adoleszenz habe diese ihr Halt, Nähe, Ruhe und Vertrauen geboten. Wenn es ihr schlecht ging, sei IP4 zu ihr gegangen, um sich auszuweinen, um Mut zu schöpfen oder damit diese ihre Mutter überrede, sie auf eine Party gehen zu lassen.

---

[794] Transkript 4, S. 18-19 [Segment 108d-109], S. 25 [Segment 37-38], S. 32 [Segment 176], S. 64 [Segment N5, N8], S. 65 [Segment N11].

[795] Transkript 4, S. 28 [Segment 153-153b], S. 29-30 [Segment 160-160c], S. 31 [Segment 170, 172].

[796] Transkript 4, S. 30 (Zeile 972), [Segment 160d-163].

[797] Transkript 4, S. 56 (Zeile 1820), [Segment 272b-273].

[798] Transkript 4, S. 21 [Segment 118-123], S. 22[Segment 125-128], 56-57 [Segment 274-279].

[799] Transkript 4, S. 38 [Segment 205-206], S. 53-54 [Segment 266-266b], S. 55 [Segment 270]

Ihre Urgroßmutter habe „Kartoffelpuffer mit Apfelmus und Zitronentee"[800], Schaukelstuhlquietschgeräusche und *Geborgenheit* bedeutet. Damit stand sie für das Sinnbild ihrer Kindheit, neben den Honigbrötchen ihrer Oma, die sie für die frühe Kindheit als ihre Hauptbezugsperson benannte. Diese Bindung brach allerdings mit dem Beginn der Alkoholkrankheit der Großmutter weg. In Jugendtagen war daher die Urgroßmutter ihre Bezugsperson, an die sie sich mit „jedem Problem"[801] wenden konnte. Rückwirkend betrachtet habe sie nie das Gefühl gehabt, Eltern zu haben. Es seien zwar immer viele Menschen um sie herum gewesen, aber den einzigen innigen Bezug habe sie zu ihrer Urgroßmutter entwickelt. Selbst mit Liebesgeschichten in Pubertätszeiten habe sie zu ihr gehen und sich Rat holen können, was sie bei ihrer Mutter nicht gekonnt habe. Als die Urgroßmutter verstarb, sei für IP4 eine Welt zusammengebrochen. Sie wäre gern dabei gewesen, als sie starb, doch das sei nicht möglich gewesen. Es sei ihr unsagbar schwer gefallen, diesen Umstand zu akzeptieren und wäre bei der Beerdigung mit ins Grab gesprungen, wenn ihr Ehemann und ihre Mutter sie nicht festgehalten hätten. Darüber hinaus benannte sie ihre Psychologin als eine wichtige Person, die ihr durch die mit Angst und Panik behafteten Zeiten nach dem Stalker geholfen habe. Sie habe sie dabei unterstützt, ihre Vergangenheit aufzuarbeiten (nicht nur die Probleme mit dem Vater, sondern auch mit ihrer Schwester). Ganz besonders hervorzuheben ist zudem die Suchtberaterin, an die sie sich wegen ihres alkoholkranken Lebenspartners wandte. IP4 erwähnte sie nicht explizit namentlich, doch habe diese eine exzellente Beratung durchgeführt, die IP4 eine ihrer positiven biografischen Wandlungen ermöglichte. Wiederholt führte sie einen Vergleich mit weißen Flügeln an: „Schalter um, weiße Flügelchen und flattern"[802]. Sie hatte sich klein, hilf- und ratlos gefühlt, bevor sie diese Beratungsstelle aufsuchte. Zudem stand sie dem Vorschlag einer Trennung ablehnend gegenüber. Doch die Beraterin wusste ihr dennoch kompetent zu helfen und ermöglichte es ihr, sich wieder ihrer Stärken bewusst zu werden und diese zu aktivieren. Sie schaffte die Trennung, suchte sich Hilfe bei nahestehenden Verwandten und Freunden und beendete diesen aufreibenden Lebensabschnitt. Voller Mut und Tatendrang wandte sie sich ihrer Zukunft zu. Neben den vielen Menschen, die ihr positiv und unterstützend zur Seite gestanden hätten, benannte sie auch ihren einstigen Ehemann, den alkoholkranken Freund und selbst den Stalker als wichtige Personen, da sie ohne diese nicht da wäre, wo sie jetzt sei.[803]

IP4 zeichnet sich durch Charakterzüge von Mut, Hoffnung, Optimismus und Selbstbehauptung und Widerstand aus, der ihr bereits in Kindertagen zwar

---

800 Transkript 4, S. 7 (Zeile 227).
801 Transkript 4, S. 8 (Zeile 244).
802 Transkript 4, S. 37 (Zeile 1204-1205).
803 Transkript 4, S. 9 [Segment 61-63], S. 36-37 [Segment 199-200], S. 50 [Segment 254-254c].

Schwierigkeiten mit Gleichaltrigen bescherte und ihr gleichzeitig ermöglichte, eigene Wege zu gehen. So konnte sie sich auch diversen Sprüchen des Vaters gegenüber Frauen widersetzen, was eine enorme Widerstandskraft erkennen lässt. Dadurch konnte sie immer wieder kritische Episoden ihres Lebens meistern. Stets reflektierte sie diese mit absoluter Ehrlichkeit sich selbst gegenüber. Sie lobte sich selbst für Geschafftes, erkannte Unzureichendes und strebte Verbesserungen an – ob es um den Vater ging, den Umgang mit der Tochter, den Perspektivwechsel in der Schwesterbeziehung, das Verlassen von schwierigen Lebensumständen oder das Meistern ihrer Depression. Realistisch konnte sie erkennen, wenn sie Hilfe benötigte, diese suchen und annehmen, auch wenn ihr dies schwer falle. Sie war zu Selbstreflexion und Selbstkritik fähig. Selbstwirksamkeit ist ihr sowohl beruflich wie auch privat sehr wichtig. In ihrem Beruf kann sie etwas bewirken. Im Privatleben habe sie sich aktiv für ein chemiefreies Leben entschieden. Sie stelle chemiefreie Crèmes und Waschmittel her, nannte sich liebevoll und stolz eine *Kräuterhexe* und wolle dieses Wissen und Können weiter ausbauen.[804] Sie setzt sich realistische Ziele, wie das Absolvieren von Zusatzausbildungen, und entscheidet viele Dinge aufgrund ihres Bauchgefühls, was sich bisher in den meisten Fällen als gut erwies. Trotz aller Selbstzweifel als Kind, Jugendliche und junge Erwachsene hat sie sich im Laufe ihres Lebens eine gute Form von innerer Selbstsicherheit angeeignet, um ihrem eigenen Urteil zu vertrauen. Bemerkenswert ist, wie sie eine der schlimmsten Erfahrungen in ihrem Leben durch den Stalker nicht verflucht, sondern gezielt nutzt, um sich ihrer Stärke bewusst zu werden. (Sie nutzt hier also bewusst eine Negativumkehr.) Sie rufe sich immer wieder ins Gedächtnis rufe, diese Phase überstanden zu haben, wenn sie Ängste oder Zweifel überkämen. Auch dabei war sie realistisch und ehrlich, da sie hin und wieder aufträten. Es entstand nicht der Eindruck, dass sie etwas beschönigte, verbarg oder bagatellisierte.

Wie auch bei den vorherigen Interviewpartnern war bei IP4 eine offensichtliche Entscheidung (bewusst oder unbewusst) gegen Jammern und Selbstmitleid feststellbar. Sie resignierte nicht trauernd oder fluchend, sondern sie blieb aktiv, wie nach dem Rauswurf durch ihren Vater: „Ich musste es ja irgendwie auf die Reihe kriegen."[805] Diese Einschätzung implizierte keine Angst vor Überforderung oder Selbstaufgabe. Obwohl ihr Vater ihr zeitlebens zu verstehen gegeben hatte, sie könne nichts schaffen, nahm sie seine Worte nicht an. Es scheint fast so, als nutzte (oder brauchte) sie die Herabwürdigung des Vaters, um in manchen Situationen wieder Auftrieb zu bekommen. Offenbar konnte sie immer wieder Kraft daraus ziehen, sich ihrem Vater zu beweisen und seine Abwertung von Frauen zu widerlegen. Dies gelang ihr in vielen Etappensiegen und schien selbst dem Vater zuletzt am Sterbebett bewusst geworden zu sein.

---

804 Transkript 4, S. 59 (Zeile 1939), [Segment 287].
805 Transkript 4, S. 17 (Zeile 558).

Womöglich brachte sie sich unbewusst in schwierige Situationen, um sich und ihrem Vater ihre Stärke beweisen zu können, indem sie jede dieser Situationen meistern und ein unabhängiges, selbstständiges, gutes Leben führen konnte.

Inzwischen ist IP4 eine starke, selbstbewusste Frau, die mit ihrem privaten und beruflichen Leben glücklich ist. Sie weiß, was sie will und was sie nicht will und ist in der Lage, dies klar zu äußern. Durch Psychohygiene und Optimismus ist sie sich sicher, schaffen zu können, was es zu bewältigen gilt. In Bezug auf die Zukunft ist sie optimistisch eingestellt.[806]

4.4.5 Einflüsse auf signifikante Resilienzfaktoren

a) Fähigkeit zur bewussten und zielgerichteten Reflexion

IP4 weist intendierte Reflexionsfähigkeit auf, wie bereits differenziert beleuchtet wurde. Erste Anzeichen finden sich bereits früh, als sie sich mit den Kindern im Kindergarten verglich und anderes Handeln für sich als erstrebenswerter erachtete. Das junge Alter weist auf einen Ursprung auf personaler Ebene. Auch in ihrer frühen Schulzeit reflektierte sie signifikante Unterschiede zu ihren Mitschülern, vertrat aber ihre gegenteiligen Auffassungen und Empfindungen. Der gesamte Interviewverlauf war durchwachsen mit Situations- und Eigenreflexionen. Besonders in schwierigen Zeiten nutzt(e) IP4 gezielte Reflexion um sich ihrer Stärken bewusst zu werden. Es zeigten sich im Interview keine Hinweise auf externe Förderungen, welche die Fähigkeit zur zielorientierten Reflexion initiierten, stärkten oder unterstützten.

b) Autonomie

Trotz der fortwährenden Herabwürdigung von Frauen durch den Vater strebte IP4 stets nach Selbstständigkeit und Unabhängigkeit. IP4 stellte für sich bereits im Kindergartenalter Eigenwillen und Autonomiestreben fest. Trotz Widerständen ließ sie sich ihre besondere Sicht auf die Dinge nicht nehmen, entschied sich gegen Anredevorgaben und bestimmte selbst, wann sie bastelte. Im Laufe des Interviews lobte sie sich immer wieder selbst und brachte ihren Stolz auf Erfolge zum Ausdruck – entgegen den väterlichen Voraussagen. Daher sind inkrementelle positive Erfahrungswerte und die Fähigkeit, eigenen Erfolg anzuerkennen, als unterstützend und fördernd zu werten. Ebenso kann auf familiärer Ebene die negative Umgangsform des Vaters durch das stetige Bestreben von IP4, seine Aussagen widerlegen zu wollen, indirekt unterstützend gewirkt haben. Ebenfalls auf familiärer Ebene und auf Basis der Studie von Bellis et

---

[806] Transkript 4, S. 59 [Segment 286], S. 65 [Segment N14].

al[807] kann davon ausgegangen werden, dass die Urgroßmutter als zuverlässige und beständige Ansprechpartnerin einen wichtigen Grundstein legte, da IP4 mit jedem Problem zur ihr kommen konnte. Aus sozialer Ebene stützt der berufliche Erfolg den Wunsch nach Selbst-wirksamkeit und festigt den Selbstwert durch Wissen und angewandtes Können. Das Ausleben von Sehnsüchten im Karnevalsverein und in WGT komplettieren IP4 und bietet Ausgleich, Halt und Bestätigung.

c) Widerstandsfähigkeit, Durchhaltevermögen und Willensstärke

Die Beständigkeit des Auslebens ihrer Andersartigkeit lässt auf Willensstärke und Durchhaltevermögen schließen. Bereits in früher Kindheit und in der Schule empfand IP4 diese Gegensätze zu anderen Kindern. Obwohl sie im Kindergarten noch wie selbstverständlich ihre Meinung vertrat und unerschütterlich ihren Impulsen folgte, begannen in der Schulzeit einige Ambivalenzen. Doch auch wenn sie hin und wieder die Sehnsucht verspürte, sich anzugleichen, fühlte sie sich schließlich antagonistisch zum Mainstream. Obgleich dies Schwierigkeiten und Hänseleien nach sich zog, blieb sie sich durchhaltend treu. Da sich diese Eigenschaft bereits im Kindergartenalter zeigte, liegt die Vermutung eines Ursprungs auf der personalen Ebene nahe. Unterstützung erfuhr sie in Jugendzeiten auf sozialer Ebene durch Freundinnen, die IP4 mit Umgebungen vertraut machten, in denen ihre Wesenszüge als normal galten. Die dadurch erfahrene Bestätigung bestärkte sie darin, weiterhin so zu bleiben wie sie war. Auch angesichts der fortwährenden Herabwürdigungen des Vaters bewies sie enorme Willensstärke, indem sie ihr Leben viele Male in eine von ihrer gewünschten Richtung lenkte. Schwierige Phasen überstand sie und setzte sich regelmäßig kleine, zu erreichende Ziele. Der Wunsch, dem Vater zu beweisen, dass er mit seinen Frauenverachtung unrecht habe und dass seine negativen Vorhersagen falsch waren, schien dabei eine indirekte aber nicht unerhebliche Unterstützung zu gewähren (auf familiärer Ebene).

d) Aktive Bewältigungsstrategien

IP4 gelang es mehrfach, problematische Lebensumstände zu erkennen und sich notwendige Hilfe zu suchen. Häufig aktivierte sie Freundschaften oder Familiengefüge, aber auch externe Hilfsanlaufstellen und suchte aktiv Rat, den sie umsetzen konnte, sofern er zu ihrem aktuellen Problem eine ernstzunehmende

---

807 Vgl. Bellis, M. A. / et. al. (2017): Does continuous trusted adult support in childhood impart life-course resilience against adverse childhood experiences - a retrospective study on adult health-harming behaviours and mental well-being.

Zielorientierung bot. Psychohygiene, Hilfe erkennen und annehmen, Erfolge benennen und sich bewusst machen, zählen zu ihren aktiven Bewältigungsstrategien. Sie finden durch die Fähigkeit inkrementelle Erfahrungswerte zu erkennen und zu nutzen Bestärkung, die durch ihre intendierte Reflexionsfähigkeit bedingt werden. Ein Ursprung lässt sich zum Teil auf der personalen Ebene vermuten, da sie bereits in jungen Kinderjahren selbstbestimmt auftrat. Ebenso scheint sie dem negativen Frauenbild des Vaters trotzen und Gegenbeweise antreten zu wollen, was auf innere Züge zurückführbar ist, da äußere Unterstützungen nicht erwähnt wurden. Gleichermaßen ist das negativ verbalisierte Vorbild einer schwachen und handlungsunfähigen Frauenbildes durch den Vaters durchaus als indirekte Förderung auf familiärer Ebene zu werten. Eine weitere Bewältigungsstrategie im Umgang mit den Verletzungen des Vaters zeigte sich erst nach seinem Ableben im Verhalten von IP4 an seinem Grab. Sie nutzte den Moment des aktiven Tretens gegen den Grabstein und die dazugehörenden Gefühle im Sinne einer Machtverschiebung aus der defensiven Rolle der Ertragenden heraus. Hierfür spricht ausschließlich eine intrinsische Motivation.

e) Internale Kontrollüberzeugung

Bereits als Kind bemerkte IP4, dass ihre Handlungen, Erzählungen und Gefühle bei anderen Kindern Reaktionen hervorriefen. Gezielte Handlungen, um die von anderen gewünschten Reaktionen zu bewirken, setzte sie auch in der Schulzeit noch nicht ein. Sie änderte ihr Verhalten auch dann nicht, wenn sie die negativen Reaktionen der anderen zu spüren bekam. Im familiären Bereich bestimmten Unterordnung und Konfliktvermeidung den Alltag. Dieser Umstand kann zur Förderung eines internalen Kontrollbewusstseins beigetragen haben, da sie lernte mit den geringfügigen Mittlen wie Distanz zum betrunkenen Vater für sich eine Form von Ruhe zu schaffen. Eine Einschränkung ergibt sich, weil die Mutter die tragende Rolle bei dieser Form des familiären Alltags innehatte. In den folgenden Jahren konnte IP4 verinnerlichen, dass ihre eigenen Aktionen zu Gegenreaktionen führen und dass sie in der Position ist, diese zu lenken. Beruflich weiß sie um ihre Kompetenzen und ihre Wirkungsfelder, ebenso wie im Zusammenspiel mit ihrer Tochter. Durch bewusste Selbstreflexionen und zielgerichtete Reflexionen von Situationen, Handlungen und Reaktionen ist IP4 in der Lage, gegenseitige Bedingungen im Privaten wie im Beruflichen zu erkennen und sie weiß um ihre Selbstwirksamkeit in diesem Gefüge. Zudem stärken positive, inkrementelle Erfahrungswerte ihre internale Kontrollüberzeugung.

f) Freundeskreis und signifikante Personen

Verschiedene Freundinnen zeigten IP4 den Weg zu sich selbst und ermöglichten ihr die Auslebung all ihrer inneren Gegensätze und Sehnsüchte (das Frauliche, das Dunkle, das Lustige, das Laute, das Stille etc.). Ein langjähriger Lebensabschnittsgefährte half ihr beim Loslösen von ihrer Eifersucht. Durch den Stalker (als signifikant bezeichnete Person) und durch die von ihm verursachte extrem schwere Zeit konnte sie erkennen, dass sie in der Lage sei, sich aus noch so schlimmen Situationen befreien zu können. Diese Perspektive gibt ihr Zukunftssicherheit und Selbstvertrauen. Auch der Vater kann als signifikante, indirekt fördernde Personen gezählt werden. Denn durch das stetige Bestreben von IP4, ihm das Gegenteil seiner Haltung und seines Frauenbilds zu beweisen, bot er ihr unterschwellig eine positiv wirkende Konstante. Die Großmutter ist auf familiärer Ebene in jungen Kindheitstagen als wichtige Bezugsperson zu benennen, die Geborgenheit und Wärme vermittelte. Die Urgroßmutter übernahm diese Funktion während der Jugendzeit. IP4 benannte ihre Tochter als mit ausschlaggebend für den positiven Weg. Auch die Schwester von IP4 sollte nicht außen vorgelassen werden. Denn durch die Initiative zu einer Aussprache und den auch heute noch auftretenden Behauptungsmomenten der jahrelang konkurrierenden Schwestern stärkt sie in IP4 die Fähigkeit, Unstimmigkeiten anzusprechen und notwendige Grenzen zu setzen. Betrachtet man die Wahl der von IP4 benannten Freundinnen und deren Wirkungsweisen mit Bezug auf Bender und Lösel (1997)[808] – unter dem Gesichtspunkt, dass sich die Probanden den ihren Bedürfnissen am nächsten kommenden Gruppen zuwenden[809] –, kann übereinstimmend festgestellt werden: IP4 fühlte sich zu Freundinnen hingezogen, die sie positiv beeinflussten und ihr dabei halfen, innere Sehnsüchte zuzulassen und auszuleben. Ob diese Wahl bewusst oder unbewusst geschah, blieb unerwähnt. Auf der Ebene der Partnersuche scheint das unbearbeitete Gebiet der Vaterkonflikte ausgetragen worden zu sein, weshalb potentielle Partner Ähnlichkeiten mit dem Vater aufwiesen.

g) Realismus und realistische Ziele

Erste erkennbare, bewusste Zielsetzungen galten in dem Versuch, dem Vater zu beweisen, dass sie als Frau durchaus leistungsfähig sei, der schulischen und beruflichen Ausbildung. Durch ihre Willensstärke scheint dies Unterstützung gefunden zu haben. Als alleinerziehende Mutter mit ihrer Tochter unabhängig

---

808 Vgl. Bender, D. / Lösel, F. (1997): Protective and risk effects of peer relations and social support on antisocial behaviour in adolescents from multi-problem milieus, S. 661-678.
809 Vgl. Bengel, J. / Meinders-Lücking, F. / Rottman, N., (2009): Schutzfaktoren bei Kindern und Jugendlichen, S. 40.

(von einem Mann) ein selbstständiges Leben führen zu können, war eines ihrer Ziele, das sie kontinuierlich vor Augen hatte. Dementsprechend richtete sie ihr Handeln aus und ließ sich anspornen von den negativen Prognosen des Vaters. Förderung ist zeitweilig durch Freunde und Familie zu verzeichnen, besonders kurz nach der Trennung von ihrem Ehemann, aber auch als verlässliche Hilfen in anderen schweren Lebenssituationen. So zeigte sich maßgebliche Alltagsunterstützung auf sozialer und familiärer Ebene. Eines ihrer künftigen Ziele sei eine Erweiterung in ihrem Berufsfeld, was ebenfalls die Fähigkeit zur realistischen Einschätzung unterstreicht. Es kann davon ausgegangen werden, dass dies durch zielgerichtete Reflexion und aus inkrementellen Erfahrungswerten bzw. dem dadurch ent-standenen Selbstvertrauen bestärkt wird.

h) Qualität der Bildung

Das vom Vater hochgeschätzte Abitur hatte IP4 ihm nicht vorlegen können. Dennoch ging sie einen für sich definierten, gehobenen Bildungsweg. Die Tatsache, dass sie eine Ausbildung zur examinierten Krankenschwester nachweisen könne, habe ihr viel Selbstbestätigung gegeben. IP4 nahm durch ihr Bestreben nach Autonomie und Eigenständigkeit an mehreren Fort- und Weiterbildungen teil. Als eine wichtige Ursache ist auch hier eine indirekte Förderung auf familiärer Ebene durch den Vater zu nennen. Stets war sie auf der Suche nach seiner Anerkennung für ihre schulischen und beruflichen Leistungen und hegte die Hoffnung, ihn dazu bewegen zu können, seine Sichtweise über Frauen zu ändern.

i) Positives Nutzen durchlebter Widrigkeiten

In einigen Erzählmomenten schwieriger Lebenssituationen weinte IP4. Jedoch waren diese Emotionen eher als Verdeutlichung des Ausmaßes der überwundenen Hürde zu deuten. Sie sind nicht gleichzusetzen mit einer nachhallenden Klage oder einem negativen Stigma. IP4 betrachtet viele ihrer bisher erlebten Widerstände nicht negativ, sondern lenkt sie gezielt positiv um, indem sie sich z. B. für Endresultate dankbar zeigt. Da sie mit sich im Reinen und mit ihrem Leben zufrieden und glücklich ist, kann sie retrospektiv lebenswidrige Umstände (z. B. die Leidenszeit durch den Stalker) als positiv kennzeichnen, denn sie „wäre [...] am Ende auch nicht hier wo [sie] jetzt [ist]"[810]. Sie nutzt die schwierigen Phasen für ein Gefühl von Zukunftssicherheit, was durch ihre intendierte Reflexionsfähigkeit und der Fähigkeit inkrementelle Erfahrungswerte zu erkennen und zu nutzen bedingt wird.

---

[810] Transkript 4, S. 55 (Zeile 1810-1811).

j) Kritikfähigkeit

Bereits während der Stehgreiferzählung und im Nachgang des Interviews berichtete IP4 sehr selbstkritisch und ehrlich über alle Facetten ihres Lebens. Sie erkannte und kommentierte eigene Stärken und Schwächen formulierte Verbesserungsmöglichkeiten. Besonders hilfreich erweist sich für sie die Fähigkeit der Selbstreflexion. Ein Ursprung ist auf personaler Ebene zu vermuten. Hinweise zu externen Förderungen gab es diesbezüglich nicht.

4.4.6 Stabilitätshinweise (z.Z.d.I.)

Fähigkeit zur bewussten und zielgerichteten Reflexion	Diese Ressource kommt regelmäßig zur Anwendung.
Autonomie	Ihr Bestreben nach Autonomie kann im Berufs- und im Privatleben erfüllend ausgelebt werden. Zudem verfügt IP4 über hinreichend Selbstvertrauen und Sicherheit, ihre Autonomie zu erweitern.
Widerstandsfähigkeit, Durchhaltevermögen und Willensstärke	Unter Zuhilfenahme inkrementeller Erfahrungswerte und deren Reflexion ist IP4 konstant in der Lage zu erkennen und zu entscheiden, wann welche Umstände auszuhalten, wo widerstand angebracht ist und welche Mittel dafür nötig sind.
Aktive Bewältigungsstrategien	IP4 verfügt über ein gutes Maß an Ressourcen aktiver Bewältigungsmechanismen, besonders im Rahmen der Psychohygiene. Zudem ist sie in der Lage, (wenn nötig) sich selbstständig und aktiv geeignete Hilfe zu organisieren.
Internale Kontrollüberzeugung	Auch hier zeigt sich Stabilität durch regelmäßige intendierte Reflexionsarbeit und durch das konstante Erkennen und Nutzen von inkrementellen Erfahrungswerten.
Freundeskreis und signifikante Personen	IP4 kann beständig auf ihre Familie und auf Freunde zurückgreifen, die Hilfestellungen geben können, wenn es notwendig ist. Die Wahrscheinlichkeit für eine stabile Unterstützungssicherheit ist daher gegeben.
Realistische Ziele	Die Zielsetzungen von IP4 befinden sich alle konstant in einem realen Rahmen. Zur Erreichung setzt IP4 ihre Ressourcen und Strategien situationsbedingt sicher ein.
Qualität der Bildung	Ihre Ausbildung definiert IP4 für sich als gehobenen Bildungsweg, den sie durchaus in intendierter Reflexion nutzt, um ihr Selbstwertgefühl zu stärken. Fort- und Weiterbildungen strebt sie im Bereich der Alternativmedizin an.
Kritikfähigkeit	IP4 befindet sich beständig in Reflexion und Eigenreflexion. Externe Hinweise kann sie aufgeschlossen annehmen.
Positives Nutzen durchlebter Widrigkeiten	Durch regelmäßige Reflexionsmomente führt sich IP4 Erreichtes vor Augen. Gesundes Eigenlob und Stolz sowie selbstkritische Betrachtungen begleiten sie und ebnen den Weg eines Sicherheitsempfindens für die Zukunft.

4.4.7 Bezug zur persönlichen Definition eines guten Lebens

„Einen Job haben, der ausfüllt, finanzielle Sicherheit, ein sorgloses Leben für die Kinder, Menschen, denen man vertraut und die für mich da sind, Zeit und Mut, um sich Träume zu erfüllen, mit dem im Frieden sein, was man hat und mit allem, was man getan und geschafft hat."[811]

Alle in der Analyse aufgeführten Eigenschaften, Strategien und Ressourcen von IP4 decken sich in ihrer Anwendung mit ihrer persönlichen Definition von einem guten Leben. Ihr ausgeübter Beruf erfüllt ihr Bedürfnis nach finanzieller Sicherheit und bietet Möglichkeiten zur Selbstwirksamkeit. Die größten Hürden in Bezug auf ein sorgenfreies, familiäres Miteinander wurden bewältigt. IP4 ist mit sich und dem Verlauf ihres Lebens im Reinen. Ihre Ziele befinden sich (auch wenn die Träume mit der Einschränkung von „Zeit und Mut"[812] undefiniert blieben) auf einer realistischen Ebene.

Zusammenfassend zeigt sich in IP4 eine facettenreiche, selbstsichere, aufgeschlossene, zielstrebige und selbstkritische Frau, die mit verschiedenen Ausdrucksmöglichkeiten oder mit Hilfe von Alternativen wie Kräuterwissen ihr Leben bereichert. Sie schätzt Familie und Freunde, ist hilfsbereit und strebt nach Harmonie. Auf ihren privaten und beruflichen privaten Werdegang. Besonders stolz ist sie auf erreichte Erfolge und ist mit ihrem Inneren im Einklang.

---

[811] Transkript 4, S. 66 (Zeile 2169-2172).
[812] Ebd.

4.5 Interviewpartner 5

Legende:

Kürzel / Hervorhebung	Bedeutung
IP2	Interviewpartner 2
IP5	Interviewpartner 5
z. Z. d. I.	zur Zeit des Interviews
.. (Zitat)	Kurze Pause (1-2 Sekunden)
… (Zitat)	Längere Pause (3-4 Sekunden)
Unterstrichen (Zitat)	Betont
GROßGESCHRIEBEN	Stark betont

4.5.1 Personenvorstellung

IP5 war z. Z. d. I. 42 Jahre alt. Er sei bei seiner Großmutter (geb. 1923, mittlerweile verstorben) und seinem Vater (z. Z. d. I. 68 Jahre alt, Bankkaufmann) in einem Dorf mit ca. 3000 Einwohnern aufgewachsen. Seine Mutter (z. Z. d. I. 67 Jahre alt) verließ die Familie, als er ca. zwei Jahre alt war. An eine Zeit mit ihr könne er sich nicht mehr erinnern.[813] Die Großmutter (früher Hebamme von Beruf, mit ziemlich viel Ansehen und Einfluss im Dorf) sei in ihrer Erziehung extrem behütend gewesen. IP5 habe als Enkel viele Freiheiten genossen. Sein Vater habe weiter entfernt gearbeitet und sei im Prinzip nur am Abend oder am Wochenende zu Hause gewesen. Zudem sei der Vater leidenschaftlicher Hobbyreiter gewesen und habe Pferde besessen.[814] Als IP5 ca. neun Jahre alt gewesen sei, habe sich der Vater mit einer neuen Frau zusammengetan, die IP5 als Stiefmutter bezeichnete. Sie sei um einiges älter als der Vater gewesen und aus England gekommen, habe zwei jüngere Kinder gehabt und ebenfalls Pferde besessen. Von dieser Zeit an sei IP5 mehr und mehr körperlich gezüchtigt und für Stallarbeiten missbraucht worden.[815] Nach einem Zerwürfnis des Vaters mit der Großmutter und den näheren Verwandten im Dorf (aufgrund der neuen Erziehungsmethoden) sei die Familie in das Haus der Stiefmutter in einem Dorf von ca. 400 Einwohnern gezogen. Nach dem Umzug sei IP5 wöchentlich mehrfach schwer geprügelt worden und habe neben den Kindern der Frau als Stallbursche und Sündenbock gelebt.[816] Mit ca. fünfzehn Jahren habe er sich gewehrt und gegen seinen Vater erhoben. Danach sei er wieder zurück in

---

[813] Transkript 5, S. 1 [Segment 2], S. 7 [Segment 35], S. 47 [Segment 251].
[814] Transkript 5, S. 1 [Segment 2a-2c], S. 1-2 [Segment 5-6], S. 3 [Segment 12], S. 10 [Segment 57].
[815] Transkript 5, S. 10-11 [Segment 57-62], S. 13 [Segment 75-77], S. 14-15 [Segment 85-88, 89-93a].
[816] Transkript 5, S. 13-14 [Segment 78-86].

sein Heimatdorf zu seiner Tante gezogen, wo er seine neu gewonnene Freiheit ausgiebig ausgenutzt habe. Im Zuge dessen habe er angefangen zu rauchen, sei umhergezogen und nicht mehr zur Schule gegangen.[817] Nach einem Fluchtversuch mit Freunden, der mit einem Autounfall und einem kurzen Polizeiaufenthalt geendet sei, sei IP5 in einem betreuten Wohnen untergekommen.[818] Er habe dann die Realschule beendet und sei alsbald (familiär abgesprochen) in eine eigene Wohnung gezogen. Zeitgleich habe er sich eine Ausbildung gesucht, diese erfolgreich beendet, und kurze Zeit später eine Arbeit als Industriemechaniker begonnen. Er ist noch heute in derselben Firma angestellt und sei damit sehr zufrieden. Zur Zeit des Interviews war IP5 verheiratet und hatte zwei Töchter im Alter von zehn und vierzehn Jahren.[819]

4.5.2 Interviewverlauf

Der Kontakt zu IP5 wurde über IP2 hergestellt. Beide sind eng befreundet, weshalb IP2 meine Telefonnummer an IP5 weitergab, woraufhin dieser sich bei mir meldete. Es fand ein kurzes telefonisches Vorgespräch statt, in dem ich über meine Forschungsintention sprach, die Vorgehensweise erläuterte und IP5 kurz aus seinem Leben berichtete. Die Atmosphäre war bereits bei diesem Telefonat gelöst und freundschaftlich. IP5 bot mir die informelle Anrede an, was ich annahm. Er schien mir für meine Forschung als Interviewpartner passend. Daher verabredeten wir einen Termin für das geplante Interview, was ca. eine Woche später in seinem Haushalt stattfand. Während des Interviews befanden wir uns, um ungestört zu bleiben, in der Garage bzw. dem Werkraum des Hauses. Es war warm und gemütlich, genügend Sitzmöglichkeiten waren vorhanden. IP5 hatte Kaffee und Tee bereitgestellt. Es folgte die Besprechung der rechtlichen Formalitäten: Zusicherung der vollständigen Anonymisierung, Zustimmung von IP5 zur Audio- und Videoaufzeichnung sowie die Erlaubnis zur Nutzung der Aufzeichnungen zu Forschungszwecken und Zusicherung eines beiderseits möglichen Abbruchs des Interviews. Anschließend erfolgte die beidseitige Unterschrift. Das Interview begann mit der Betätigung der Aufnahmegeräte. Meine Eingangsfrage führte zu einem lang anhaltenden Redefluss.[820] IP5 begann von ersten Erinnerungen zu erzählen, sprach flüssig, zusammenhängend und versuchte, chronologisch und detailreich seine Erinnerungen wiederzugeben. Die Stimmung war durchweg gelöst, was sich erst änderte, als er nach ca. dreißig Minuten zu dem Abschnitt seines Lebens kam, der von der damaligen Partnerin seines Vaters bestimmt gewesen sei und Miss-

---

817 Transkript 5, S. 19-22 [Segment 118-128].
818 Transkript 5, S. 22-29 [Segment 129-154].
819 Transkript 5, S. 29 [Segment 156], S. 31 [Segment 166], S. 46-47 [Segment 248-250], S. 48 [Segment 251d-251f].
820 Transkript 5, S. 1-36 [Segment 1-200a].

handlungen durch den Vater eingeschlossen habe.[821] Auch diese Schilderungen waren zusammenhängend, chronologisch und sehr detailliert. Anspannungen waren einige Male zu spüren und über Mimik und Gestik zu erkennen. Sein Stolz war offensichtlich, als er vom Erheben gegen seinen Vater und dessen körperliche Misshandlungen und der Beendigung seiner Machtlosigkeit erzählte.[822] Eine weitere Wendung in den Erzählungen war nach weiteren ca. 25 Minuten feststellbar, als er von der Zeit berichtete, nachdem er seinem Vater und dessen Lebensgefährtin entkommen war. Diese Schilderungen wurden oft mit Bewertungen in Mimik, Gestik und Wortwahl begleitet wie: „Was für eine kranke Scheiße!"[823] (Kopfschütteln und ironisches Lachen). Erzählungen über seine Ausbildungszeit und sein aktuelles Leben mit seiner eigenen kleinen Familie wurden hingegen nonverbal untermalt durch spürbaren Stolz und Zufriedenheit. Nach ca. eineinhalb Stunden stellte ich Fragen, die teils erneute Redeflüsse hervorriefen.[824] Nach den soziodemografischen Fragen schaltete ich die Aufnahmegeräte nach ca. zwei Stunden aus.[825] Darauf folgte ein ca. 25-minütiges Nachgespräch in sehr lockerer Form. Ich konnte währenddessen Notizen machen, die ich im Anschluss an die Verabschiedung sinngemäß vervollständigte.[826] Während des gesamten Interviews war die Haltung von IP5 mir gegenüber offen. Es gab viel direkten Blickkontakt und selbst bei schamhaften Themen mit den dazugehörigen Gefühlen brachte er mir Vertrauen entgegen, wie IP5 zum Ende des Interviews bestätigte. Außerdem habe er das Interview als gut und interessant empfunden.[827] Wir verabschiedeten uns freundlich mit der Zusicherung, gegenseitig für Fragen oder Ergänzungen erreichbar zu sein. Zu weiteren Kontakten kam es jedoch nicht.

4.5.3 Fallvorstellung

Signifikante Themen und Epochen

1. Leben bei der Großmutter bis zum Alter von etwa neun Jahren
2. Leben mit der Stiefmutter und dem gewalttätigen Vater bis zum Alter von etwa fünfzehn Jahren
3. Zeit nach dem Zusammenleben mit Stiefmutter und Vater
4. Betreutes Wohnen, Ausbildung, Aufbau seines heutigen Lebens

---

[821] Transkript 5, S. 10-21 [Segment 57-121].
[822] Transkript 5, S. 19-20 [Segment 118-118f].
[823] Transkript 5, S. 25 (Zeile 788).
[824] Transkript 5, S. 36-45 [Segment 201-246].
[825] Transkript 5, S. 45-48 [Segment 247-151f].
[826] Transkript 5, S. 49-50 [Segment N1-N11].
[827] Transkript 5, S. 49 (Zeile 1581-1583).

1.

IP5 wuchs laut eigenen Angaben die ersten neun Jahre als ungeplantes Einzelkind bei seiner Großmutter und seinem Vater auf. Obwohl er von seiner Großmutter sehr behütet und verwöhnt worden sei, habe er sich familiär „immer ein bisschen anders, [...] nicht komplett"[828] gefühlt. In seiner Nachbarschaft habe die Familie seines Onkels und die der Tante gewohnt, bestehend jeweils aus beiden Elternteilen und deren Kindern, die allesamt Mädchen gewesen seien. Somit sei er der einzige Junge gewesen, der von seiner Großmutter aus habe machen können, was er wollte. Vorgaben oder Regeln wie Zähneputzen oder Aufräumen habe es für ihn nicht gegeben. Mit dem Satz „Buben sind so"[829] sei alles erklärt und toleriert worden. Der Vater habe etwas weiter entfernt vom Heimatdorf bei einer Bank gearbeitet und sei in der Regel erst spät am Abend nach Hause gekommen. So habe die Erziehung allein bei der Großmutter gelegen. Den Aufenthalt des Jungen habe niemand je kontrolliert. Er sei allein in den Kindergarten gegangen – oder eben auch nicht, wenn er keine Lust dazu gehabt habe. Es sei wohl nicht selten vorgekommen, dass er früh aus dem Haus gegangen sei und sich dann seinen Aufenthaltsort selbst gewählt habe. Da er aber immer wieder im Laufe des Tages nach Hause gekommen sei, habe das niemanden gestört. Da er ein Junge gewesen sei, sei das auch so in Ordnung gewesen. Auch innerhalb des Familienhauses habe es keine Regeln gegeben. Es habe für ihn drei Zimmer gegeben, welche er habe „zumüllen"[830] dürfen, aufgeräumt habe die Oma.[831] Mit dem Vater habe es gemeinsame Zeiten an Wochenenden gegeben. Häufig habe es sich dabei um kleinere Unternehmungen wie Ausflüge zu Baggerseen oder zur Jagd gehandelt. Der Vater sei „so ein bisschen vom älteren Schlag"[832] gewesen. Er bezeichnete ihn als ruppig, forsch und ungeduldig, als einen Mann, der keine Widerrede geduldet habe, aber nicht körperlich gewalttätig geworden sei. Die Familie habe sich Pferde angeschafft und IP5 habe mit sechs Jahren reiten lernen müssen. Er sei nicht gefragt worden, ob er das wolle, sein Vater habe das so beschlossen. Allerdings habe ihn das nicht gestört. Auch wenn die Reitstunden schroff gewesen seien, so seien es doch gemeinsame Stunden mit dem Vater gewesen, die er als solche genossen habe. Die Schroffheit habe ihn nicht verletzt, denn seine Oma habe das mit all ihrer überschüttenden Liebe wieder ausgeglichen.[833]

---

828 Transkript 5, S. 1 (Zeile 19-20).
829 Transkript 5, S. 1 (Zeile 28, 29), S. 2 (Zeile 36).
830 Transkript 5, S. 2 (Zeile 39).
831 Transkript 5, S. 1-3 [Segment 2b-14], S. 5 [Segment 28]
832 Transkript 5, S. 3 (Zeile 72).
833 Transkript 5, S. 2-3 [Segment 10-14].

Als Kind habe er das gut gefunden und die absolute Freiheit genossen.[834] Erfahrung mit negativen Konsequenzen habe er nur ein einziges Mal gemacht, als er ein Weizenfeld abbrannte. Im Vorschulalter habe er nämlich Streichhölzer für sich entdeckt und damit im Feld herumexperimentiert. Sein Ziel sei es nicht gewesen, das Feld niederzubrennen. In so jungen Jahren habe er einfach nicht gewusst, dass man einen kleinen Brand nicht einfach so stoppen könne. Das sei das einzige Mal gewesen, dass er von der Oma mit einem „Bettenklopfer"[835] „den Arsch vollgekriegt"[836] habe. Damit sei die Sache dann allerdings auch erledigt gewesen.[837] Die Oma sei in dem Dorf angesehen gewesen, da sie viele Einwohner auf die Welt gebracht habe oder bei Geburten in den Familien als Geburtshelferin beteiligt gewesen sei. Selbst zu früherer Zeit habe sie bereits einen Unfallschuss ihrer beiden Söhne, als der eine den anderen beim Spielen in den Fuß geschossen habe, ohne Polizei regeln können.[838] Gleichermaßen habe es sich bei der Einschulung von IP5 verhalten. Obwohl er keine Lust beim Test gehabt habe und durchgefallen sei, habe dies keine Rückstufung nach sich gezogen. Nach dem Einwirken der Oma bei einer entsprechenden Stelle habe der Test wiederholt werden dürfen. Nachdem ihm als Sechsjährigem gut zugeredet worden sei, habe er dann auch mitgewirkt, bestanden und sei regelgerecht in die Schule gekommen. Der Oma sei dies offenbar sehr wichtig gewesen, denn sie habe großen Wert auf ihr Ansehen im Dorf gelegt und keine Anlässe zu negativem Gerede geduldet.[839]

2.

Sein Vater habe auf einem Wanderritt seine künftige Lebensgefährtin kennengelernt, als IP5 etwa neun Jahre alt gewesen sei. Er nannte sie Stiefmutter. Bei den ersten Treffen habe IP5 sie als ganz nett empfunden, da sie ihm immer kleinere Geschenke mitgebracht habe. Doch als sie mit ihren zwei jüngeren Kindern in das Haus seines Vaters eingezogen sei, habe sich das Blatt drastisch gewendet. IP5 nannte diese Zeit „so aschenputtelmäßig"[840]. Die Kinder der Stiefmutter seien massiv bevorzugt worden und er habe eine völlig andere Form von Erziehung erfahren, als er sie bis dahin kannte:[841] „[I]rgendwie... hat sich ab dem Zeitpunkt alles verdreht."[842] Die Stiefmutter sei um einiges älter

---

834 Transkript 5, S. 2 [Segment 6a].
835 Transkript 5, S. 8 (Zeile 237).
836 Ebd.
837 Transkript 5, S. 7-8 [Segment 36-45].
838 Transkript 5, S. 6 [Segment 33-33a].
839 Transkript 5, S. 6-7 [Segment 33-35].
840 Transkript 5, S. 11 (Zeile 330).
841 Transkript 5, S. 10-11 [57-63a], S. 12 [Segment 71].
842 Transkript 5, S. 11 (Zeile 349).

gewesen als sein Vater. Sie stamme aus England und habe es verstanden, den Vater zu körperlichen Züchtigungen seines Sohnes zu animieren. Dies habe IP5 völlig verstört, da sein Vater vorher nie gewalttätig gewesen sei:[843] „Der hat sich wirklich um 180 Grad gedreht! Der war jetzt ganz, ganz, ganz anders."[844] Dieser Umstand habe IP5 neben den nun geltenden strengen Regeln im Haus erheblich irritiert.[845] Er „durfte nicht mehr selbstbestimmend irgend etwas tun"[846] und hat „sehr schnell beigebracht gekriegt, dass da nicht interessiert, ob [er] das will oder nicht."[847] Er habe jetzt zu tun gehabt, was die Erwachsenen von ihm gewollt hätten und nicht umgekehrt. Folgende Regel sei fortan vorherrschend gewesen: „Wenn irgendwas nicht funktioniert und man sich nicht dran hält, kriegt man paar vors Maul."[848] Nicht nur für eigene Verstöße habe er Schläge bekommen, wenn der Vater abends nach Hause gekommen sei. Auch die Verfehlungen der anderen beiden Kinder seien ihm angelastet worden.[849] Mit der Anschaffung weiterer Pferde habe er zudem eine weitere Funktion als „Stallbursche"[850] bekommen. Der Oma, die versucht habe, sich gegen diese Erziehungsmethode zu wehren, sei der Kontakt zu dem Enkel verboten worden, was ein zusätzliches Gefühlschaos in IP5 ausgelöst habe:

> „Ich durfte meine Oma, die im selben Haus gewohnt hat, unten, nicht mehr sehen! Das war ganz krass. Die wohnt ein Stockwerk tiefer und du darfst nicht mehr mit der reden?! Das war ein Kontaktverbot! Von ihrer Seite her, von der Frau meines Vaters, ausgesprochen gegenüber meiner Oma: Sie darf mit mir NICHT mehr reden!"[851]

Als sich auch die Geschwister des Vaters, die in der gleichen Straße wohnten, gegen seine neue Art des Umgangs mit seinem Sohn ausgesprochen hätten, sei der Umzug in das Haus der Stiefmutter beschlossen worden.[852] „Also haben die mich dann in den [Name der Ortschaft] geschleift, in irgend so ein 400-Einwohnerkaff mitten im Nirgendwo."[853] Ob es nun daran gelegen habe, dass keine Verwandten sie mehr hätten beobachten können oder ob andere Faktoren eine Rolle spielten – nach dem Umzug habe sich die körperliche Gewalt gegen IP5 nochmals massiv verstärkt. Er habe ein Zimmer mit einem Fenster gleich einer Schießscharte mit Platz für ein Bett und einen Nachttisch erhalten.[854] Prügel habe er vorwiegend mit einer englischen Reitgerte bekommen: einem

---

843 Transkript 5, S. 12 [Segment 67-69].
844 Transkript 5, S. 13 (Zeile 394-396).
845 Transkript 5, S. 12 [Segment 70].
846 Transkript 5, S. 11 (Zeile 349-351).
847 Transkript 5, S. 12 (Zeile 355-356).
848 Transkript 5, S. 12 (Zeile 364-366).
849 Transkript 5, S. 12 [Segment 72], S. 13 [Segment 76], S. 17 [Segment 111-111a].
850 Transkript 5, S. 13 (Zeile 398).
851 Transkript 5, S. 13 (Zeile 408-413).
852 Transkript 5, S. 13 [Segment 78, 80].
853 Transkript 5, S. 14 (Zeile 428-429).
854 Transkript 5, S. 14 [Segment 88].

„Stahlstab, der ist überzogen mit Fischleder."[855] Ebenso sei er in den Magen geschlagen worden, alles auf eine Weise, dass sein Körper begonnen habe sich einen Schutzpanzer aufzubauen. IP5 sprach von „Nehmerqualitäten"[856]. Die Schläge hätten ihm bald körperlich keine Schmerzen mehr bereitet. Er habe allerdings ein schauspielerisches Talent dahingehend entwickelt, auf Kommando zu weinen oder zu erbrechen, damit sein Vater bei seinen Züchtigungen irgendwann auch wieder von ihm abließ.[857] In der Schule sei er:

> „einfach nicht mehr mitgekommen und war sehr, sehr schlecht."[858], „Und wenn ich eine schlechte Note geschrieben hab, wurde ich ins Zimmer gesteckt bis abends, weil dann kam der Vater und dann hat's dafür dann den Abzug gegeben. Für die schlechte Note."[859]

Wegen des Versuchs, schlechte Noten zu verheimlichen, sei eine „absolute Kontrolle"[860] in Form von täglicher „Rucksackkontrolle"[861] eingeführt worden. Für entdeckte Arbeiten habe es Prügel gegeben. Daraufhin habe sich IP5 ein Kästchen gebaut und in einem verlassenen Haus deponiert. Nach der Schule habe er seine Arbeiten darin mit gefälschter Unterschrift versteckt und sie am nächsten Tag wiedergeholt, um sie in der Schule ordnungsgemäß abgeben zu können. Eine Nachbarin habe ihn allerdings irgendwann in diesem Haus gesehen und die Stiefmutter benachrichtigt, die das Kästchen dann gefunden habe.[862] „An dem Tag hab ich schlimm ausgesehen. Da hat mein Vater mich mit der Faust verprügelt. Also da hab ich wortwörtlich auf die Fresse gekriegt."[863] Wenn IP5 nicht in seinem Zimmer „eingesperrt war"[864], um auf den Abend und den Vater zu warten, habe er die fünfzehn Pferde bewirtet, ausgemistet, das Fell gepflegt oder auf dem Feld Heu geerntet:[865] „Und nicht wie ein 12-/ 13-jähriger Bub mal ein bisschen mit schafft."[866] Sei dies nicht gut genug gewesen, folgten die bekannten Strafen. Mit zwölf, dreizehn Jahren habe er versucht, erneuten Prügelstrafen zu entgehen, indem er sich im Keller hinter dem Heizkessel versteckt habe. Dort habe er ganze zwei Tage lang verharrt und überlegt, was er machen oder wie von dort entkommen könne. Als er schließlich gefunden wurde, sei er zur Strafe an den Haaren zwei Stockwerke nach

---

855 Transkript 5, S. 15 (Zeile 453-454).
856 Transkript 5, S. 14 (Zeile 449).
857 Transkript 5, S. 15 [Segment 94-96], S. 40-41 [218-221b].
858 Transkript 5, S. 15 (Zeile 472).
859 Transkript 5, S. 16 (Zeile 490-492).
860 Transkript 5, S. 16 (Zeile 499).
861 Transkript 5, S. 16 (Zeile 495).
862 Transkript 5, S. 16-17 [Segment 103-107].
863 Transkript 5, S. 17 (Zeile 517-520).
864 Transkript 5, S. 17 (Zeile 521).
865 Transkript 5, S. 17 [Segment 108-109].
866 Transkript 5, S. 17 (Zeile 527).

oben geschleift worden und sein Vater habe ihm seinen ersten Nasenbeinbruch zugefügt.[867]

> „Und... nach dem hatte ich auch irgendwie Angst, dass ich mich selbst verlier. Ich war dann ein paar Tage lang völligst... ich hab begonnen mir selbst egal zu sein. Ich hab gedacht: Ey ich muss SO SCHEISSE sein, dass ich das irgendwie verdient hab.“[868]

Im Nachgespräch erzählte er davon, dass er auch versucht habe sich umzubringen, indem er Johanniskraut gesammelt, getrocknet und in extremen Mengen zu sich genommen habe. Daraufhin habe er starke Schweißausbrüche erlitten und sich mehrfach heftig übergeben müssen. Sich das Leben zu nehmen, sei nach diesem Vorfall aber keine Option mehr gewesen.[869]

3.

Im Alter von fünfzehn Jahren sei der Tag gekommen, an dem er wieder aufgrund irgendeiner Tat der Stiefgeschwister „verurteilt“[870] worden sei. Bei der Ankunft des Vaters sei IP5 klar gewesen, was ihn nun erwarten würde. Dabei sei ihm dieses Mal der Gedanke gekommen: „Mal gucken, was ich kann.“[871] Erstmals habe er nicht wehrlos eingesteckt, sondern gegen den Vater aufbegehrt. Bevor dieser habe zuschlagen können, habe IP5 ihm „eine auf die Nase gezimmert“[872] und damit „einen Volltreffer gelandet“[873]. Die Nase des Vaters sei gebrochen und er sei zu Boden gegangen. Diesen Moment beschrieb IP5 als „sehr befreiend“[874]. Mit dieser Tat habe er seinem Vater gezeigt, „dass ich meine Machtlosigkeit, dass ich die beende“[875]. Es sei ihm in diesem Augenblick nicht darum gegangen, das Machtverhältnis zu kippen oder zu seinen Gunsten umzulegen, doch sei es der entscheidende Faktor gewesen, der seinen weiteren Lebensweg in eine positive Richtung gelenkt habe.[876] Dass sein Vater zu Boden gegangen sei, sei seiner Meinung nach hauptsächlich möglich gewesen, weil dieser „nie damit gerechnet hat“[877]. Die körperliche Überlegenheit des Vaters sei durch den Überraschungseffekt gebrochen worden. „Das war ein sehr erhabener Moment für mich!“[878] Er habe sich über ihn gestellt und zu ihm

---

867 Transkript 5, S. 17-18 [Segment 111d].
868 Transkript 5, S. 18 (Zeile 572-575).
869 Transkript 5, S. 50 [Segment N6].
870 Transkript 5, S. 19 (Zeile 607).
871 Transkript 5, S. 19 (Zeile 613).
872 Transkript 5, S. 19 (Zeile 615).
873 Transkript 5, S. 20 (Zeile 618).
874 Transkript 5, S. 20 (Zeile 617).
875 Transkript 5, S. 38 (Zeile 1225-1226).
876 Transkript 5, S. 88 [Segment 211-212].
877 Transkript 5, S. 20 (Zeile 618-620).
878 Transkript 5, S. 20 (Zeile 626).

gesagt: „Wenn du jetzt aufstehst, stehst du nie wieder auf!"[879] Daraufhin sei der Vater liegen geblieben, IP5 habe den Raum verlassen und seine Stiefmutter zum Verarzten zu ihm geschickt. Das erste Mal habe IP5 sich Geld aus ihrem Portmonee genommen, habe sich ein Taxi gerufen und sei in die nächste Stadt zum Bahnhof gefahren. Dort habe er sich eine Fahrkarte zu seinem Heimatdorf gekauft und sei zurück zu seiner Oma gefahren. Da diese inzwischen bei der Tante gelebt habe, sei er zu ihr gekommen. Am Abend habe der Vater dort angerufen und seinen Sohn wieder abholen wollen. Doch wegen der Drohung von IP5, ihn *kaltzumachen*, wenn er das Grundstück betrete, sei er dann doch ferngeblieben.[880] Von da an habe IP5 bei seiner Tante gelebt, die ihn in Kenntnis der Umstände der letzten Jahre bei sich aufgenommen habe. Während IP5 über die nun folgende Zeit sprach, erklärte er immer wieder sein Bedauern über sein damaliges Verhalten. Er verglich sich mit einem eingesperrten Pferd, das nach plötzlich erlangter Freiheit einfach nur renne. Er sei nicht mehr regelmäßig in die Schule gegangen. Morgens habe er das Haus verlassen, sich mit Freunden getroffen und sei mit diesen durch die Gegend gezogen. Dabei hätten sie geraucht und auch mal etwas zu viel getrunken. Da seine Familie gewusst habe, was er die Jahre zuvor erlebt hatte, habe er eine Zeit lang Narrenfreiheit genossen, die er zu nutzen gewusst habe. Irgendwann sei er gar nicht mehr in die Schule gegangen. Eines Tages habe IP5 wieder bei einem seiner Freunde gesessen, als er seine Tante angerufen habe, um nach dem Mittagessen zu fragen. Als diese ihm erklärte, dass die Schule bei ihr angerufen habe und sie Bescheid wisse, sei eine Welle der Scham über ihn gekommen und er sei auf die Idee gekommen abzuhauen.[881]

> „Ich hab mich halt nicht getraut, nach Hause zu gehen. Ich weiß nicht. Ich glaube, ich habe schon gemerkt, dass ich das ganze geschenkte Vertrauen oder was auch immer, echt mit Füßen getreten hab."[882], „Ich hab mich halt geschämt."[883]

Sein Freund habe diese Idee toll gefunden und so kam es, dass sie wenig später im Auto vom Vater des Freundes saßen und sich auf den Weg nach Holland machten. Zu viert (drei Freunde und die damalige Freundin von IP5) hätten einen ehemaligen Klassenkameraden besuchen wollen, der vor einer Weile dort hingezogen sei. Zuvor hätten sie noch den Safe ausgeräumt und seien mit gut 8000 DM und einigen Goldbarren bestückt guter Dinge gewesen, jetzt ihr eigenes Leben bestreiten zu können. In Holland bei dem Freund angekommen, hätten sie dann festgestellt, dass sie unmöglich fortan dort wohnen könnten. Daher hätten sie zusammen einen Tag verbracht und seien dann in der ursprünglichen Gruppe weiter über Belgien nach Luxemburg gefahren,

---

[879] Transkript 5, S. 20 (Zeile 632-633).
[880] Transkript 5, S. 21 [Segment 120b-120d]
[881] Transkript 5, S. 20-23 [Segment 118e-130a], Transkript 5, S. 39-40 [Segment 216b-216d].
[882] Transkript 5, S. 23 (Zeile 718-720).
[883] Transkript 5, S. 23 (Zeile 733).

um sich günstig Zigaretten zu kaufen. Dort hätten sie in einem gehobenen Hotel übernachtet und überlegt, wie das Ganze nun weitergehen solle. Da sie nach wie vor „Kohle ohne Ende"[884] besessen hätten, sei ihnen die „glorreichste Idee, die man nur haben kann"[885], gekommen. Sie hätten nach Polen fahren wollen, um das Auto zu verkaufen und mit dem Erlös sowie dem noch vorhandenen Geld dort ein Haus zu kaufen und den weiteren Lebensunterhalt durch Tagelöhner-Jobs zu finanzieren. Dabei seien alle Beteiligten minderjährig gewesen. Zudem habe niemand von ihnen einen Führerschein besessen. Dieses Problem sei ihnen erst bewusst geworden, als sie an der Grenze zu Polen am Ende der Autoschlange auf der Autobahn gestanden hätten. Schlagartig sei ihnen klar geworden, dass sie da „nie im Leben durch[kommen]"[886] würden, „ohne erwischt zu werden!"[887] Als der Fahrer hinter ihnen offensichtlich mit ähnlichen Gedanken als Geisterfahrer auf der Autobahn kehrt gemacht habe, habe sich IP5 (der gerade das Auto gesteuert habe) kurzerhand diesem angeschlossen. Sie hätten dann ohne Zwischenfälle wieder von der Autobahn fahren und in der Nähe übernachten können. Am nächsten Tag hätten sie beschlossen, eine grüne Grenze zu suchen. Auf diesem Weg, während einer der anderen den Wagen gefahren habe, seien sie in einer Kurve von der Bahn abgekommen und das Auto sei mit dem Heck gegen einen Baum gefahren. Verletzt worden sei niemand, doch das Auto habe keine Fenster mehr besessen. Überraschenderweise sei das Auto aber noch fahrbar gewesen, wie sich kurze Zeit später herausgestellt habe, als zwei Männer am Unfallort angehalten und sich bereit erklärt hätten, die Jugendlichen samt Auto mit zu sich auf einen Hof zu nehmen. Die zwei jungen Architekten hätten sich nach einem Gespräch weiterhin bereiterklärt, alle vier zu einem Bahnhof zu bringen, damit sie ihre Reise fortsetzen könnten, allerdings erst, nachdem diese ihre Eltern informiert hätten. Also habe zuerst die Freundin von IP5 bei ihren Eltern angerufen, wo sich alle anderen Eltern befunden hätten. Alle hätten folglich mit ihren Eltern gesprochen. Kurze Zeit nach den Telefonaten sei die Polizei vor Ort gewesen und habe die vier Jugendlichen abgeführt. Es habe sich herausgestellt, dass die Polizei durch eine Fangschaltung bei den Eltern den Aufenthaltsort ermittelt habe, weil zum selben Zeitpunkt ebenfalls vier Jugendliche in einem gestohlenen Mercedes in Holland unterwegs gewesen seien und dort eine Tankstelle überfallen hätten. Doch sei recht schnell die Unschuld von IP5 und seinen Freunden nachgewiesen worden und so seien alle vier von ihren Eltern bei der Polizeiwache abgeholt worden.[888] Der Vater von IP5 habe ihn abgeholt. „Ich

---

[884] Transkript 5, S. 24 (Zeile 773).
[885] Transkript 5, S. 24 (Zeile 774).
[886] Transkript 5, S. 25 (Zeile 809).
[887] Ebd.
[888] Transkript 5, S. 23-28 [Segment 130-150].

hab gedacht: Der bricht mir den Kopf."[889] Doch sei dieser überraschenderweise sehr ruhig geblieben, seine einzigen Worte seien gewesen: „Wenn du das nächste Mal ein Auto klaust, dann nimmste gefälligst meins und nicht das von anderen Leuten!"[890] Zu dieser Zeit habe der Vater wieder allein gelebt.[891]

4.

Nach diesem Vorfall habe sich seine Tante geweigert, IP5 wieder bei sich aufzunehmen. So sei er in ein betreutes Wohnen gekommen, das allerdings auf schwer erziehbare Jugendliche ausgerichtet gewesen sei. Da IP5 weder gewalttätig noch in sonstiger Form arglistig oder böse gewesen sei und sich mit den Betreuern dort gut verstanden habe, sei recht bald klar geworden, dass dies nicht der richtige Platz für ihn sei. Nach einem gemeinsamen Gespräch aller Helfervertreter, habe er eine eigene Wohnung bekommen und die Schule mit einem fachbezogenen Sekundärabschluss 2 beendet. Danach habe er durch ein Jahr Vollzeit in der Fachoberschule mit Fachrichtung Metalltechnik sein Fachabitur nachgeholt und sich einen Ausbildungsplatz gesucht.[892] Er habe sich auch kurzzeitig darin versucht zu studieren. Da er allerdings gemerkt habe, dass dies nicht sein Weg sei, habe er sich wieder der Arbeitssuche im Bereich Industriemechanik gewidmet und die Arbeitsstelle gefunden, mit der er noch heute glücklich sei.[893]

Zu seiner Tante habe er heute guten Kontakt, sie hätten sich ausgesprochen und alle Unstimmigkeiten bereinigen können. Seine Tante bezeichnete er als sein „absolutes Heiligtum!"[894] Sie habe ihn nach seinen schlimmsten Jahren ohne Zögern bei sich aufgenommen, ihm zwar viel durchgehen lassen, aber auch Grenzen aufgezeigt, nachdem er abgehauen war. Dies habe sie auf verständnisvolle und ihm zugewandte Art und Weise getan. Heute sei sie stolz auf ihn und seine Erfolge.[895]

Kontakt zu seiner Mutter bestehe noch immer nicht. Diesem Umstand stehe er heute neutral gegenüber.[896]

Mit seinem Vater habe er sich versöhnt. Nach Jahren voller Fragen und Vorwürfe, einer depressiven Phase und dem Versuch einer Therapie sei für IP5 klar gewesen, dass es für ihn aus diesem Gedanken- und Gefühlskreislauf der

---

889 Transkript 5, S. 29 (Zeile 921).
890 Transkript 5, S. 29 (Zeile 918-919).
891 Transkript 5, S. 29 [Segment 151].
892 Transkript 5, S. 29-30 [Segment 153-157].
893 Transkript 5, S. 46-47 [Segment 247-250].
894 Transkript 5, S. 39 (Zeile 1254).
895 Transkript 5, S. 39 [Segment 214-214a, 216-216b], S. 40 [Segment 217].
896 Transkript 5, S. 33-35 [Segment 186-195].

Vorwürfe nur einen Ausweg geben könne: Verzeihen. Inzwischen zeige sein Vater Stolz und Respekt ihm gegenüber.[897]

IP5 selbst habe eine Familie, bestehend aus seiner Frau, bei der er direkt gewusst habe, dass sie diejenige sei, mit der er sein Leben verbringen wolle, und zwei Töchtern.[898] Die Ankündigung des ersten Wunschkindes habe er mit 27 Jahren erfahren. Dies habe ihn „erwachsen werden"[899] lassen und ihm das Gefühl gegeben: „Jetzt biste angekommen."[900] Das Familienleben als solches sei ihm sehr wichtig: „dass meine Kinder mit Mutter und Vater zusammen groß werden. Das ist ganz, ganz, ganz wichtig."[901] Dieser Wunsch basiert möglicherweise darauf, dass er sich mit dem Fehlen der Mutter von klein auf als „anders [und] nicht komplett"[902] fühlte. Zudem legt IP5 großen Wert darauf, dass seine Kinder „so normal wie möglich"[903] aber „auch realitätsnah"[904] aufwachsen. Ihnen solle es gut gehen und das solle auch so bleiben: „Meinen Kindern geht's viel besser. Das ist das, wo ich absolut hinterher und stolz drauf bin."[905]

4.5.4 Qualitative Analyse

Das Interview mit IP5 zeichnete sich durch eine sehr chronologische, detailreiche, offene, ehrliche und reflektierte Erzählweise aus. Die Fähigkeit zur Reflexion belegte IP5 unter anderem durch die gut strukturierte Wiedergabe seiner Erlebnisse. Außerdem beleuchtete er das Erlebte und sein eigenes Verhalten immer wieder genauer, bedachte Für und Wider und hinterfragte teilweise. Reflektiert betrachtete er z. B. die einzelnen Erziehungsmethoden, unter denen er aufwuchs. Gleiches galt für seinen eigenen Erziehungsstil gegenüber seinen Kindern. Zur Großmutter sagte er, dass sie eine sehr liebevolle Frau gewesen sei, die immer das Beste für ihn gewollt habe. Sie habe ihm sehr viel Liebe gegeben, aber auch zu viele Freiheiten. Er ist der Meinung, dass diese Form der Erziehung, wäre sie genauso fortgeführt worden, ihn mit großer Wahrscheinlichkeit zu einem Erwachsenen hätte werden lassen, der er nicht hätte sein wollen.

> „Sie war immer gut zu mir. Aber was sie mir gemacht hat, war eigentlich nicht gut für mich."[906] „Ich wäre wahrscheinlich auch ein riesen Arschloch gewesen, wenn ich nur

---

897 Transkript 5, S. 32 [Segment 174, 177], S. 33-35 [Segment 183-185], S. 50 [Segment N7c, N8b].
898 Transkript 5, S. 37 [Segment 207], S. 48 [Segment 251e].
899 Transkript 5, S. 36 (Zeile 1164).
900 Ebd.
901 Transkript 5, S. 35 (Zeile 1118-1119).
902 Transkript 5, S. 1 (Zeile 19-20).
903 Transkript 5, S. 35 (Zeile 1121).
904 Transkript 5, S. 35 (Zeile 1123).
905 Transkript 5, S. 35 (Zeile 1115-1116).
906 Transkript 5, S. 39 (Zeile 1244-1245).

verwöhnt worden wäre."[907] „ein absolut verwöhnter Pans der… wahrscheinlich keine seiner Sachen so durchgezogen hätte."[908]

IP5 habe diese Erziehungsmethode als Kind sehr genossen und zu nutzen gewusst: Er habe nie seine Zähne geputzt und sei gegangen und gekommen, wann und wie er wollte. Reflektierend bezeichnete er diese Umstände als Resultate zu inkonsequenter Erziehung und nicht erstrebenswert, da Kinder ein gewisses Maß an Führung bräuchten.[909] Der Übergang von der überbehüteten und extrem freizügigen Herangehensweise seiner Oma zu der komplett regelbasierten, kontrollierenden und gewalttätigen Erziehung der Stiefmutter sei verstörend gewesen, doch für ihn nicht änderbar. Er beschrieb die Zeit unter dem Einfluss dieser Frau sehr detailliert, benannte die neuen Regeln, erzählte von den vielen Schlägen bei Verstößen oder vermeintlichen Übertretungen. Seinen Vater und dessen Verhalten betrachtete er im Gespräch (nach einer Erklärung suchend, die sein jeweiliges Handeln hätte rechtfertigen können) im Hinblick auf die Zeit vor, während und nach der Zeit seines Aufwachsens. Als Ursache für seine Gewalttätigkeit erklärte IP5 die Beziehung zu dieser Frau. Sein Beweis dafür stützte sich auf die Tatsache, dass ihn sein Vater zuvor niemals geschlagen hätte und die Meinung, dass Männer sich im Allgemeinen durch Frauen leicht beeinflussen ließen – in negativer wie in positiver Hinsicht.[910]

Für sich selbst reflektierte er die Zeit im Alter zwischen zehn und fünfzehn Jahren als stärkend und positiv formend: „Entweder es bricht dich mehr und mehr von Tag zu Tag oder du wächst halt dran."[911] Er räumte aber ein, „Glück"[912] gehabt zu haben. „Gerade bedingt durch dieses Martyrium"[913] habe er für sich rückwirkend eine Form von Sicherheit für sein Leben erkannt: dass er auch eventuell kommende unbequeme Dinge würde angehen, durchhalten oder durchziehen können, und zwar immer in einem „halbwegs normalen Gang"[914], ohne Gefahr zu laufen „in der Gosse"[915] zu landen. Ebenso erkannte er, dass die Kombination beider Erziehungserfahrungen „für die Bildung [seines] Charakters"[916] ausschlaggebend gewesen sei. So sagte er, es sei „gut so, dass das alles SO passiert IST." und dass es für ihn wichtig war.[917] IP5 ist somit in der Lage, die negativen Erlebnisse und Erfahrungen für sich umzukehren, positiv zu betrachten und für die Formung seines Charakters zu nutzen. Er

---

[907] Transkript 5, S. 31 (Zeile 995-996).
[908] Transkript 5, S. 32 (Zeile 1030-1031).
[909] Transkript 5, S. 3 [Segment 15a].
[910] Transkript 5, S. 12 [Segment 68-69], S. 30 [Segment 162-162d].
[911] Transkript 5, S. 41 (Zeile 1331-1332).
[912] Transkript 5, S. 41 (Zeile 1333).
[913] Transkript 5, S. 41 (Zeile 1331).
[914] Transkript 5, S. 42 (Zeile 1342-1343).
[915] Transkript 5, S. 42 (Zeile 1343).
[916] Transkript 5, S. 32 (Zeile 1027).
[917] Transkript 5, S. 32 (Zeile 1027-1028), S. 33 (Zeile 1043).

findet einen selbstbestimmenden (selbstwirksamen) Mittelweg für sich und seine Familie im Umgang miteinander und in der Erziehung.[918]

Gegen Ende des Interviews und im Nachgespräch zog IP5 immer wieder positive Schlüsse aus negativen Erlebnissen – nicht bagatellisierend oder beschönigend, eher gut durchdacht und resümierend. Auffallend war ebenfalls seine Ehrlichkeit. Er beschönigte nichts, konnte sich eigenes Handeln in seiner damaligen Situation zwar rückblickend erklären, heiße es aber nicht gut und schäme sich heute noch dafür. Er nannte Beispiele wie sein Verhalten als Jugendlicher gegenüber seiner Tante oder den Klaps, den er einer seiner Töchter einmal gegeben habe.[919]

Diese Fähigkeit zur Eigenreflexion und auch zur Kritik an seinem Handeln bewies er ebenso während des Berichts seiner Freunde und des Ausflugs mit dem gestohlenen Auto.[920] Bei diesem Ausflug demonstrierte er zudem Mut, Abenteuerlust und einiges Selbstvertrauen. Diese Eigenschaften zeigten sich bereits, als er sich von der Gewalt des Vaters befreite und seinen Heimweg selbstständig organisierte. Anlagen dazu finden sich bereits in Kindertagen, z. B. in Schilderungen, wie er sich mit einem Kinderfahrrad allein auf den Weg gemacht habe, seinem Vater und dessen Freund zwölf Kilometer hinterherzufahren. Diese Selbstständigkeit sei vom Vater mit Stolz belohnt worden. Derartiges Verhalten wurde somit eventuell durch das vorherrschende Männerbild geformt, unter dem IP5 aufwuchs. Männer seien eher barsch und härter im Umgang, dafür aber frei, furchtlos und tatkräftig. Als Kind wurde ihm als Junge mit dem Satz der Oma: „Buben sind so"[921] (immer unterwegs, nicht übermäßig ordentlich, eigensinnig und unternehmenslustig) die Richtung in diese Verhaltensmuster geebnet. Früh in seiner Kindheit zu erkennen ist zudem die Bedeutung von Selbstständigkeit und Selbstbestimmtheit, da er sich seine Tage im Prinzip selbst einteilte und organisierte. Er hätte auch täglich den Kindergarten besuchen oder den Tag an der Seite seiner Oma verbringen können. Doch folgte er den vorgelebten Mustern. Regeln hinzunehmen, lag ihm offensichtlich nicht. Am obligatorischen Einschulungstest beteiligte er sich nicht. Er tat es letztlich wegen der Großmutter, weil es für sie anscheinend wichtig war. Hausaufgaben erledigte er nicht ohne vorherige Diskussionen. Auch wenn er sich sein Verhalten mit Faulheit erklärt, so ist hier doch ein Zusammenhang mit innerer Stärke zu erkennen, die ihm erlaubte, selbst über sein Handeln zu entscheiden. Ein Beispiel: Bei einem Urlaub in der Vorschulzeit habe er trotz blöder Sprüche der Erwachsenen am Pool eine Badehose anbehalten. Dies tat

---

[918] Transkript 5, S. 31 [Segment 167-168], S. 32 [179a].

[919] Transkript 5, Interview, S. 21 [Segment 122-126], S. 23 [Segment 130a, 132], S. 31-32 [Segment 173-173a], S. 39 [Segment 216-216a].

[920] Transkript 5, S. 23 [Segment 135], S. 24 [Segment 137], S. 25 [Segment 141-143], S. 26 [Segment 144-144a].

[921] Transkript 5, S. 1 (Zeile 28, 29), S. 2 (Zeile 36).

er selbstbewusst, „weil ich das so will"[922]. Im Nachgespräch bezog er sich dabei mit Dankbarkeit auf seine Oma, die ihm möglicherweise gerade durch ihre offene Erziehung den Zugang dazu ermöglicht habe.[923] Es ist denkbar, dass diese Anlagen den inneren Rebellen in ihm weckten und unterstützten, der es ihm ermöglichte, die fünf Jahre der häuslichen Gewalt zu überstehen und zu wissen, dass es „völligst scheißegal ist, was sie mit mir anstellen werden.. äh.. dass ich DAS erreichen werd und ich werd wieder zurückkommen"[924]. Ob innerer Rebell oder Sturheit: Bereits als sie ihn vom Heimatort „weg geholt haben"[925], „war mir das klar, ich arbeite irgendwie, in irgendeiner Form dran, dass ich wieder weg kann und dass ich wieder zurückkomm"[926]. „Ich weiß noch, wo wir den Weg da hoch gefahren sind. Äh, da war mir klar: Ich werde den Weg wieder rückwärtsfahren! Irgendwann!"[927] Interessant ist hier die Formulierung „ich arbeite irgendwie, in irgendeiner Form dran"[928], da er nicht daran dachte, die Umkehr der Entwicklungen jemand anderem zu überlassen. Es bestand ein klares Vorhaben zum Selbsthandeln. Auch wenn es fünf Jahre dauerte, so brachte er sich in der Tat selbst aus dieser Lage wieder zurück. Spürbar stolz berichtete er von seiner Befreiung, die er aktiv betrieben hatte. Er beschrieb diesen Moment aufrecht und stolz, besetzte ihn mit durchweg positiven, erhabenen Gefühlen, die er in den Momenten des Interviews, ähnlich einem Flashback, originalgetreu spüren und wiedergeben konnte. Zu beachten ist auch seine Formulierung des Ziels dieses Gewaltakts: Er hob seine Machtlosigkeit auf und verließ somit die Opferrolle. Er beendete sein Martyrium zwar mittels Gewalt, schlug aber nicht blindlings um sich. Bei allem Stolz verherrlichte er diesen einen, alles verändernden Schlag nicht. Er bezeichnete ihn mehrfach als einen Befreiungsakt, den er nicht geplant, aber herbeigesehnt habe, zwar nicht in genau dieser Form, wohl aber mit dem Resultat, dass er wieder in sein Zuhause zurückkehren und ohne Gewalt weiterleben könne.[929]

Seine Schilderungen zeigen ein hohes Maß an Willenskraft. Den Willen, wieder zurückzukehren, verspürte er durchweg, denn selbst in den ausweglosen Zeiten habe er sich „immer trotzdem noch dagegen gewehrt"[930]. Bis auf den einen, eher kurzen Moment nach dem Verstecken im Heizungskeller und dem darauffolgenden missglückten Versuch, sich das Leben zu nehmen, gab es keine Anzeichen für ein Aufgeben. Generell haderte er nicht mit seinen Erleb-

---

[922] Transkript 5, S. 4 (Zeile 110).
[923] Transkript 5, S. 2 [Segment 5-5c], S. 5-6 [Segment 29-31], S. 49 [Segment N1].
[924] Transkript 5, S. 42 (Zeile 1352-1353).
[925] Transkript 5, S. 43 (Zeile 1370).
[926] Transkript 5, S. 43 (Zeile 1370-1371).
[927] Transkript 5, S. 43 (Zeile 1379-1380).
[928] Transkript 5, S. 43 (Zeile 1370-1371).
[929] Transkript 5, S. 19-21 [Segment 118-120d], S. 38 [Segment 211-212], S. 39 [Segment 216], S. 49 [Segment N2].
[930] Transkript 5, S. 14 (Zeile 444).

nissen, weder in der damaligen Situation noch in der Gegenwart. Auch wenn er nicht spezifizierte, wie genau dieses Wehren ausgesehen hat, so scheint ihm dies durchweg ein Gefühl von Sicherheit gegeben zu haben, all das überstehen zu können.

Neben der Willenskraft lässt dies ebenso seine Widerstandskraft erkennen, was IP5 selbst auf die Momente zurückführt, in denen er immer weniger die Schmerzen gespürt habe, die sein Vater ihm körperlich zufügte, und in denen er begann theatralisch zu weinen oder sich zu übergeben, um ein Ende der Prügel herbeizuführen.[931]

Ein weiteres Thema, das er immer wieder als eines der wichtigsten im Leben bezeichnete, sei es, verzeihen zu können. Viele Jahre habe er sich in einem Kreislauf befunden, sich mit Warum-Fragen, mit Vorwürfen und Hass gequält. Doch habe er festgestellt, dass es ihm damit in all der Zeit nicht gut gegangen sei. Weder die Fragen (auf die es keine heilenden Antworten gegeben habe) noch die Vorwürfe brachten ihm Linderung für das Erlebte. Die Erklärung, dass die Stiefmutter an allem schuld gewesen sei, weil sie den Vater zu den Gewalttätigkeiten animiert habe, ist für IP5 zwar zutreffend. Den Umstand, dass seine leibliche Mutter IP5 beim Vater gelassen habe, da dieser gedroht habe, sie *kaltzumachen* und sich nach Verlassen der Familie auch nie wieder bei ihm gemeldet habe, und ihre Beschreibung des Vaters als „überzeugend böser Mann"[932] ließ IP5 weitgehend unbeachtet.[933] Dennoch zeigen sich hier deutliche Hinweise auf eine bereits vorangegangene Gewaltbereitschaft des Vaters, die IP5 wohl aber bis zum Auftreten der Stiefmutter zumindest körperlich nicht zu spüren bekam. Eventuell wurde dies auch nicht erkannt, da eine barsche und forsche Art dem vorgelebten Männerkonstrukt entsprach. Jedenfalls hatte sein Vater ihn vor der Beziehung mit der Stiefmutter niemals geschlagen.[934] Doch einzig durch das Verzeihen der Taten des Vaters habe IP5 zur Ruhe gefunden. Da seiner Meinung nach das Leben viel zu kurz sei, um sich ständig im Kreis von Vorwürfen zu drehen, habe er sich bewusst dazu entschlossen, die Vergangenheit ruhen zu lassen und seinem Vater zu vergeben. Inzwischen verstünden sie sich gut, hätten regelmäßigen Kontakt und es bestehe ein respektvoller Umgang miteinander.[935]

Heute lebt IP5 frei von Verbitterung und ist dankbar und stolz auf das Erreichte. Er erkennt seine Stärken und seine Schwächen, ist glücklich mit seiner eigenen Familie und seiner Anstellung. Vielleicht zeichnet sich hier auch ein gewisser Grad an Bescheidenheit ab, wohl aber seine realitätsnahen Wünsche

---

931 Transkript 5, S. 40 [Segment 218-218a], 41 [Segment 221-221b].
932 Transkript 5, S. 34 (Zeile 1081).
933 Transkript 5, S. 34 [Segment 188-188a].
934 Transkript 5, S. 12 [Segment 68-69].
935 Transkript 5, S. 32 [Segment 174, 177], S. 33 [Segment 183-185], S. 50 [Segment N7c, N8b].

und Ziele: weiterhin mit seiner Familie zu leben, seine Arbeit zu behalten (er strebe keinen Chefposten an), vielleicht irgendwann ein Buch zu schreiben und eventuell etwas mehr Zeit für seine Hobbys (Hund und Bogenschießen) zu haben. Er lege Wert auf „GUTE Freundschaften"[936] mit gegenseitigem Vertrauen, absoluter Verlässlichkeit und Hilfsbereitschaft. Er selbst beschrieb sich zusätzlich als zielstrebig:[937] „Wenn ich was wirklich WILL, dann bin ich bereit, ja nahezu alles dafür zu tun."[938] Diese Zielgerichtetheit und Willensstärke waren während des Interviews rückwirkend mehrfach erkennbar, ebenso wie Ausdauer, Entschlossenheit und Konsequenz in seinem Handeln. Außerdem ist ein ausgeprägter Gerechtigkeitssinn feststellbar: in der Grundschule, als er schwächeren Mitschülern geholfen habe, Aufwandsgleichheit bei Hausaufgaben geprüft oder sich (bis dato) geweigert habe, „...jemandem nach dem Maul zu reden..."[939], um einen besseren Posten zu erlangen. Zu Gerechtigkeit gehöre für ihn Courage, Ehrlichkeit, Loyalität, Kritikfähigkeit und die Bereitschaft zum Handeln. Selbstredend schließt er sich bei all dem mit ein.[940]

Wichtig ist ihm außerdem, selbstbestimmt Leben zu können. Im Alter von zehn bis fünfzehn Jahren erfuhr er „absolute Kontrolle"[941]. Daher bedeutet für ihn ein gutes Leben: „die Wahl zu haben"[942]. Schöne Autos etc. seien für ihn inzwischen „Schall und Rauch"[943], an denen er sein „Leben nicht mehr fest machen"[944] wolle. Es komme für ihn hauptsächlich darauf an, wählen zu können, wie man leben möchte. So gibt er es auch an seine Töchter weiter: Sie sollen später einmal nicht so leben, wie sie denken, dass es der Vater von ihnen erwarte, sondern sie sollen „auswählen können, was sie wollen"[945].

4.5.5 Einflüsse auf signifikante Resilienzfaktoren

a) Fähigkeit zur bewussten und zielgerichteten Reflexion

Während des ganzen Interviews reflektierte IP5 seine Handlungen immer wieder. Dabei bezog er sich auf Erlebtes, auf seine eigenen Verhaltensweisen, auf die von anderen und auf die Gegenwart und seine Zukunftsziele. Ein

---

[936] Transkript 5, S. 43 (Zeile 1393).
[937] Transkript 5, S. 35 [Segment 196-198], S. 37 [Segment 210] S. 43-44 [Segment 235-237], S. 45 [Segment 241-242], S. 47 [Segment 249-250].
[938] Transkript 5, S. 43 (Zeile 1388-1390).
[939] Transkript 5, S. 44 (Zeile 1403-1404).
[940] Transkript 5, S. 8-9 [Segment 46-49], S. 9-10 [Segment 53-55a], S. 43-44 [Segment 229-230, 233-237], S. 47 [Segment 249-250], S. 50 [Segment N10-N11].
[941] Transkript 5, S. 16 (Zeile 499).
[942] Transkript 5, S. 45 (Zeile 1443).
[943] Transkript 5, S. 45 (Zeile 1454-1455).
[944] Transkript 5, S. 45 (Zeile 1453-1454).
[945] Transkript 5, S. 45 (Zeile 1459-1460).

spezifischer Hinweis, wann die Fähigkeit zur Reflexion bei IP5 einsetzte, findet sich im Interview nicht. Angewandte Reflexionsmomente schilderte er z. B. in Bezug auf das Gespräch mit seiner Tante, in dem alle Unstimmigkeiten nach seiner Jugendzeit aus dem Weg geräumt worden seien. Auch in Bezug auf das Verzeihen schilderte er einen bewussten Reflexionsprozess.[946] Hinweise auf externe Förderung oder Stärkungen gibt es nicht, was auf einen Ursprung auf personaler Ebene nahelegt. Es ist aber auch möglich, dass eine Förderung zu einem Bestandteil der Arbeit im betreuten Wohnen gehörte. Äußerungen, in denen IP5 für sich erkannt habe, dass er sich nicht ein Leben lang in einer Spirale von Vorwürfen drehen wolle und dies durch den Akt des Verzeihens beende, weisen auf – der personalen Ebene entspringende – interne Fähigkeiten hin.[947] Vermutlich setzte diese Fähigkeit erst recht spät ein, weil er in den Jahren zuvor entweder funktionieren musste oder auf plötzliche Freiheit reagierte. Erst nachdem sein Leben einen ruhigeren und klaren Weg (Wohnung, Ausbildung, Beziehung) nahm, hatte IP5 die Möglichkeit, sich dieser Fähigkeit bewusst zu werden und sie aktiv zu nutzen. Auch hier scheinen interne Anlagen vorherrschend zu sein. Besonders in der Erziehung seiner eigenen Kinder beruft er sich auf einen eigens geschaffenen Mittelweg durch gezielte Reflexion, abwägen aller Vor- und Nachteile der Erziehungsmethoden, die er selbst erfahren habe.

b) Autonomie

In seiner Vorstellung von einem guten Leben, „die Wahl zu haben", wird die Bedeutung von Autonomie für IP5 erkennbar. Durch zwei Extreme in der Erziehung – völlige Selbst- bestimmung und absolute Kontrolle durch Fremdbestimmung – konnte er vergleichen. Auch wenn er dem ersteren Erziehungsstil keinen Zuspruch gibt, so ist dieser jedoch sehr wahrscheinlich eine Grundlage für den Stellenwert der freien Wahl für die Bestreitung seines Lebens. Dies deutet auf eine Förderung auf familiärer Ebene. Bestärkt wurde der Wunsch nach Autonomie auch durch das andere Extrem: den Freiheitsentzug. Eine Unterstützung lässt sich hierbei durch seine Reflexionsfähigkeit und den gebotenen Vergleichsmomenten erkennen. Eine weitere Förderung liegt auf familiärer / teils sozialer Ebene, im erlebten Männerbild bis zum Alter von neun Jahren. Männer galten als freiheitsliebend, mutig und selbstbestimmend. Da er ein Junge war und von der Großmutter stetigen Zuspruch bekam, in dieses Konstrukt hineinzuwachsen, liegt auch hier eine Basis.[948] Auch wenn er als Lebensziel die Wahl zu haben ist IP5 durchaus in der Lage, sich gesellschaftskonformen Regeln zu unterwerfen. Er arbeitet als Angestellter seit vielen

---

946 Transkript 5, S. 39-40 [Segment 216b-216d], S. 50 [Segment N7c, N8b].
947 Transkript 5, S. 33 [Segment 183], S. 50 [N4, N7c, N8b].
948 Transkript 5, S. 1-2 [Segment 5a-6], S. 6 [Segment 32-32a].

Jahren in derselben Firma. Jedoch folgt er auch hierbei seinem Motto: Er mag seine Arbeit, also bleibt er dort. Er bleibt dort, weil er sich wohlfühlt und eigenständig die Wahl getroffen hat.

c) Widerstandsfähigkeit, Durchhaltevermögen und Willensstärke

Meine Frage, wann IP5 seine eigene Widerstandsfähigkeit erkannt habe, beantwortete er schnell und gezielt: als er bemerkt habe, dass die Schläge seines Vaters ihm körperlich keine wirklichen Schmerzen mehr zugefügt hätten.[949] Dies verweist auf eine indirekte Förderung im Erkennen von Widerstandskraft durch den Vater auf familiärer Ebene. Dennoch ließen Schilderungen früherer Tage auf ähnliche Züge schließen, als er sich z. B. diversen Aufgaben der Schule widersetzte. Der Hintergrund kann auf der personalen Ebene liegen, wohl aber auch auf familiärer Ebene in der Bekräftigung durch die Erziehungsmethode der Großmutter. Des Weiteren benannte IP5 eine innere Sicherheit: Er habe bereits beim Umzug gewusst, dass alles Folgende ihn nicht zerbrechen wird. Er war sich sicher, dass er den Weg zurück zu seinem Wunschort in sein Wunschleben finden würde.[950] Diese innere Sicherheit spricht erneut für einen Ursprung auf der personalen Ebene, doch auch hier kann eine Stärkung durch das Erziehungsverhalten der Großmutter und das vorgelebte Männerkonstrukt mit einbezogen werden. Gestärkt durch die Klarheit, dem bestehenden lebenswidrigen Zustand irgendwann entfliehen zu können, bewies IP5 darüber hinaus außerordentliche Willensstärke und Durchhaltevermögen.

d) Aktive Bewältigungsstrategien

Neben dem Befreiungsschlag gegen den Vater, mit dem er sein Martyrium beendete, ging er immer wieder proaktiv in Strategien zur Bewältigung. Zum einen nahm er das betreute Wohnen an, indem er sich nicht gegen die Helfer stellte. Dann suchte er sich aktiv eine Ausbildung. Er führte die Aussprache mit seiner Tante herbei und traf aus eigenem Antrieb die Entscheidung, seinem Vater zu verzeihen. Durch seine Reflexionsfähigkeit hat IP5 ein gutes Gespür dafür entwickelt, zu erkennen, was ihm gut tut und was ihn eher behindert. Es ist möglich, dass eine Grundlage zur aktiven Problemlösung ebenso auf familiärer Ebene in dem frühkindlich erlebten und von der Großmutter unterstützten Männerkonstrukt liegt, das neben der Selbstbestimmtheit auch Aktivität vorsah. Der Befreiungsschlag gegen seinen gewalttätigen Vater fand in einem Alter von ca. sechzehn Jahren statt, was den biografischen Wandlungsprozess der

---

949 Transkript 5, S. 40 [Segment 218-218a], S. 41 [Segment 220-221b].
950 Transkript 5, S. 42 [Segment 226], S. 43 [Segment 228,231].

Adoleszenz beschreibt. Dadurch schwächte sich nicht nur körperlich mehr und mehr das Ungleichgewicht zwischen IP5 und dem Vater ab. Auch die geistige Entwicklung machte eine Gegenwehr möglich.

e) Internale Kontrollüberzeugung

Bis zu dem Alter von neun Jahren gab es für IP5 keine Regeln, an die er sich zwingend hätte halten müssen. Ebensowenig hatte er im Alltag mit Sanktionen zu rechnen. Bis zu dem Zeitpunkt hatte es keine zielgerichtete Reflexionsnotwendigkeit gegeben. Das änderte sich zum Teil mit der neuen Lebenspartnerin seines Vaters und dem Beginn von körperlichen Züchtigungen. IP5 lernte, den Anweisungen der Erwachsenen zu folgen, um einer körperlichen Bestrafung zu entgehen. So erfuhr er erstmals eine entfernte Form von internaler Kontrolle: Er passte sich durch bewusstes Unterordnen den neuen Gegebenheiten an, um Strafen zu minimieren. Die Entscheidung zur Unterordnung fällte er allein. Auch wenn ein gesunder Selbstschutz leitend gewesen sein sollte, sind erste Förderungsmomente in Bezug auf das Erkennen internaler Kontrolle zu erkennen. Die Wahrscheinlichkeit, dass der Ursprung dieser Eigenschaft auf personaler Ebene liegt, da zuvor keine signifikanten Förderungsmomente auszumachen waren, bleibt allerdings vage. Zumindest ist eine indirekte Förderung auf familiärer Ebene durch die neu eingetretenen Erziehungsmethoden mit einzubeziehen. Eine Verstärkung lässt sich auch durch den biografischen Wandel der Adoleszenz erkennen, wodurch sich IP5 dem Vater in seiner körperlichen Stärke annäherte. Hinzu kommen geistige Entwicklung, Mut und Entschlossenheit, die ihm zu seinem Befreiungsschlag verhalfen. Als der Vater versuchte, ihn anschließend wieder in die Unterdrückungsszenerie zurückzuholen, war sich IP5 bereits bewusst, dass sein Handeln eine Abwehr bewirken könne. Er stellte sich selbstbewusst und verbal gegen den Vater und erreichte damit nachhaltig das Herauslösen aus dem Umfeld. Er konnte als Jugendlicher bereits verstehen, dass seine Tante ihn nach seinem Ausbruch mit den Freunden nicht mehr bei sich aufnahm. IP5 erkannte somit seine Eigen-verantwortung. Während der kurzzeitigen Unterbringung im betreuten Wohnen kann auf sozialer Ebene durch die Betreuer das weitere Wissen und Anwenden internaler Kontrolle besprochen und geübt worden sein.

In seinem Erziehungsstil seiner Kinder gegenüber ist er sich seiner Handlungen bewusst. Sein wichtiges Anliegen ist, dass seine Kinder „so normal wie möglich aufwachsen, aber auch realitätsnah"[951]. Da IP5 in der Lage ist, seine erfahrenen Erziehungsstile und die von ihnen hervorgerufenen Gefühle zu reflektieren, weiß er um die Konsequenzen von Handlungen. Indem er sich

---

[951] Transkript 5, S. 35 (Zeile 1121-1123).

bewusst für einen Mittelweg entschied (die Wahl der Erziehungsmethode lag stets in seiner Hand), zeigt sich eine internale Kontrollüberzeugung, die durch seine Fähigkeit unterstützt werden kann, Erfahrungen zu reflektieren und Konsequenzen daraus zu ziehen.

f) Freundeskreis und signifikante Personen

IP5 betonte die Bedeutung eines guten Freundeskreises als bestehende Ressource. Er gab zwar an, heute noch Freundschaften aus der Grundschulzeit zu pflegen, aber eine besondere, positive Beeinflussung gab es in der Kindheit nicht. Angelehnt an die Forschung von Bender und Lösel (1997)[952] jedoch wird bestätigt, dass er sich in der Phase des Ausbrechens nach dem Martyrium beim Vater und der Stiefmutter offensichtlich mit Freunden umgab, die diesen Drang nach Freiheit unterstützten und teilten.[953] Als signifikant unterstützende Person kann auf familiärer Ebene die Großmutter festgehalten werden, die durch ihre Erziehungsmethode den Freiheitsdrang in IP5 angelegt haben könnte, diesen aber auf jeden Fall bestärkte. Dieser Freiheitswunsch half ihm signifikant in der Zeit der Gewalterfahrung, da er sein Ziel, wieder zurück ins *schöne Leben*, in sein Heimatdorf zu gelangen, fest vor Augen hatte. Da ihm bereits früh seine Bewegungsfreiheit außerhalb des Elternhauses auch ohne Aufsichtspersonen ermöglicht worden war, gar Normalität darstellte, gab es für ihn keinen Zweifel, den Weg zurück in sein Heimatdorf zu finden, sobald sich die Möglichkeit dazu böte. Zusätzlich unterstützend wirkte mit hoher Wahrscheinlichkeit auf familiärer und sozialer Ebene das als Kind erlebte Männerkonstrukt. Ein Mann galt demnach als stark, selbstsicher, mutig und robust. Ebenfalls auf familiärer Ebene bot die Tante enorme Unterstützung, da sie IP5 bei sich aufnahm, nachdem dieser sich vom Vater losgesagt hatte.[954] Die Begleitpersonen des betreuten Wohnens benannte er weder namentlich noch einzeln, dennoch boten sie ihm eine Form von Selbstständigkeit an, indem sie mit der Familie zusammen den Weg in die erste eigene Wohnung ebneten. (Förderung auf sozialer Ebene)[955] Seine Ehefrau gab IP5 als emotionalen Halt und Partnerin an. Bevor er sie kennengelernt habe, habe es viele Jahre der Suche nach einem Sinn, depressive Phasen und diverse Auslebungsexzesse gegeben. Mit ihr und insbesondere als die erste Tochter sich ankündigte, habe sich IP5 angekommen und seinem Familiengefüge zugehörig gefühlt.[956]

---

[952] Vgl. Bender, D. / Lösel, F. (1997): Protective and risk effects of peer relations and social support on antisocial behaviour in adolescents from multi-problem milieus, S. 661-678.

[953] Transkript 5, S. 22-23 [Segment 124, 126, 128, 129-131a].

[954] Transkript 5, S. 21 [Segment 121].

[955] Transkript 5, S. 29 [Segment 154b-155].

[956] Transkript 5, S. 36-37 [Segment 201-208].

g) Realismus und realistische Ziele

„Mein Ziel ist es, dass meine Kinder mit Mutter und Vater zusammen groß werden."[957] Realistisch räumt IP5 ein, dass es in manchen Fällen nicht machbar sei, doch sei er bereit, alles dafür zu geben, dass seine Kinder „so normal wie möglich in Anführungsstrichen groß werden. Aber auch realitätsnah!"[958] Den Ursprung dieses Wunsches ist in seinen Äußerungen in Bezug auf seine Gefühle als Kind erkennbar, als er sich *nicht komplett* und *anders* gefühlt habe.[959] Dieser Erfahrungswert, das Erkennen und bewusste Reflektieren seiner damaligen Gefühle führen zu dem Wunsch, dass seinen Kindern dieses Gefühl erspart bleibt. Ein weiteres Ziel sei, sein Leben im bisherigen Stil weiterführen zu können. Seine Arbeit macht ihm Freude und finanzieller Aufstieg ist keine Notwendigkeit für ihn, was von Bescheidenheit zeugt. Ein Ursprung oder eine Förderung dieses Zugs lassen sich allerdings nicht mit Sicherheit feststellen. Möglicherweise liegt es daran, dass IP5 zu schätzen weiß, was er erreicht hat, nachdem er die Jahre des Martyriums überstanden hat. Er zeigt sich dankbar, ein selbstbestimmtes und zufriedenes Leben führen zu können.

h) Qualität der Bildung

Vielleicht war es auf familiärer Ebene das frühe Vorbild des Vaters (vor der gewaltbestimmten Zeit), der durchweg in guter Anstellung arbeitete, das IP5 in dem Vorhaben bestärkte, immer für finanzielle Absicherung durch Arbeit zu sorgen. Generell war das frühe Männerbild von Aktivität und Arbeitssinn geprägt. Auch wenn IP5 keine hohen Positionen in der Arbeitswelt anstrebt, so war ihm eine abgeschlossene Berufsausbildung stets wichtig. Dass er ein Studium abbrach, unterstreicht seine Fähigkeit, seine Stärken und Schwächen zu erkennen und dementsprechend seinen Lebensweg in harmonischen Zügen zu planen und zu leben. Sein Beruf, den er seit vielen Jahren ausübt, fordert ihn ausreichend, sodass er zufrieden und glücklich ist.

i) Positives Nutzen durchlebter Widrigkeiten

Während des gesamten Interviews gab es keinen Moment des Klagens. Auch rückwirkend benannte er keine Gefühle von Aufgabe oder Hadern mit seiner Opferrolle. Die Ausnahme bildete nur eine Situation: ein Selbstmordversuch

---

[957] Transkript 5, S. 35 (Zeile 1118-1119).
[958] Transkript 5, S. 35 (Zeile 1121-1123).
[959] Transkript 5, S. 1 [Segment 3].

als Kind.[960] Im Gegenteil betonte er seine Sturheit und seine ständige Gegenwehr sowie die innere Sicherheit, alles daran zu setzen, wieder in sein früheres Zuhause zurückzukehren.[961] Auch in späteren Jahren verfiel er nicht in lethargische Momente des Bedauerns, sondern betrachtete beide Erziehungsmethoden, unter denen er aufwuchs, mit Sorgfalt, um einen anderen Stil zu schaffen. Bestärkt durch seine intendierte Reflexionsfähigkeit, erkannte er Schwachpunkte und positive Aspekte. Seine Motivation ist dabei intrinsischen Ursprungs.

> „Das ist eine Kombination für mich halt. Ich denk, für die Bildung meines Charakters war's gut so, dass das alles SO passiert IST, in Anführungszeichen. Traurig, dass man das so sagen muss, aber ich denk, sonst wäre ich ein riesen Arsch geworden, ein absolut verwöhnter Pans der... wahrscheinlich keine seiner Sachen so durchgezogen hätte, im Nachhinein, wie ich danach [...]"[962]

> „[D]eswegen bemüh ich mich umso mehr, bei meinen eigenen Kindern eigentlich den Mittelweg zu gehen."[963]

j) Kritikfähigkeit

In verbalen Bewertungen, unterstützt von Mimik und Gestik, kritisierte IP5 nicht nur das Handeln anderer, sondern auch sein eigenes Verhalten. Er beschönigte nichts, bagatellisierte keine eigenen Handlungen, zeigte sich aufrichtig und ehrlich. Eigene Fehler (besonders in seiner Jugendzeit) zu erkennen und künftig zu umgehen, begünstigen das heutige Verhältnis zu seiner Tante, die Beziehung zu seinen Kindern und zum Teil auch die funktionierende Ehe. Fördernd und stärkend kann hierbei seine zielgerichtete Reflexionsfähigkeit benannt werden. Externe Förderungsfaktoren finden sich nicht.

k) Verzeihen

Mehrfach erwähnte IP5, dass der Akt des Verzeihens für seinen Seelenfrieden ein wichtiger Schritt gewesen sei. Nach vielen Jahren der Suche nach Antworten auf Warum-Fragen, Hass und Vorwürfen war es schließlich sein Impuls, diese Spirale zu beenden. Er war in der Lage zu erkennen, dass ihm die bisherige Vorgehensweise keine Ruhe brachte. Erst nachdem er seinem Vater verziehen hatte, konnte IP5 die Vergangenheit recht emotionsfrei betrachten. Da er diese Entscheidung selbst fällte und auch keine Angaben zu äußeren

---

960 Transkript 5, S. 50 [Segment N6].
961 Transkript 5, S. 14 [Segment 89], S. 42 [Segment 226], S. 43 [Segment 228-229, 231], S. 49 [Segment N1], S. 50 [Segment N10].
962 Transkript 5, S. 32 (Zeile 1027-1031).
963 Transkript 5, S. 32 (Zeile 1033-1034).

Unterstützungsfaktoren gab, beruhen dieser Entschluss und die Umsetzung mit hoher Wahrscheinlichkeit auf intrinsischer Motivation.

4.5.6 Stabilitätshinweise (z.Z.d.I.)

Fähigkeit zur bewussten und zielgerichteten Reflexion	Basierend auf der Art und Weise der ständigen, intendierten Reflexion während des Interviews kann davon ausgegangen werden, dass sie zu einem Grundbestandteil im Leben von IP5 zählt. Es gibt keinerlei Hinweise darauf, dass diese Reflexionsmomente künstlich eingebracht wurden oder gar vorsätzlich etwas bewusst beschönigen sollten.
Autonomie	Autonomie hat eine hohe Bedeutung im Leben von IP5. Er verfügt über hinreichende Strategien, die er beständig hierfür anwendet.
Widerstandsfähigkeit, Durchhaltevermögen und Willensstärke	IP5 ist sich all dieser Fähigkeiten bewusst. Er ist stolz auf alles, was er überstanden und erreicht hat. Er weiß um seine Fähigkeit durchzuhalten, widerstand zu leisten und um seinen starken Willen, was er zu gegebenen Zeiten situationsbedingt einzusetzen vermag.
Aktive Bewältigungsstrategien	Positive inkrementelle Erfahrungswerte, die er bewusst reflektiert und die ihn zu Schlussfolgerungen und Handlungen anregen, sowie die innere Anlage zu Aktivität sprechen auch hier für Stabilität.
Internale Kontrollüberzeugung	Besonders durch seine kontinuierliche Anwendung zielgerichteter Reflexion sowie durch die Fähigkeit inkrementelle Erfahrungswerte zu erkennen und zu nutzen liegt die internale Kontrollüberzeugung in einem stabilen Rahmen.
Freundeskreis und signifikante Personen	Gute Freundschaften sind IP5 wichtig. Diese pflegt er und er weiß, dass er in schwierigen Zeiten auf Unterstützung zählen kann. Besonders der familiäre Rahmen hat für IP5 einen hohen Stellenwert.
Realismus und realistische Ziele	IP5 ist mit seinem Leben zufrieden, in der Form, wie er es führt und mit den Mitteln, die er zur Verfügung hat. Unrealistische Ziele hat IP5 nicht.
Qualität der Bildung	Es deutet nichts darauf hin, dass sich am zufriedenen Istzustand von IP5 bezüglich seiner Arbeit etwas ändern wird. Da er vollends ausgeglichen ist, strebt er auch keine aufstiegsnotwendigen Bildungsoptionen an. Er hat erreicht, was er wollte und genießt dankbar, was er hat.
Positives Nutzen durchlebter Widrigkeiten	IP5 leistet(e) intensive Reflexionsarbeit für die Konstruktion seines Lebensweges. Für sich persönlich zieht er konstant Nutzen durch eine innere Stärke, der er sich durch das Überstehen der schweren Zeiten bewusst ist. Die gibt ihm Sicherheit für seinen weiteren Lebensweg.
Kritikfähigkeit	Seine Kritikfähigkeit bewies IP5 mehrfach während des Interviews, indem er zu seinem Handeln Stellung bezog. Daraus lässt sich schließen, dass diese Fähigkeit ein stabiler Teil seiner Persönlichkeit ist.

Verzeihen IP5 äußerte klar, wie wichtig ihm Verzeihen sei, um aus negativen Gefühlsspiralen herauszukommen und ggf. dramatische Erlebnisse verarbeiten zu können. Diese Vorgehensweise vertritt er konstant.

4.5.7 Bezug zur persönlichen Definition eines guten Lebens

„Die Wahl zu haben!"[964]

Gemäß dieser Definition gestaltet IP5 sein Leben. Beruflich hat er genau den Platz gewählt, der ihn ausfüllt. Mit der Wahl seiner Ehe und als Familienvater ist er ebenfalls glücklich. Mit seiner eigens entwickelten Erziehungsmethode ist er im Einklang. Sein materielles Auskommen beschreibt er als ausreichend. Seine Freizeit gestaltet er frei nach seinen Wünschen. Alles in allem scheint seine persönliche Definition eines guten Lebens umgesetzt, da das Privileg, eine Wahl zu haben, in keinem Lebensbereich eingeschränkt ist.

Zusammenfassend ist IP5 ein selbstbewusster, zielstrebiger und bescheidener Mann, der großen Wert auf Autonomie, gute Freundschaften und die Fähigkeit des Verzeihens legt. Laut eigenen Angaben schätzen seine Freunde seine Ehrlichkeit und seine Zuverlässigkeit. IP5 ist stolz auf bewältigte, schwere Lebensumstände und auf die Kompetenzen und Stärken, die er sich daraus angeeignet hat. Er weiß diese bewusst zu reflektieren und zu nutzen.

---

[964] Transkript 5, S. 45 (Zeile 1443).

4.6 Interviewpartnerin 6

Legende:

Kürzel	Bedeutung
IP6	Interviewpartnerin 6
z. Z. d. I.	Zur Zeit des Interviews
.. (Zitat)	Kurze Pause (1-2 Sekunden)
... (Zitat)	Längere Pause (3-4 Sekunden)
Unterstrichen (Zitat)	Betont
GROßGESCHRIEBEN (Zitat)	Stark betont

4.6.1 Personenvorstellung

IP6 war z. Z. d. I. 42 Jahre alt. Sie hat eine ältere, gehbehinderte Schwester und einen jüngeren Bruder, der als Baby und Kleinkind häufig krank gewesen sei. Ihr Vater (z. Z. d. I. 63 Jahre alt) sei Schichtarbeiter in einer Papierfabrik gewesen. IP6 beschrieb ihn als daueralkoholisiert, gewalttätig und boshaft. Die Mutter (mit 66 Jahren verstorben) habe am Fließband gearbeitet (Firma undefiniert). Sie habe keine Mutterrolle übernommen, sei überfordert und psychisch so gut wie nicht anwesend gewesen. IP6 habe sich in ihrer Kindheit und Jugend als eine Art Begleithund gesehen, angestellt, um auf die Geschwister (insbesondere auf die Schwester) aufzupassen und für sie zu sorgen. Nebenher habe sie sich um den Haushalt gekümmert und nachts das Frühstück für den Vater gerichtet.[965]

Nachdem IP6 eigene Kinder bekommen habe, habe sich das Verhältnis zu ihrer Mutter gewandelt. Diese habe dann IP6 besonders in der Ausbildungszeit unterstützend zur Seite gestanden. Seit dem Tod der Mutter lebe der Vater allein und habe begonnen, sein Wesen zum Positiven zu verändern, indem er das Rauchen und Trinken einstellte.[966]

IP6 habe die Realschule abgeschlossen und nach dem Abbruch einer Ausbildung zur Chemielaborantin entschieden, Arzthelferin zu werden. Danach habe sie viele Jahre in einem medizinischen Callcenter gearbeitet und beginne in Kürze eine neue Stelle im Patientenmanagement einer Klinik. Sie ist seit neunzehn Jahren verheiratet, hat eine zwanzigjährige Tochter (studiert) und einen neunzehnjährigen Sohn (in Ausbildung).[967]

---

[965] Transkript 6, S. 1 [Segment 1-3, 5a, 6], S. 5 [Segment 21, 22-23], S. 9 [Segment 40], S. 20 [Segment 92], S. 21 [Segment 96], S. 30-32 [Segment 140].

[966] Transkript 6, S. 15 [Segment 69], S. 25-26 [Segment 117], S. 34 [Segment N8], S. 35 [Segment T4].

[967] Transkript 6, S. 30-32 [Segment 140].

4.6.2 Interviewverlauf

Der Kontakt zu IP6 ergab sich durch die Empfehlung aus meinem Freundeskreis. Ich erhielt eine Telefonnummer und rief nach übermittelter Absprache
an. Bei diesem ersten Telefonat erläuterte ich meine Forschungsintention sowie die Form und den Ablauf des geplanten Interviews. IP6 erzählte mir in
knappen Sätzen von dem Hintergrund ihres Aufwachsens und sprach über
ihre aktuelle persönliche Situation, die sie als gelungen ansieht. Ich empfand
sie als für meine Forschung geeignet und wir verabredeten uns zu einem
Termin, ca. zwei Wochen später. Wahrscheinlich war es der gemeinsamen
Bekanntschaft aus dem Freundeskreis geschuldet, dass wir uns bereits nach
wenigen Minuten auf eine informelle Anrede einigten. Das Interview fand
wie abgesprochen etwa zwei Wochen später auf Wunsch von IP6 in meinem
Haushalt statt. In ihrem Haushalt konnte nicht die notwendige Ruhe garantiert
werden. Außerdem war sie der Meinung, dass sich solche Themen eher auf
neutralem Boden besprechen ließen. Einen öffentlichen Ort schlossen wir aufgrund von ungewollten Zuhörern aus. Während des Interviews befanden wir
uns in meinem Arbeitszimmer. Ich hatte Tee bereitgestellt. IP6 war locker, aber
stylisch gekleidet. Nach einer freundlichen Begrüßung und der schriftlichen Er-
ledigung aller rechtlicher Formalitäten schaltete ich nach ca. zehn Minuten das
Diktiergerät und die Kamera ein, womit das Interview begann. Nach meinem
Erzählstimulus begann IP6 in einem zusammenhängenden Redefluss direkt
von den gegebenen Familienverhältnissen und ihrer Aufgabe als Kind zu sprechen. Eindrücklich schilderte sie, in welcher Form sie für ihre gehbehinderte
Schwester zu sorgen gehabt habe und die damit verbundenen Schwierigkeiten.
Sie berichtete von den überforderten Eltern und ihren dadurch bedingten zusätzlichen Pflichten.[968] Über die Gewalt des Vaters sprach sie nur sehr wenig,
jedoch in ausdrucksstarker Art und Weise. Das Reden darüber schien ihr aber
nicht schwer zu fallen. Es gab während des gesamten Interviews zwar viele
Momente, in denen IP6 die Tränen kamen, jedoch betraf dies nicht vorwiegend
schwierige Erlebnisse. Sie weinte gleichermaßen bei Verlustmomenten, bei
schönen Erinnerungen z. B. an ihre Mutter oder an den ersten Tanz mit ihrem
heutigen Ehemann. Erzählungen zu ihrem Mann, vom Kennenlernen bis zur
Ehe und gemeinsam überwundene Hindernisse bestimmten einen Großteil
des Interviews. Begleitet von Gesten aufrichtiger Zuneigung nannte sie ihn in
mehreren Zusammenhängen – z. B. wenn es um Zukunftssicherheit oder das
Bewusstsein ihrer eigenen Stärken ging.[969]

---

[968] Transkript 6, S. 1-24 [Segment 1-112].
[969] Transkript 6, S. 20 [Segment 90], S. 24 [Segment 113], S. 25 [Segment 115], S. 28 [Seg-
ment 134], S. 29-30 [Segment 139], S. 34 [Segment N10b]..

Nach ca. einer Stunde und zwanzig Minuten beendete sie ihre ersten Ausführungen und ich begann weitere Fragen zu stellen.[970] Es folgten wiederholt kleinere Redeflüsse. Das Interview endete nach zwei Stunden mit dem Ausschalten beider Aufnahmegeräte. IP6 gab an, dass sie sich wie innerlich geduscht fühlte, weil sie so viel geweint hätte, lachte dabei und empfand dies offensichtlich als positiv. Das Nachgespräch dauerte ca. 35 Minuten, hin und wieder notierte ich Zitate.[971] Danach verabschiedeten wir uns freundschaftlich und sicherten beiderseitige Erreichbarkeit für eventuelle Nachträge oder Fragen zu. Nachdem IP6 gegangen war, notierte ich in Stichpunkten die wichtigsten Themen des Nachgesprächs.

Während der Transkription ergaben sich einige Fragen. Ein Treffen schien mir aber nicht erforderlich und so telefonierten wir etwa zwei Wochen später für ca. fünfzehn Minuten.[972] Während dieses Telefonats beantwortete IP6 meine Fragen in freundlichem Ton. Zu weiterem Kontakt kam es nicht.

4.6.3 Fallvorstellung

Signifikante Themen und Epochen

1. Rolle von IP6 in ihrer Kindheit
2. Rolle der Eltern
3. Beginn von selbstbestimmtem Handeln ab der 8. Klasse, Einstieg ins Berufsleben und Berufswahl
4. Kennenlernen ihres Ehemanns und Ehe

1.

Ihre Rolle als Kind und Schwester beschrieb IP6 als Funktion ähnlich eines *Begleithundes*, „immer nur eine Art Aufgabe um die Schwester drum rum gebaut"[973]. Ihre ein Jahr ältere Schwester sei gehbehindert und ihr Bruder als Baby und Kleinkind oft krank gewesen. IP6 habe die Aufgabe gehabt, auf die Geschwister zu achten, damit ihnen nichts passiere. Ihre Schwester habe nicht stürzen dürfen und da diese keine Freunde gehabt habe, sei IP6 ihre Hauptbezugsperson gewesen. Von häuslichen Pflichten sei die Schwester größtenteils entbunden gewesen, genauso wie der ein Jahr jüngere Bruder. Für seine Sauberkeit hatte IP6 ebenfalls zu sorgen.[974]

---

[970] Transkript 6, S. 24-33 [Segment 113-140].
[971] Transkript 6, S. 33-34 {[Segment N1-N10b].
[972] Transkript 6, S. 34-36 [Segment T1-T19c].
[973] Transkript 6, S. 33 (Zeile 1063).
[974] Transkript 6, S. 1 [Segment 5-6], S. 8 [Segment 37-37a].

Im Alter von acht Jahren sei die Schwester mit ihren Gehhilfen schwer gestürzt. IP6 sei sieben Jahre alt gewesen und habe verzweifelt versucht, sie wieder aufzurichten, was ihr nicht gelungen sei. Nachdem sie bei den Eltern Hilfe gesucht habe, seien ihr Vorwürfe gemacht worden, dass sie besser hätte aufpassen müssen.[975]

Um zu gewährleisten, dass die Schwester in der Schulzeit ausreichend Sicherheit und Schutz erfahre, sei sie ein Jahr zurückgestuft worden und zu IP6 in die Klasse gekommen. IP6 habe dann die Aufgabe bekommen, für ihre Schwester Sorge zu tragen. IP6 sei in dieser Rolle so weit gegangen, dass sie sich für ihre Schwester geprügelt habe, wenn jemand sie beleidigte.[976] Im Elternhaus hätten sich die Geschwister zu dritt ein Zimmer geteilt. IP6 sei die Stärkste von den Dreien gewesen. Bei Geschwisterrivalitäten hätten sich die Schwester und der Bruder häufig gegen IP6 verbündet.[977]

Im Haushalt habe IP6 für Ordnung sorgen müssen. Überdies sei sie bereits sehr früh (mit ca. neun Jahren) gegen 04.00 Uhr aufgestanden, um dem Vater sein Frühstück und Brote für die Arbeit zu richten. Als der Vater zur Arbeit aus dem Haus gegangen sei und die anderen noch schliefen, habe IP6 die restlichen Stunden für sich genossen. In dieser Zeit habe sie niemand gebraucht oder genervt.[978]

Für alles, was sie für sich hätte haben oder erreichen wollen, habe sie kämpfen und auf vieles verzichten müssen. Als ein Beispiel nannte sie Freunde.[979]

Finanziell sei es in der Familie oft sehr knapp gewesen. Der Vater sei lange Zeit Alleinverdiener gewesen. Die Mutter sei zu Hause geblieben, bis IP6 die 8. Klasse wiederholt habe. Aufgrund der geringen finanziellen Mittel habe es spezielle Regeln beim Essen gegeben. Für die Kinder habe es daher oft nur Butterbrote mit Salz gegeben, Brotbelag wie Wurst sei für den Vater reserviert gewesen, da dieser arbeiten ging.[980]

2.

Die Eltern seien mit den drei Kindern völlig überfordert gewesen. Bei Ausflügen seien sie viel unter sich geblieben, während die Kinder sich allein unterwegs die Zeit vertrieben hätten.[981] Die häuslichen Pflichten und die Sorge für das körperliche und seelische Wohl der behinderten Tochter, teils auch für den

---

[975] Transkript 6, S. 2-3 [Segment 11-11b].
[976] Transkript 6, S. 2 [Segment 9-10a].
[977] Transkript 6, S. 3 [Segment 12-12a].
[978] Transkript 6, S. 8 [Segment 35,35b].
[979] Transkript 6, S. 3 [Segment 15-15a].
[980] Transkript 6, S. 5 [Segment 24].
[981] Transkript 6, S. 1 [Segment 4], S. 2 [Segment 7], S. 3 [Segment 14].

Sohn, seien auf IP6 übertragen worden. Sie bezeichnete sich als „das einzige normale Kind"[982]. Die Mutter sei psychisch so gut wie nie anwesend gewesen, habe viel geschlafen oder zu den Geschwistern gehalten.[983]

„Zu Hause war nie irgendwie was aufgeräumt oder sonst irgendwas."[984], „Meine Mutter, die war nicht wirklich eine Mutter für mich, sondern.. ja sie war halt da.. Sie hat viel geschlafen.. Aber ich hatte immer das Gefühl, dass sie zu meiner Schwester steht und zu meinem Bruder, aber nicht zu mir."[985]

Damit die Mutter habe schlafen können, habe IP6 das Essen für den Vater zubereitet. Der Vater sei Schichtarbeiter gewesen, IP6 bezeichnete ihn als „ziemlich boshaft"[986] und „wirklich wüst"[987], „[...] war halt immer so: Bevor er redet, schlägt er."[988] Einmal habe er beim Aufstehen IP6 geohrfeigt, dass sie geblutet habe. Als sie etwa siebzehn Jahre alt gewesen sei, habe er gesagt: „Du bist eine Hure. Du bist eine Schlampe. Du wirst unter der Brücke enden. Du hast kein Leben verdient."[989] Dabei habe er sie mit Fäusten und Tritten verprügelt.[990] Auch erzählte sie davon, wie sie ihren ersten Freund zu Hause hatte vorstellen müssen und wie groß ihre Angst gewesen sei, weil der Vater sich einen Spaß daraus gemacht habe, böse zu sein.[991] Neben der Gewalt stand der Alkohol. IP6 schilderte, dass sie ihren Vater nie ohne Alkoholeinfluss gesehen habe, daher konnte sie auch nicht einordnen, ob die Gewaltausbrüche darauf zurückgeführt werden könnten oder nicht.[992] Bei ihrer Berufswahl hätten die Eltern maßgeblich eine Richtung vorgegeben. So hätten sie den gymnasialen Schulweg verboten. IP6 habe eine Ausbildung beginnen sollen, um Geld für die Familie zu verdienen.[993]

In der Beziehung zur Mutter und deren Rolle habe es eine positive Wendung gegeben, als IP6 ihre Tochter bekommen habe. Von da an habe sie ihre eigene Mutter als sehr hilfreich empfunden. Sie hätten sich einander angenähert und IP6 habe im Umgang der Mutter mit den Enkeln einen Wiedergutmachungsversuch für eigene Fehler in der Kindererziehung erkannt. Als besonders hilfreich beschrieb IP6, dass die Mutter auf ihre Tochter aufgepasst habe, damit sie die Ausbildung hatte beenden können. Auch wenn sie der Mutter nicht zugetraut habe, ihren Sohn aufgrund seiner Gaumenspalte richtig zu füttern, habe

---

982 Transkript 6, S. 1 (Zeile 15).
983 Transkript 6, S. 5 [Segment 21-21a].
984 Transkript 6, S. 5 (Zeile 145-146).
985 Transkript 6, S. 5 (Zeile 139-141).
986 Transkript 6, S. 20 (Zeile 645).
987 Transkript 6, S. 9 (Zeile 287).
988 Ebd.
989 Transkript 6, S. 3 [Segment 13-13b], S. 20 (Zeile 648-649).
990 Transkript 6, S. 20 [Segment 93-93a].
991 Transkript 6, S. 9 [Segment 39a-41].
992 Transkript 6, S. 35 [Segment T3].
993 Transkript 6, S. 10 [Segment 45-45a].

diese in besagter Zeit eine enorme Unterstützung geboten. Es sei schließlich zu einer engen Bindung zwischen den beiden gekommen.[994]

Einige Zeit später sei die Mutter jedoch an Brustkrebs verstorben. Nach dem Tod der Mutter und einer Eskalation im Garten kurze Zeit später habe der Vater dem Alkohol entsagt. So sei es auch zu einer Annäherung zwischen IP6 und ihm gekommen. Ihr Verhältnis sei heute innig und familiär geprägt. Da Familie sei IP6 wichtig, es habe nur eine sehr kurze Zeitspanne von ca. einem halben Jahr ohne Kontakt zu den Eltern gegeben.[995]

3.

Nachdem IP6 ihr Leben hauptsächlich damit verbracht habe, ihre Geschwister zu versorgen, zu unterstützen und zu beaufsichtigen, den Haushalt in Ordnung und den Eltern in jedweder Form den Rücken freizuhalten, habe sie sich in der 7. Klasse dazu entschlossen, einen eigenen Weg einzuschlagen. Durch eine bewusste Änderung der Fächerwahl habe sie eine Distanzierung zur Schwester initiiert. Um ganz sicher zu gehen, habe sie sich in der 8. Klasse dazu entschieden, absichtlich so schlechte Noten zu schreiben, dass sie die Klasse wiederholen müsse. Die Schwester sollte nicht so einfach folgen können, denn nur dadurch habe IP6 die Möglichkeit gehabt, eine gesicherte Form von Distanz zur Schwester aufzubauen.[996]

> „In dem Moment hab ich das für mich als richtig empfunden, damit ich ICH sein kann.. damit ich bissel leben kann…"[997]

> „Und dann hab ich gewusst, oder ich denk, das war nur ein Gefühl: Dass, dass, dass die Verbindung wirklich so weit getrennt ist, dass ich dann wirklich mein, mein, mein, mein Weg gehen kann."[998]

Obwohl IP6 ihren Weg habe gehen und erstmals eigene Freunde habe finden können, verwies sie auf Gewissensbisse und Zweifel an ihrer Entscheidung. Sie habe sich in großer Ambivalenz befunden, zumal sie durchaus bemerkt habe, wie einsam und allein ihre Schwester danach gewesen sei. Aber der Wunsch, endlich sie selbst sein zu dürfen, sei größer gewesen. Diesbezüglich habe sie alles genutzt, was es an Angeboten gegeben habe. Sie habe sich in jede freiwillige Arbeit der Schule eingeschrieben, um nicht zu Hause sein zu müssen. Den Eltern habe sie dies als Pflichtteilnahmen erklärt, was sie auch geglaubt hätten.[999]

---

[994] Transkript 6, S. 15 [Segment 69], S. 21 [Segment 98-98a], S. 34 [Segment N8].
[995] Transkript 6, S. 31-32 [Segment 140], S. 35 [Segment T4], S. 36 [Segment T9-T9c].
[996] Transkript 6, S. 4 [Segment 17-18a].
[997] Transkript 6, S. 4 (Zeile 113-114).
[998] Transkript 6, S. 4 (Zeile 123-125).
[999] Transkript 6, S. 4 [Segment 17b-17d, 19], S. 5 [Segment 20], S. 8 [35c-36].

Die zweite 8. Klasse beschrieb sie als „super"[1000] und „...so... so leicht"[1001]. Offensichtlich waren das für sie völlig neue Erfahrungswerte. Der weitere Schulweg sei merklich müheloser gewesen und sie erzählte stolz von einem Realschulabschluss mit einem Durchschnitt von 1,8. Daraufhin habe sie sich an einem Gymnasium beworben und zehn Tage später eine Zusage erhalten. Doch die Eltern hätten ihr verboten, diesen Weg zu gehen. Sie habe Geld verdienen sollen. Deshalb habe sie eine Ausbildung zur Chemielaborantin begonnen, doch schnell bemerkt, wie unglücklich sie dort war. Dies sollte nicht ihre künftige Arbeit sein. Nach etwas über einem Jahr habe sie einen anderen Tätigkeitsbereich gesucht. Durch ein zielführendes Gespräch mit der Arbeitsagentur sei sie zu einem Vorstellungstermin als Arzthelferin gekommen. Diese Stelle habe sie angenommen und sich wohlgefühlt.[1002] Sie habe einfach nicht allein in einem Labor stehen wollen, sondern habe Gesichter und Menschen um sich haben wollen, „die einen brauchen, die ein freundliches Gesicht brauchen [...]."[1003] IP6 habe für diese Menschen da sein, helfen und organisieren können.[1004] Während dieser Ausbildung (von der sie durchweg schwärmte) sei IP6 zusätzlich von einer Masseurin angelernt worden. Auch hier habe sie sofort inneren Zuspruch empfunden. Offensichtlich konnte IP6 diese Arbeit nutzen, um zwei Dinge zu verbinden: Druck abzubauen und gleichzeitig anderen zu helfen: „Ich kann meine Wut rauslassen, bei den Leuten, aber ich tu den Leuten damit was Gutes! Das ist total win-win. Also ich hab mich danach total super gefühlt."[1005] Sie fügte aber schnell hinzu, dass sie ausschließlich Menschen massieren könne, die sie kenne oder möge. Wenn ihr jemand unsympathisch gewesen sei, habe sie sich danach nicht gut gefühlt und die Massage hätte auch nicht den gewünschten Erfolg gebracht. Daher sei für sie klar, dass sie zwar in ihrer Freizeit massieren könne, dies aber niemals ihr Hauptberufszweig würde.[1006] Nach der Ausbildung habe sie in einem medizinischen Callcenter begonnen und dort neun Jahre lang gearbeitet. Die Arbeit an sich habe ihr gut gefallen, doch habe es einige menschliche Unstimmigkeiten im Personalbereich gegeben. Diese hätten sich so verdichtet, dass sie sich kurz vor dem Interview anderweitig beworben habe. Inzwischen sei sie in einer Klinik im Patientenmanagement tätig und fühle sich dort sehr wohl.[1007]

[1000] Transkript 6, S. 4 (Zeile 126).
[1001] Transkript 6, S. 4 (Zeile 131).
[1002] Transkript 6, S. 10-11 [Segment 45-47, 50-50b].
[1003] Transkript 6, S. 11 (Zeile 337-338).
[1004] Transkript 6, S. 11 [Segment 50-50b].
[1005] Transkript 6, S. 12 (Zeile 361-362).
[1006] Transkript 6, S. 11-12 [Segment 52-53c].
[1007] Transkript 6, S. 18 [Segment 85-85a], S. 30 [Segment 140].

4.

Während ihrer Ausbildung habe IP6 bei den Eltern gewohnt und sich in einer Beziehung befunden, die jedoch oberflächlich gewesen sei. Bei einem Abend mit Freunden sei sie ihrem heutigen Ehemann begegnet. Dieser habe sie zum Tanzen aufgefordert und dieser Tanz habe ihr Leben verändert. Wie er sie „gehalten hat"[1008], habe er ihr erstmals ein Gefühl von Sicherheit und wirklicher Nähe gegeben. Diese Gefühle von Geborgenheit und Schutz habe sie bis dahin nicht gekannt. In diesem Augenblick sei nicht sie diejenige gewesen, die sich um alle kümmerte, alles organisierte, leitete und umsorgte. Hier sei sie ein Mädchen in den Armen eines jungen Mannes gewesen, der sie gedreht, aufgefangen und festgehalten habe.[1009] Dabei habe sie ein Gefühl von einem gewünschten Zuhause empfunden: „Angekommen. Jetzt bin ich da! Hier wollte, will ich hin und nicht weiter!"[1010] Bereits in diesem Moment habe IP6 gewusst, dass das ihre Zukunft sein solle. Kurze Zeit später seien sie ein Paar gewesen. Bis heute beschreibt sie ihre inzwischen fast zwanzig Jahre bestehende Ehe als intakt und als „schwierig, aber toll"[1011]. Schwierig sei sie wegen ihrer unterschiedlichen Charaktere, wodurch sich immer wieder Reibungspunkte ergäben.[1012] „Aber es macht immer wieder Spaß! Das ist echt cool!"[1013]

In ihrer Beschreibung, was ein gutes Leben für sie ausmache, stehen ihr Mann und ihre Familie im Mittelpunkt. Sie erzählte während des Interviews eindrücklich, wie schwer sie es zu Beginn gehabt hätten, wie sie einige Wochen nach dem Beginn der Beziehung schwanger geworden sei, sie noch in der Ausbildung gesteckt habe, ihr Freund erst habe Arbeit suchen müssen und wie sie eine Wohnung mit minimalistischer Einrichtung bezogen hätten. Doch durch den Zusammenhalt mit ihrem liebevoll genannten „Männel"[1014] habe sie nie das Gefühl gehabt, etwas nicht schaffen zu können. Inzwischen blickt sie stolz auf das gemeinsam Erreichte.

4.6.4 *Qualitative Analyse*

Bei IP6 fällt besonders die Negativumkehr dessen auf, was sie als Kind verflucht, gehasst und mit großer Mühe durch die Wiederholung der achten Klasse zu minimieren begonnen hatte. Das Versorgen, Helfenmüssen und ständige Gebrauchtwerden nutze sie im Erwachsenenleben als ihre große Stärke.

1008 Transkript 6, S. 13 (Zeile 404).
1009 Transkript 6, S. 33 [N6-N6b].
1010 Transkript 6, S. 35 (Zeile 1140-1141).
1011 Transkript 6, S. 15 (Zeile 474).
1012 Transkript 6, S. 15 [Segment 67].
1013 Transkript 6, S. 15 (Zeile 479).
1014 Transkript 6, S. 30 (Zeile 957).

Dies zeigt sich zum einen in ihrer Berufswahl und durch die geschilderten Gefühle während des Vorstellungsgesprächs zur Arzthelferinnenausbildung. Den Prozess, negative Erlebnisse positiv zu nutzen, beschrieb sie als bewusste Entscheidung:

> „Ich habe irgendwann für mich erkannt, dass ich für mich aus all dem das Positive rausziehen kann und will und das Negative beiseitelasse. Das war in der Tat eine bewusste Entscheidung. Ich wollte mir das Positive der Erfahrungen zunutze machen, um daraus für mich selbst Energie zu ziehen. Ich musste als Kind betreuen, umsorgen, bewachen, organisieren und helfen, das nutze ich positiv, als das, was ich kann. Und damit kann ich anderen helfen, was wiederrum mir guttut. Ich fühle mich gut, wenn ich anderen helfe."[1015]

IP6 geht in der Rolle der Helferin auf und ist bei den Patienten beliebt. Sie findet häufig emotionale Zugänge zu den anvertrauten Menschen, die anderen entgehen, und ist stolz darauf. Sie legt viel Wert auf persönlichen Kontakt zu den Hilfebedürftigen. Dass sie in der Ausbildungszeit in der Orthopädie eingesetzt war und sich dazu hingezogen fühlte, mag an der Gehbehinderung der Schwester gelegen haben; es handelte sich schließlich um ein vertrautes Terrain. Im Gegenzug versteht sie es, nötigen Abstand zu wahren und Psychohygiene zu betreiben. Deutlich wurde dies in Bezug auf ihre Massagetätigkeit. Bewusst entschied sich IP6 gegen einen hauptberuflichen Einsatz dieser Fähigkeit, weil sie diese ausschließlich an Menschen durchführen wolle, denen sie positiv gegenüberstehe. Diese Entscheidung spricht nicht nur für die Fähigkeit zur Achtsamkeit und Psychohygiene, sondern auch für die Bedeutung selbstbestimmten Handelns. Jedoch offenbarte IP6 immer wieder ein schlechtes Gewissen, wenn sie sich oben anstelle und darauf achte, nicht ausgenutzt zu werden. Geschuldet ist diese Ambivalenz mit hoher Wahrscheinlichkeit dem Hintergrund ihrer Kindheit und Jugend. IP6 hat nicht gelernt, für sich selbst Sorge zu tragen, ihr Seelenwohl stand entweder hintan oder wurde ignoriert. Die Wichtigkeit, für sich zu sorgen, hat IP6 allerdings erkannt und sie versucht, ein gutes Maß zu finden. Das deutet zudem auf Realismus und Reflexionsfähigkeit. Sie erkennt ihre Stärken und Schwächen im Bereich der Selbstfürsorge, reflektiert sie und ist in der Lage, in diversen Lebensumständen entsprechend zu agieren.[1016]

Als eine wichtige Bezugsperson in Kindertagen beschreibt IP6 ihre Großmutter, bei der sie regelmäßig am Wochenende Zeit verbracht habe. Durch das Ritual des Zeitungaustragens und dem anschließenden, nur ihr vergönnten Kaffee fühlte sich IP6 beachtet. Hier konnte sie ohne die Anwesenheit der Geschwister, ohne Konkurrenz und völlig ohne Verpflichtungen sein. Bei der Oma sei sie jemand besonderes gewesen. Trotz der emotionalen Erzählweise

---

[1015] Transkript 6, S. 35 (Zeile 1147-1155).
[1016] Transkript 6, S. 11-12 [Segment 52a-53c], S. 27 [Segment 122-124c, 125-128a], S. 28 [Segment 129].

und den Tränen, welche die Bedeutung der Oma bestätigten, wurde diese während des Interviews nicht weiter erwähnt. IP6 erzählte auch nicht, ob sie sich mit Problemen an sie habe wenden können. Wohl aber schilderte sie, wie die Großmutter bei einem versuchten sexuellen Übergriff bedingungslos hinter ihr gestanden habe. Bei der Frage nach Personen, die für einen positiven Lebensweg prägend gewesen seien, nannte IP6 ihre Mutter (nach der Geburt der eigenen Tochter) und ihre Schwägerin, die inzwischen wie eine Schwester für sie sei; ihre Großmutter blieb unerwähnt. Lediglich im Nachgespräch verwies IP6 darauf, dass sie bei ihr einfach nur sie sein durfte.[1017] Ob IP6 diese Zeit bei der Großmutter als weniger relevant für das Interview erachtete oder ob die Beziehung generell eher nebensächlich war, wird nicht deutlich.

Von einschneidenden Momenten berichtete IP6 im Teil der examenten Fragestellung. Sie beschrieb dazu Bereiche von selbstbestimmten Handlungsmomenten. Ein solcher Moment sei z. B. gewesen, als IP6 erstmals in der siebten Klasse aus dem auferlegten Konstrukt ihrer Kindheit ausbrach, indem sie einen anderen Fächerzweig wählte als die Schwester und zusätzlich die achte Klasse wiederholte, um sich aus der Überwachung ihrer Schwester zu befreien. Ebenso handelte es sich bei dem kurzzeitigen Auszug für IP6 um einen entscheidenden Moment, als der Vater sie verprügelt und ihr gesagt habe, dass sie kein Leben verdiene. Auch wenn sie auf Wunsch der Mutter nach einigen Wochen wieder zurückgegangen sei, habe ihr dieser Schritt verdeutlicht, dass sie in der Lage sei zu gehen, wenn es darauf ankomme.[1018]

Wirklich ausgezogen ist IP6 dann mit zwanzig, als sie mit ihrem heutigen Ehemann zusammenzog. Dies war für sie ein weiterer einschneidender Schritt zur Überzeugung, künftig alles schaffen zu können. In der Erzählung stachen die innere Sicherheit, der Optimismus und positives Zukunftsdenken heraus:

> „Das ich gewusst hab: So, jetzt steh ich auf eigenen Beinen. Ähm.. ich mach meine Ausbildung! Ich werde einen guten Job kriegen, ich werde meinen Job gut ausüben. Ja, das war schon so der Anfang, wo ich gewusst hab: Ich krieg mein Leben auf die Reihe.“[1019]

Ganz wichtig für IP6 ist in Erziehungsfragen die bewusste Abgrenzung zu ihren Eltern, auch wenn sie zu beiden letztlich ein gutes Verhältnis habe:

> „Ich habe mir geschworen: Ich werde meine Kinder niemals so erziehen wie meine Eltern. Ich stehe immer hinter meinen Kindern, wenn irgendwas ist. Die müssen nie das Gefühl haben, im Stich gelassen zu werden, wenn irgendwas ist.“[1020]

[1017] Transkript 6, S. 5-6 [Segment 26-27a], S. 33 [Segment N3].
[1018] Transkript 6, S. 4 [Segment 17-17a, 17c, 18-18a], S. 20 [Segment 93-94], S. 34 [Segment N10a].
[1019] Transkript 6, S. 29 (Zeile 941-943).
[1020] Transkript 6, S. 29 (Zeile 946-949).

Widerstandskraft zeigte sie laut eigenen Angaben bereits mit ca. acht Jahren, als sie sich aktiv gegen den Versuch eines sexuellen Übergriffs gewehrt habe. Es habe sich hierbei allerdings um eine kernfamilienexterne Situation gehandelt. Der eigenständig initiierte Ausbruch daraus fand mit dem Entschluss der Klassenwiederholung statt.[1021]

Als einen weiteren enorm wichtigen Aspekt, der die Stellung von Selbstbestimmtheit in ihrem Leben verdeutlicht, benennt sie das Kennenlernen ihres Ehemanns, den sie für sich habe gewinnen können: „Ich kam, sah und siegte!"[1022]

Die Fähigkeit, positiv und optimistisch zu denken, zu handeln und in diesem Sinne zu leben unterstreicht sie mit der Aussage, dass das Glück sich „wie ein roter Faden"[1023] durch ihr Leben ziehe. Ob es am Glück liegt, an ihrer Willensstärke, Zuversicht oder an ihrer inneren Haltung, die keine Entmutigung von außen zulässt – der berufliche und private Erfolg sei unbestritten:[1024] „Ich will das! Und wenn ich das soo will, dann KRIEG ich das auch! Basta!"[1025]

Die Bedeutung von Selbstwirksamkeit im Leben von IP6 zeigt sich im Beruf: Sie bewirkt etwas bei anderen Menschen. Ihr Handeln führt zu positiven Effekten. Eindrücklich erzählte sie von einem Gespräch mit einem suizidgefährdeten Patienten. Durch die Einstufung als schönstes Erlebnis bei der Arbeit wird die Relevanz der eigenen Wirkung erkennbar. Das positive Resultat ihres Handelns an diesem Tag hinterließ in ihr einen bleibenden, eindrücklich positiven Erfahrungswert. Diese Erfahrungen nutzt sie heute in der neuen Arbeitsstelle, sie wolle für die Patienten da sein, in ihnen ein Lächeln bzw. Hoffnung auf eine positive Zukunft bewirken. Durch die positiven Rückmeldungen erlebt IP6 eine Aufwertung ihrer Arbeitsmoral und Handlungsweise, erkennt die Wichtigkeit ihrer Person und ihres Wirkens an und ist glücklich damit. Gleiches gilt für ihr Hobby, das auch als Ressource in schwierigen Momenten fungiert: die Massagetätigkeit.[1026]

Realitätsnähe zeigt sie in den Äußerungen zu ihrer Ehe. Sie hat keine Angst vor Schwierigkeiten. Sie beschrieb ihre Ehe nicht durchweg als makellos, sondern räumt Probleme als wiederholenden „Kraftakt"[1027] ein, den sie allerdings als „cool"[1028] empfinde. IP6 scheut sich weder vor Anstrengungen noch vor Schwierigkeiten oder Veränderungen:

[1021] Transkript 6, S. 6 [Segment 27-27a], S. 34 [N10b].
[1022] Transkript 6, S. 34 (Zeile 1105-1106).
[1023] Transkript 6, S. 11 (Zeile 335).
[1024] Transkript 6, S. 10 [Segment 45], S. 16-17 [Segment 75b-76b], S. 18-19 [Segment 85-86b], S. 22-23 [Segment 104-108], S. 29-30 [Segment 139].
[1025] Transkript 6, S. 33 (Zeile 1084-1085).
[1026] Transkript 6, S. 11 [Segment 50-50b, 51a], S. 18 [Segment 84], S. 19 [Segment 86b].
[1027] Transkript 6, S. 15 (Zeile 479).
[1028] Ebd.

„Es ist auch immer wieder faszinierend zu sehen, wie und welche Veränderungen auf einen zukommen und wie man die dann meistert, wie man dann letztendlich dran wächst. Das ist Leben!"[1029]

Das Gefühl der Gewissheit, dass sie alles meistern werde und dass ihr Leben weiterhin in diesen gelungenen Formen verlaufe, schreibt sie ihrer eigenen Einstellung zu: „[D]as liegt viel an mir. Also, wenn ich positiv bin."[1030]

Zusammenfassend lässt sich sagen, dass IP6 eine optimistische, realitätsnahe, engagierte und zuversichtliche Person ist. Sie hat keine Angst vor Krisen, vor Neuem oder vor Anstrengungen. Leben besteht für sie aus Veränderungen und der Erkenntnis, wie man ihnen begegnen kann. IP6 blickt stolz auf überstandene Widrigkeiten und zieht bewusst positiven Nutzen. Außerordentliche Aufmerksamkeit schenkt sie im Vergleich zu ihren Eltern der Erziehung ihrer Kinder. Sie nutzt auch hier gezielt alle negativen Erlebnisse, um entschieden gegensätzlich zu handeln. Möglicherweise unterstütze sie dies bei der Bewältigung der Vergangenheit, um eine vorwurfsfreie, gute Bindung zu ihren Eltern aufzubauen. Mit ihren Massagen betreibt sie eine funktionierende Form von Psychohygiene. In ihrer Definition von einem guten Leben geht es hauptsächlich um ihre Kernfamilie; sie und ihr Ehemann stehen sich jederzeit zur Seite. IP6 lebt mit dem Bewusstsein, künftige Situationen gemeinsam mit ihm meistern zu können.

4.6.5 Einflüsse auf signifikante Resilienzfaktoren

a) Fähigkeit zur bewussten und zielgerichteten Reflexion

IP6 war in der Lage, Geschehnisse jeglicher Art zu reflektieren. Das Einsetzen dieser Fähigkeit zeichnete sich in der 8. Klasse ab, als sie für sich erkannte, dass sie nur beginnen könne, sie selbst zu sein, wenn sie sich von ihrer Schwester entferne. Die Entscheidung der veränderten Fächerwahl und der Klassenwiederholung traf IP6 eigenständig. Es gibt keine Hinweise auf äußere Förderungseinflüsse. Im späteren Verlauf galt die meiste zielorientierte Reflexionsarbeit der Erziehungsmethoden der Eltern als Gegenmodell zur Erziehung ihrer eigenen Kinder. Auch in Bezug auf ihre berufliche Laufbahn war IP6 in der Lage, ihre Situation und ihre Wünsche mit den Gegebenheiten zu vergleichen sowie ihre Fertigkeiten und Stärken abzuschätzen und einsetzbar zu machen. Die Fähigkeit, Stärken und Schwächen zu reflektieren und einen bestmöglichen Wirkungskreis zu suchen, scheint der personalen Ebene zu entspringen. Hingegen deutet die Kompetenz, eigene Wünsche zu erkennen, auf eine Förderung auf familiärer Ebene durch die Großmutter in Kindertagen, die zumindest die

---

[1029] Transkript 6, S. 36 (Zeile 1159-1161).
[1030] Transkript 6, S. 29 (Zeile 930).

Grundlagen zur Selbstfürsorge schaffte. Die Bedeutung dessen zeigt sich im Bereich der Massagetätigkeit und in der Reflexion, welche Form von Arbeit IP6 liege.[1031]

b) Autonomie

Die Beziehung zur Großmutter ist für diesen Aspekt relevant. Sie kann als erste Förderung auf familiärer Ebene ausgemacht werden. IP6 gab der gemeinsamen Zeit im Interview keinen großen Raum. Daher bleibt unklar, ob die Großmutter eine Hilfe bei der Bewältigung von Problemen war. Allerdings kann nicht außer Acht gelassen werden, dass es in ihrer Kindheit allein bei der Großmutter um sie als eigenständige Person ging. Ebenso lernte IP6 dort liebevolle Selbstfürsorge kennen: Sie kam in den Genuss, sich etwas Gutes zu tun. Erste eigenständige Anwendung fand dieser Aspekt bereits im Alter von ca. neun Jahren, als sie die Zeit für sich nutzte, nachdem sie frühmorgens das Frühstück des Vaters gerichtet und dieser zur Arbeit aufgebrochen war. Wegen der zeitlichen Koinzidenz lässt sich ein direkter Zusammenhang ableiten. Offensichtlich konnte IP6 die positiven Erfahrungen bei der Großmutter direkt auf sich anwenden und nutzen.

Die Abnabelung von der Schwesternfürsorge ab der siebten und achten Klasse deuten auf intrinsische Entscheidungen auf personaler Ebene. Das Erkennen der Bedeutung von Selbstwirksamkeit und Autonomie zeigt sich bestärkt durch inkrementelle Erfahrungen im Berufsleben: Im Labor wurde ihr bewusst, dass sie nicht isoliert arbeiten wolle; in der Ausbildung zur Arzthelferin entdeckte sie den Nutzen ihrer Stärken der Organisation und Menschenkenntnis. Positive Auswirkungen ihrer Empathiefähigkeit und Fürsorge für andere erfuhr sie während ihrer Tätigkeit im medizinischen Callcenter unter anderem bei einem Vorfall mit einem suizidgefährdeten Anrufer. Ihre intendierte Reflexionsfähigkeit wirkt demnach bestärkend und fördernd.

c) Widerstandsfähigkeit, Durchhaltevermögen und Willensstärke

Erste direkte widerstandsfähige Anlagen zeigten sich mit ca. acht Jahren, als sich IP6 selbst einem sexuellen Übergriffsversuch eigenständig durch verbale Gegenwehr entzogen habe. Eindeutig und direkt unterstützt wurde diese Handlung durch die Reaktion der Großmutter (personale und familiäre Ebene). Eine besondere Form von Ausdauer bewies IP6, indem sie bis zur siebten bzw. achten Klasse die Anweisung befolgte, sich um ihre Schwester zu küm-

---

[1031] Transkript 6, S. 12 [Segment 53b-53c].

mern. Zwar beschrieb sie dies mitunter als „immense Aufgabe für mich, das komplett durchzuhalten."[1032] Wirkliche Klagen gab es dennoch nicht, was ein enormes Durchhaltevermögen – selbst bei schwierigen Aufgaben – beweist. In ihrer Definition von einem guten Leben findet sich eine Bestätigung in der Äußerung, dass das Leben nicht immer nur aus Höhen bestehe.[1033] Der Widerstand in Form eines Wechsels von der Betreuung der Schwester zu einem selbstorientierten Lebensweg kann u. a. durch den biografischen Wandlungsprozess der Adoleszenz unterstützt worden sein. Das Durchhaltevermögen zeigt sich als personale Anlage, aber auch in indirekter Förderung durch die Eltern auf familiärer Ebene, da sie IP6 diese Aufgabe übertrugen. Ihr innerer Widerstand verdeutlichte sich in folgender Aussage: „Aber da ich ja eh nie die Klappe gehalten hab, hab ich mir sowieso oft eine gefangen."[1034] Trotz drohender Gewalt vom schwieg sie offenbar nicht. Themenbezogene Gegebenheiten wurden jedoch nicht erwähnt. Überdies wurden keine zeitlichen Angaben gemacht, weshalb nicht klar erkennbar war, ob es äußere Unterstützung zur Ausbildung eines Widerstandsgefühls gab. Die eigene Willensstärke hob IP6 besonders hervor, als es um die Eroberung ihres Ehemanns ging, und in Bezug auf ihr Berufsleben. Im weiteren Lebensverlauf nannte IP6 das Erkennen von Widerstandsfähigkeit immer wieder im Zusammenhang mit ihrem Mann und dem gemeinsam Erreichten.[1035]Dies deutet auf eine Stärkung durch zielgerichtete Reflexion.

d) Aktive Bewältigungsstrategien

Generell zeichnet sich IP6 durch aktive Handlungsmuster aus. Sie scheut sich nicht vor Anstrengungen oder Schwierigkeiten. Die Förderung einer aktiven Handlungsbasis rekonstruiert sich auf familiärer Ebene durch die Aufgabenübertragung der Eltern, da IP6 bereits früh auf ihre schwer gehbehinderte Schwester aufpassen musste und diese zu schützen hatte. Darüber hinaus hatte IP6 für die Haushaltsführung zu sorgen. Im Verlauf des biografischen Wandlungsprozesses der Adoleszenz ging sie aktiv in eine Selbstfürsorge und fand Strategien für Problemlösungen. Mit einer konsequenten Strategie befreite sie sich von der Betreuungsaufgabe der Schwester. Auch die Änderung der Ausbildungsstätte beruhte auf strategischen Überlegungen und intrinsischer Motivation. Zielgerichtete Reflexion und die bewusste Entscheidung, ihre Fähigkeiten zu nutzen, wirken bestärkend. Positive Erfahrungen auf beruflicher und privater Ebene unterstützten ebenso aktive Problembewältigungsstrategien.

1032 Transkript 6, S. 1 (Zeile 29).
1033 Transkript 6, S. 29-30 [Segment 139].
1034 Transkript 6, S. 35 (Zeile 1130).
1035 Transkript 6, S. 33 [Segment N7-N7a], S. 34 [Segment 10b].

e) Internale Kontrollüberzeugung

Erste Anzeichen gezielten Agierens waren im Alter von neun Jahren zu erkennen, als IP6 sich dazu entschied, dem Vater nachts das Frühstück zu richten, um danach die Zeit für sich allein zu haben und die Ruhe zu genießen. Dies deutet darauf hin, dass sie sich bewusst war, diese Entscheidung würde zu positiven Erfahrungsmomenten führen. Der Schluss liegt nahe, dass sie diese positiven Momente bewusst herbeiführte. Als Bestärkung kann auf familiärer Ebene die Großmutter in Betracht gezogen werden, die ihr erstmals eine Form von Selbstfürsorge näherbrachte. Zugleich kann diese Eigenschaft auf der personalen Ebene vermutet werden, die durch die Großmutter gefördert wurde. Weitere Bestärkung fand IP6 durch die Reflexions-fähigkeit positiver Erfahrungen im Berufsleben. Sie erkannte bereits in der Ausbildung zur Arzt-helferin, wie sie anderen Menschen helfen kann. Sie reflektierte positive und negative Reaktionen und begann so, ihre internale Kontrollüberzeugung zu erkennen, zu aktivieren und zu stärken. Besonders festigend wirkten erfolgreiche Erfahrungen während der Callcentertätigkeit und wiederkehrende, gespiegelte, reflektierte Wirkungen auf Mitmenschen. So kann die Sicherung einer internalen Kontrollüberzeugung zum einen der sozialen Ebene zugeschrieben werden – zumindest in Bezug auf gespiegelte Wirkungsmechanismen. Zum anderen erweist sich das Erkennen und Nutzen inkrementeller Erfahrungswerte als fundamental. Die Fähigkeit zu bewusster Reflexion und die Anwendung des Wissens um internale Kontrolle unterstützen eine eigene Form von Erziehung, die sich vom Verhalten ihrer Eltern deutlich unterscheidet.

f) Freundeskreis und signifikante Personen

IP6 erwähnte die Bedeutung eines Freundeskreises erst im Kontext des fortgeschrittenen Erwachsenenalters. In der Jugendzeit hatte sie keine Freunde, da sie sich ausschließlich der Betreuung ihrer Schwester widmete. Erst mit der Wiederholung der 8. Klasse habe sie begonnen, Freundschaften zu knüpfen. Und so sei es auch eine Freundin gewesen, zu der sie mit siebzehn Jahren gezogen sei, als ihr Vater sie geschlagen und verbal erniedrigt habe. Auch wenn IP6 auf diese Freundin nicht weiter einging, so kann ihr eine hohe Bedeutung beigemessen werden, da sie die Widerstandsfähigkeit von IP6 förderte.[1036] Im Interview gab IP6 an, nicht viele Freunde zu brauchen, aber dafür auf absolute Zuverlässigkeit und gegenseitige Unterstützung Wert zu legen.[1037] Als signifikante Person im Bereich einer Selbstwertförderung und dem Anlernen von Selbstfürsorge erwies sich auf familiärer Ebene die Großmutter. Auch Ihren

---

[1036] Transkript 6, S. 3 [Segment 15-15a], S. 4 [Segment 17], S. 20 [Segment 93-94].
[1037] Transkript 6, S. 28 [Segment 133-133b].

Ehemann benannte IP6 mehrfach als große Stütze. Doch auch die Schwester und die Betreuungsarbeit und Pflege können als indirekte Förderung angesehen werden. Denn die in diesem Kontext erlernten Kenntnisse und Fähigkeiten nutzte IP6 in ihrer Berufswahl, mit der sie zufrieden sei. Zudem wisse sie – bedingt durch diese Zeit –, zu welchen Anstrengungen sie fähig sei, was sie ebenfalls positiv für ihren Lebensweg bewertet. Eine weitere wichtige Person im familiären Rahmen wurde ab der Geburt ihrer Kinder die Mutter von IP6, in ihrer Rolle als Oma. In dieser Zeit bot sie eine maßgebliche Stütze für IP6, indem sie die Betreuung übernahm, sodass IP6 ihre Ausbildung beenden konnte.[1038]

g) Realismus und realistische Zielsetzungen

Realismus zeigt sich in der persönlichen Definition von einem guten Leben:

> „Das Leben besteht nicht nur aus Höhen. Die Tiefen meister ich auch mit meinem Männel und meinen Kindern und meiner Familie und meinen Freunden und das ist egal."[1039]

Außerdem sticht folgende realistische Einschätzung hervor:

> „Es ist auch immer wieder faszinierend zu sehen, wie und welche Veränderungen auf einen zukommen und wie man die dann meistert, wie man dann letztendlich dran wächst. Das ist Leben!"[1040]

Die Ursprünge dieses Realitätsbewusstseins lassen sich nicht eindeutig definieren, was für intrinsische Anlagen auf der personalen Ebene spricht. Eine Stärkung zeichnet sich durch intendierte Reflexionsfähigkeit und inkrementelle Erfahrungswerterkennung und deren Nutzen ab, besonders im Bereich der Kindererziehung. Sie legt großen Wert darauf, dass ihre Kinder mit dem Wissen aufwachsen, immer auf ihre Mutter zählen zu können – anders, als sie selbst es erlebte.[1041]

h) Qualität der Bildung

Auch wenn ein gymnasialer und ein aufsteigender Bildungsweg von den Eltern verhindert wurde, fand IP6 durch ihre Ausbildung zur Arzthelferin eine Möglichkeit, ihre als Kind erworbenen Fähigkeiten zu nutzen. Dies entspricht

---

[1038] Transkript 6, S. 15 [Segment 69], S. 16 [75b], S. 18 [80a], S. 24 [Segment 113], S. 25 [Segment 115], S. 29-30 [Segment 139], S. 35 [Segment T6-T6d].
[1039] Transkript 6, S. 29-30 (Zeile 956-958).
[1040] Transkript 6, S. 36 (Zeile 1159-1161).
[1041] Transkript 6, S. 29 [Segment 138-138a].

ihrem inneren Wunsch und sie wirkte darin hinlänglich zufrieden und glücklich.

i) Impulskontrolle

IP6 lernte Gewalt als gegebene Normalität kennen. In ihren Erzählungen gab sie an, dass sie sich an ihren Vater ausschließlich als sehr boshaft und gewalttätig erinnere. Auch wenn ihre Ausführungen nicht quantitativ hervorstachen, so waren die knappen Sätze sehr aussagekräftig:

> „Mein Vater war eigentlich ziemlich boshaft."[1042], „Bevor er redet: schlägt er. Also wirklich wüst."[1043], „Aber da ich ja eh nie die Klappe gehalten hab, hab ich mir sowieso oft eine gefangen."[1044]

Von Gewalttätigkeiten der Mutter war keine Rede. Eine Äußerung lässt dies jedoch nicht vollständig ausschließen: Als die Mutter im Krankenhaus im Sterben lag, soll sie als eine ihrer letzten Handlungen dem Vater eine Ohrfeige gegeben haben: „Aber volle Kanne, man hat alle 5 Finger gesehen."[1045] IP6 lachte, als sie dies erzählte, demnach schien dies keine erschreckende oder überraschende Aktion gewesen zu sein. Von der Aufgabe, für die Schwester zu sorgen und diese im Notfall zu verteidigen, berichtete IP6 eindrücklich im Zusammenhang mit Situationen, in denen sie sich für ihre Schwester geprügelt habe. Ebenso erzählte sie von einem Klassenausflug, bei dem sie massiv auf eine Mitschülerin eingeschlagen habe. Jene gewalttätigen Aktionen bezeichnete sie als Familien-Gen.[1046] Diese Definition der Gewaltausbrüche gleicht einem Legitimierungsversuch. In ihren Schilderungen von verübter Gewalt war keine Form von Reue erkennbar. Auch wurde keine Impulskontrolle bei derartigen Gegebenheiten im Kindesalter sichtbar, wohl aber im Erwachsenenalter. IP6 erkannte, dass sie Gewalt als Kanal braucht, um ihre innere Wut ablassen zu können. Durch eine Masseurin in der Ausbildungszeit, die IP6 angeleitet habe, eröffnete sich für sie eine Möglichkeit, ihre Aggression positiv zu kanalisieren: „Yeah! Ich kann meine Wut rauslassen, bei den Leuten, aber ich tu den Leuten damit was Gutes! Das ist total win-win."[1047] Durch ihre bewusste Entscheidung, negative Erfahrungen positiv zu nutzen, ihre Fähigkeiten zu erkennen und einzusetzen, ist Gewalt im Leben von IP6 kein Thema mehr. Dies spricht deutlich für eine Impulskontrolle. Es gab im Verlauf des Interviews keinerlei Hinweise

---

1042 Transkript 6, S. 20 (Zeile 645), [Segment 92-93a].
1043 Transkript 6, S. 9 (Zeile 287).
1044 Transkript 6, S. 35 (Zeile 1130).
1045 Transkript 6, S. 17 (Zeile 540), [Segment 77b].
1046 Transkript 6, S. 2 [Segment 10], S. 6-7 [Segment 28-32a].
1047 Transkript 6, S. 12 (Zeile 361-362).

auf Gewalt in der Erziehung der eigenen Kinder. Vielmehr distanziert sie sich glaubwürdig von physischer und psychischer Gewaltausübung.[1048]

j) Positives Nutzen durchlebter Widrigkeiten

„Ich habe irgendwann für mich erkannt, dass ich für mich aus all dem das Positive rausziehen kann und will und das Negative beiseitelasse. Das war in der Tat eine bewusste Entscheidung. Ich wollte mir das Positive der Erfahrungen zunutze machen, um daraus für mich selbst Energie zu ziehen. Ich musste als Kind betreuen, umsorgen, bewachen, organisieren und helfen, das nutze ich heute positiv als das, was ich kann. Und damit kann ich anderen helfen, was wiederum mir guttut. Ich fühle mich gut, wenn ich anderen helfe."[1049]

Wann und wodurch dieses *irgendwann* hervorgerufen oder gefördert wurde, blieb unerwähnt. Es lässt sich aber vermuten, dass auch hier Reflexionsfähigkeit eine entscheidende unterstützende Rolle einnahm.

4.6.6 Stabilitätshinweise (z.Z.d.I.)

Fähigkeit zur bewussten und zielgerichteten Reflexion	Intendierte Reflexionsfähigkeit konnte in der Analysearbeit in verschiedenen Lebensbereichen als stabiler Faktor deklariert werden. IP6 weiß ihre Reflexionsfähigkeit bewusst und zielorientiert einzusetzen und zu nutzen.
Autonomie	Das Streben nach autonomer Lebensweise ist für IP6 keine zu entscheidende Frage mehr. Beruflich hat sie in dieser Hinsicht ihre Ziele erreicht. Auch in ihrer Familie kommt sie durch Eigenfürsorge ihrem Autonomiewunsch intensiver nach.
Widerstandsfähigkeit, Durchhaltevermögen und Willensstärke	IP6 präsentierte sich als willensstarke Persönlichkeit. Widerstandsfähigkeit und Durchhaltevermögen stellte sie mehrfach unter Beweis, sie sind als Ressource stabil.
Aktive Bewältigungsstrategien	IP6 konnte hinlänglich darlegen, dass sie in Problem- bewältigungsstrategien zu aktiven Handlungsmustern neigt, die durch bewusste Reflexionsarbeit und durch das Erkennen und Nutzen inkrementeller Erfahrungswerte kontinuierlich gestärkt werden.
Internale Kontrollüberzeugung	IP6 weiß um ihre Stärken und Schwächen und die Wirkung ihres Handelns. Darauf baut sie ihr Verhalten in verschiedenen Lebensbereichen auf. Unterstützt durch ihre intendierte Reflexionsfähigkeit kann auch hier von Stabilität ausgegangen werden.
Freundeskreis und signifikante Personen	IP6 hat sich nach eingehender Prüfung einen Freundeskreis geschaffen und ein stabiles Familiengefüge. Beides bietet Zuverlässigkeit und gegenseitige Hilfestellung.

[1048] Transkript 6, S. 29 (Zeile 946-949).
[1049] Transkript 6, S. 35 (Zeile 1147-1155).

Realismus und realistische Zielsetzungen	Berufswahl und Privatleben basieren auf realistischen Zielen.
Qualität der Bildung	Im Arbeitsfeld ihrer abgeschlossenen Ausbildung ist IP6 seit mehreren Jahren zufrieden. Sie kann beruflich all ihre erworbenen Fähigkeiten aus Kinder- und Jugendtagen einbringen und effektiv nutzen kann.
Impulskontrolle	IP6 hat für sich einen optimalen Weg gefunden, mit ihren Impulsen zielgerichtet umzugehen. Diese Vorgehensweise hat bereits seit der Ausbildungszeit Bestand und wurde von IP6 als bestehende Ressource benannt.
Positives Nutzen durchlebter Widrigkeiten	Der Entscheidungsmoment, durchlebte Schwierigkeiten positiv zu nutzen, liegt zwar in der Vergangenheit. Jedoch findet eine tägliche Umsetzung im Berufs- und im Privatleben statt. Überzeugend stellte IP6 dar, dass dies ihren Wünschen entspreche.

4.6.7 Bezug zur persönlichen Definition eines guten Lebens

„Ein gutes Leben? Das ist so viel. Das ist echt viel. Das ist: Meine Familie, dass ich für mich glücklich bin, dass ich alles, was ich tue, alles, was ich mache, alles, was ich entscheide, dass das dazu führt, dass es meinem Umfeld und mir gut geht. Und ähm.. egal in welche Richtung es geht. Ich mein, das Leben besteht nicht nur aus Höhen. Die Tiefen meister ich auch mit meinem Männel und meinen Kindern und meiner Familie und meinen Freunden und das ist egal. Egal wie es ist – du kommst da irgendwie wieder raus. Wenn ich Hilfe brauch, reicht [Name des Ehemannes] mir die Hand und wenn [Name des Ehemannes] Hilfe braucht, reich ich ihm die Hand. Es ist nicht so, dass wir alleine dastehen. Wir sind ein Team und das machen wir zusammen."[1050]

Um ein gutes Leben zu führen, will IP6 sich ihrer Familie sicher sein. Sie möchte sich gut fühlen und ihren Nächsten Gutes tun. Ihre Entscheidungen und Handlungen sollen positive Auswirkungen auf ihr Umfeld haben. Dies konnte sie für den privaten Bereich und im Berufsleben gelungen darstellen. Dass ihr Leben ausschließlich beschwerdefrei und durchweg glücklich verläuft, setzt sie nicht voraus. Sie ist sich aber der innerfamiliären Unterstützung und des Zusammenhalts gewiss, sodass Hürden gemeinsam überwunden werden können. Dies gilt auch für den Freundeskreis. Ihre bis dato gut funktionierende Ehe als Team ist ihr dabei besonders wichtig. Ein gutes Leben gemäß ihrer Definition zu führen, ist daher für IP6 kein schwer erreichbarer Zukunftstraum, sondern bereits Realität.

Zusammenfassend erscheint IP6 als optimistische, empathische, zielstrebige und enthusiastische Frau. Sie scheut weder Widrigkeiten noch Anstrengungen. Um ein inneres Gleichgewicht zu halten, nutzt sie ihre Ressourcen wie die Massage, Zeit mit ihrer Familie und die Freude am Beruf. Durch ihre offene und zugängliche Art schafft sie es, ihren Optimismus, ihre Lebensfreude und ihre

---

[1050] Transkript 6, S. 29-30 (Zeile 953-961).

Hoffnung (besonders im Beruf) weiterzugeben. Sie fühlt sich gut, indem sie anderen eine Freude bereitet und lebt dies in jedem Bereich ihres Lebens bestmöglich aus. Sie blickt aufgeschlossen in die Zukunft und wartet gespannt auf neue Herausforderungen. Mit einer gewissen Faszination begegnet sie ihrem Leben, das sie als gelungen und schön definiert.

4.7 Interviewpartner 7

Legende:

Kürzel / Hervorhebung	Bedeutung
IP7	Interviewpartner 7
z. Z. d. I.	zur Zeit des Interviews
SPFH	Sozialpädagogische Familienhilfe
.. (Zitat)	Kurze Pause (1-2 Sekunden)
… (Zitat)	Längere Pause (3-4 Sekunden)
GROßGESCHRIEBEN (Zitat)	Stark betont

4.7.1 Personenvorstellung

IP7 wurde in Ostdeutschland in der Nähe der polnischen Grenze geboren und sei dort bis etwa zu seinem elften Lebensjahr aufgewachsen. Kurz nach dem Mauerfall sei der Vater (z. Z. d. I. ca. 66 Jahre alt, angestellt bei der Deutschen Bahn) nach Westdeutschland gegangen, um dort zu arbeiten. Ein Jahr später sei die ganze Familie gefolgt, die aus fünf Kindern und der Mutter (z. Z. d. I. ca. 66 Jahre alt, gelernte Hutmacherin, später Altenpflegerin) bestanden habe. Beide Eltern seien im Schichtbetrieb tätig gewesen, sodass sie kaum zu Hause und die Kinder zum größten Teil sich selbst überlassen gewesen seien. Generell beschrieb IP7 seine Eltern als „ziemlich altmodisch"[1051], die Kinder hätten zu „spuren"[1052] gehabt. Hätten sie dies nicht zur Genüge getan, seien sie mit der Hand, einem Teppichklopfer oder mit einem Kleiderbügel geschlagen worden.[1053]

IP7 habe bereits in Ostdeutschland eine Förderschule besucht, was nach dem Umzug fortgeführt worden sei. Jedoch habe er selbst auf einen Hauptschulabschluss bestanden, den er nach Beendigung der Förderschule auch erfolgreich absolviert habe. Die begonnene Ausbildung zum Maler und Lackierer habe er aufgrund einer Allergie auf Lösungsmittel abbrechen müssen. Er habe danach ohne weitere Ausbildung gejobbt. Wenig später habe er seine jetzige Ehefrau kennengelernt und mit ihr eine große Familie gegründet. Außerdem habe er eine Anstellung in einem Fastfoodrestaurant gefunden, wo er sich bis zum Restaurantmanager hochgearbeitet habe.[1054]

Seine Frau habe in frühen Ehejahren einen Schlaganfall erlitten und sei seither halbseitig gelähmt und in ihrer Sprache stark eingeschränkt. Allein dadurch

---

[1051] Transkript 7, S. 5 (Zeile 157).
[1052] Transkript 7, S. 5 (Zeile 161).
[1053] Transkript 7, S. 4 [Segment 22], S. 5 [Segment 27-29], S. 23-24 [Segment 117], S. 27 [Segment T1-T2].
[1054] Transkript 7, S. 2 [Segment 9-12], S. 3 [Segment 19-21], S. 23 [Segment 170].

sei die Familie auf den Einsatz von Helfersystemen angewiesen. Generell habe seine Ehefrau bereits beim Kennenlernen eine eigene Helfersystemgeschichte gehabt, welche durchweg Bestand hatte. Neben einer dauerhaften Hilfestellung durch eine SPFH sei es durch diverse Entwicklungsverzögerungen der Kinder zeitweise zu Heimunterbringungen gekommen.[1055] Heute sagt IP7, dass er glücklich sei bei allem, was er erreicht habe.

4.7.2 Interviewverlauf

IP7 wählte ich aufgrund einer früheren Zusammenarbeit aus. Ich kenne die Familie aus meiner Tätigkeit als Familienhilfe und stehe noch entfernt mit ihr in Kontakt. Zum einen strebte ich für meine Forschung besonders verschiedene Interviewpartner in verschiedenen Lebensumständen an. Zum anderen wollte ich durch die Aufnahme von IP7 in meine Studie einem eventuellen Vorurteil entgegenwirken, dass mit dem Umstand eines *guten Lebens* nur sehr gebildete Menschen betroffen seien. Bedacht werden sollte die vorangegangene, gemeinsame Arbeitsgrundlage. Ich war jedoch so behutsam wie möglich, so dass es während des Interviews zu keiner Zeit zu Erzählungen über frühere Arbeitsmomente kam. Ich habe ausschließlich das aufgenommen, was IP7 während des Interviews äußerte und fügte keinerlei Hintergrundinformationen aus ehemaliger Arbeitsbeziehung ein. Nachdem IP7 auf meine Kontaktaufnahme und die Frage nach einer Teilnahme an der Studie positiv reagiert hatte, entschied ich mich dazu, das Interview durchzuführen. Wir führten das Interview im Juni 2019 im Haushalt der Familie. Dazu befanden wir uns in einem Anbau des Hauses. Wir verabredeten uns für einen Zeitpunkt am Abend, da die Kinder zu dieser Zeit schliefen und sich in ihren Zimmern befanden. Die Begrüßung war durch unsere Bekanntschaft besonders herzlich. Wir hatten uns einige Jahre nicht gesehen. IP7 bot mir Kaffee an. Seine Frau hatte zuvor Kuchen organisiert. Die Umgebung war etwas chaotisch, aber freundlich. IP7 trug Jeans und ein T-Shirt. Nachdem alle rechtlichen Formalitäten schriftlich festgehalten waren, schaltete ich Diktiergerät und Kamera ein und stellte meine Eingangsfrage, womit das Interview begann. IP7 begann daraufhin von Krankheitserinnerungen aus seiner Kindheit zu erzählen. Es entstand ein bedingter Redefluss, der einer schnellen, tabellarischen Abhandlung glich. IP7 war sichtbar unruhig und schien nervös, als habe er Bedenken, etwas Falsches zu sagen. Nachdem er erstmals endete, versuchte ich ihn diesbezüglich zu beruhigen und setzte einen neuen Erzählstimulus.[1056] Obgleich IP7 wieder in einen Redefluss fand, gestaltete sich auch dieser etwas holprig. Ich gewann den Eindruck, dass IP7

[1055] Transkript 7, S. 6-7 [Segment 38-38b, 40 ff.], S. 14-15 [Segment 73b-75], S. 20 [Segment 101a], S. 25 [Segment N8].

[1056] Transkript 7, S. 1-3 [Segment 1-21].

mit meinen offenen Fragen nicht zurechtkam und versuchte, so offen wie möglich und so hilfreich wie nötig zu fragen. Mit der Zeit wurde IP7 ruhiger und das Interview nahm mit meiner Fragevariation einen harmonischen Verlauf. Die anfänglich etwas verkrampfte Atmosphäre löste sich. Nach einer Stunde und 33 Minuten schaltete ich die Aufnahmegeräte aus.[1057] In den ersten fünfzehn Minuten des Nachgesprächs blieb – bedingt durch das Interview – die eher angespannte Stimmung erhalten und ich konnte Notizen machen.[1058] Danach kam seine Frau dazu und die Stimmung ging in Wiedersehensfreude über, der private Erzählungen folgten. Ich beschloss, nichts davon in die spätere Analyse einfließen zu lassen. Ich entschied mich bewusst gegen jegliche Form von Notizen. Ein Hauptgrund hierfür war, dass IP7 die Hauptpräsenz an seine Frau abgab. Wir verabschiedeten uns einige Zeit später herzlich voneinander und sicherten einander zu, weiterhin für Rückfragen erreichbar zu sein.

Während der Transkription stellte sich eine Frage, die ich telefonisch klärte.[1059] Weitere forschungsrelevante Kontakte gab es seitdem nicht.

4.7.3 Fallvorstellung

Signifikante Themen und Epochen

1. Zeit als Kind und Jugendlicher
2. Schlaganfall seiner Ehefrau
3. Rolle der Helfersysteme in der Familie
4. Umzug und Situation seither

1.

Die ersten Erinnerungen von IP7 waren Aufenthalte in Krankenhäusern, weil er als Kind häufig krank gewesen sei. Er erzählte, dass er nie in einen Kindergarten gegangen sei, wahrscheinlich aufgrund der vielen Erkrankungen. Bereits im Alter von sechs bis sieben Jahren zeigte er Ansätze von eigenem Willen und die Fähigkeit, diesen durchzusetzen: Er begann sich zu widersetzen und erneuten Krankenhausaufenthalten zu entziehen, indem er Krankheiten leugnete.[1060]

Die Familie habe zu der Zeit in der ehemaligen DDR, in der Nähe der polnischen Grenze, gelebt. Nach der Wiedervereinigung habe der Vater die Chance genutzt, sich Arbeit in Westdeutschland zu suchen. Etwa ein Jahr später sei die übrige Familie nachgezogen. IP7 habe bereits in der alten Heimat eine För-

---

[1057] Transkript 7, S. 3-24 [Segment 22-117].
[1058] Transkript 7, S. 25-27 [Segment N1-N20c].
[1059] Transkript 7, S. 27 [Segment T1-T3].
[1060] Transkript 7, S. 1 [Segment 1-2].

derschule besucht, was nach dem Umzug beibehalten worden sei. Außerdem sei er um ein Jahr zurückgestuft worden. Er berichtete von Problemen durch unterschiedliche Schreibweisen in den verschiedenen Bundesländern. Generell sei er in der Schule aber gut zurechtgekommen. Er sei ein eher zurückhaltendes Kind gewesen und habe keinen Ärger mit Klassenkameraden oder Lehrern gehabt.[1061]

Beide Eltern hätten in Schichten gearbeitet und seien nach Schilderung von IP7 kaum anwesend gewesen. In ihrer Erziehungsmethode seien sie alten Traditionen gefolgt. Körperliche Züchtigungen seien normal gewesen und so hätten die Kinder mindestens ein- bis zweimal pro Woche „auf den Arsch bekommen"[1062], ob mit dem Teppichklopfer, dem Kleiderbügel oder der Hand.[1063] Als Auslöser dafür führte IP7 an: „wenn wir rumgeblödelt haben"[1064], „immer wenn wir nachts nicht geschlafen haben."[1065] und „Wir mussten halt machen, was die Eltern sagen."[1066] Um dem zu entgehen, habe sich IP7 häufig versteckt. Er habe z. B. unter der Matratze seines Bettes „zwischen Lattenrost und Matratze"[1067] oder im Schrank geschlafen. Er habe sich in Spielkisten oder in Schränken versteckt, sodass seine Eltern ihn häufig hätten suchen müssen. Da die Eltern fast nie zu Hause gewesen seien, hätten sich die Kinder die Zeit allein vertrieben. Entweder seien sie irgendwo auf den Straßen unterwegs gewesen oder zu Hause, wo sie sich „meistens gekloppt"[1068] hätten. Die häufigen Geschwisterstreitigkeiten hätten die Rangrechte untereinander regeln sollen.[1069]

IP7 habe nach zehn Jahren die Förderschule beendet. Um bessere Chancen auf dem Arbeitsmarkt haben zu können, habe er allerdings einen Hauptschulabschluss machen wollen, was er mit einem Durchschnitt von 3,6 auch geschafft habe. Laut eigenen Angaben habe es einen Lehrer gegeben, der ihm gesagt habe, dass er mathematisch auf einem gymnasialen Niveau sei, ihn jedoch seine Deutschschwäche in eine Förderschule zwinge. Nach dem Abschluss habe er eine Ausbildung zum Maler und Lackierer begonnen. Nach zwei Jahren habe er jedoch allergisch auf die Lösungsmittel reagiert und diese Ausbildung abbrechen müssen. Eine andere Ausbildung habe er nicht begonnen, er habe stattdessen einige Jahre ohne weitere Ausbildung gearbeitet und sei damit zufrieden gewesen.[1070]

[1061] Transkript 7, S. 1-2 [Segment 5-7a], S. 4 [Segment 22], S. 5 [Segment 24d-25]
[1062] Transkript 7, S. 5 (Zeile 153).
[1063] Transkript 7, S. 5 [Segment 27-30].
[1064] Transkript 7, S. 5 (Zeile 155).
[1065] Transkript 7, S. 5 (Zeile 154).
[1066] Transkript 7, S. 5 (Zeile 161).
[1067] Transkript 7, S. 18 (Zeile 571-572).
[1068] Transkript 7, S. 27 (Zeile 873).
[1069] Transkript 7, S. 2 [Segment 8], 4 [Segment 23-23b], S. 5-6 [Segment 26-32c], S. 18 [Segment 91-91a], S. 27 [Segment T1-T3].
[1070] Transkript 7, S. 2 [Segment 10-11], S. 6 [Segment 35-36], S. 18 [Segment 90].

Im Alter von achtzehn Jahren sei er nach einem handgreiflichen Streit mit dem Vater ausgezogen. Detaillierte Ausführungen hierzu fanden nicht statt. IP7 schilderte lediglich, dass der Vater ihn „gepackt und nach oben gezogen, also nach oben gehalten"[1071] habe. Daraufhin sei IP7 ausgezogen und zunächst bei einer guten Freundin untergekommen. Er habe sich dann eine eigene Wohnung gesucht. Bei der Wohnungssuche sei ein Familienfreund behilflich gewesen, den er durchweg „Opa"[1072] nannte. Diesen habe er durch Campingplatzzeiten mit den Eltern gekannt. Seine Eltern hätten den Campingplatz direkt nebenan gehabt und die beiden dauergemieteten, festen Plätze irgendwann zusammengelegt. Damit sei dieser Opa eine konstante Person im Leben von IP7 geworden. Bei der Wohnungssuche habe er für IP7 gebürgt und ihm so das Mieten seiner ersten eigenen Wohnung ermöglicht.[1073]

In jener Zeit der ersten Eigenständigkeit habe er seine jetzige Ehefrau kennengelernt. Sie sei zu diesem Zeitpunkt gerade aus einer Mutter-Kind-Einrichtung gekommen, hätte zwei kleine Kinder gehabt und sei mit dem dritten Kind schwanger gewesen. Zudem sei bei ihr eine Borderlinestörung diagnostiziert worden. Nach dem Auszug in ihre eigene Wohnung sei einmal pro Woche eine Familienhilfe zu ihr gekommen. Sämtliche Umstände hätten IP7 und seine Frau nicht daran gehindert, sich ineinander zu verlieben. Ein Jahr später seien sie verlobt gewesen und zwei Jahre darauf verheiratet. Gemeinsam bekamen sie vier weitere Kinder.[1074]

2.

Etwa ein Jahr nach der Hochzeit (die jüngsten Zwillinge seien ungefähr ein Jahr alt gewesen) habe seine Ehefrau einen Schlaganfall der Stufe zwei bis drei erlitten. Dieser sei unverhofft gekommen und habe dem Familienvater einiges abverlangt. IP7 erzählte, wie er die Kinder „sicherheitshalber erst mal in ihren Zimmern"[1075] von der Mutter ferngehalten habe, damit sie diese nicht so hätten sehen müssen. Ebenso berichtete er davon, wie seine Frau ins Krankenhaus gekommen und wie nicht klar gewesen sei, ob sie überhaupt überleben würde oder mit welchen Folgeschäden zu rechnen sei. Im fortlaufenden Interview führte er diesen Moment immer wieder als sehr einschneidend aus, wodurch ihm seine eigene Stärke bewusst geworden sei. Von jetzt auf gleich habe er viele wichtige Entscheidungen treffen müssen. Er habe bei der Vormundschaft eine Patientenverfügung für seine Frau erwirken müssen, um über weitere Behand-

---

1071 Transkript 7, S. 5 (Zeile 147-148).
1072 Transkript 7, S. 11 (Zeile 357).
1073 Transkript 7, S. 5 [Segment 26-26a], S. 11-12 [Segment 59-61].
1074 Transkript 7, S. 2 Segment [15-15b], S. 6-7 [Segment 37-39b].
1075 Transkript 7, S. 8 (Zeile 228).

lungen entscheiden zu können. Zwei Monate lang habe seine Frau im Koma gelegen. Sie sei dann in eine Spezialklinik verlegt worden, anschließend in eine Reha gekommen und ca. vier Monate nach dem Schlaganfall wieder entlassen worden.[1076] Bereits im Krankenhaus sei für IP7 klar gewesen: „Wenn was ist, tu ich sie halt pflegen."[1077] Als sie wieder nach Hause gekommen sei, war davon auszugehen, dass sie wahrscheinlich immer halbseitig (rechts) gelähmt und sprachlich (bis auf vereinzelte Worte) stark eingeschränkt bleiben würde. Um Verbesserungen zu erreichen oder Verschlechterungen zu verhindern, sei sie seither in logopädischer sowie ergo- und physiotherapeutischer Behandlung.[1078]

Neben den neuen Pflichten als Ehemann habe diese Zeit auch als Familienvater einiges an Durchhaltevermögen abverlangt. Bedachte Handlungen und der Erhalt von möglichst viel Normalität für die Kinder seien ihm enorm wichtig gewesen. Den beiden ältesten Kindern seiner Frau (Zwillinge, zur Zeit des Schlaganfalls ca. zehn Jahre alt) habe er die Situation erklärt und sie hätten auch mit ins Krankenhaus gedurft, um die Mutter zu besuchen. Da die anderen Kinder noch so jung gewesen seien, habe er die Formulierung gewählt, dass die Mama sehr krank sei und viel schlafen müsse.[1079]

3.

Bereits als IP7 seine Frau kennenlernte, habe sie Kontakt zu diversen Helfersystemen gehabt. Sie sei teilweise im Heim aufgewachsen und habe danach in einer Mutter-Kind-Einrichtung gewohnt. Zu dieser Zeit habe sie bereits zwei kleine Kinder gehabt, sei mit dem dritten Kind schwanger und alleinerziehend gewesen. Auch nach dem Auszug aus der Einrichtung sei eine Familienhilfe konstant erhalten geblieben, die einmal pro Woche zu ihnen nach Hause gekommen sei. Weder die Unterbringungssituation seiner Frau in der Kennenlernzeit noch die Tatsache, dass sie an einer Borderline-Störung gelitten habe, hätten IP7 gestört, zumal er mit der Diagnose an sich nichts habe anfangen können. Allerdings habe er die wöchentliche Familienhilfe als störend empfunden. Erst Jahre später habe er durch eine erneute Untersuchung seiner Frau zur Borderline-Erkrankung erfahren, um was es sich dabei eigentlich handelte. Doch auch das habe ihn nicht abgeschreckt. Er habe zu seiner Frau gestanden. Die Diagnose sei sogar bei erneuten Untersuchungen abgeschwächt worden.[1080]

[1076] Transkript 7, S. 7-9 [Segment 39b-44], S. 11 [Segment 54-55], S. 20-21 [Segment 101a, 105, 106], S. 22 [Segment 113].
[1077] Transkript 7, S. 8 (Zeile 237-238).
[1078] Transkript 7, S. 15 [Segment 75].
[1079] Transkript 7, S. 9 [Segment 43b -49].
[1080] Transkript 7, S. 6-7 [Segment 38-39b].

In einem Gespräch mit dem Jugendamt sei die Familie darüber informiert worden, dass die ältesten vier Kinder (im Alter von vier bis neun Jahren) Entwicklungsverzögerungen aufwiesen. (Hintergrundinformation: Fünf der sieben Kinder seien einige Wochen [nicht definiert] zu früh auf die Welt gekommen.[1081]) Um diese Entwicklungsverzögerungen aufholen zu können, sei eine externe Unterbringung in einem Kinderheim veranlasst worden, der die Eltern zugestimmt hätten. Laut IP7 sei betont worden, dass dieser Umstand nur für ein Jahr gelten sollte.[1082]

In diese Zeit sei der Schlaganfall gefallen, der als Grund benannt worden sei, dass eine Rückführung der Kinder nicht ratsam wäre. Es seien dann jahrelange Versuche gefolgt, die Kinder wieder nach Hause zu holen. IP7 berichtete davon, wie oft die Eltern und auch die Kinder geäußert hätten, dass sie wieder beisammen wohnen wollten, dies jedoch stets abgelehnt worden sei. Was als Form von Hilfe begonnen habe, habe sich für IP7 bald gezwungen angefühlt und ihm weder Erleichterung noch Unterstützung geboten. Genaue Angaben machte er nicht, jedoch wurde deutlich, dass er sich falsch beraten und in seinen Ideen wenig unterstützt sah. Bei den Hilfeplangesprächen habe er sich regelrecht machtlos und verbal übergangen gefühlt. Allein bei dem Umstand der Aufklärung über den Gesundheitszustand der Mutter habe er seine Auffassung durchsetzen können. Er vermittelte im Interview den Eindruck, dass er durchweg gegen das Hilfeangebot der Fremdunterbringung und die zuständigen Hilfeerbringer habe kämpfen müssen. IP7 erwähnte, dass die Aufenthaltsbestimmung für die Kinder durchweg bei den Eltern gelegen habe und es sich um eine freiwillige Angelegenheit gehandelt habe. Die Frage, wieso sie dies als Eltern nicht geltend gemacht hätten, beantwortete er wie folgt: Sie seien bei den Hilfeplangesprächen immer so „mallade gequatscht"[1083] worden, bis sie weiterer Unterbringung zugestimmt hätten.[1084] Zudem sagte er, dass seine Frau durch den Schlaganfall und ihre sprachliche Behinderung, von dem Besprochenen nicht einmal die Hälfte verstanden habe, denn die Helfer „warfen [...] dauernd nur mit Fachworten um sich"[1085].

Den Umzug aus dem belastenden Milieu in ein Haus auf dem Land habe jenes Helfersystem ebenso nicht befürwortet. Seinen Enthusiasmus und seinen Stolz habe aus diesem Kreis niemand geteilt. Da er dies bereits vermutet habe, habe er alles mit Schulen, Therapeuten (Physiotherapie, Ergotherapie etc.) geregelt, bevor sie das zuständige Jugendamt und die Betreuer im betreffenden Heim darüber informiert hätten. Das sei dann auch auf heftigen Widerstand

---

[1081] Transkript 7, S. 14 [Segment 73a].
[1082] Transkript 7, S. 10 [Segment 50a, 52].
[1083] Transkript 7, S. 26 (Zeile 830).
[1084] Transkript 7, S. 26 [Segment N14-N14c].
[1085] Transkript 7, S. 26 (Zeile 831-832), S. 10-11 [Segment 50-51a, 52-53, 56], S. 26 [Segmente N13-N14c].

und Unverständnis gestoßen. Jedoch hätten sie sich nicht davon abbringen lassen und seien umgezogen: in ein Dorf, das vom damaligen Wohnort ca. zwei Stunden Autofahrt entfernt liege. Etwa drei Monate später hätten sie ihre Kinder zu sich nach Hause geholt.[1086]

Das Jugendamt des bisherigen Wohnorts habe mit den Kollegen am neuen Ort Kontakt aufgenommen, um eine weitere Heimunterbringung in der neuen Umgebung zu arrangieren. Dieses Mal hätten sie sich als Eltern allerdings gewehrt. Auch ein richterliches Verfahren habe nichts an ihrem Entschluss geändert, die Kinder bei sich leben lassen zu wollen. Der Richter habe bei dem Verfahren für die Eltern entschieden, die Schwächen ihrerseits eingeräumt hätten. Eine Familienhilfe stehe ihnen seitdem auch weiterhin zur Seite. Von ihr fühlten sie sich allerdings nicht hintergangen, da sie keine früheren Akten lesen wolle, um sich ein eigenes Bild zu machen. IP7 gab an, dass er sich dadurch nicht vorverurteilt fühle. Er könne die Aussagen der neuen Familienhilfe und ihre klaren Vorschläge zu Handlungsbedarfen gut annehmen. Anscheinend gelingt es ihr, dies in einer Form auszudrücken, welche die Eltern verstehen und akzeptieren können.[1087]

4.

Viele Male während des Interviews bekundete IP7, wie glücklich er seit dem Wohnortwechsel sei. Zuvor habe die Familie mitten in einer Großstadt gewohnt. Die Wohnung sei zwar sehr groß, aber auch sehr alt und heruntergekommen gewesen. Sie habe in einem eher stressigen Nachbarschaftsviertel gelegen, wo es viele Streitigkeiten unter den Mietern des Mehrfamilienblocks gegeben habe.[1088]

Da das jetzige Drei-Parteien-Haus (familiärer Besitz des Opas) leer gestanden habe, sei es dazu gekommen, dass die Familie von IP7 das Angebot erhalten habe, dort zur Miete einzuziehen. Den Umzug und alle anfallende Organisation dazu habe IP7 größtenteils allein mit dem Opa gestaltet. Da dieser seit Langem als Stütze der Familie gelte, habe er ebenso beschlossen, den Wohnort zu wechseln. Er sei dann mit der gesamten Familie von IP7 mit in das Haus gezogen und bewohne aktuell den obersten Stock. Die unteren beiden Etagen habe die Kernfamilie für sich und die Kinder angemietet. Seitdem wohnten sie in jenem kleinen Dorf, in dem es keinen störe, wenn die Kinder mal laut seien oder draußen tobten. Seiner Frau täte die Dorfruhe ebenfalls gut, ihr gehe es

[1086] Transkript 7, S. 12-13 [Segment 63-67, 68-69], S. 26 [Segment N17a].
[1087] Transkript 7, S. 14-15 [Segment 73, 73b-74b, 76-77], S. 27 [Segment N18-N20c].
[1088] Transkript 7, S. 26, Segment [N17].

seither gesundheitlich viel besser und alle genössen die neuen Freiheiten.[1089] Um den Kindern genug Abwechslung bieten und sie zu diversen Angeboten und Freunden fahren zu können, habe IP7 seinen Führerschein gemacht.[1090] Beruflich habe er die Restaurantkette gewechselt, um näher bei der Familie sein zu können. Hier sei er inzwischen Restaurantmanager.[1091] Seine Familie sei viele Jahre abhängig von Ämtern gewesen. Das sei jetzt nicht mehr nötig: „[D]as ist ein Wohngefühl, dass man das geschafft hat, da rauszukommen und ist wie auf einer guten Linie."[1092] „Ja.. eigentlich ist seit dem Umzug alles viel schöner und ruhiger"[1093] – diese Einschätzung wiederholte er mehrfach.[1094]

4.7.4 Qualitative Analyse

Obgleich sich das Interview etwas holprig gestaltete und mit viel Nervosität von IP7 einherging und immer wieder Fragen gestellt werden mussten, um Erzählstimuli zu setzen, zeigte sich im Verlauf des Interviews ein Mann, dessen Glücksempfinden über sein aktuelles Leben (seit ca. drei Jahren) förmlich zu spüren war. Nach dem Umzug sei alles besser, schöner und ruhiger geworden. Auch der Gerichtsprozess, in dem die Familie ca. ein Jahr nach dem Umzug um die Unterbringung der Kinder kämpfen musste, schien diesem Empfinden in keiner Weise entgegenzuwirken. Im Gegenteil erweckte es den Anschein, IP7 eher gestärkt zu haben. Auch der Schlaganfall seiner Frau und dessen Konsequenzen für ihn persönlich schienen IP7 zu stärken und ihm vor Aufgen zu führen, wozu er fähig sei:

> „Man kann sagen… das hat sich bei mir alles so in die Richtung gewendet ab dem Schlaganfall, wo ich wusste: Ich muss, ich muss, ich muss, ich schaff das, ich mach das und das wird! Und seit dem.. seit dem Schlaganfall ist das auch alles so positiv gelaufen. Beim Umzug auch. Machen, schaffen, durchhalten und dann genießen."[1095]

Indem er sich in diesem Zitat nicht nur auf den Schlaganfall, sondern auch auf den Umzug bezog, zeigte sich, dass er in der Lage war, die erfahrene innere Stärke durch den heftigen Lebenseinschnitt des Schlaganfalls auf weitere herausfordernde Momente anzuwenden. Bestätigung findet diese Annahme in der Bezugnahme auf das Erkennen seiner Widerstandskraft:

> „Das hab ich gemerkt durch den Schlaganfall meiner Frau. Da hab ich .. ich MUSSTE kämpfen, dass für die Kinder was an der Normalität bleibt, dass die ganz normal

---

[1089] Transkript 7, S. 14 [Segment 70, 72], [S. 16 [Segmente 86-87], S. 19 [Segment 97], S. 22 [Segment 116, 166d], S. 26-27 [Segment N17-N17b].

[1090] Transkript 7, S. 14 [Segment 71], S. 25 [Segment N9].

[1091] Transkript 7, S. 3 [Segment 19-20].

[1092] Transkript 7, S. 22 (Zeile 117-718).

[1093] Transkript 7, S. 14 (Zeile 431).

[1094] Transkript 7, S. 13-14 [Segment 69-70, 72], S. 26-27 [Segment N17-N17b].

[1095] Transkript 7, S. 22 (Zeile 698-703).

weiter nach Hause dürfen, dass die Großen ihre Mama sehen durften, dass alles so normal weiter läuft für sie. Weil sonst wären die Kinder wahrscheinlich ganz weg gewesen und das wollte ich auf gar keinen Fall! Das hätte ich nicht zugelassen... Da hab ich BEWUSST das ERSTE MAL richtig... gekämpft und durchgesetzt, was ich will. Und hab mir auch nichts einreden lassen von anderen, die keine Ahnung hatten oder die dachten, was anderes sei besser. Da hab ich auch recherchiert, was darf ich machen, was für Rechte hab ich, was für Anliegen liegen vor. Und das hab ich eigentlich auch gut beibehalten, also diese Vorgehensweise."[1096]

Sein Verweis darauf, das in dieser Zeit Gelernte „gut beibehalten"[1097] zu haben, deutet auf Reflexionsfähigkeit und auf die Kompetenz hin, Erlerntes zu erkennen, zu prüfen, abzuwägen, zu übernehmen und anwenden zu können. Gegen Ende des Interviews war eine tiefe innere Sicherheit, Zufriedenheit und Glück feststellbar, was diesen Eindruck unterstreicht. Selbst die in der neuen Heimat auftretenden Schwierigkeiten, wie der Gerichtsprozess (vor dem sie in der alten Heimat große Angst gehabt hätten[1098]), brachten keine Trübung des Glücks. Zudem bestätigte der Ausgang des Verfahrens die Widerstands-, Willenskraft und das Durchhaltevermögen von IP7. Ebenso wurde in besonderem Maße ein positives Denken deutlich: Viele Jahre hätten er und seine Frau gewollt, dass die im Heim untergebrachten Kinder wieder zu Hause leben können. Durchweg sei dies ihr Zeil gewesen, was sie letzlich auch erreichen konnten. Indem der Richter der Familie ihre Kinder zusprach, schien jegliche Angst abgestreift.[1099]

Während des Berichts dieser Ereignisse saß IP7 aufrecht und brachte seinen Stolz zum Ausdruck. Die Bestätigung des Richters vermittelte ihm Selbstbewusstsein, verringerte jedoch nicht den bestehenden Sinn für Realität. Ihm sei bewusst, dass er und seine Frau nicht fehlerfrei seien und dass er selbstverständlich nicht alles könne. Es sei aber keine Schande, Hilfe anzunehmen. Diese Formulierung zeugt neben Realitätsbewusstsein ebenso von Reflexionsfähigkeit. IP7 gab offen zu, dass ihr Sauberkeitsempfinden nicht dem der Behördenvertreter entspräche. Auffällig ist hierbei die selbstgestaltete Einteilung in Bedeutung und Selbstbestimmtheit. Ob sich Außenstehende an ihrer mangelnden Ordnung im Wohnbereich stören mochten – für sie als Familie ist dieser Faktor nebensächlich. Im Fokus steht, dass die Kinder gut versorgt sind, gewaltfrei und harmonisch aufwachsen.[1100]

Gleichfalls ist bei IP7 der Wunsch nach Ehrlichkeit erkennbar. Bereits als es um den Schlaganfall seiner Frau ging, erzählte er davon, wie wichtig es ihm gewesen sei, seine Kinder nicht anzulügen. Er schilderte, wie er sich gegen das Jugendamt durchgesetzt, mit den älteren Kindern über den Zustand der Mutter

---

[1096] Transkript 7, S. 21 (Zeile 657-666).
[1097] Transkript 7, S. 21 (Zeile 666).
[1098] Transkript 7, S. 27 [Segment N19].
[1099] Transkript 7, S. 14-15 [Segment 73-77], S. 27 [Segment N18-N20c].
[1100] Transkript 7, S. 25-26 [Segment N18-N12].

gesprochen habe und mit ihnen ins Krankenhaus gefahren sei.[1101] Der Wunsch und die Achtung vor Ehrlichkeit zeigten sich auch im Zusammenhang mit den Äußerungen des Richters, der weiterhin Familienhilfe angeordnet habe. IP7 bestritt ihre Notwendigkeit nicht, betonte jedoch, wie wichtig ihm auch hier Ehrlichkeit sei:

> „Die ist auch sehr nett und sagt ganz offen, was sie denkt und sagt direkt, wo sie denkt, welches Kind welche Probleme hat. Die ist halt ehrlich. Sie sagt z. B.: Das und das Problem sieht sie bei dem Kind und das und das könnten wir jetzt machen, um das Kind zu stärken. Und so können wir erst mal zu Hause stärken, motivieren, bevor das wieder an wen anders geht. So sieht sie das und das ist genau das, was wir wollen."[1102]

Er verleugnet nicht, dass sie als Familie Hilfe benötigen, doch ist erkennbar, dass er über die Form dieser Hilfe mitbestimmen möchte. Natürlich sollten die Kinder gefördert werden, doch sollten sie keine Ärzte werden müssen und sie sollten als Familie keinen Sauberkeitspreis gewinnen müssen. Er möchte mitentscheiden dürfen, genauso wie seine Kinder mitentscheiden dürfen sollten, welche Ausbildung sie irgendwann beginnen wollten.[1103] Neben der Ehrlichkeit zeichne sich die aktuelle Familienhilfe durch ihre Äußerung aus, dass sie die Akten nicht habe lesen wollen, sondern sich lieber selbst ein Bild habe machen wollen. Dadurch vermittelte sie IP7, dass sie keine Vorurteile habe (gegen das, was in den Akten stehe, sei schwer anzukommen). Sie brachte ihm überdies einen Vertrauensvorschuss entgegen und habe Achtung vor den Menschen, denen sie nun gegenüberstehe und mit denen sie gemeinsam an der Förderung der Kinder arbeite. Hierdurch fühlte sich IP7 nicht mehr herabgesetzt, sondern spürte, dass er ernstgenommen werde in seiner Rolle als Familienvater.[1104]

Im Interviewverlauf fiel auf, dass IP7 keine Scheu davor hatte, Schwierigkeiten oder Anstrengungen zu erkennen. Diese Beobachtung konnte erstmals angestellt werden, als er zeigte, dass er ohne zu zögern bereit war, seine Frau nach dem erlittenen Schlaganfall zu pflegen – als noch in keiner Weise klar gewesen sei, welche Folgeschäden auftreten würden. Im Widerspruch dazu steht die häusliche Unordnung, die darauf hindeutet, dass er vor Anstrengungen von Aufräumarbeiten zurückschreckt. Allerdings misst die Familie diesem Aspekt generell keine große Bedeutung bei.[1105] Die Änderung der Wohnsituation von einer Großstadt mit guter Anbindung an öffentliche Verkehrsmittel, die auch für die Betreuung der Kinder relevant ist, ließ ihn ebenfalls nicht zögern. IP7 äußerte keine Bedenken wegen zusätzlicher Arbeit oder damit verbundener Umstände. Im Gegenteil berichtete IP7 stolz von seinem bestandenen Führer-

---

1101 Transkript 7, S. 9 [Segment 46-48].
1102 Transkript 7, S. 15 (Zeile 456-460).
1103 Transkript 7, S. 26 [Segment N 12].
1104 Transkript 7, S. 14-15 [Segment 74-74b], S. 27 [Segment N20c].
1105 Transkript 7, S. 8 [Segment 40d], S. 25 [Segment N9-N10].

schein, um die Mobilität der Familie aufrechterhalten zu können. Man könnte meinen, dass es eine Erleichterung für die Eltern sei, wenn die Kinder allein ihre Ziele erreichen könnten, doch erwähnte IP7 hierzu nichts. Es besteht nur die Freude über den Führerschein und die dadurch erworbene Möglichkeit, die zusätzlichen Aufgaben bewerkstelligen zu können. Dies deutet wiederum auf eine hohe Bedeutung von Selbstwirksamkeit. Zudem lässt sich vermuten, dass IP7 Aufgaben braucht, um sich wohlzufühlen. So gibt er z. B. seine Arbeit als Hobby und Ausgleich an.[1106]

Sein Durchhaltevermögen und seine Willensstärke lassen sich an mehreren Stellen erkennen: im Absolvieren seines Hauptschulabschlusses nach Beendigung der Förderschule, die vielen Jahre Arbeit mit den Hilfeerbringern (trotz häufig empfundener Machtlosigkeit hielt er an dem Endziel fest), im Umgang mit dem Schlaganfall seiner Frau und in den Belastungen, die er nach sich zog, in der Organisation des Umzugs, im Aufstieg bei seiner Arbeitsstelle, in seiner Ehe und Familie (die ihn in ihrer Existenz und Form glücklich macht) sowie in seinem inneren Umgang mit möglichen kommenden Schwierigkeiten. Es sei nochmals darauf hingewiesen, dass sein Familienleben bereits einige Hürden bereithält: Neben der sprachlich und in ihrer Bewegung stark eingeschränkten Ehefrau, sind auch fast alle der sieben Kinder förderbedürftig.

Für sich selbst erkennt IP7 als größte Stärke an, dass er in Extremsituationen in der Lage sei, ruhig zu bleiben und zu sondieren, was wie und in welcher Reihenfolge bewältigt werden müsse. Auch sein vorausschauendes Handeln habe er verbessert.[1107] Dazu sei nochmals seine Lebensphilosophie genannt: „Machen, schaffen, durchhalten und dann genießen."[1108] Mit dem Wort *Machen* bestätigt er aktive Handlungsmuster. Wie auch im Wort *Schaffen* lässt sich hierin Zielorientierung erkennen. *Durchhalten* spricht für sich und *dann genießen* verdeutlicht seine bewusste Reflexionsfähigkeit.

Dieses Interview hat sich zwar in seiner Form von den übrigen sieben deutlich unterschieden. Es war geprägt von Nervosität, der vermutlich Erfahrungswerte von Gesprächen mit Ämtern und im Betreuungskontext zugrunde lagen. IP7 weist darüber hinaus einen viel größeren Anteil an Hilfeformen in seinem Leben auf als alle anderen Interviewpartner. Es waren viele Nachfragen von mir nötig im Versuch, einen freien Redefluss in Gang zu bringen, was nur bedingt gelang. Doch war in keinem anderen Interview eine ähnlich große, fast überwältigende Form von Glücklichsein spürbar. Niemand sonst berichtete in dieser Intensität von Glück und Stolz über erreichte Ziele. Die Aussage „Ich brauch grad gar kein Hobby, weils mir einfach nur gut geht"[1109] bagatellisierte oder verschleierte keine möglichen Schwierigkeiten im Leben der Familie. Im

---

[1106] Transkript 7, S. 14 [Segment 71], S. 19-20 [Segment 99-99a], S. 25 [Segment N9b].
[1107] Transkript 7, S. 19 [Segment 93-93a].
[1108] Transkript 7, S. 22 (Zeile 703).
[1109] Transkript 7, S. 19 (Zeile 615).

Gegenteil wurden diese mehrfach klar und offen benannt: Die Frau ist gezeichnet vom Schlaganfall, viele seiner Kinder weisen Förderungsnotwendigkeiten auf und eine möglicherweise dauerhafte externe Hilfe ist vorhanden. Nichts davon trübt das glaubhaft geäußerte Glücksempfinden von IP7 – vielleicht, weil er Probleme klar benennt, aber nicht negativ deutet. Zudem spricht er von Glück nicht als aktuellem, gerade erreichten Zustand, sondern er bestehe seit ca. dreieinhalb Jahren (trotz aller zwischenzeitlichen Widrigkeiten). IP7 ist ein gutes Beispiel dafür, wie Stärken aus schwierigen Situationen erkannt und genutzt werden können.

Als Vertrauensperson in schwierigen Situationen nach Bellis et al.[1110] konnten seine Ehefrau, der Opa und Freundinnen, bei denen er nach dem Auszug aus dem Elternhaus untergekommen war, ausgemacht werden. Allerdings traten diese (kontrovers zur Studie von Bellis et al.) erst ab dem jungen Erwachsenenalter auf. Auf das Kindheits- und Jugendalter ging IP7 nicht weiter ein. Im späteren Verlauf des Interviews stellte sich heraus, dass er den Opa bereits aus Kindertagen von gemeinsamen Campingzeiten mit ihm und seinen Eltern gekannt habe, was somit eine damalige (undefinierte) Präsenz belegt. Welch große Unterstützung er der Familie von IP7 insgesamt bot, wurde mehrfach deutlich. Eine der wichtigsten Rollen ist die Übernahme der Opa-Funktion für alle Kinder. Leibliche Großeltern wurden nicht erwähnt. Da IP7 den Opa allerdings schon aus Kindertagen kannte, kann vermutet werden, dass ihm auch hier eine vertrauensvolle Rolle zugesprochen werden kann. IP7 habe sich an ihn wenden können, als er z. B. nach dem Verlassen des Elternhauses Hilfe benötigte. Dies deutet auf eine Vertrauensbasis hin, zum einen, da sich IP7 mit seinem Problem an ihn wandte, und zum anderen, da dieser für die Wohnung von IP7 bürgte.[1111]

Erzählungen von Erfahrungen aus dem Kindes- und Jugendalter fielen im gesamten Interviewverlauf spärlich aus. Die im Vorgespräch angedeuteten Schwierigkeiten beim Aufwachsen wurden nur sehr knapp erzählt und auch bei Nachfragen eher relativiert. Er sprach zwar von häuslicher Gewalt, lächelte aber oft dabei. Die Schilderungen zur häuslichen Situation waren sehr eingeschränkt. Er berichtete von körperlicher, altmodischer Züchtigung, allerdings in sehr knapper Art und Weise. IP7 beschränkte sich darauf zu erwähnen, dass die Eltern fast nie zu Hause gewesen seien, gab jedoch auch auf Anfragen nach dem Interview keine weiteren Informationen dazu. Es schien, als wisse er nicht mehr dazu zu sagen. Die Äußerungen, dass er im Schrank oder unter der Matratze geschlafen habe und dass seine Eltern ihn oft hätten suchen müssen,

---

1110 Vgl. Bellis, M. A. / et. al. (2017): Does continuous trusted adult support in childhood impart life-course resilience against adverse childhood experiences - a retrospective study on adult health-harming behaviours and mental well-being.

1111 Transkript 7, S. 2 [Segment 14], S. 11-12 [Segment 59-63], S. 17 [Segment 89-89c], S. 19 [Segment 92a].

deuten allerdings darauf hin, dass diese körperliche Gewalt nicht annähernd so harmlos gewesen sein kann, wie er sie schilderte.[1112] Die Betonung seiner eigenen Prioritätensetzung spricht ebenfalls dafür, dass er seine eigenen Erfahrungen in der Kindheit verharmlost: Ihm sei es nicht so wichtig, wie sauber die Wohnung sei, sondern dass die Kinder genug zu essen hätten und nicht geschlagen würden und Familienharmonie herrsche.[1113]

Seine Familie nennt er in der Definition von einem guten Leben zuerst. Daneben steht „arbeiten gehen"[1114], was wie ein Ausgleich zum Familienleben fungiert und sogar mit der Stellung eines Hobbys und einer bestehenden Ressource gleichgesetzt wurde. Außerdem wird der dadurch erreichte Wohlstand thematisiert, der auf Bescheidenheit und Dankbarkeit – sogar Demut – schließen lässt. Sein Wohlstandsgedanke umfasst keine exorbitanten materiellen Güter, sondern bezieht sich darauf, seine Familie allein und ohne die Unterstützung eines Amtes finanzieren zu können.[1115]

4.7.5 Einflüsse auf signifikante Resilienzfaktoren

a) Fähigkeit zur bewussten und zielgerichteten Reflexion

„Machen, schaffen, durchhalten und dann genießen"[1116] lässt auf ein bewusstes Reflexionsvermögen schließen: Die Erkenntnis des Erreichten führt zum Genuss. Die Äußerungen über sein enormes Glücksempfinden im Hinblick auf seine heutige Lebenssituation weisen ebenfalls eine intendierte Reflexionsfähigkeit auf. Besondere Angaben, die auf externe hilfreiche Unterstützung zur Ausbildung dieser Fähigkeit hindeuten, finden sich im Interview nicht. Daher scheint der Ursprung auf personaler Ebene zu liegen. Allerdings lässt sich wegen der dauerhaften Familienhilfe vermuten, dass zumindest eine Aufmerksamkeitsverstärkung besprochen oder geübt wurde, auch wenn dies von IP7 unerwähnt blieb. Des Weiteren zeigte sich, dass IP7 sich erreichter Ziele bewusst ist und seinen Erfolg im privaten und beruflichen Bereich genießen kann. So scheinen das Erkennen und Nutzen inkrementeller Erfahrungswerte zumindest eine unterstützende, stärkende Rolle einzunehmen.

[1112] Transkript 7, S. 5 [Segment 27-31], S. 18 [Segment 91-91a].
[1113] Transkript 7, S. 25 [Segment [N11].
[1114] Transkript 7, S. 22 (Zeile 708).
[1115] Transkript 7, S. 20 [Segment 99a], S. 22 [Segment 116-116c].
[1116] Transkript 7, S. 22 (Zeile 703).

b) Autonomie

Der Wunsch nach Autonomie bzw. Selbstwirksamkeit wird in den Erzählungen von ehemaligen Hilfeplangesprächen deutlich. IP7 sprach von einem Unwissenheits- und Machtlosigkeits-gefühl, das er zu dieser Zeit als vorherrschend empfand. Die Betonung seines aktuellen Glücksempfindens bezog sich vielfach auf das erreichte Ziel, dass die Familie wieder vollständig und unabhängig von finanziell unterstützenden Ämtern zusammenleben kann. Dabei betonte er das Gefühl, sich nicht vorverurteilt zu fühlen und ein Mitspracherecht in der Erziehung seiner Kinder zu besitzen. Deutlich zeichnet sich hierbei eine unterstützende Funktion seiner zielorientierten Reflexionsfähigkeit ab. Erste Züge deuteten sich an, als er sich als Kind gegen medizinische Einschätzungen zu wehren begonnen habe. Dies verweist auf eine Grundlage auf personaler Ebene. Eventuell kommt auf sozialer Ebene verstärkend hinzu, dass er in Kindertagen viel allein unterwegs war, da die Eltern kaum zu Hause gewesen seien und er dadurch autonome Verhaltensweisen lebte. Dies wiederum erfährt indirekte Unterstützung auf familiärer Ebene: Die Eltern gaben dies Form des Aufwachsens vor.

c) Widerstandsfähigkeit, Durchhaltevermögen und Willensstärke

„Machen, schaffen, durchhalten und dann genießen"[1117] – seine Lebensphilosophie hat eine hohe Aussagekraft. Die ersten drei Worte beziehen sich auf alle Eigenschaften von Widerstandsfähigkeit, Willensstärke und Durchhaltevermögen, die er zwar erst relativ spät (im Erwachsenenalter), aber besonders durch den Schlaganfall seiner Frau immer wieder unter Beweis stellte. Ob beim Ziel die Kinder wieder bei sich zu haben, beim Umzug, beim Absolvieren des Führerscheins oder der Beförderung im Beruf: IP7 macht, schafft und hält durch – stets sein Ziel vor Augen. Durch den Zusatz des *Genießens* verweist er auf eine Bestärkung durch Reflexionsfähigkeit sowie auf das Erkennen und Nutzen inkrementeller Erfahrungswerte. Wegen der sehr knappen Erwähnung von Umständen, die Widerstände in der Kindheit hätten verdeutlichen können, kann hierzu keine gefestigte Aussage gemacht werden. Jedoch kann die Reaktion von IP7 auf den plötzlichen, unvorhersehbaren Schlaganfall seiner Frau auf Ursprünge auf personaler Ebene schließen lassen. Er hatte schlicht keine Zeit, sich einzulernen und auch kein gleichwertiges Vorbild, um auf zielgerichtete Reflexionen zurückgreifen zu können. Daher scheint seine Willenskraft, seine Frau im Notfall zu pflegen und einen guten Weg für die Familie zu finden, intrinsischer Eigenschaften zu entspringen. Gleiches gilt für seine Widerstands-

---

[1117] Ebd.

kraft: Er weigerte sich, die dauerhafte innerfamiliäre Entfernung (durch die Fremdunterbringung der Kinder) hinzunehmen. Beides erforderte zudem ein gewisses Maß an Durchhaltevermögen. Auch hierbei scheint der Ursprung auf personaler Ebene zu liegen. Externe Förderungshinweise gab es nicht.

d) Aktive Bewältigungsstrategien

„Machen, schaffen, durchhalten und dann genießen."[1118] An erster Stelle stehen *machen* und *schaffen*. Mehrfach sind Momente im Interview belegt, in denen sich IP7 ohne Zweifel und ohne Zögern Herausforderungen stellte. Dabei agierte er proaktiv und musste durchhalten: Besonders deutlich wurde dies in allen Bereichen, für die der Schlaganfall seiner Frau an Konsequenzen nach sich zog. Gleiches betrifft die gesamte Umzugsplanung und Durchführung, ebenso wie die familiären Aufgaben. In seiner Lebensphilosophie, die allem Anschein nach auf personaler Ebene ihren Ursprung findet, deutet sich eine Stärkung aktiver Bewältigungsstrategien als positive Eigenschaft durch das Erkennen und Nutzen inkrementeller Erfahrungswerte an. Unterstützt wird dies durch die Fähigkeit zur bewussten Reflexion, wodurch er in die Lage versetzt wird, seine Erfolge zu erkennen und zu genießen.

e) Internale Kontrollüberzeugung

Berichte über die Kinderzeit waren rar, dennoch können erste Anlagen einer internalen Kontrolle ausgemacht werden: Um körperlichen Strafen der Eltern zu entgehen, versteckte sich IP7 regelmäßig. Dem Lernmechanismus, durch dieses Verhalten körperlicher Gewalt zu entkommen, kann ein förderlicher Aspekt zugesprochen werden, wenngleich die ersten Impulse zu derartigem Handeln Selbstschutz gewesen sein mögen. Somit wäre zumindest eine indirekte Förderung auf familiärer Ebene durch den Erziehungsstil der Eltern gegeben. Relevant scheinen zusätzlich der plötzliche Schlaganfall seiner Frau und alle darauffolgenden Entscheidungs- und Handlungsnotwendigkeiten. IP7 lernte, welche Wirkungen sein Handeln erzielte. Ein ebenfalls auf personaler Ebene liegender Ursprung kann ebenfalls in Betracht gezogen werden: IP7 sprach fortwährend von einem, über Jahre andauernden Wunsch, Kontrollmöglichkeiten zur Familiengestaltung zu erlangen. Der Wunsch an sich spricht für die personalen Anlagen, die durch einen Gerichtsprozess und die Einschätzungen des Richters auf sozialer Ebene eine enorme Förderung des Erkennens internaler Kontrolle bewirkten. Zwar brauche die Familie noch immer Unterstützung im Rahmen einer SPFH, jedoch sei von einer externen Unterbringung der Kinder

---

[1118] Ebd.

keine Rede mehr. Dieser Fortschritt und die Arbeit mit der aktuellen SPFH – ihr Auftreten und Wirken in der Familie – stärkten zudem weiterhin (ebenfalls auf sozialer Ebene) seine internale Kontrollüberzeugung. Er weiß inzwischen um seine eigene Möglichkeit, durch Handeln Aktionen und Reaktionen bewirken zu können. Ebenso bestärkend wirkt sein Glücksempfinden nach dem Umzug, den er zum größten Teil selbstständig initiierte. Das wiederum findet Förderung durch seine intendierte Reflexionsfähigkeit. Beides verweist auf immanente Eigenschaften.

f) Freundeskreis und signifikante Personen

Als wichtigste Person, die ihn positiv beeinflusse, nannte IP7 wiederholt seine Frau. Sie habe ihn zu Beginn ihrer Beziehung von der Einnahme diverser Substanzen abgehalten und ihn von einer Onlinespielsucht abgebracht. Ob beabsichtigt oder unbewusst unterstützte sie mit ihrer klaren Haltung gegen Drogen und Online-Spiele und der Perspektive auf eine Familie nachweislich einen positiven Werdegang, der den Wünschen von IP7 entspricht. Auch wenn IP7 die Frau vielleicht nicht aus diesem Grund gewählt hat (es gibt keine Hinweise dazu im Interview), so entschied er sich aktiv und bewusst für sie und ein Zusammenleben mit ihr. Weder ihre psychologische Borderlinediagnose noch der Umstand des Schlaganfalls und die Probleme, die er verursachte, änderten etwas daran. Er weiß um ihren positiven Einfluss und will diesen erhalten. Seine emotionale Bindung zu ihr ist stärker als die Probleme, mit denen er konfrontiert ist. Zudem bietet sie ihm die Möglichkeit für eine Familienform, wie er sie sich wünscht. Allerdings trat seine Ehefrau erst mit seiner Volljährigkeit in sein Leben. In Bezug auf seine Kindheit (im Alter von ca. zwölf Jahren) erwähnte IP7 einen guten Bekannten, der die Rolle eines Großvaters einnahm. Es blieb unklar, ob dieser bereits in Kindertagen als Opa bezeichnet wurde oder erst, als IP7 selbst Kinder hatte. An diesen Freund der Familie wandte sich IP7, als er aus dem Elternhaus auszog und dringend eine Wohnung brauchte. Er bot IP7 Verlässlichkeit und die Sicherheit, erreichbar zu sein. Er half ihm, z. B. durch eine Bürgschaft für die erste Wohnung. Daher liegt es nahe, ein Vertrauensverhältnis anzunehmen. Es muss also zumindest zum Teil unterstützende Signale während der Kindheit gegeben haben.

Als eine weitere, temporär wichtige Person erschien der Richter, der das Verfahren zur Frage einer erneuten Fremdunterbringung der Kinder leitete. Er sprach sich gezielt gegen eine Heimunterbringung aus und gab IP7 Zuspruch im Hinblick auf seine eigenen Handlungs-möglichkeiten im Bereich der Kindererziehung. Er wirkte damit maßgeblich bestärkend für die internale Kontrollüberzeugung, welche die anschließend eingesetzte SPFH weiterhin fördert.

g) Realismus und realistische Ziele

Ein Ziel, das IP7 sehr am Herzen liegt, ist ein Zusammenleben mit allen Familienmitgliedern. Dieses stellte sich schließlich vor allem durch seine konstante Willenskraft und Durchhaltefähigkeit als realisierbar heraus. In der persönlichen Definition eines guten Lebens besteht das Hauptziel von IP7 in der Familienharmonie und in bescheidenem Wohlstand. IP7 möchte von jeglichen finanziellen Unterstützungsnotwendigkeiten externer Ämter frei sein. Neben Willensstärke und Durchhaltevermögen, die für die Förderung von Realität durch intrinsische Motivation auf personaler Ebene zu liegen scheinen, kann zum Teil davon ausgegangen werden, dass auf sozialer Ebene der langjährige Beistand durch eine SPFH zur maßgeblichen Förderung beigetragen hat.

h) Qualität der Bildung

IP7 besuchte als Kind eine Förderschule. Auf eigenen Wunsch absolvierte er anschließend einen Hauptschulabschluss. Es wird nicht erwähnt, ob er dadurch höhere Chancen bei seinem derzeitigen Arbeitgeber hatte. Allerdings konnte er sich ohne abgeschlossene Berufsausbildung von einem ungelernten Angestellten zum Restaurantmanager hocharbeiten. Darauf ist er sehr stolz, erwartet aber von seinen Kindern nicht dasselbe. Bildung ist ihm wichtig. Er legt Wert darauf, dass alle seine Kinder einen Schulabschluss machen und einen Ausbildungsabschluss erreichen (auch hierbei ist der Weg offen). Der eigene Bildungsweg von IP7 spiegelt deutliche Bestärkung durch intrinsische Motivation. Zunächst war es sein eigener Wunsch, den Hauptschulabschluss zu machen. Den weiteren aufstrebenden Berufsweg beschritt er mit dem persönlichen Ziel, seine Familie zusammenführen und versorgen zu können und finanziell von Ämtern unabhängig zu sein.

4.7.6 Stabilitätshinweise (z.Z.d.I.)

Fähigkeit zur bewussten und zielgerichteten Reflexion	Der Stolz und das Glücksempfinden von IP7 über erreichte Ziele, das Reflexionsvermögen ehemaliger schwieriger Zeiten, das Wissen um einen erreichten besseren Zustand und das Bedürfnis, das Erreichte zu halten, werden durch kontinuierliche intendierte Reflexionsfähigkeit stabilisiert.
Autonomie	Die derzeitigen Lebensumstände innerhalb der Familie und im Berufsleben befriedigen den Wunsch nach Autonomie von IP7 zur Genüge. Sein Wunsch diesen Zustand zu erhalten wirkt dahingehend stabilisierend.

Widerstandsfähigkeit, Durchhaltevermögen und Willensstärke	IP7 weiß um sein Durchhaltevermögen als Stärke. Außerdem ist er sich seiner Willensstärke, an Zielen festzuhalten und darauf hinzuarbeiten, durchaus bewusst. Seine Fähigkeit zur bewussten und zielgerichteten Reflexion wirkt auch hierbei stabilisierend.
Aktive Bewältigungsstrategien	Sein Motto: „Machen, schaffen, durchhalten und dann genießen"[1119] hat Bestand und spiegelt eindeutige Aktivität. Er weiß unter Zuhilfenahme seiner intendierten Reflexionsfähigkeit, seine erfolgreichen Strategien kontinuierlich aktiv zu nutzen.
Internale Kontrollüberzeugung	Durch das Erkennen inkrementeller Erfahrungswerte ist sich IP7 inzwischen bewusst, dass er selbst in verschiedenen Lebensbereichen (beruflich und privat) Verantwortung trägt und unterschiedliche Szenarien und Auswirkungen in seinem Leben kontrollieren oder mitbestimmen kann. Diese Selbstsicherheit hat offenbar erst im mittleren Erwachsenenalter eingesetzt, schien allerdings z. Z. d. I. stabil.
Freundeskreis und signifikante Personen	Die Ehefrau und der Opa sind noch immer Teil seines Lebens und bieten eine stabile Stütze. Auch einen konstanten Freundeskreis hat er sich aufgebaut, in dem gegenseitige Unterstützung gelebt wird.
Realismus und realistische Ziele	Die Ziele von IP7 beziehen sich auf die Familie und den Beruf. Das Ziel von IP7, den erreichten Zustand beizubehalten, liegt durchaus im realistischen Rahmen, zumal Hilfe in Form der SPFH weiterhin gegeben ist und angenommen wird.
Qualität der Bildung	IP7 hat eine berufliche Position erreicht, welche die Versorgung seiner Familie ausreichend garantiert. Die Ausübung seiner Tätigkeit bereitet ihm Freude, er bezeichnete seine Arbeit als Ausleben eines Hobbys. Häufig spürbare Dankbarkeit (während des Interviews) und stetige bewusste Reflexion des von ihm empfundenen Glücks wirken stabilisierend.

4.7.7 Bezug zur persönlichen Definition eines guten Lebens

„Ein schönes Leben… meine Familie, arbeiten gehen, Wohlstand.. so wie wir eigentlich jetzt leben."[1120] „Also, meine Familie, nicht vom Amt abhängig zu sein […]."[1121]

Mit der Erreichung seiner Ziele und der Fähigkeit, sich daran bewusst zu erfreuen, ist IP7 mit seiner persönlichen Definition eines guten Lebens im Einklang. Auffallend ist, dass IP7 seine Ziele, die er seit drei Jahren bewusst genieße, als erreicht einstufte. Andere Ziele nannte er nicht. Es ist somit kein Streben nach Verbesserungen erkennbar. Seine Erfolge weiß er ausreichend zu würdigen, wertzuschätzen und zu genießen. Gleichermaßen sprach er davon diesen erreichten Zustand beibehalten zu wollen, was für Sensibilität und Achtung gegenüber möglichen Veränderungen spricht und wofür des die nötige

---

1119 Transkript 7, S. 22 (Zeile 703).
1120 Transkript 7, S. 22 (Zeile 708-709).
1121 Transkript 7, S. 22 (Zeile 720).

Umgangs- bzw. Handlungsweise zu nutzen gilt. Diesbezüglich präsentierte er sich sicher.

Zusammenfassend ist IP7 ein Mann, der erreichte Erfolge in besonderer Form achtet. Sein Stolz über bewältigte schwierige Lebensumstände, seine Kompetenz, eigene Stärken anzuerkennen und die enorme Fähigkeit, Positives zu genießen, stachen besonders heraus. Die Willenskraft, Erreichtes beizubehalten und die Entschlossenheit für dahingehende Beständigkeit zu kämpfen, unterstützen seine Selbstsicherheit. Er bezeichnete aufrecht und lächelnd sein Leben als gut. Zukünftigen Schwierigkeiten sieht er gelassen entgegen, da er sich seiner aktiven Bewältigungsstrategien bewusst ist. IP7 zögert nicht, notwendige Hilfe aufzusuchen und anzunehmen.

4.8 Interviewpartnerin 8

Legende:

Kürzel / Hervorhebung	Bedeutung
IP6	Interviewpartnerin 6
IP8	Interviewpartnerin 8
z. Z. d. I.	zur Zeit des Interviews
.. (Zitat)	Kurze Pause (1-2 Sekunden)
… (Zitat)	Längere Pause (3-4 Sekunden)

4.8.1 Personenvorstellung

IP8 wurde in Rumänien geboren und wuchs dort zusammen mit einer fünf-einhalb Jahre jüngeren Schwester und ihren Eltern auf. Ihr Vater (z. Z. d. I. 57 Jahre alt, ohne Ausbildung, arbeitet als Lagerist) habe sie mit Gewalt sehr streng erzogen. Die Mutter (z. Z. d. I. 53 Jahre alt, ohne Ausbildung, ebenfalls Lageristin) habe selbst keine Gewalt angewendet, sich aber nicht gegen die Ausübung gewehrt.[1122]

IP8 habe ihr Abitur absolviert und dann Politik, Verwaltung und Kommunikationswissenschaften studiert. Ihren Master habe sie im Themenbereich Comunitydevelopment bestanden. Sie habe dafür bewusst die englische statt ihrer Muttersprache gewählt, weil sie die Herausforderung annehmen wollte und sich dadurch bessere Berufschancen erhofft habe.[1123] Mit Mitte zwanzig sei sie nach Deutschland gezogen und habe nach einigen Orientierungsjahren eine Festanstellung in einem Büro gefunden. Inzwischen sei IP8 verheiratet und lebe mit ihrem Mann in einem gemeinsamen Haus. Zur Zeit des Interviews hatte sie eine eineinhalbjährige Tochter und war schwanger mit ihrem zweiten Kind.[1124]

4.8.2 Interviewverlauf

Der Kontakt wurde auf Empfehlung von IP6 hergestellt. In einem kurzen Telefonat von ca. einer Viertelstunde erklärte ich knapp das Thema meiner Forschung. Da IP6 allerdings bereits mit ihr gesprochen hatte, stellte sie keine weiteren Fragen dazu. Zur angewandten Methodik des narrativen Interviews und der von mir erbetenen Aufnahme per Diktiergerät und Video hatte sie

---

[1122] Transkript 8, S. 2 [Segment 8], S. 2-3 [Segment 13-15, 17, 19-19a], S. 4 [Segment 23, 25-27a], S. 7 [Segment 49,54], S. 23-25 [Segment 145].

[1123] Transkript 8, S. 24 [Segment 145].

[1124] Transkript 8, S. 1-4 [Segment 1-28], S. 23-25 [Segment 145].

keine Fragen oder Einwände. Es herrschte bereits zu Beginn des Telefonats eine Vertrautheit, die sich möglicherweise auf die Weiterempfehlung von IP6 zurückführen lässt. So einigten wir uns nach wenigen Minuten auf eine informelle Anrede. Da IP8 aus Rumänien stammt und (erst) seit etwa sieben Jahren in Deutschland lebt, entstanden hin und wieder sprachliche Hürden, die allerdings nicht sonderlich ins Gewicht fielen. Wir beide stimmten schließlich dem Interview zu, zumal IP8 mir nach kurzen Schilderungen aus ihrem Leben als geeignet erschien. Das Interview fand zwei Wochen später im Haushalt von IP8 statt. Die Interviewatmosphäre war gelöst. Wir waren allein, da der Ehemann arbeitete und die Tochter die Kinderkrippe besuchte. Unsere Telefone waren ausgeschaltet. IP8 trug legere Kleidung, dem Umstand der fortgeschrittenen Schwangerschaft angemessen. Sie bot Wasser und Gebäck an. Während des Interviews befanden wir uns durchgängig in der Küche. Nach etwa zehn Minuten und der schriftlichen Abklärung aller rechtlichen Formalitäten begann das Interview mit Betätigung der Aufnahmegeräte und meiner Eingangsfrage. Der gesetzte Erzählstimulus regte eine Erzählung ihrer Erinnerungen aus früher Kindheit an. Sie begann direkt damit, dass bereits ihr Vater eigene Gewalterfahrung in seiner Erziehung erlebt habe, fragte kurz nach, ob das von Belang sei und fuhr mit dem Hinweis fort, dass sie ein sehr eigenwilliges Kind gewesen sei. Sie erzählte von strenger Erziehung seitens ihres Vaters. Sie sprach auch von Gewalttätigkeiten, die sie nur aus Erzählungen der Mutter wiedergeben konnte. Sie versuchte offenbar, die Schilderungen möglichst chronologisch zu halten. Dabei kam es nicht zu Verkrampfungen. Es folgten rege Berichte von den Erziehungsideen und Umsetzungen ihres Vaters. Dabei ging sie oft ins Detail, verdeutlichte einige Aspekte nonverbal mit Gesten und Mimik, um sicherzustellen, dass ich auch alles angemessen erfasste. Im ersten Teil ergab sich keine Pause, die ein Nachfragen meinerseits erforderlich gemacht hätte.[1125] Bereits einleitend begann sie, die Erziehungsmethoden und diverse Handlungen zu reflektieren, zu bewerten und zu hinterfragen. Teilweise zog sie Vergleiche zu sich als Mutter und ihrem Verhalten ihrer Tochter gegenüber. Ihren ersten Redefluss von ca. 45 Minuten beendete sie mit der Aussage: „Ich glaube das wars.“[1126] Ich schloss den Nachfrageteil mit den vorbereiteten examenten und soziodemografischen Fragen an. In diesem Teil des Interviews hatte ich häufig das Gefühl, dass sie meine eigentliche Frage nicht richtig verstand. Da sie jedoch jedes Mal wieder in einen Redefluss kam, korrigierte ich nicht. Ich hatte zudem den Eindruck, dass sie durchaus weitere relevante Aspekte nannte, auch wenn diese teils nicht zur gestellten Frage passten.[1127] Die Stimmung blieb konstant locker, offen und freundschaftlich, als würden wir uns bereits kennen. Ein einziges Mal war ein Zögern zu spüren, als sie ihre Gefühle gegenüber den

---

[1125] Transkript 8, S. 1-10 [Segment 1-77].
[1126] Transkript 8, S. 10 (Zeile 322).
[1127] Transkript 8, S. 11-25 [Segment 78-145].

Eltern mit denen zu ihren verstorbenen Großeltern verglich. Sie wirkte hierbei etwas zurückhaltend und sprach leiser, da sie sich dafür zu schämen schien, vertraute mir dennoch selbst diese Gefühle an, was ich als Vertrauensbeweis wertete.[1128] Eine Steigerung war nach dem Ausschalten des Aufnahmegeräts feststellbar. Hier kam es nochmals zu einem enormen Redefluss, in dem sie zu fast allen Aspekten des Berichts eine Art Kurzzusammenfassung oder Ergänzung gab. Ich konnte Stichpunkte notieren, was sie nicht irritierte. Wir verabschiedeten uns lächelnd mit dem Zusatz, beiderseits für Nachfragen oder Schilderungsbedarf telefonisch erreichbar zu sein. Nachdem ich den Interviewort verlassen hatte, brauchte ich fast eine Dreiviertelstunde, um zu diesen letzten Notizen sinngemäß ihre Äußerungen zu dokumentieren.[1129]

In einem kurzen Telefonat konnten Fragen, die sich bei der Transkription ergeben hatten, geklärt werden.[1130] Weitere Kontakte waren jedoch nicht notwendig.

4.8.3 Fallvorstellung

Signifikante Themen und Epochen

1. Aufwachsen bis zum Alter von vierzehn bis fünfzehn Jahren
2. Zeit ab dem Alter von vierzehn bis fünfzehn Jahren, Umzug nach Deutschland und Zeit danach
3. Gegenwart

1.

Die Zeit des Aufwachsens beschrieb IP8 sehr lange und detailliert. Der Vater sei entschlossen gewesen, sie sehr streng zu erziehen. Die Anwendung von Gewalt sei dabei selbstverständlich gewesen. Bereits im Kleinkindalter (an das sie sich nicht direkt erinnern könne, IP8 sprach hier von Erzählungen der Mutter) habe der Vater ihr z. B. ihren eigenen Kot an die Nase geschmiert, um ihr das Tragen von Windeln abzugewöhnen. Auch sei sie dazu angehalten worden, bereits ihre Sachen selbst zu ordnen; gehorchte sie nicht, sei sie angeschrien worden. Sie beschrieb sich selbst als ein sehr eigenwilliges Kind, das seinen Willen habe durchsetzen wollen und nicht bereit gewesen sei, sich zu entschuldigen, wenn es keinen Fehler erkannt oder eingesehen habe. Um eine Entschuldigung zu erzwingen, habe der Vater körperliche Strafen eingesetzt, wie die Hände in die Höhe haltend auf den Knien zu sitzen. Dies habe allerdings nur bedingt

---

[1128] Transkript 8, S. 16 [Segment 111-113].
[1129] Transkript 8, S. 26-30 [Segment N1-N43].
[1130] Transkript 8, S. 30 [Segment T1-T2].

funktioniert. Es sei dem Vater jedoch gelungen, das Gefühl zu suggerieren, sie sei für diese Strafe – und vor allem für deren Dauer – selbst verantwortlich. Die Schwester sei weniger geschlagen worden, da sie sich sofort entschuldigt habe, um dem zu entgehen. IP8 habe Schläge für schlechte Noten bekommen sowie für nicht zusammengebundene Haare oder wenn sie, statt zu lernen, gezeichnet habe. Sie beschrieb Situationen, in denen ihr Vater, wenn er sie beim Zeichnen erwischt habe, ihr auf oder gegen den Kopf geschlagen habe. Dabei sei ihr Kopf häufig so auf den Tisch geknallt, dass sie Kopfschmerzen bekommen habe oder ihr schwindelig geworden sei. Generell habe er meist auf ihren Kopf geschlagen, außer wenn er Gegenstände wie einen Gürtel zu Hilfe genommen habe. Dann habe er auf den ganzen Körper gezielt. Es gab Situationen, in denen sie sich vor Schmerzen eingenässt habe.[1131]

Dennoch betrachtete IP8 ihren Vater mit ambivalenten Gefühlen, denn es habe kurze gewaltfreie Intervalle gegeben, auch Momente, in denen er sich finanziell für sie aufgeopfert habe. So habe er z. B. an allen Ecken gespart, damit sie Deutschnachhilfe bekommen oder an einem Schüleraustausch teilnehmen konnte.[1132] „[D]eswegen äh kann ich auch nicht sagen, dass er mich nicht geliebt hat"[1133], „[…] als hätte er zwei Persönlichkeiten gehabt."[1134] IP8 sei sich sicher, er habe gewollt, dass es seinen Kindern später finanziell besser gehe, was sie an sich gut finde. Die Art und Weise, die er gewählt habe, um dieses Ziel zu erreichen, kritisierte sie jedoch mehrfach stark.[1135]

An den Wochenenden sei IP8 häufig bei ihren Großeltern (väterlicherseits) gewesen. Auch wenn ihr Großvater seine Kinder früher ebenfalls mit Gewalt erzogen haben soll (so die Information der Mutter), habe IP8 die Zeit bei ihnen als gewaltfrei erlebt und durchweg angenehm empfunden. Das Lernen dort beschrieb sie positiver, freier. Denn im Gegensatz zum Vater bzw. dem Elternhaus generell, wo es hauptsächlich um das Erreichen der Bestnote gegangen sei, gab es bei ihren Großeltern einen sanfteren Umgangston und andere Erwartungen. Ebenso habe sie bei den Großeltern eine Freizeitgestaltung erlebt, die sie vom Elternhaus nicht gekannt habe. Der tiefe Verlust, den sie empfunden habe, nachdem die Großeltern verstorben seien, sei für IP8 auch heute noch in gleicher Intensität spürbar und dauerhaft vorhanden.[1136]

[1131] Transkript 8, S. 1 [Segment 3], S. 2-3 [Segment 8, 9, 12, 13-14, 17, 20-21], S. 6 [Segment 45, 46, 47], S. 7 [Segment 49, 50-51].

[1132] Transkript 8, S. 26 [Segment N2].

[1133] Transkript 8, S. 8 (Zeile 246).

[1134] Transkript 8, S. 8 (Zeile 234).

[1135] Transkript 8, S. 5 [Segment 37, 38a- 39], S. 6 [Segment 43], S. 20 [Segment 128-130], S. 28-29 [Segment N28, N29-N30].

[1136] Transkript 8, S. 14-15 [Segment 98-100, 102-104], S. 16 [Segment 108, 111-112].

2.

Als IP8 vierzehn oder fünfzehn Jahre alt gewesen sei, habe der Vater zu ihr gesagt: „Jetzt werde ich dich nicht mehr prügeln.“[1137] Dabei habe er sie mit einem Ast verglichen, den man bis dahin habe biegen können, was nun nicht mehr möglich sei. Daher habe sie künftig ihre eigenen Entscheidungen treffen sollen. Die Situation danach bezeichnete IP8 als fast noch schlimmer, als Prügel zu beziehen. Diese Gewalttaten habe sie bis dato mehr oder weniger als normal empfunden, doch nachdem sie bis dahin durchweg „koordiniert“[1138] worden sei, habe sie sich plötzlich hilflos und allein gelassen gefühlt.[1139]

> „[A]uf einmal war niemand mehr da, der mir gesagt hat, was ich machen soll […].“[1140]
> „Und das war sehr schwierig für mich […], vielleicht noch schwieriger als das... Prügelei.“[1141]

Sie habe Freunde und eine Freundin gehabt, die ihr in dieser Zeit zur Seite gestanden hätten. Ihr habe IP8 aber keine Details erzählt – nur dass sie sich mit ihren Eltern nicht verstanden habe. Dennoch habe ihr diese Freundin durch schwierige Phasen geholfen und mit Optimismus Wege aus schwierigen Situationen gezeigt. „Und dann äh.. hab ich halt angefangen zu leben.“[1142] Erstmals habe sie „diese anderen Gefühle“[1143] von Freude und Zuversicht gespürt. Auch ein Freund, mit dem sie mit Anfang zwanzig zusammen gewesen sei, habe ihr Wege gezeigt, wie sie aus Tiefphasen wieder herauskommen konnte, in die sie sinusartig immer wieder gefallen sei.[1144]

Nach dem Abbruch der völligen Kontrolle und durch die abrupte Beendigung der Gewaltausübung des Vaters habe IP8 jeglichen Halt verloren und sei zunehmend unsicherer geworden. Plötzlich habe sie Angst gehabt, vor anderen zu sprechen, habe nicht mehr gewusst, was sie machen solle, was richtig oder falsch sei. Im Alter von achtzehn oder neunzehn Jahren habe sie diese Unsicherheiten erstmals bewusst wahrgenommen.[1145]

Um etwas Abstand zum Elternhaus zu bekommen, habe sie in einer „modernen Stadt“[1146] studiert. Mit 26 Jahren habe sie sich entschlossen, den Abstand zu den Eltern nochmals zu vergrößern und sei nach Deutschland gegangen. Es habe daraufhin einige Jahre der Suche gegeben. Mehrere Jobs und Wohnortwechsel seien aufeinander gefolgt. Neben Abschnitten von Hochgefühlen,

---

1137 Transkript 8, S. 4 (Zeile 118).
1138 Transkript 8, S. 9 (Zeile 266).
1139 Transkript 8, S. 4 [Segment 28-30], S. 9 [Segment 64a-66].
1140 Transkript 8, S. 9 (Zeile 266-272).
1141 Transkript 8, S. 9 (Zeile 270-271).
1142 Transkript 8, S. 19 (Zeile 626).
1143 Ebd.
1144 Transkript 8, S. 11-12 [Segment 82-84], S. 19 [Segment 124d-125a].
1145 Transkript 8, S. 8-9 [Segment 63-66].
1146 Transkript 8, S. 12 (Zeile 395).

Glück und Freiheit habe sie sich immer wieder in Phasen wiedergefunden, in denen sie sich unsicher und allein gefühlt und glaubt habe, nichts schaffen zu können. Jedoch sei es ihr durch einen guten Freundeskreis gelungen, recht schnell aus diesen Tiefpunkten wieder herauszukommen.[1147]

3.

Mit 26 Jahren habe IP8 ihren heutigen Ehemann kennengelernt, den sie vier Jahre später geheiratet habe. Ihr gemeinsamer Entschluss, ein Haus zu kaufen, habe den Ort für ihren Familienwunsch geschaffen und so sei zwei Jahre später ihre Tochter zur Welt gekommen. Zum Zeitpunkt des Interviews war IP8 schwanger mit ihrem zweiten Kind. Sie äußerte, dass sie mit ihrem Leben zufrieden sei und generell einen Glückszustand von 80 Prozent anstrebe. Auch in ihrer Familie und Ehe solle es zu 80 Prozent schön sein, was sie z. Z. d. I. als erreicht ansah. Für die Zukunft strebe sie nach der Elternzeit einen Berufswechsel an, da sie erkannt habe, dass der bis dato ausgeübte Beruf ihr aufgrund des kollegialen Umfelds, nicht gut tue. Wahrscheinlich hormonell bedingt fühlte sie sich zum Zeitpunkt des Interviews nicht völlig fit und beschrieb Ängste, nicht rechtzeitig einen geeigneten Job zu finden, der sie einerseits ausfülle, andererseits genug Geld für die Familie einbringe und zeitglich mit den Abholzeiten eines ortsansässigen Kindergartens vereinbar sei.[1148] Dennoch zeigte sie sich recht zuversichtlich mittels ihrer erlernten Strategien ihr künftiges Leben meistern zu können, sollte sie auch wieder in ein Gefühlstief rutschen.[1149] Kontakt zu ihren Eltern bestehe durchweg, so wie es der räumliche Abstand zulasse, hauptsächlich telefonisch. Es bestünden weiterhin einige
  Diskrepanzen, besonders was die Kindererziehung betreffe. IP8 grenzt sich allerdings ausnahmslos von den Methoden ihrer Eltern (besonders des Vaters) ab.[1150]

4.8.4 Qualitative Analyse

Besonders hervorzuheben ist die durchgängige Reflexion, welche die Erzählungen von IP8 begleitete. IP8 schilderte viele Erlebnisse aus der Kindheit und Jugend, die in den Bereich von häuslicher Gewalt fallen, sehr detailreich. Sie nannte dies strenge Erziehung, äußerte jedoch bereits jeweils nach den einzelnen Episoden ihren Standpunkt dazu und grenzte sich klar und glaubhaft in

---

[1147] Transkript 8, S. 9 [Segment 67-68], S. 12 [Segment 88], S. 17 [Segment 115, 120], S. 28 [Segment N24].
[1148] Ein Thema, das allerdings viele Familien und berufstätige Mütter betrifft.
[1149] Transkript 8, S. 23 [Segment 144], 27 [Segment N13a-14], S. 28 [Segment 23-24].
[1150] Transkript 8, S. 28-29 [Segment N28-N30].

der Erziehung ihrer eigener Kinder davon ab.[1151] Sie zog Querverbindungen zu dem Erlebten und dessen Auswirkungen. Sie brachte z. B. ihre Gewissheit darüber zum Ausdruck, dass ihre Tiefpunkte, in denen sie sich klein, unbedeutend und nichtsnutzig fühle, auf die Erziehungsweise ihres Vaters zurückzuführen seien.[1152]

Ihr Leben nach dem Ende der väterlichen Gewalt beschrieb sie als sinusartig mit Hoch- und Tiefphasen. Nachdem der Vater angekündigt hatte, sie fortan nicht mehr zu schlagen, und sie aufgefordert hatte, von nun an ihre eigenen Entscheidungen zu treffen, fühlte sie sich verlassen und planlos. Bis dato war sie koordiniert worden, ihr Handeln war vorgegeben, es hatte eine klare Line gegeben. Wenn diese auch nicht gut gewesen war und IP8 sie verurteilte, so hatte sie dennoch Halt geboten, den sie plötzlich komplett verlor. So schmerzhaft die Prügel auch gewesen waren, auf einmal sich selbst überlassen zu sein, habe sie als viel schlimmer empfunden. Es begann eine Zeit der Orientierung, der Suche, der emotionalen Berg- und Talfahrten. Planlosigkeit und das Gefühl von Freiheit (unterschiedlich begleitet von positiven oder negativen Gefühlen) gehörten für IP8 gleichermaßen in diese Zeit.[1153]

Um aus den schwierigen Phasen eines jeweiligen Stimmungstiefs wieder herauszukommen, hätten ihr (sehr oft erwähnte) Freunde geholfen, die fast ausschließlich positiven, optimistischen Gemüts gewesen seien. Deren Verhalten habe sie sich mitunter zum Vorbild genommen. Ein ums andere Mal habe sie so aus negativen Phasen herausgefunden und Strategien entwickelt, die ihr auch heute noch helfen, zuversichtlich zu sein.[1154] Diesen Prozess des Beobachtens, Reflektierens und die Orientierung an Verhaltensmustern aus der Umgebung beschrieb IP8 als Selbsthilfe: „Eigentlich hab ich mir immer selbst geholfen."[1155] Dies deutet auf bewusste, zielgerichtete Wahrnehmung, Reflexion und anschließende Reaktion. Auch wenn IP8 im Interview nicht explizit eine zielorientierte Freundschaft erwähnte, so fällt doch stark auf, dass diese Freundschaften ausschließlich von optimistischen Menschen geprägt waren. Da sie angab, sie habe sich gezielt positive Eigenschaften abgeschaut und bewusst übernommen, kann davon ausgegangen werden, dass auch die Wahl ihres Freundeskreises zumindest nicht gänzlich unbewusst geschah.

Der Glaube an sich selbst zeigt, dass IP8 bereits in jungen Jahren eine Form von innerer Stärke und Selbstsicherheit mit Selbstvertrauen, Hoffnung

---

[1151] Transkript 8, S. 3 [Segment 18], S. 6 [Segment 44-44a], S. 28-29 [N28-N30].

[1152] Transkript 8, S. 4-5 [Segment 30-31], S. 6 [Segment 44-44a], S. 8-9 [Segment 64-66, 68], S. 11 [Segment 81], S. 20 [Segment 128, 130].

[1153] Transkript 8, S. 8-9 [Segment 64-68], S. 11 [Segment 80- 81], S. 12 [Segment 87-87b], S. 13 [Segment 91-91c], S. 21 (133, 134), S. 26 [Segment N4], S. 27 [Segment N18].

[1154] Transkript 8, S. 12 [Segment 82a, 84-85], S. 17-18 [Segment 115, 120-123a], S. 19 [Segment 124d-125a], S. 20 [Segment 124e, 131].

[1155] Transkript 8, S. 18 (Zeile 574), S. 12 [Segment 85], S. 18 [Segment 123-123a].

und Zuversicht besessen haben muss.[1156] Auch wenn IP8 dies zweimal eher in einem Nebensatz erwähnt und nonverbal verhalten wirkte, so finden sich keine gegenteiligen Hinweise. Bekräftigend zu werten ist die frühe innere Gewissheit in ihrer Kindheit und Jugend. Sie war sich sicher, den Erziehungsmethoden des Vaters nicht bis an ihr Lebensende ausgeliefert zu sein: „[I]ch wusste, ich komm irgendwann raus aus dem Haus und dann hab ich mein eigenes Leben."[1157]

Neben ihren Freunden erwähnte sie ihre Großeltern – bereits in ihrer Kindheit – als wichtige Personen in ihrem Leben. Obgleich diese väterlicherseits (die Eltern der Mutter wurden nicht erwähnt) ebenfalls in ihrer Erziehung zu Gewalt ausgeübt hätten, gab IP8 an, dass sie in ihrem Umgang mit ihr als Kind wesentlich ruhiger, stets gewaltfrei und positiv gewesen seien. Selbst das Lernen sei angenehmer gewesen, da die Großeltern sie nicht dazu gezwungen hätten und einen milderen Umgangston gefunden hätten, um sie zu animieren und mit Lernmethoden abgeschwächter Intensität einverstanden gewesen seien. Ihre Großmutter beschrieb sie als eine gute Frau, mit der sie viel besprechen konnte. Ihr Großvater habe ihr Mut gemacht, wenn etwa in der Schule etwas nicht gleich gelungen sei. Zudem erlebte IP8 bei ihnen eine Freizeitgestaltung, die sie von zu Hause nicht kannte.[1158]

In der 12. Klasse sei sie für ein halbes Jahr zu ihren Großeltern gezogen, um ihnen nach einer Krebsoperation zu helfen.[1159] Niemand anderes aus der Familie habe sich zu dieser Hilfe angeboten, die IP8 als Selbstverständlichkeit bezeichnete. Diese Zeit bezeichnete sie trotz der vielen Arbeit mit den Hoftieren und der Pflege der Großeltern als frei. In der Schule habe sie zwar entgegen der Erwartung des Vaters nicht mehr Bestnoten erhalten, sondern sie habe durchweg im guten Bereich gelegen. Für IP8 trübte dieser Umstand ihre positiven Gefühle allerdings nicht.[1160] Als IP8 etwa achtzehn Jahre alt gewesen sei, sei die Großmutter verstorben, ein Jahr später dann auch der Großvater. Bis heute fehlten sie ihr sehr. Auch wenn sie sich dafür zu schämen schien, sagte sie, sie habe das Gefühl, dass sie die Großeltern mehr geliebt habe und sie mehr vermisse als ihre Eltern. Sie bekräftigte diese Einschätzung durch die Bemerkung, dass sie nach dem Verlust der Großeltern glaubte, niemanden mehr zu haben.[1161]

Hierbei kommt es zu einer auffälligen Überschneidung: IP8 gab an, dass im Alter von achtzehn bis neunzehn Jahren ihre Unsicherheit und das Gefühl,

---

[1156] Transkript 8, S. 23 [Segment 143].
[1157] Transkript 8, S. 13 (Zeile 403-404).
[1158] Transkript 8, S. 1 [Segment 2], S. 14-15 [Segment 95a-100, 102-104], S. 28 [Segment N26].
[1159] Transkript 8, S. 15-16 [Segment 105-108a].
[1160] Ebd.
[1161] Transkript 8, S. 16 [Segment 110-112].

nichts mehr richtig machen zu können, erst so richtig ausgebrochen sei.[1162] Sie selbst setzte das in Bezug zu den plötzlich weggefallenen harten Erziehungsmethoden des Vaters, was allerdings zeitlich nicht ganz stimmig ist. Die zeitliche Einschätzung *plötzlich* würde eher in den Zeitraum ihres Alters zwischen vierzehn und fünfzehn Jahren passen. Mehrfach hatte sie angegeben, dass der Vater ab diesem Alter nicht mehr handgreiflich geworden sei. Doch in Segment 65 weicht dies in der Zeit ab. Sie sprach zwar nicht davon, dass die Großeltern bis dahin ein großer emotionaler Halt für sie gewesen seien, auch erzählte sich nichts von besonderen Kontakten aus der Zeit, nachdem sie bei ihnen gewohnt hatte. Jedoch ist die Überschneidung des Verlusts der Großeltern (im Alter von etwa achtzehn Jahren) mit dem erstmals wahrgenommenen Auftreten jener ängstlichen, unsicheren Momente nicht von der Hand zu weisen.[1163] Hier dürfte ein enger Zusammenhang bestehen, zumal sie mehrfach ihren starken Willen und ihr Durchsetzungsvermögen als Kind und Jugendliche betonte, wobei sie sich nach dem Tod der Großeltern als eher schüchtern, unsicher und zurückhaltend beschrieb.

Ihr starker eigener Willen als Kind wurde in den ersten Minuten des Interviews thematisiert, was darauf hindeutet, dass ihr dieser Aspekt wichtig war. Beim Bericht der vehementen Weigerungen, sich beim Vater für tatsächliches oder vermeintliches Fehlverhalten zu entschuldigen, lächelte sie sehr oft und zeigte eine selbstbewusste Körperhaltung mit stolzer Mimik. Selbst angesichts der drohenden Strafe waren ihre Uneinsichtigkeit und ihr Wille oft stärker. Sie räumt ein, dass sie, obgleich sie die Art der Strafen ihres Vaters verurteilt habe, ihn dennoch dazu provoziert haben könnte. Sie gab häufig ihre Schwester als Beispiel an, die so gut wie nie geschlagen worden sei, da sie sich immer sofort entschuldigt habe. Man könnte auch eine aufkeimende Form von ausgeprägtem Gerechtigkeitssinn vermuten. Zwar entschuldigte IP8 hin und wieder die Intention des Vaters zu strafen, jedoch nicht die gewählte Form der Gewalt.[1164]

Vielleicht gab es auch eine Art inneren Rebellen, der sie ihre positiven, selbstgeschaffenen Inseln – wie die der Momente des Zeichnens – nicht aufgeben ließ, obgleich sie immer wieder Gewalt von ihrem Vater erfuhr, wenn sie entdeckt wurde. Diese kleinen Inseln sind eine ihrer wichtigsten Ressourcen: Beim Lernen und in den Schulpausen zeichnete sie, später beim Schreiben ihres Tagebuchs hielt sie ausschließlich positive Momente fest, in emotional schwierigen Momenten nutze sie Musik, um sich positiv zu stimmen. Es handelte sich dabei also nicht nur um das Abtauchen in eine andere Welt, vielmehr um ein Eintauchen in einen selbst geschaffenen Bereich positiver Gefühle.

1162 Transkript 8, S. 8-9 [Segment 64-64a].
1163 Transkript 8, S. 31 [Segment T1].
1164 Transkript 8, S. 1 [Segment 3-5], S. 2 [7-12], S. 3 [Segment 18, 20-21], S. 4 [Segment 24], S. 5 [Segment 38-38a], S. 7 [Segment 47-51], S. 26 [Segment N7], S. 28 [Segment N28-N30].

Beim Zeichnen, beim Musik hören oder Tanzen fühlt sie sich wohl, ebenso beim Aufschreiben erlebter schöner Momente.[1165] Dies konnte sie bewusst wahrnehmen und für sich nutzen. Auch in späteren Jahren (nach der Zeit der Gewaltausübung des Vaters) zeigte sich deutlich ihr stetiges Streben nach Positivem. Deutlich wurde dies durch die Wahl des Freundeskreises, aber auch durch positiv-verstärkende Videos.[1166] Dies wiederum unterstreicht ihre Fähigkeit zur Reflexion und darauffolgende wirksame Reaktionen.

Selbst im Hinblick auf die Form ihrer Erziehung: Die negativen Erfahrungen der körperlichen Bestrafung setzt sie in Bezug mit späteren Tiefphasen, wofür sie den Vater bzw. die Eltern verantwortlich macht. Gleichzeitig konnte sie dem dennoch etwas Positives abgewinnen. Sie sei dankbar, weil sie durch diese Form der Erziehung menschlich, umsichtig gegenüber ihrer Umgebung und nicht egoistisch geworden sei.[1167] Ob das um wirkliche Dankbarkeit ist, unbewusstes oder bewusstes Nutzbarmachen oder vielleicht gar eine Flucht vor nachhaltigem Schmerz oder der Befürchtung, nicht verzeihen zu können, kann nicht klar belegt werden. Generell zeigte sich ein innerer Zwiespalt in Bezug auf die Gefühle zu ihrem Vater bzw. zu ihren Eltern. Der Vater hatte scheinbar zwei Persönlichkeiten. Einerseits verurteilte sie ihn für die Schläge, andererseits war sie ihm dankbar für die Versorgung und viele Möglichkeiten. Die Mutter wurde eher im Nachhall des Interviews zum Thema. Im Nachgespräch erzählte IP8, dass ihre Mutter sich damals vom Vater habe unterdrücken lassen, was sich nicht geändert habe. Die Mutter habe die gewalttätigen Erziehungsmethoden abgelehnt. Jedoch habe sie sie auch nicht abgewehrt, weil der Vater ihr ebenfalls Gewalt angedroht habe. Ob es tatsächlich Übergriffe gegen die Mutter gab, blieb unerwähnt. Jedoch wurde deutlich, dass die Mutter die Gewalt gegen ihre Kinder duldete und indirekt auch verteidigte. Sie nehme es z. B. nicht an, wenn IP8 ihr vorwerfe, dass sie zu streng erzogen worden sei. Die meiste Zeit unterschied IP8 zwischen den Erziehungsmethoden der Eltern, es wurde meist über den Vater gesprochen. Die Äußerung von Vorwürfen schien ihr trotz auftretender Ambivalenzen nicht schwerzufallen. Im Gegensatz dazu erwähnte sie die Mutter während des Interviews weniger, im Nachgespräch dafür umso intensiver. Hier stand der Vorwurf gegen sie im Vordergrund, dass sie die Gewalt geduldet habe. Sie beschrieb ihre Mutter als schwach und inkonsequent, die heute noch unter dem Vater leide. IP8 hatte den Eindruck, seit sie als Tochter aus dem Haus sei, stehe die Mutter im Mittelpunkt der väterlichen Attacken, die sich auf die psychische Ebene verlagert hätten. Ein Verlassen des

---

[1165] Transkript 8, S. 5 [Segment 32, 35-35a], S. 6 [Segment 41], S. 12 [Segment 82], S. 13-14 [Segment 92-92a], S. 18 [Segment 123a], S. 21 [Segment 135], S. 28 [Segment N21-N23], S. 29 [Segment N40].

[1166] Transkript 8, S. 12 [Segment 84-85], S. 17 [Segment 115, 120], S. 18 [Segment 123-123a], S. 20-21 [Segment 132-134], S. 22 [Segment 138], S. 28 [Segment N23-N24].

[1167] Transkript 8, S. 4-5 [Segment 28, 30-31], S. 8-9 [Segment 64-68, 71], S. 20 [Segment 128, 130], S. 26 [Segment N4].

Vaters sei trotz einfacher Möglichkeiten für die Mutter jedoch indiskutabel, was IP8 ebenfalls kritisierte.[1168]

Es gab eine Irritation in Bezug auf die Anerkennung der Großmutter im Gegensatz zur Mutter. Die eigene Mutter verurteilte sie, da sie ihre Kinder nicht vor den Schlägen des Vaters geschützt habe. Ihre Großmutter stellte sie allerdings durchweg positiv dar, obwohl diese in der Vergangenheit ebenfalls Gewalt gegen die eigenen Kinder geduldet habe. Mit dem Satz „sie hat das durchgezogen"[1169] brachte IP8 ihre Achtung zum Ausdruck. Allerdings könnte die leichte sprachliche Barriere die exakte Aussageabsicht verfälscht haben. Es findet sich ein weiterer Widerspruch: „Meine Oma war eigentlich wie meine Mama. Mit ihr konnte ich ganz, ganz viel besprechen. Ja.. Sie war eine sehr gute Frau."[1170] Sie erwähnte im Interview keine Momente des vertraulichen Gesprächs mit der Mutter und sprach auch kein vergleichbares Lob über sie aus. Im Nachgespräch wurden eher Diskrepanzen und Unverständnis zwischen ihnen deutlich. Da sie nach dem Ableben der Großeltern das Gefühl verspürt habe, komplett allein zu sein, hatte die Mutter offenbar nicht die gleiche Bedeutung in ihrem Leben wie ihre Großmutter. Gleichermaßen kann ihre Äußerung so gedeutet werden, dass die Oma für IP8 eine Art Mutterersatz darstellte, worauf sich der Abschnitt *Sie war wie meine Mama* im Sinne einer allgemeinen Mutterrolle beziehen könnte. Aber auch hier sind eventuelle sprachliche Schwierigkeiten einzuräumen. Obwohl IP8 die deutsche Sprache ziemlich gut beherrscht, musste sie doch manchmal nach Worten suchen. Eindeutig vermittelte sie den Vorsatz, dass für IP8 der Schutz der eigenen Kinder vor Gewaltausbrüchen (selbst wenn den eigenen Ehemann beträfe) oberste Priorität hat.

Im weiteren Verlauf des Interviews prangerte IP8 an, dass der Vater versucht habe, ihre Persönlichkeit zu verändern, indem er ihre grafische Kreativität unterbunden habe. Sie habe Zeichnen sehr gemocht, doch das sei vom Vater immer wieder verboten worden. Auch ihr Studienwunsch eines kreativen, gestalterischen Fachs sei unterbunden worden, was im Widerspruch zur übermittelten Äußerung des Vaters steht, dass IP8 ihre eigenen Entscheidungen treffen solle. Wahrscheinlich bezog sich seine Aussage nicht auf Schule und Ausbildung, denn seine Erwartung von Bestnoten sei bestehen geblieben. Genauere Angaben dazu finden sich im Interview leider nicht. Es steht zu vermuten, dass die Phase der Suche nach dem Verlassen des Elternhauses und die Schwierigkeit, eine zufriedenstellende Arbeit zu finden, darauf zurückzuführen ist, dass

---

[1168] Transkript 8, S. 4 [Segment 27-27a], S. 8 [Segment 56-62], S. 28 [Segment N27-N28a], S. 29 [Segment N30-N32, N34].

[1169] Transkript 8, S. 14 (Zeile 463).

[1170] Transkript 8, S. 14 (Z. 449-450).

sie den Wünschen des Vaters entsprechen und ihre persönlichen Neigungen unterdrücken musste.[1171]

Doch trotz aller Schwierigkeiten mit den Eltern ist IP8 die Familie wichtig. Zwar zog sie ins Ausland, um den Abstand möglichst groß zu gestalten, doch erzählte IP8 nichts von einem Bruch mit den Eltern. Es gab auch keine Anzeichen für die Intention, den Kontakt einzuschränken oder abzubrechen. In ihrer persönlichen Beschreibung eines guten Lebens nimmt die Familie eine wichtige Stellung ein, die zu 80 Prozent harmonieren solle. Generell gab sie an, dass 80 Prozent Positivität für sie ein zu erreichendes Ziel zur Zufriedenheit darstelle. Dies gelte für Familie, Berufsleben und die Freizeitgestaltung, für ihr inneres Empfinden und ihr äußeres Erscheinungsbild. Sie räumte 20 Prozent an Rückschlägen ein, um nicht abzuheben, egoistisch oder gar größenwahnsinnig zu werden,[1172] was auf Realitätsbewusstsein schließen lässt. Realistisch bewertete sie auch ihre heutige Sichtweise zu vergangenen Krisen (im Gegensatz zu jener Zeit). Sie erkannte Dankbarkeit für viel Gutes in ihrem Leben, reflektierte, dass sie sich nicht immer völlig fit fühle und dies auch nicht müsse, dass sie nicht krisenfrei sei und dass sie gern noch optimistischer wäre und besser mit Kritik würde umgehen können.[1173] Doch auch wenn sie sich bewusst ist, dass Kritik zum Leben gehöre, braucht IP8 zum Wohlfühlen Lob und Anerkennung. Durch anerkennende Worte für geleistete Arbeit sei sie fähig, 120 Prozent Leistung zu erbringen, wohingegen Kritik sie lähme.[1174] Daran wolle sie allerdings arbeiten. Hier lassen sich deutliche Zusammenhänge zwischen den Erziehungsstilen von Vater und Großvater erkennen. Der Großvater lobte, ermutigte und tadelte nicht, was ihr ermöglichte, freier und leichter zu lernen. Sie habe sich dadurch eher angespornt gefühlt.[1175] Der Vater hingegen setzte sie permanent unter Druck und war leistungsorientiert fast ausschließlich durch negatives Verhalten behaftet. Dies erklärt ihre unsicheren Gefühle und daraus resultierende Schwierigkeiten im Arbeitsablauf. Um Anerkennung zu erreichen, sucht IP8 dennoch Herausforderungen und scheut zusätzliche Arbeit nicht. Ihren Master absolvierte sie auf Englisch, einerseits um bessere Berufschancen zu erhalten, andererseits weil sie die Herausforderung genossen habe. Durch den erfolgreichen Abschluss konnte sie zudem ihre eigene Selbstwirksamkeit unter Beweis stellen.[1176]

[1171] Transkript 8, S. 4 [Segment 28-28a], S. 5 [Segment 32, 35-37], S. 6 [Segment 42-43], S. 9 [Segment 65-68], S. 13 [Segment 89-89a, 91-91b], S. 26-27 [Segment N4, N18, N19, N20].
[1172] Transkript 8, S. 23 [Segment 144], S. 27 [Segment N14-N15].
[1173] Transkript 8, S. 26 [Segment N8], S. 27 [Segment N12 – N17], S. 30 [Segment N39].
[1174] Transkript 8, S. 27 [Segment N10].
[1175] Transkript 8, S. 15 [Segment 104].
[1176] Transkript 8, S. 24 [Segment 145], S. 27 [Segment N9].

Sie gab an, dass bei ihren mitunter noch zu pessimistischen Zügen psychologische Hilfe Unterstützung leisten könne.[1177] Nach dem Interview informierte sie darüber, dass sie bereits bei einem Psychologen gewesen sei. Dann hätte sie einen Antrag auf eine Therapie unterschreiben sollen und Angst bekommen, dass dies in der Arbeitswelt negative Konsequenzen für sie haben könne. Trotz meiner Bestätigung der vom Therapeuten zugesicherten Schweigepflicht waren Zweifel darüber spürbar. Möglicherweise sind kulturelle Hintergründe oder negative Erfahrungswerte bekannter Personen ursächlich dafür. Dies wurde jedoch nicht weiter erörtert. Die fünf Stunden der psychologischen Beratung hätten ihr bereits geholfen. Angelehnt an diese kurze Erfahrung mit einem professionellen und externen Helfersystem, greift sie heute zu ähnlichen Mitteln, um aufkommende Stimmungstiefs wieder zu verlassen – wenn auch nur in digitaler Form von kraftgebenden Videos zu positivem Denken.[1178]

4.8.5 Einflüsse auf signifikante Resilienzfaktoren

a) Fähigkeit zur bewussten und zielgerichteten Reflexion

Bereits in den ersten Minuten des Interviews begann IP8, ihre Erlebnisse zu interpretieren, indem sie reflektierte, bewertete und sich gegebenenfalls distanzierte. Dies zog sich durch das ganze Interview und durch jede zeitliche Epoche. Ein eindeutiger Beginn dieser bewussten Reflexion war durch ihre Erzählungen nicht zu erkennen. Möglicherweise liegt eine Verstärkung in der Zeit, nachdem die Schläge des Vaters aufgehört hatten. IP8 beschrieb sich für die Zeit vor dem Gewaltabbruch als koordiniert und an den vorgegebenen Regeln orientiert. Danach war sie planlos und musste einen Weg finden, sich selbst zu strukturieren. Hoch- und Tiefphasen, die Fragen, wodurch sie in diese Phasen verfiel, ihre eigene Ursachenforschung führte sie immer wieder zu den Erziehungsmethoden des Vaters. Es ist nicht klar erkennbar, ob das Alter oder vielmehr der neue Lebensumstand ohne Gewalt, auf sich selbst gestellt zu sein, den Impuls zur gezielten Reflexionsarbeit gaben. Allerdings erzählte IP8 bereits zu Beginn des Interviews, wie sie sich Regeln und Anweisungen des Vaters widersetzt habe, weil sie diese als ungerecht empfunden oder ihren Fehler nicht eingesehen habe. Sie beschrieb sich in diesem Zusammenhang zwar als starrköpfiges Kind, jedoch lassen sich hier bereits erste zielgerichtete Reflexionsmomente erkennen. Denn für dieses Verhalten bedarf es eines Sinnes für Ungerechtigkeit und zumindest einer Idee für eine gerechtere Handlung. Derartige Reflexionsmomente deuten auf einen Ursprung ebendieser Fähigkeit auf personaler Ebene. Möglicherweise waren im familiären Rahmen die Groß-

---

[1177] Transkript 8, S. 9 [Segment 69-69a].
[1178] Transkript 8, S. 18 [Segment 123a], S. 28 [Segment N23].

eltern in ihrem Umgang mit ihr ausschlaggebend oder unterstützend, da sie dort eine sanftere Erziehungsmethode erfuhr und dadurch Vergleiche ziehen konnte. Direkte Äußerungen dazu gab es von IP8 aber nicht.

b) Autonomie

Den Drang nach Autonomie und selbstbestimmtem Handeln kann man ebenfalls recht früh in Phasen der Widersetzung gegen vom Vater auferlegte Regeln erkennen. Durch das junge Alter kann dies der personalen Ebene zugeschrieben werden. Weiter sind auch die immer wieder eigens geschaffenen Inseln positiver Erlebnisse ein Zeichen dafür. Auch dieses Handlungsmuster zeigt sich bereits in der Kindheit und hält im Jugend- und Erwachsenenalter an. Dem Wunsch nach Selbstwirksamkeit konnte sie mit der Wahl des Studiums teilweise nachgehen. Zwar wurde der Fachbereich vom Elternhaus vorgegeben, jedoch war es die Entscheidung von IP8, das Studium in englischer Sprache zu absolvieren. Dies geschah zum Teil, um sich bessere Berufschancen zu sichern, zum anderen strebte sie nach der Herausforderung. Das Bedürfnis nach Anerkennung für Geleistetes und die Suche nach erfüllenden Herausforderungen zieht sich bis in die Gegenwart durch ihren Lebenslauf. Auf familiärer Ebene erfuhr sie eine Form von Förderung in Kinder- und Jugendtagen durch Lob und aufmunternde Worte sie von den Großeltern. Sie erkannte dabei, dass Anerkennung ihr wesentlich mehr brachte als die Strafen des Vaters. Die Erlebnisse mit den Großeltern und die Fähigkeit zu vergleichen sowie die intendierte Reflexion, sprechen für einen stärkenden Faktor von Autonomie und Selbstbestimmung.

c) Widerstandsfähigkeit, Willensstärke und Durchhaltevermögen

IP8 besitzt Willensstärke und Durchhaltevermögen. Bereits in früher Kindheit widersetzte sie sich Anweisungen des Vaters willentlich. Auch wenn eine Strafe drohte, folgte IP8 ihrem inneren Empfinden. Für Willensstärke und Widerstandsfähigkeit spricht dies für einen Ursprung auf personaler Ebene. Eine Förderung lässt sich auf familiärer Enene auch bezogen auf ihr Durchhaltevermögen durch die Großmutter ableiten. Wenn auch nicht aktiv benannt, so galt sie als Vorbild, denn „...sie hat [etwas] durchgezogen"[1179]. Damit verweist IP8 auf vorgelebte Beharrlichkeit, Ausdauer und Standfestigkeit, zumindest darauf bezogen, ihr gewähltes Leben beizubehalten und zu sichern. Da sie mit ihren Großeltern durchweg positive Erfahrungen und Gefühle verband, ist es wahrscheinlich, dass sie sich mit einer Vorbildfunktion konsolidierend

---

[1179] Transkript 8, S. 14 (Zeile 463).

auswirkten. Mit dem Entschluss, ihren Studienabschluss auf Englisch zu absolvieren, dem anschließenden Landeswechsel zur besseren beruflichen Orientierungs-möglichkeit und den weiteren gemeisterten Schwierigkeiten erwies IP8 neben Mut ein ebenso hohes Maß an Willensstärke.

d) Aktive Bewältigungsstrategien

Die Schilderungen zu ihrer Kindheit deuten zwar bereits auf ein eher aktives, willensstarkes Kind hin, jedoch scheint der Moment sehr bedeutsam, an dem der Vater ihr mitteilte, sie nicht mehr zu schlagen. Künftige Entscheidungen wurden somit ihr selbst überlassen. Dies förderte zumindest zum Teil aktive Bewältigungsstrategien. Sie wählte die aktive Richtung jedoch selbstständig, was wiederum auf personale Anlagen verweist. Obwohl diese neue Richtung gezeichnet war durch Suche, Irrwege und Gefühlschaos, dominierten zu keiner Zeit Stillstand, Trauer oder Verzweiflung. Sie verließ aktiv das Elternhaus und später auch das Heimatland, um sich proaktiv eine positive Zukunft aufzubauen. Einen partiellen Ursprung auf der personalen Ebene lässt das beschriebene Verhalten als Kind und Jugendliche vermuten. Obgleich in ihren Möglichkeiten zwar durch die strengen Vorgaben des Vaters stark eingeschränkt, entschied IP8 häufig selbst, wie und wann sie welche Aufgaben zu lösen gedachte. Die Tatsache, dass sie sich durch verstecktes Malen positive Momente schaffte, deutet ebenfalls bereits auf aktive Bewältigungsstrategien hin. Da sie ihr nicht beigebracht wurden, ist ihr Ursprung demnach ebenfalls auf personaler Ebene zu vermuten. Jedoch können auf familiärer Ebene auch die Großeltern durch sanftere Lernmethoden als Unterstützung fungiert haben. Auch hätten sie die Bewirtschaftung von Tieren gepflegt, was an sich Aktivität vorlebt. Die Entscheidung, zu ihren Großeltern zu ziehen, um sie während ihrer Krankheit zu pflegen und sich um den Hof und die Tiere zu kümmern, traf IP8 allein und im Gegensatz zu allen anderen Familienmitgliedern. Dies wiederum spricht für intrinsische Motivation.

e) Internale Kontrollüberzeugung

IP8 verwies auf den Glauben an sich, als gefragt wurde, wer bzw. was ihr in schwierigen Zeiten hilft.[1180] Angesichts der Strenge des Vaters, der alle Aktivitäten unterband, die sie gern ausübte, ist es erstaunlich, dass sie diese dennoch weiterführen konnte. Sie wusste bereits als Kind, dass sie sich besser fühlt, wenn sie zeichnet, und schaffte sich bewusst diese Inseln des Wohlgefühls. Für internales Kontrollempfinden spricht, dass sie dieses Verhalten vor

---

[1180] Transkript 8, S. 23 [Segment 143].

dem Vater versteckte, um Strafen zu umgehen. Über die Konsequenzen ihrer eigenen Handlungen wie auch über die Möglichkeit, bestimmte Reaktionen vermeiden zu können, war sie sich bereits sehr früh im Klaren. Das frühe Alter spricht für Anlagen auf personaler Ebene. Später zeigte sich die internale Kontrollüberzeugung deutlich in der Wahl des Freundeskreises. Da IP8 weiß, dass sie Handlungsmuster übernimmt und diese im positiven Bereich wissen will, wählt sie optimistische Menschen für ihr Umfeld. Unterstützung lässt sich in der zielgerichteten Reflexionsfähigkeit und in ihrem bereits früh einsetzenden Gerechtigkeitsempfinden erkennen, sowie durch die Fähigkeit inkrementeller Erfahrungswerte erkennen und nutzen zu können.

f) Freundeskreis und signifikante Personen

Aufgrund ihrer Fähigkeit zur bewussten Reflexion und Eigenreflexion umgab IP8 sich fast ausschließlich mit positiv denkenden Menschen. Da sie für sich selbst erkannt habe, dass sie die Eigenschaften anderer schnell übernehme, und für sich beschlossen habe, das lieber in die positive Richtung lenken zu wollen, suchte sie sich gezielt Freundeskreise mit optimistischer Grundeinstellung. Hierdurch gewährleistete sie einerseits eine stetige Unterstützung in schwierigen Zeiten, andererseits schuf sie eine Möglichkeit, sich Optimismus als Ressource anzueignen. Die Ursache liegt eindeutig auf personaler Ebene in ihrer Eigenreflexion. Unterstützend sind auf familiärer Ebene die Großeltern eine wichtige Komponente im Leben von IP8. Die Großmutter fungierte als Ansprechpartnerin und Vorbild.

g) Realismus und realistische Ziele

In der Definition eines guten Lebens spricht IP8 durchweg von realistischen Zielen. In den Adoleszenzjahren bestanden diese hauptsächlich aus schulischen Leistungen. Später bezogen sie sich auf den Abschluss des Studiums in einer Fremdsprache, was der realistischen Vorstellung entsprach, ihre zukünftigen beruflichen Chancen zu erhöhen. Generell äußerte sie im Interviewverlauf keine realitätsfernen Wünsche oder Intentionen. Hinweise auf förderliche Faktoren lassen sich auf familiärer Ebene eher indirekt durch den vom Vater initiierten und kontinuierlich ausgeübten Lerndruck erkennen. Auch kann das elterliche Bestreben, dass IP8 einen finanziell besseren Status erreicht als sie selbst, als förderlich angesehen werden. Die Wahl des Studienabschlusses in einer Fremdsprache spricht für intrinsische Motivation.

h) Qualität der Bildung

Auch wenn die Wahl des Studienfachs von den Eltern vorgegeben wurde, so war es doch der Vater, der immer wieder auf die Bedeutung guter Bildung verwies und Nachhilfe bzw. entsprechende Förderung ermöglichte. Die Entscheidung, ihr Studium darüber hinaus auf Englisch zu absolvieren, bessere Chancen auf dem Arbeitsmarkt zu haben, deutet darauf hin, dass IP8 die Grundintention des Vaters übernahm. Ein innerhabender Charakterzug von IP8 ist die beständige Suche nach neuen Herausforderungen, was sich in ihrer beruflichen Laufbahn widerspiegelt, mit welcher IP8 jedoch an sich zufrieden ist. Um- oder Neuorientierungen sind in ihrem beruflichen Leben inbegriffen, so strebt sie nach der Elternzeit einen Wechsel der derzeitigen Arbeitsstelle an.

4.8.6 Stabilitätshinweise (z.Z.d.I.)

Fähigkeit zur bewussten und zielgerichteten Reflexion	Regelmäßig geht IP8 bewusst in Reflexion zu ihrer erfahrenen Erziehung und darüber zur Selbstreflexion in Bezug auf eigene Verhaltensweisen. Dies vermittelt ihr konstant Sicherheit.
Autonomie	IP8 sucht sich immer wieder herausfordernde Tätigkeiten, in denen sie ihre Fähigkeiten und Fertigkeiten anwenden kann. Das Bestreben nach neuer beruflicher Orientierung schien z.Z.d.I. gesichert. Die Auslebung autonomieunterstützender Hobbys ist jedoch bedingt durch die Schwangerschaft eingeschränkt, allerdings nicht aufgehoben.
Widerstandsfähigkeit, Durchhaltevermögen und Willensstärke	IP8 hat sich Strategien angeeignet, die sie gesichert anwenden kann, um in anspruchsvollen Zeiten durchzuhalten. Das Nutzen inkrementeller Erfahrungswerte, bewusstes Reflektieren, das Wissen, Ziele durch Willensstärke erreichen zu können, wirken stabilisierend.
Aktive Bewältigungsstrategien	Nachdem IP8 mit ca. 16 Jahren die aktive Richtung in der Problembewältigung wählte und diese Handlungsstrategie im Interviewverlauf als die ihre definierte, stützt sich die Kontinuität auf das Erkennen und Nutzen positiver, inkrementeller Erfahrungswerte.
Internale Kontrollüberzeugung	IP8 ist sich über die Wirksamkeit ihres Handelns und Denkens bewusst. Um ihr Leben in einem zuversichtlichen Rahmen zu gestalten nutzt sie fortwährend erlernte Strategien und Ressourcen.
Freundeskreis, signifikante Personen	IP8 weiß um ihre Eigenschaft, Verhaltensweisen anderer zu übernehmen. Sie strebt beständig nach positiven Impulsen in ihrem Leben. Gezielt sucht und pflegt sie deshalb ein lebensbejahendes Umfeld, welches ihre eigene Lebensfreude widerspiegelt und fördert.

Realismus und realistische Ziele	IP8 erzählte unverschleiert von bereits erlebten Hochphasen und von Tiefpunkten. Sie sei sich sicher, dass beides zum Leben dazu gehöre und dass beide Phasen auch künftig ihr Leben begleiten. Glaubhaft gab sie an, sich Hilfe zu suchen, sollte dies notwendig sein. Die selbst gesteckten Ziele im Beruf oder in der Kindererziehung wirken daher realistisch und erreichbar.
Qualität der Bildung	IP8 bedauerte zwar die Ausrichtung ihres Studiums, da sie auf Zwang basierte und nicht ihrer eigenen Intention entsprach, jedoch zeigte sie sich stolz auf ihren Erfolg. IP8 sucht kontinuierlich neue Herausforderungen und will sich nach der Elternzeit der Suche nach einer neuen beruflichen Aufgabe widmen.

4.8.7 Bezug zur persönlichen Definition eines guten Lebens

„Ähm im Gleichgewicht zu sein. Ähm.. Freizeit zu haben. Einen Job zu haben der mich mindestens 80 Prozent äh die ähm.. wie heißt das.. ähm.. zufrieden macht, genau. Ähm und in der Familie soll auch 80 Prozent alles gut sein. Und ähm.. meine Ausstrahlung ist mir auch wichtig, wie ich aussehe, ähm.. damit ist auch der Sport involviert. Also innen und außen wohlfühlen, also wenn ich mich außen.. ähm besser fühl oder besser aussehe, dann fühl ich mich auch innen besser.."[1181]

Die Betonung des Gleichgewichts spiegelt ihre realistische Zielsetzung. Schwierige Situationen werden zu 20 Prozent im Berufs- und im Privatleben einkalkuliert und respektiert. Trotz der gegenwärtigen Elternzeit und Ängsten im Hinblick auf ein mit der Mutterrolle zu vereinbarendem künftigem Berufsleben ist es in keiner Weise abwegig anzunehmen, dass IP8 die von ihr erwähnte 80-prozentige Erfüllung in einem späteren Beruf anstreben und finden wird. Im Bereich der eigenen Kernfamilie scheint die gewünschte Prozentzahl erreicht und weiterhin effektiv lebbar. Das Streben nach Sport und einem für sie ästhetischen Erscheinungs-bild ist ebenfalls realistisch und erreichbar. Die Pause ist lediglich der zweiten Schwangerschaft geschuldet.

Zusammenfassend ist IP8 eine ausdauernde, positiv gestimmte, lebhafte, realistische, zielstrebige, reflektierte und familienorientierte Frau. Sie strebt nach Herausforderungen, um (auch durch zusätzliche Arbeit) berechtigte Anerkennung zu erlangen. Sie achtet akribisch darauf, negative Erfahrungen aus ihrer Kindheit nicht auf ihre Kinder zu übertragen, und ist mit ihrer persönlichen Definition eines guten Lebens im erwünschten Umfang im Einklang.

[1181] Transkript 8, S. 23 (Zeile 743-748).

5. Kontrastiver Vergleich der signifikanten Resilienzfaktoren

5.1 Fähigkeit zur bewussten und zielgerichteten Reflexion

Übereinstimmend haben alle Interviewpartner/-innen ihre Reflexionsfähigkeit deutlich gemacht. Jede/r Einzelne reflektierte bewusst während der Erzählungen oder beschrieb frühere und gegenwärtige Reflexionsprozesse. Ebenso ist bei allen ein Ursprungskriterium auf der personalen Ebene zu finden: in den persönlich Eigenschaften. Zum einen zeigte sich dies in einzelnen Reflexionsanfängen in der Kindheit, wie bei IP2, IP4 und IP8. Weiterhin war bei IP1, IP5 und IP6 erkennbar, dass der biologische Wandlungsprozess der Adoleszenz bewusst eingesetzte Reflexionsmuster und Strategien hervorrief oder zumindest unterstützte. Auch bei IP5 war ein zielgerichtetes Reflexionsmuster zu erkennen. Er berichtete z. B., dass er im Prozess des Verzeihens eigens Überlegungen angestellt und Strategien entworfen habe, auch wenn er sich zu diesem Zeitpunkt bereits im Erwachsenenalter befand.[1182] Auch bei IP1, IP3, IP5, IP6 und IP8 setzte ein zielorientierte Reflexionsprozesses spät ein. Dies kann damit begründet werden, dass sie früh in regelbehafteten, kritischen Lebenssituationen festsaßen, in denen ihr Handeln – und womöglich auch ein Großteil der Gedanken – darauf ausgerichtet war, möglichst wenig Gegenwehr zu leisten, um körperliche und seelische Strafen zu vermeiden. So kann man davon ausgehen, dass das reine Funktionieren als Schutzverhalten gegen Strafen dominierte, was im biologischen Wandlungsprozess der Adoleszenz dann aufzuweichen begann. Angaben zu fördernden, stärkenden Außeneinwirkungen waren nur sehr spärlich und eher indirekt evident.

Bei IP1 war durch die institutionellen Rahmenbedingungen, die Wirkung der schulischen Einrichtung und das Verhalten einer Lehrerin, die seine logischen Denkstrategien unterstützte und stabilisierte, eine Stärkung im begonnenen zielgerichteten Reflexionsprozess zu erkennen. Gleiches gilt für die Universität und den Professor, der in dieser Zeit als Mentor fungierte.[1183] Der Unterschied bei Letzterem besteht lediglich im Alter von IP1, was darauf hinweist, dass Stärkungsmöglichkeiten eines Resilienzfaktors im Erwachsenenalter anhalten.

Bei IP3, IP4, IP5 und IP7 kann Helfersystemen eine stärkende Wirkungsweise zugesprochen werden. IP3 durchlief mehrere Psychotherapien, denen sie sich eigenständig zuwandte, wenn sie die Notwendigkeit von Hilfe feststellte.

[1182] Transkript 5, S. 33 [Segment 183], S. 50 [Segment N8b].
[1183] Transkript 1, S. 5 [Segment 27-28], S. 10 [Segment 66-67], S. 11 [Segment 72-72a], S. 12 [S. 77-77b].

Sie beschrieb die Arbeit der Therapeuten nicht, jedoch können intentionale Reflexionsstärkungen durchaus ein Element gewesen sein. IP3 erwähnte stets dasselbe Hilfsmodell, was auf das Bewusstsein hindeutet, dass die Annahme dieser Therapieangebote positive Resultate erbringe.[1184] Eine Reflexion von Vorher-Nachher-Situationen scheint ebenso fundiert wie die sichere Anwendung in der Frage nach Hilfeoptionen. Sie ist in der Lage zu erkennen, dass sie Hilfe benötigt, sich geeignete Hilfe zu suchen und Handlungsoptionen umzusetzen, die sich daraus ergeben. Neben der anzunehmenden reflektorischen Stärkung in der therapeutischen Arbeit zeigt sich eine Förderung in der Reflexion des eigenen Befindens. IP4 erfuhr reflexionsfördernde Unterstützung in einer Suchtberatungsstelle, an die sie sich wegen des Zusammenlebens mit einem alkoholabhängigen Mann wandte.[1185] Ähnliches gilt für IP5, der nur knapp von einem kurzen Aufenthalt in einer betreuten Wohneinrichtung für Jugendliche sprach.[1186] Auch hier stützt sich die Annahme auf Förderung von zielgerichteter Reflexion auf die soziale Arbeit der Betreuer. Analog verhält es sich bei IP7 und der jahrelangen Erfahrung mit einer sozialpädagogischen Familienhilfe.[1187]

Bei IP6 hingegen gab es trotz ebenfalls nur sehr kurzer Erwähnung deutlichere Hinweise zu einer externen Förderung im familiären Rahmen durch die Großmutter. Hier bot sich eine Förderung von Selbstfürsorge,[1188] welche die Reflexion eigener Wünsche, das Erkennen eigener Bedürfnisse und somit entsprechende (Re-)Aktionsmöglichkeiten eröffnete. Auch bei IP8 gaben die Beschreibungen der Zeit bei den Großeltern Grund zu der Annahme, dass diese durch ihr Vorleben eines differenzierten Erziehungskonzepts im Vergleich zu den Eltern eine intentionale Reflexionsfähigkeit unterstützten.[1189]

Unterstützung der Reflexionsfähigkeit in Form einer stärkenden Wirkung findet sich als Gemeinsamkeit bei allen IP im Erkennen inkrementeller Erfahrungswerte. Die Form, in der sich IP2 den Erfahrungen und Lebensweisen seiner Kindheit entgegenstellt, zeigt ein reflektiertes Verhalten, das aus den Konsequenzen der eigenen Erfahrungen resultiert. So ist er zum Beispiel nicht wie sein Vater ständigen Kontrollverlustmomenten seines eigenen Körpers ausgesetzt und er ist im Gegensatz zu seinem Bruder auch nie inhaftiert worden.[1190] Ähnlich gestaltet IP3 ihr Leben deutlich in Abgrenzung zu ihren Erfahrungen als Kind.[1191] IP5, IP6 und IP8 brachten zum Ausdruck, dass sie sehr darauf

---

[1184] Transkript 3, S. 10-12 [Segment 72-72e, 77-78], S. 20 [Segment 118], S. 30 [Segment N4].
[1185] Transkript 4, S. 36-37 [Segment 199-200].
[1186] Transkript 5, S. 29 [Segment 154-154b].
[1187] Transkript 7, S. 7 [Segment 38b], S. 10 [Segment 52], S. 14-15 [Segment 73b-74b].
[1188] Transkript 6, S. 5 [Segment 26-26b], S. 33 [Segment N3].
[1189] Transkript 8, S. 14 [Segment 95-95c], S. 15 [Segment 99-100, 102-104].
[1190] Transkript 2, S. 2 [Segment 3b], S. 10 [Segment 69], S. 12 [Segment 81-81b].
[1191] Transkript 3, S. 4 [Segment 18], S. 14 [Segment 93b].

bedacht seien, die Zeit des Heranwachsens ihrer Kinder besser zu gestalten, als sie das erfahren hätten.[1192] Sie berücksichtigen ihre eigenen Erfahrungen, reflektieren ihre Gefühle und ihre Sicht auf die damaligen Gegebenheiten, ziehen Schlussfolgerungen und überlegen sich differenzierte Anwendungsmechanismen und Lebenswege. IP1 und IP2 haben keine Kinder, somit liegen die anders gehaltenen Lebensstile auf der persönlichen Ebene. IP2 erwähnte allerdings erste Reflexionen zu einem gegenteiligen Verhalten zum Vater im Zusammenhang einer möglichen späteren eigenen Vaterschaft.[1193] Auch IP1 berichtete von sich wiederholender, intentionaler Reflexionsarbeit und einer abweichenden Lebensweise: besonders gegenüber den Kindern seiner Schwester, aber auch gegenüber möglichen Partnerinnen.[1194] Bei IP7 ist eine Stärkung der Reflexionsfähigkeit durch das Erkennen inkrementeller Erfahrungswerte festzustellen. Er ist sich all seiner erreichten Ziele bewusst und stolz darauf. Dies deutet darauf hin, dass er durch die Fähigkeit, Ereignisketten und Wege von schwierigen Zeiten zu den erreichten Erfolgen zu reflektieren, und das daraus resultierende Gefühl des Stolzes zumindest eine Unterstützung seiner Reflexionsfähigkeit erfährt.

Stabilität

Alle Interviewten erzählten reflektiert und schlüssig über verschiedene Bereiche ihres Lebens. Zudem berichteten sie von Phasen der Selbstreflexion in verschiedenen Etappen ihres Lebens und einer andauernden bewussten Reflexionsarbeit. Diese nutzen sie, um mögliche Schäden für sich und ihre Familie oder ihnen nahestehende Personen zu vermeiden oder um sich ihre Erfolge bewusst zu machen, erreichte Zustände zu schätzen und zu erhalten. IP1 reflektiert in Interaktion mit seinen Geschwisterkindern, möglichen Partnerinnen und im Geschäftsleben mit Kunden. Jegliches Verhalten, das dem seines ehemaligen Stiefvaters nahekomme oder ihn in eine emotionale Situation zurückversetze, in der er sich als Kind befunden habe, lehnt er ab und orientiert seine Lebensweise konsequent different. IP2 legt Wert darauf, für verschiedene Lebenssituationen gerüstet zu sein, um stets situationsbedingt entscheiden und handeln zu können. Mit der Strategie der zielorientierten Reflexionsarbeit eröffnet er sich Entscheidungs- und Handlungsfreiheit bei möglichen Hindernissen und eine daraus resultierende Zukunftssicherheit. Die andauernde Reflexionstätigkeit von IP3 bezieht sich größtenteils auf ihre Familie, mit dem Fokus auf positive Strukturen und einer möglichst gesicherten Abstinenz von Alkohol-

---

[1192] Transkript 5, S. 35 [Segment 197-199], Transkript 6, S. 29 [Segment 138-138a], Trankskript 8, S. 28 [Segment N28, N29].
[1193] Transkript 2, S. 2-3 [Segment 5a-5b].
[1194] Transkript 1, S. 12 [Segment 78-79], S. 24 [Segment 115d].

missbrauch. IP4 wendet ihre Ressource der bewussten Reflexionsfähigkeit regelmäßig in allen Lebensbereichen an. Für ihre Tochter strebt sie eine enge Mutter-Kind-Bindung an, die sich um einiges intensiver und gesicherter gestalten soll als ihre eigene Elternbindung. Besonders von den Erniedrigungen des Vaters distanziert sie sich und reflektiert sich und ihr Handeln regelmäßig. Erkennt sie Ähnlichkeiten, so werden diese möglichst gewissenhaft überdacht. Ähnlichkeiten, zum Beispiel im Rezitieren von Gedichten oder Witzen, sind im Gegensatz zu respektlosem Verhalten annehmbar. IP5 und IP8 zeichneten sich bereits durch intentionale Reflexionsmomente während der Interviews aus, was darauf hindeutet, dass Reflexionsarbeit zu ihrer Persönlichkeit zählt. Als Wirkungsgebiet zählen, neben eigener Psychohygiene, die Familie, ein liebevolles Klima für die Kinder ebenso wie für andere nahestehende Menschen aber auch entferntere Personenkreise wie Kollegen oder Mitmenschen. IP6 und IP7 betonten ihre bewussten Reflexionsprozesse nicht in besonderem Maße. Ihr Lebensstil ließ jedoch darauf schließen. IP6 besonders unter der Prämisse einer zugewandten und liebevollen Erziehung ihrer Kinder und in Form einer gesicherten Psychohygiene. IP7 zeichnet sich besonders dadurch aus, dass er die Bewältigung von Schwierigkeiten reflektieren und Erfolge genießen kann. Die Reflexionsarbeit erweist sich z.Z.d.I. bei allen Interviewpartnern als stabiler und stabilisierender Faktor.

5.2 Autonomie

Ausnahmslos alle Interviewpartner/-innen strebten nach Autonomie. Sie intendierten Selbstbestimmung, suchten Unabhängigkeit und Entscheidungsfreiheit, wollten selbstständig handeln und sich und ihr Leben selbst organisieren. Bei IP4 und IP8 offenbaren sich erste autonome Züge bereits im Kleinkindalter, der Resilienzfaktor ist somit auf personaler Ebene zu verorten. Auch bei IP2, IP5, IP6 und IP7 begannen erste bewusst durchgeführte autonome Handlungen im Kindesalter, allerdings ist nicht klar erkennbar, ob dieses Verhalten auf der personalen oder der sozialen Ebene liegt oder sich durch gegenseitige Einflüsse bedingen. IP2, IP5 und IP7 berichteten davon, dass sie im Kindergarten- oder Schulalter ihre Freizeit völlig selbstständig außerhalb des Elternhauses verbrachten.[1195] Der familiäre Rahmen, in dem die Eltern dies erlaubten, bot die Möglichkeit dazu, ein personaler Fakt unterstützte dann womöglich die Umsetzung. Hinzu kommt die Vermutung, dass positive Erfahrungen mit der eigenständigen Freizeitgestaltung die Autonomie gefördert haben können. Bei IP5 kommt zusätzlich das familienbedingt vorgelebte Männerbild als Förderung in Betracht. Männer und Jungen galten als selbstbestimmt, mutig und

---

[1195] Transkript 2, S. 3 [Segment 9a], Transkript 5, S. 1-2 [Segment 5b-5c], S. 5-6 [Segment 29-29a], Transkript 7, S. 4 [Segment 23], S. 25 [Segment T1].

freiheitsliebend.[1196] IP6 zeigte ebenfalls eine relativ frühe Form autonomen Bestrebens, beispielsweise als sie mit ca. neun Jahren beschloss, die Zeit in der Nacht, (nachdem Frühstückrichten für den Vater) wenn sie wieder alleine war und alle anderen noch schliefen, für sich persönlich nutzen zu können.[1197] Diese Entscheidung kann ebenso in einem Zusammenspiel zwischen intrinsischen Motiven, wie der angedachten Förderung zur Selbstfürsorge durch die Großmutter, interpretiert werden.

IP1 und IP3 legten diese Verhaltensweisen noch nicht im Kleinkind- und Kindesalter an den Tag. Dies liegt wahrscheinlich darin begründet, dass sie in einem Familienkonstrukt der Unterdrückung aufwuchsen, bei dem sich die Möglichkeit dazu nicht bot oder die Strafen für entsprechende Versuche hart ausfielen. Obgleich auch IP8 in einem ähnlichen Konstrukt aufwuchs und von heftiger körperlicher Bestrafung bereits im Kleinkindalter erzählte, war bei ihr jedoch kein Vermeidungsverhalten zu erkennen, was die Vermutung des Ursprungs auf personaler Ebene unterstreicht. IP1 begann ab der Pubertät, vermehrt sein Verhalten autonom zu gestalten, unterstützt durch das Auftreten einer Lehrerin und Eigenreflexion im institutionellen Rahmen der Schule. Der biografische Wandlungsprozess der Adoleszenz schien bei ihm die Denkstrukturen verändert zu haben. Die Mitgliedschaft in einem Kampfsportverein bot ihm zusätzlich auf sozialer Ebene die Möglichkeit, seinen Widerstand gegen die stiefväterliche Unterdrückung körperlich auszudrücken.[1198] Er berichtete immer wieder von diesem einen ersten und letzten Kampf mit dem Stiefvater, in dem er sich erhob, sich aus der Opferrolle herauskämpfte und damit die Machtverhältnisse umkehrte.[1199] Durch das erlernte Können in der Kampfkunst und den neu aufgebrachten Mut durch den biografischen Wandel im Denken und im Körperbau, sah er sich erstmals körperlich und geistig in der Position, Widerstand zu leisten, um den Weg zur Autonomie einschlagen zu können. Die unterstützende Wirkung durch biografische Wandlung kann in Analogie zu IP6 festgestellt werden. Den Entschluss, sich durch eine abweichende Fächerwahl in der Schule von der Beaufsichtigung ihrer Schwester zu befreien, fasste IP6 auch im Alter der Adoleszenzphase, jedoch deutlicher intrinsisch motiviert.[1200] IP3 ging diesen Weg wesentlich später und ruhiger. Erst als sie ausbildungsbedingt das Elternhaus verlassen hatte, begann sie zaghaft, ihr Leben autonom auszurichten. Eine große Unterstützung fand sie in ihrem Lebenspartner. Bei ihr äußert sich der Autonomiedrang in dem Wunsch, ihr eigenes Geld zu verdienen und einer Arbeit nachzugehen, in der sie ihre Selbstwirksamkeit

---

1196 Transkript 5, S. 1-2 [Segment 5a-5c], S. 6 [Segment 32-32a].
1197 Transkript 6, S. 8 [Segment 35, 35b].
1198 Transkript 1, S. 4 [Segment 18], S. 5 [Segment 27-28], S. 12 [Segment 76a-77a].
1199 Transkript 1, S. 5-7 [Segment 31-40, 45], S. 11 [Segment 71-71a].
1200 Transkript 6, S. 4 [Segment 17-18a].

ausleben kann.[1201] Unterstützend scheint hierbei ihre Mutter gewirkt zu haben, die in ihrem Bemühen, einen erträglichen Familienalltag zu schaffen, und einer konsequenten Abstinenz vom Alkohol, eine Konstante in dem Versuch darstellte, eigene Kontrollmöglichkeiten aufrechtzuerhalten. Eigenkontrolle und ein Leben außerhalb der empfundenen Machtlosigkeit bestimmen den Wunsch von IP3 nach Selbstständigkeit.

Ähnlich zu IP3 verhält es sich bei ihrer Schwester IP4, welche ebenfalls ein starkes Streben nach Eigenkontrolle aufwies. IP4 lenkt hierbei negative Erlebnisse gezielt um und nutzt diese Fähigkeit, um ein autonomes Leben zu führen. Besonders wichtig ist ihr die Selbstständigkeit als Gegenbeweis zur frauenverachtenden Einstellung des Vaters. Obwohl sie nur etwa sieben Jahre gemeinsam aufwuchsen und auch danach nicht genug Zeit miteinander verbrachten, um ähnliche Lebensstrategien zu entwickeln, zeigen beide analoge Verhaltensmuster. Eine für beide gleichermaßen bestehende Konstante, wie etwa ein gleichbedeutender Ansprechpartner in Kindheitstagen, war nicht vorhanden, was die Vermutung des Ursprungs auf der personalen Ebene bestärkt. Unterstützend wirkt die Reflexionsfähigkeit, denn beide waren in der Lage, den Kontext ihres Heranwachsens zu betrachten, zu bewerten und dementsprechend gegensätzlich zu handeln, um eine differenzierte Lebensweise zu wählen.

Weitere Unterstützung durch Reflexionsfähigkeit findet sich bei IP1, IP2, IP3, IP4, IP5, IP6 und IP8. All diese IP versicherten, dass (und wie) sie reflektiert und gezielt einen anderen Weg einschlugen, als sie ihn selbst in ihrer Kindheit und Jugend erlebten. IP1 distanziert sich klar von jedweden Verhaltensweisen seines Stiefvaters im Privat- und im Berufsleben.[1202] IP2 achtet sehr darauf, Momente des Kontrollverlusts, wie er sie von seinem betrunkenen Vater kannte, zu vermeiden.[1203] Ähnliches gilt zudem für IP3, welche ebenfalls auf Alkoholabstinenz und einen geregelten Tagesablauf in ihrem Leben achtet.[1204] IP4 setzt alles an ein gelingendes autonomes Leben, um den Voraussagen des Vaters entgegenzutreten. IP5 nutzt seine Reflexionsfähigkeit, um einen Mittelweg aus beiden erfahrenen Erziehungsstilen zu entwickeln und zu leben. Dies gilt besonders für die Erziehungsmethoden innerhalb seiner Kernfamilie.[1205] Ähnlich verhält es sich bei IP6 und IP8, die besonders im Bereich der eigenen Erziehung ihre Reflexionsfähigkeit nutzen, um einen anderen, positiveren Stil zu entwickeln.[1206]

1201 Transkript 3, S. 14 [Segment 93-93e].
1202 Transkript 1, S. 4 [Segment 24], S. 24 [Segment 151-151d], S. 31 [Segment T7], S. 35 [Segment T48].
1203 Transkript 2, S. 27 [Segment 173c, 173e, 174-174a].
1204 Transkript 3, S. 14 [Segment 93-93b], S. 30 [Segment N9-N10].
1205 Transkript 5, S. 31 [Segment 167-168], S. 32 [Segment 179a].
1206 Transkript 6, S. 29 [Segment 138-138a], Transkript 8, S. 28 [Segment N28, N29-N30].

IP7 sprach nicht sehr viel von seiner Kindheit, jedoch unterscheidet sich der Wunsch, seine Familie zusammenbringen, zusammenhalten und gemeinsam harmonisch leben zu wollen, von seinen eigenen Erfahrungen. IP7 betonte, dass körperliche Gewalt gegen seine Kinder (im Unterschied zu seiner eigenen Kindheit) keine Option sei. Gleichfalls bestätigt die Intention des Zusammenlebens mit all seinen Kindern und Stiefkindern eine Differenz zu seinen Eltern, die so gut wie nie zu Hause gewesen seien.[1207] Vergleichbar mit IP3 entwickelte sich auch das Autonomiebestreben bei IP7 erst relativ spät, im Erwachsenenalter. Eine deutliche Förderung ist durch seine Reflexionsfähigkeit zu erkennen: Mehrfach erwähnte er Gefühle der Machtlosigkeit bei Gesprächen mit Helferparteien wie Jugendamt und Kinderheim und den stetig wachsenden Drang, mit seiner Familie eigenständiger zu leben. Diese Situationen und Gefühle betrachtet er immer wieder und genießt aktuell bewusst den erreichten Zustand.[1208]

Eine Gemeinsamkeit im Bereich von Eigenreflexion ist zwischen IP1 und IP6 erkennbar. Wie IP1 (z. B. in Kundenakquise) reflektiert auch IP6 (z. B. bei Massagen) sich und die eigenen Handlungen, um die eigene psychische Gesundheit zu erhalten.[1209] IP6 kann all ihre Fähigkeiten einsetzen und ihre Wünsche wie das Arbeiten mit Menschen werden erfüllt.[1210] Beide betrachten, prüfen und ändern gegebenenfalls Situationen und Arbeitsbereiche so, dass es ihnen seelisch gut geht und sie ihren selbstbestimmten Lebensweg gleichermaßen fortführen können.

Nicht ganz so offensiv dargelegt, aber dennoch vorhanden lässt sich Autonomie im Berufsleben bei IP2, IP3, IP4 und IP7 feststellen. Zwar befinden sich alle außer IP1 (der in beruflicher Selbstständigkeit seinem Autonomiedrang vollends nachzugehen vermag) beruflich in einer Festanstellung, dennoch gehen sie Arbeiten nach, die ihren Autonomiewünschen entsprechen, diese unterstützen oder ermöglichen: IP2 hat inzwischen eine Anstellung erlangt, in der er seine Kenntnisse nutzen kann und die seinen Projektideen entspricht.[1211] IP3 verdient ihr eigenes Geld und bekommt wertschätzende Anerkennung und die Möglichkeit, ihr Wissen anzuwenden.[1212] IP4 kann all ihre Fähigkeiten einsetzen und erhält neben Respekt und Achtung die Chance, sich in ihrer persönlichen und beruflichen Laufbahn weiterzubilden.[1213] IP7 ist in der Lage,

---

[1207] Transkript 7, S. 4 [Segment 23-23a], S. 25 [Segment N3], S. 26 [Segment N15-N16].
[1208] Transkript 7, S. 22 [Segment 112-112b, 116], S. 25 [Segment N3], S. 26 [Segment N13-N14c].
[1209] Transkript 1, S. 17 [Segment 112], Transkript 6, S. 11-12 [Segment 52a-53c].
[1210] Transkript 6, S. 11 [Segment 50-50a], S. 18 [Segment 85], S. 19 [Segment 86b], S. 35 [Segment T6-T6d].
[1211] Transkript 2, S. 37-38 [Segment 222].
[1212] Transkript 3, S. 4 [Segment 18], S. 21-22 [Segment 120-124].
[1213] Transkript 4, S. 49 [Segment 252b], S. 57 [Segment 277a], S. 59-60 [Segment 287-291].

seine Familie frei von zusätzlicher finanzieller Förderung zu ernähren.[1214] Da alle ihr Berufsleben reflektieren und bereits verschiedene Stationen durchlaufen haben, wirken sich Erkennen und Nutzen inkrementeller Erfahrungswerte positiv aus.

Bei IP5 fällt diese Feststellung weniger eindeutig aus, da er zwar angab, sich in seinem Beruf wohlzufühlen, jedoch bis auf ein gesichertes Einkommen, um gut leben zu können, keine signifikanten Angaben machte.[1215] IP8 befand sich z. Z. d. I. in Elternzeit, die durch eine bevorstehende Geburt um weitere Jahre verlängert werden sollte. Auch wenn IP8 sich z. Z. d. I. keiner Erwerbsarbeit nachging, waren bei ihr ebenfalls einige Reflexionsmomente feststellbar, die in gleicher Weise die psychische Gesundheit betrafen. Daher plante sie z. B. einen Berufswechsel nach der Elternzeit, der ihrem Wunsch nach Selbstwirksamkeit entsprechen soll.[1216]

Stabilität

Alle Interviewpartner/-innen führten z. Z. d. I. ein nach ihren persönlichen Autonomiewünschen ausgerichtetes Leben. Bei keinem deuteten sich Schwankungen an, weder in der Auslebung selbst noch im Wunsch der Beibehaltung. Auch zeigten sich keinerlei Ängste vor eventuellen Hindernissen. Abgesehen von IP8 haben sie sich beruflich so orientiert, dass sie ihren Wünschen und Impulsen nach Selbstwirksamkeit, rahmenbedingten Entscheidungsfreiheiten nachgehen und durch die finanzielle Entlohnung ein autonomes Leben führen können. Das höchste Maß an Freiheit im Berufsleben wählte IP1, der sich seit Jahren mit seiner eigenen Firma in Selbstständigkeit befindet. Das Unternehmen hat bereits mehrere Tiefen überstanden und wurde von IP1 als stabil präsentiert. Herausfordernde Tätigkeitsfelder sind für IP2 und IP8 von großer Bedeutung. IP4 und IP6 gelang es, eines ihrer wichtigsten Kriterien zu erfüllen: das Potential, für andere Menschen da zu sein und dies im beruflichen Bereich der Patientenversorgung umsetzen zu können. IP3 und IP7 verdeutlichten am eindrücklichsten die ständige Reflexion der damaligen, als eingeschränkt und schwierig erfahrenen Lebensumstände und ihrer heutigen als autonom und positiv bezeichneten Situation. Beide sprachen von enormer Dankbarkeit bei der Erkenntnis dessen, was sie erreicht haben, wozu sie fähig sind, und wie sehr sie den gegenwärtigen Zustand genießen – besonders im autonom ausgerichteten Bereich des selbstständigen Lebens durch ausreichendes finanzielles Einkommen.[1217] Auch IP1, IP2, IP4, IP5 und IP8 nutzen regelmäßige Reflexion vorher

---

1214 Transkript 7, S. 22 [Segment 116-116d].
1215 Transkript 5, S. 46-47 [Segment 248-250].
1216 Transkript 8, S. 19 [Segment 124a-124c], S. 23 [Segment 144], S. 27 [Segment N13a].
1217 Transkript 3, S. 14 [Segment 93-93e], Transkript 7, S. 22 [Segment 116-116d].

durchlaufener eingeschränkter Lebensspannen, um sich selbstsicher eigener Strategien für mögliche künftigen Hürden bewusst zu sein. Dies unterstützt die Beständigkeit des autonomen Lebensstils. Nicht nur im Bereich des Berufs, sondern auch im Privatleben konnte jede/r eine Ausrichtung nach autonomen Wünschen feststellen. Ob in Form einer Familie mit Kindern (IP3, IP4, IP5, IP6, IP7, IP8), verheiratet (IP5, IP6, IP7, IP8), in fester Partnerschaft (IP2, IP3) oder als Single (IP1, IP4): Alle acht Interviewten sind mit ihrem Lebensstil glücklich und zufrieden. Bis auf IP3, bedingt durch Zeitmangel (aufgrund des Berufspendelns) und IP8, bedingt durch die fortgeschrittene Schwangerschaft, gehen alle ihren gewünschten Hobbys in entsprechender Art und Weise nach. Weder im Privaten noch im Freizeitmanagement gab es Hinweise auf Differenzen oder Abweichungen. Der bestehende individuelle autonome Lebensstandard eines jeden IP erschien z. Z. d. I. (unterstützt durch Reflexionsarbeit) authentisch, fundiert und gefestigt. Aus diesem Grund ist davon auszugehen, dass bei allen IP intendierte und zielgerichtete Reflexionsfähigkeit zu Stabilität im Streben nach einer autonomen Lebensweise beiträgt.

5.3 Widerstandsfähigkeit, Durchhaltevermögen und Willensstärke

Bei allen Interviewpartner/-innen waren Widerstandsfähigkeit, Durchhaltevermögen und außerordentliche Willensstärke feststellbar. Bei IP2, IP4, IP5, IP7 und IP8 äußerten sich erste Widerstände und willensstarke Züge bereits in Kindergartentagen in eigenen Verhaltensentscheidungen, selbstständiger Freizeitgestaltung oder bei auferlegten Vorschriften. Aufgrund des sehr jungen Alters kann weitgehend von Ursprüngen auf personaler Ebene ausgegangen werden. Hinweise zu externer Förderung gab es kaum. IP2 entschied sich selbstständig und willensstark gegen auferlegtes Mitleid wegen des Todes seiner Mutter und widerstand somit diversen Vorzügen.[1218] IP4 entschied sich gegen erwartetes Handeln oder übliche Konventionen, widersetzte sich der förmlichen Anrede der Kindergärtnerin und bestand auf ihr eigenes als faszinierend empfundenes Weltbild.[1219] IP5 verbrachte seine Freizeit weitgehend eigenständig, frei nach seinem Willen. Eine mögliche externe Förderung ist bei ihm durch das vorgelebte Männerbild der Familie zu erkennen und die verbalisierte Gleichstellung durch die Großmutter, dass Jungen eben so seien. Auch IP7 gestaltete seine Freizeit außerhalb des Haushalts. Ebenso berichtete er von ersten Widerständen gegen Krankenhausaufenthalte.[1220] IP8 trotzte den Strafen des Vaters durchge-

---

[1218] Transkript 2, S. 17 [Segment 115a].
[1219] Transkript 4, S. 2-4 [Segment 13-15, 19b-22c].
[1220] Transkript 7, S. 1 [Segment 1b-2], S. 27 [Segment T1].

hend, wenn sie diese als ungerecht empfand, sie ließ sich trotz Sanktionen nicht von ihren Wünschen, Gedanken und Handlungen abbringen.[1221]

Widerständliche Züge verfestigten sich bei IP2 und IP8 mit zunehmendem Alter, was auf das effektive Nutzen positiver Erfahrungswerte hinweist. IP2 verstärkte seine Freizeitgestaltung außerhalb der familiären Einflüsse durch den Vater und die Geschwister. Er baute sich somit ein stabiles soziales Netz im Freundeskreis auf. Mitleid für ein Aufwachsen ohne Mutter blieb für ihn durchweg ein Tabu. Der Vorsatz, körperliche und geistige Kontrollverluste zu vermeiden, entstand im Kindergartenalter und blieb bestehen. Widerstand regte sich in ihm bereits in jungen Kinderjahren, wenn ihm jemand etwas als unmöglich präsentieren wollte. Er begann zu prüfen und wollte das Gegenteil beweisen, was ihm des Öfteren glückte und auf seinem weiteren Weg stärkte: Bei Zweifeln gegen seine Vorhaben regt sich in IP2 Widerstand, er geht in die Eigenreflexion, um das anvisierte Ziel dennoch zu erreichen.[1222] Hier ist eine externe Förderung auf sozialer Ebene zu erkennen. IP8 liebte z. B. das Zeichnen und Malen und lebte diesen Wunsch im Rahmen ihrer Möglichkeiten durchweg ungeachtet folgender Sanktionen aus. Zugleich bewies sie Durchhaltevermögen, indem sie sich zum Teil den Vorschriften des Vaters unterordnete. Sie lernte viel für die Schule, doch versteckte sie willensstark Blätter zum Malen unter den Aufgaben und schaffte sich so eigen- und widerständig einen Ausgleich. Auch wenn die Eltern ihren Ausbildungsweg bestimmen konnten, setzte IP8 sich damit durch, den Abschluss selbstbestimmt in einer Fremdsprache zu absolvieren und später das Land zu verlassen.[1223]

Obgleich bei IP4 und IP5 eine Verstärkung in den mittleren Kinderjahren auszusetzen schien, was mit hoher Wahrscheinlichkeit bei IP4 an der extremen Veränderung des Vaters lag, blieben Willensstärke, Durchhaltevermögen und auch Züge des Widerstands konstant. IP4 benannte zwar ambivalente Gefühle zu ihrem Auftreten, ihren Sehnsüchten, Wünschen und ihrem generellen Weltbild, jedoch behielt sie ihr Auftreten bei. Sie widerstand dem Verhalten der breiten Masse, auch wenn es in der Klassengemeinschaft Erleichterung versprochen hätte. Gleichermaßen widerstand sie der Einschätzung des Vaters, der Frauen als nicht selbstständig lebensfähig bezeichnete. Ihr enormer Wille, ihn zu widerlegen, zog sich durch ihre gesamte Biografie und ist selbst nach seinem Ableben noch präsent. Dabei hielt sie jedem seiner verbalen Angriffe, wie auch denen von Mitschülern, stand. Sie blieb sich durchweg treu und hielt ihre Handlungs-, und Lebensauffassung aufrecht. Bis auf eine externe Unterstützung (aus sozialer Ebene durch eine Suchtberatungsstelle) in Form

---

[1221] Transkript 8, S. 2 [Segment 9-12b].

[1222] Transkript 2, S. 10 [Segment 62-63], S. 23 [Segment 146-149b], S. 27 [Segment 173-174a], S. 39 [Segment N1-N2].

[1223] Transkript 8, S. 5 [Segment 34], S. 6 [Segment 41-42], S. 28 [Segment N21-N22].

von einer Reanimierung der eigenen gewünschten Lebensweise präsentierte sich der Ursprung zu jenen Resilienzfaktoren auf personaler Ebene.[1224]

IP5 war in der Auslebung eigener Wünsche ab dem Zeitpunkt des Auftretens der Stiefmutter und dem Beginn der Gewalttätigkeit des Vaters stark eingeschränkt. Doch war sein Durchhaltevermögen mit dem enormen Willen, diese Lebensumstände eines Tages wieder zu verlassen, anhaltend als Gewissheit vorhanden, was auf einen Ursprung auf personaler Ebene spricht. Er sprach außerdem selbst von Widerstandsbewusstsein bei nachlassender Empfindsamkeit unter körperlicher Bestrafung. Ebenso ist ein Widerstand erkennbar, der verhinderte, dass IP5 sich der neuen Lebenssituation ergab. An Aufgeben dachte er im Gegensatz zu ständiger innerer Gegenwehr nicht. Es gab lediglich einen einzigen Vorfall, der dieser Haltung widerspreche: als er versucht habe, sich mittels selbstgesammelten Johanniskrauts umzubringen. Als er sich mit sechzehn Jahren gegen seinen Vater erhob und somit seine Machtlosigkeit beendete, setzte er seinen langjährigen Willen und den Wunsch des Ausbruchs aus diesem Martyrium in die Tat um. Über manche Umwege nutzte er seine Willensstärke, um sich ein eigenes Leben in selbst gewählten Bahnen aufzubauen. Dabei widerstand er der Übernahme eines seiner erlebten Erziehungsstile. Im Gegenteil entschied sich IP5 dazu, eine eigene Herangehensweise an eine positive Erziehung seiner Kinder zu entwickeln., wozu er allerdings die Erfahrungen aus beiden erlebten Erziehungskonzepten heranzog.[1225]

IP7 gab nur vereinzelte Hinweise auf die Kindergartenzeit. Jedoch berichtete auch er ähnlich IP2 und IP5 davon, dass er sehr früh viel Zeit außerhalb des Haushalts verbracht habe, da seine Eltern kaum zu Hause gewesen seien. Zudem habe es viele Geschwisterrivalitäten auszuhandeln gegeben, wobei er keine weiteren Anhaltspunkte gab, die darauf schließen ließen, dass er sich in einer Opferrolle befunden habe. Im Gegenteil verwies er darauf, dass dies bei Geschwistern so üblich gewesen sei. Es kann vermutet werden, dass durch diese Umstände und das Empfinden als Normalzustand eine Form von Widerstandsfähigkeit trainiert wurde. Widerstand gegen den Vater und dessen Gewaltausübung leistete IP7 mit achtzehn Jahren, als er nach einem körperlichen Übergriff des Vaters auszog. Sein Durchhaltevermögen äußerte sich, gefördert durch eine Verlaufskurve, bei ihm erst maßgeblich im Erwachsenenalter, als seine Frau einen Schlaganfall erlitt. IP7 selbst benannte diesen Umstand als einschneidendes Erlebnis, wodurch er realisiert habe, wie widerstandsfähig er sei, zu was er generell in der Lage sei und wie viel Willenskraft er besitze. Vorher hatte er manchmal eher in den Tag gelebt. Nun begann aber eine Zeit großer Herausforderungen. Ihm wurde bewusst, wie viel ihm an seiner

---

[1224] Transkript 4, S. 16 [Segment 95-96], S. 20 [Segment 114-114c], S. 32 [Segment 176], S. 64 [Segment N8].

[1225] Transkript 5, S. 19-21 [Segment 118-121], S. 32 [Segment 179a], S. 40 [Segment 218-218a], S. 42 [Segment 226], S. 50 [Segment N6].

Familie liegt, er hatte nie den Gedanken, seine Frau im Stich zu lassen oder sich den gegebenen Umständen zu unterwerfen. Im Gegenteil stärkte es seinen Wunsch, die Familie wieder zu komplettieren. Er kämpfte dafür, seine Kinder aus der Heimunterbringung wieder nach Hause zu bringen und mit seiner Frau gemeinsam das angestrebte Familienleben zu meistern. Diesen Wunsch in sich tragend, suchte er sich Arbeit, um seine Familie selbst ernähren zu können und von staatlicher Hilfe unabhängig zu sein. Er suchte ein Haus zur Miete für seine komplette Familie in einer Gegend, in der das Aufwachsen der Kinder aus seiner Sicht bestens möglich sei. Er organisierte geeignete Schulen, nötige Therapien und anschließend den Umzug. Bei Schwierigkeiten war aufgeben nie eine Option. Auch Ängsten vor einer erneuten Fremdunterbringung der Kinder trat er entgegen und behauptete sich in einem Gerichtsverfahren, in dem zu Gunsten der Familie entschieden wurde. Eine erneute Fremdunterbringung der Kinder war seitdem nachhaltig abgewendet.[1226] Wünsche aus personaler Ebene stammend findet sich eine Förderung der Umsetzung dieser in Reflexionsfähigkeit und im Erkennen und Nutzen von inkrementellen Erfahrungswerten.

Durchhaltevermögen und Willenskraft, selbstgesteckte Ziele zu erreichen und allen Hindernissen zu widerstehen, beschrieben das Erwachsenenalter von IP4, IP5 und IP7, was eine Gemeinsamkeit in der Nutzung inkrementeller Erfahrungswerte mit IP2 und IP8 darstellt. Ähnlich verhält es sich bei IP1, IP3 und IP6, die auch im Erwachsenenalter Durchhaltevermögen bewiesen: in der Ausübung der Arbeit (IP1 in Selbstständigkeit), in Ausbildungen, bei Ausbildungswegen und der Arbeitssuche (IP2, IP3, IP6 und IP8), dem Willen zur Autonomie in der Lebensgestaltung und bei Widerständen auf diesem Weg.

Im Gegensatz zu IP2, IP4, IP5 und IP7 hatten IP1, IP3, IP6 und IP8 in Kindertagen keine oder nur eine sehr geringe Möglichkeit zur Auslebung autonom ausgerichteter Ziele. Gemeinsam haben IP1, IP3, IP6 und IP8 wiederum, dass sie sich dem Familienkonstrukt von Gewalt und Repression so lange wie nötig unterordneten. Zwar ist zu erkennen, dass auch sie die Zeit der Unterdrückung und die lebendwidrigen Umstände überstanden, was selbstredend für Durchhaltevermögen spricht. Dennoch scheint bei diesen vier IP eine Verstärkung von Widerstand erst ab dem Pubertätsalter eingesetzt zu haben, möglicherweise bedingt durch den biografischen Wandel und neu einsetzende Denkstrukturen. Eine Ausnahme zeigt sich bei IP6, die erwähnte, dass sie häufig Widerworte gegeben habe und daher häufiger körperlich bestraft worden sei.[1227] Da sie dazu allerdings weder Zeitangaben machte, noch einzelne Situationen benannte, kann hier keine eindeutige Einordnung vorgenommen werden. Eine weitere

---

[1226] Transkript 7, S. 2 [Segment 12-13], S. 4 [Segment 23-23b], S. 6 [Segment 26-26a], S. 14 [Segment 73-73b], S. 20-21 [Segment 104-106], S. 22 [Segment 112-112b], S. 27 [Segment T1-T2].

[1227] Transkript 6, S. 35 [Segment T3].

Ausnahme besteht bei IP1, der im Alter von vier bis fünf Jahren die Trennung der Eltern erlebte und den Stiefvater für ca. ein Jahr als nett empfand.[1228] Da IP1 noch so jung war und die Gewaltausbrüche des Stiefvaters demnach sehr früh einsetzten und konstant anhielten, bestehen bei ihm Ähnlichkeiten zum Aufwachsen von IP3 und IP6.

Als weitere Gemeinsamkeit aller IP kann das Nutzen ihrer Reflexionsfähigkeit zur Stärkung der Widerstandskraft, der Willensstärke und des Durchhaltevermögens betrachtet werden. Die Fähigkeit, die positiven Ziele, Auswege aus den schwierigen Lebenszuständen oder hoffnungsvolle Pläne für die Zukunft zu reflektieren, zeigte sich bei IP2, IP4, IP5 und IP8 gleichermaßen: bei IP2, indem er sich entschied, sein Leben anders als sein Vater gestalten zu wollen; IP4 zeichnete sich durch ständiges Reflektieren ihrer Handlungen gegenüber den frauenfeindlichen, erniedrigenden Aussagen des Vaters aus; bei IP5 hielten positive Kindheitserinnerungen den Plan aufrecht, in sein Heimatdorf zurückzukehren. Auch nutzte er gezielte Reflexion um einen eigenen Erziehungsstil für seine Kinder zu entwerfen; IP6 gestaltete die Erziehung ihrer Kinder reflektiv gegensätzlich zu den eigenen Erfahrungen; IP8 reflektierte die Strafen des Vaters und das eigene Handeln fortwährend mit dem Ziel einer psychischen Selbstfürsorge. IP1 nutzte Reflexionsfähigkeit im Rahmen seines biografischen Wandels der Adoleszenz im Vergleich zu den häuslichen Verhältnissen, der Situation von Mitmenschen und eigenen Wünschen und Zielen. IP3 und IP7 hingegen stärkten ihre Vorhaben und Ziele unter Zuhilfenahme reflektierter Gegebenheiten (im Vergleich zu eigenem Handeln, Handlungsmöglichkeiten, Umständen etc.) verstärkt im Erwachsenenalter.

Stabilität

Alle IP gaben an, dass sie sich bewusst sind, welche kritischen Lebensumstände sie bereits erfolgreich überstanden haben. Dahingehende Reflexionsarbeit nutzt besonders IP1 in seiner Selbstständigkeit. Bei Schwierigkeiten hält er sich überwundene Hürden vor Augen und nutzt daraus resultierende Ressourcen und Strategien. Auch im Privatleben bezieht er sich auf inkrementelle Erfahrungswerte und handelt entsprechend, wenn es ihm notwendig erscheint. Er empfindet sich um einiges widerstandsfähiger als Menschen, die behütet aufgewachsen seien, da diese nicht die Möglichkeit hätten, auf ähnliche Erfahrungen zurückgreifen zu können.[1229] IP2 verzeichnet in seinen Projekten Erfolge, er nutzt seine Widerstandskraft und Willensstärke gezielt, um Vorhaben erfolgreich zu planen und umzusetzen. Einen besonderen Stellenwert hat seine Entscheidung, Momente des Kontrollverlusts zu umgehen, was ihm etwa in

---

[1228] Transkript 1, S. 1 [Segment 2].
[1229] Transkript 1, S. 29 [Segment N1-N3b].

Bezug auf Alkoholkonsum im Gegensatz zu seinem Vater gelingt. Doch auch bei geplanten Vorhaben nutzt er Reflexionsarbeit und die Fähigkeit zur realistischen Planung, um größtmögliche Kontrolle zu behalten. IP3 nutzt ständige Reflexion, um sich ihre Willensstärke, ihre Widerstandskraft und ihr Durchhaltevermögen im Bewusstsein zu halten. Auf diesem Weg schafft sie sich ein stabiles Sicherheitsgefühl. IP6 gab an, dass sie sich neben eigenen Strategien, bewiesenem Durchhaltevermögen, einem starken Willen und notwendigen Widerständen der Unterstützung ihres Mannes, ihrer Familie und Freunde gewiss sei.[1230] Auch IP3 kann auf Stärkung durch ihren Lebenspartner zählen.[1231] IP4, IP5, IP7 und IP8 sind sich ihres Durchhaltevermögens, ihrer Widerstands- und Willenskraft bei der Problembewältigung bewusst und bedienen sich regelmäßig der Reflexionsarbeit, um bereits erreichte Erfolge zur inneren Stärkung zu nutzen. IP5 betonte besonders seinen Stolz auf das Erreichte und die positiven Konsequenzen für sich als Mensch und Familienvater.[1232] Stolz auf erreichte Ziele war ebenso bei IP7 und bei IP3 in Bezug auf absolvierte Ausbildungen und Durchhaltevermögen festzustellen.[1233] IP1 verwies nicht explizit auf das Gefühl des Stolzes, jedoch war das auch bei ihm besonders im Hinblick auf seine erfolgreiche Selbstständigkeit erkennbar. Stolz darüber, den Vater in seinen negativen Voraussagen widerlegt zu haben, zeichnete IP4 aus. Alle IP sind sich ihrer Stärken bewusst, haben diese mehrfach sicher angewandt und fühlen sich aufgrund des Erkennens inkrementeller Erfahrungswerte dahingehend erprobt, erfahren und kompetent. Obgleich dies bei allen der Fall ist, deutete IP2 als einziger zusätzlich an, dass Faktoren wie Willensstärke, Widerstandskraft und Durchhaltevermögen durchaus eine angeborene Grundeigenschaften seines Wesens sein können.[1234]

5.4 Aktive Bewältigungsstrategien als Resilienzfaktor

Auch dieser Faktor war bei allen IP vorhanden. Bei IP1, IP3, IP5 und IP6 schien dieser Aspekt erst mit dem Einsetzen der Pubertät hervorgetreten bzw. durch den biografischen Wandlungsprozess gefördert worden zu sein. Neue intrinsische und selbstfürsorgende Gedanken und Motivation veranlassten Handlungen, die sie zu einem gewissen Grad aus ihren aufgezwungenen und ihre Freiheit beschneidenden Familiensituationen lösten. IP1 beendete mit dem Kampf gegen den Stiefvater die körperliche Bestrafung. IP5 setzte ebenfalls der körperlichen Gewalt mit einem Schlag gegen den Vater ein Ende und verließ

[1230] Transkript 6, S. 29-30 [Segment 139].
[1231] Transkript 3, S. 20 [Segment 114-114a].
[1232] Transkript 5, S. 31 [Segment 167-168], S. 35 [Segment 197], S. 37 [Segment 208], S. 49 [Segment N2].
[1233] Transkript 3, S. 20 [Segment 116], S. 24 [Segment 133, 137-138].
[1234] Transkript 2, S. 18 [Segment 118b-118c].

das Familiengefüge. IP6 wandte zwar keine Gewalt an, löste sich jedoch als Jugendliche in der siebten Klasse von der Versorgungsaufgabe ihrer Schwester. IP3 suchte sich in einem Alter von ca. siebzehn Jahren erste Hilfe bei einer Psychotherapeutin, was zum Teil auch noch zum biografischen Wandlungsprozess gezählt werden kann. Sie schien die erste positive Erfahrung der Therapie als Wert für eine erneute Inanspruchnahme von Unterstützung aktiv zu nutzen. Allerdings fiel bei ihr das Nutzen aktiver Bewältigungsstrategien erst in jungem Erwachsen-enalter ins Gewicht. Zu berücksichtigen ist, dass der biografische Wandel der Pubertät jene Charakterzüge nicht unbedingt hervorgebracht, sondern eventuell bereits bestehende Anlagen verstärkt haben könnte, zumal davor durch die unterdrückenden Rahmenbedingungen ein Ausleben derartiger Charakterzüge nicht möglich war.

IP2, IP4 und IP8 gab es bereits deutlich früher Anzeichen für aktive Problemlösungen und Bewältigungsmechanismen, die auf einen Ursprung auf personaler Ebene deuten. IP2 versuchte stets aktiv Hindernisse zu überwinden. Des Weiteren gestaltete er seine Freizeit aktiv selbst und schaffte sich somit positive Erlebnismomente außerhalb des Elternhauses. Hierbei ist eine Förderung durch den positiven Erlebniskontext im sozialen Rahmen erkennbar. Aktive Bewältigungsmechanismen zeigten sich bei IP4 u. a. im Konkurrenzverhalten gegenüber der Schwester. IP4 gab an, dass ihre Schwester bevorzugt und für gute Noten gelobt worden sei, was IP4 jedoch nicht dazu veranlasste, sich enttäuscht zurückzuziehen.[1235] Sie suchte Gelegenheiten, ebenfalls Lob für Erreichtes zu erlangen – insbesondere vom Vater. In schwierigen emotionalen Momenten wandte sie sich proaktiv an die Urgroßmutter, um sich auszuweinen, Rat zu suchen oder um Unterstützung zu bitten.[1236] IP8 zeichnete sich ebenfalls als Kind in aktiver Bewältigung angespannter Problemsituationen aus. Sie schaffte sich aktiv positiv behaftete Augenblicke, wenn sie sich z. B. trotz aller auferlegten Aufgaben Zeit nahm, um zu malen und dadurch in eine positive Gefühlswelt einzutauchen und abzuschalten.

Einen signifikanten Wegweiser setzte der Vater von IP8 in späteren Jahren mit seiner Ankündigung, dass die körperlichen Schläge von nun an beendet seien und sie ihren Weg fortan selbst zu gestalten habe.[1237] Obgleich IP8 sich verloren und allein gelassen fühlte, wählte sie auch hier eine aktive Richtung. Sie beendete ihre Schule, studierte und plante ihren zukünftigen Weg. Der Machtlosigkeit bei der Wahl des Studiums, das von den Eltern auferlegt wurde, trat sie mit der selbstgefällten Entscheidung einer Prüfung in der englischen Fremdsprache entgegen. Die Herausforderung stellte kein Hindernis dar und sie behauptete sich in ihrer Entscheidungs-freiheit: wenn schon dieses Studium, dann zu ihren Bedingungen.

[1235] Transkript 4, S. 7 [Segment 43], S. 8 [Segment 55-58], S. 9 [Segment 61].
[1236] Transkript 4, S. 7-8 [Segment 48-53].
[1237] Transkript 8, S. 4 [Segment 28-28a].

Als signifikanter Auslöser war bei IP7 der plötzliche Schlaganfall seiner Frau mit allen Begleitumständen zu erkennen. Dieser Vorfall ereignete sich erst im jungen Erwachsenenalter.

Durchweg alle IP konnten auf ihre Reflexionsfähigkeit und im weiteren Verlauf auf inkrementelle Erfahrungswerte zurückgreifen, denen stärkende und unterstützende Funktionen zugeschrieben werden können.

Unterstützung durch Freunde oder Familie nannten IP2 (Freundeskreis, Freundin), IP3 (Lebenspartner), IP4 (Urgroßmutter), IP5 (Tante), IP6 (Ehemann und Familie), IP7 (Ehefrau und Familie, „Opa") und IP8 (Großeltern).

Eine weitere Gemeinsamkeit findet sich in der Art und Weise der Beendigung des bestandenen Unterdrückungsgefüges. IP1, IP2, IP5 und (indirekt) auch IP4 wandten dazu aktiv Gewalt an. IP1 kämpfte mit seinem Stiefvater und beendete dadurch dessen körperliche und psychische Überlegenheit. IP2 schlug seinen Bruder und setzte dadurch seiner seit Kindertagen bestandenen körperlichen Unterdrückung durch den Bruder ein Ende. IP5 brach seinem Vater sogar die Nase. In Verbindung mit seiner Ankündigung, zu weiterer Gewaltanwendung bereit zu sein, sich nie wieder vom Vater körperlich züchtigen zu lassen und nicht zu ihm zurückzukommen, beendete IP5 seine Machtlosigkeit. IP4 erhob sich nicht körperlich gegen den Vater, jedoch sind ihre Tritte gegen seinen Grabstein als Gewaltausbruch zu werten. IP4 beschrieb eindrücklich, dass diese nachträgliche Form von Gewalt ihr eine Möglichkeit geboten habe, ihrer Wut auf den Vater freien Lauf zu lassen und aktiv mit den jahrelang erduldeten Schmerzen durch die kontinuierlichen Erniedrigungen abzuschließen. IP4 fühlte sich dadurch befreit und sah nachträglich ein Gleichgewicht im Vater-Tochter-Verhältnis hergestellt.[1238]

Auch IP6 beschrieb Szenarien von Gewaltanwendungen. Der Unterschied liegt hierbei, dass sie dadurch nichts an der häuslichen Situation änderte. Sie nutzte Gewalt zum Teil als Auftrag (zum Schutz der Schwester), zum Teil zur Kanalisation von Wut. Eine entfernte Gemeinsamkeit lässt sich in der Ausübungsmotivation zu IP4 ziehen, die sich durch die Gewaltanwendung am Grab ebenfalls von innerer Wut befreite. Der Unterschied hierbei liegt im Alter und auch in der Häufigkeit der Anwendung. IP4 beschrieb zwei einzelne Ausbrüche im Erwachsenenalter, wohingegen IP6 bereits im Kindesalter derartige Handlungen einsetzte und in unterschiedlichen Gewichtungen und Anwendungen konstant beibehielt.

Als Ursache für die Gewaltanwendungen von IP1, IP2, IP4, IP5 und IP6 kann unterstützend das Aufwachsen unter Gewalterfahrungen gewertet werden. Gemeinsam haben IP1, IP2 und IP5, dass ihre Gewaltausübung im Affekt und zur Abwehr der situationsbedingten, selbst erfahrenen Gewalt eingesetzt wurde. Auch bei IP4 war eine Affekthandlung am Grab ihres Vaters zu erken-

---

[1238] Transkript 4, S. 67-68 [Segment N20-N24].

nen. Bis auf IP6 zeigte jedoch keiner der Interviewten im weiteren Lebensverlauf Ansätze einer gewalttätigen Persönlichkeit. IP6 versteht es jedoch, die von ihr benannte *genetische Anlage* gewalttätiger Tendenzen positiv zu kanalisieren. Sie berichtete von Impulsen, denen sie zum Schutz der Schwester und zur Kanalisation innerer Wut nachgab. Derartige Impulse beschrieb sie als *Familiengenetik*, was durch diverse Erzählmomente während des Interviews untermauert wurde. Dies weist zumindest auf eine erfahrene Verhaltensweise im Bereich einer gewerteten Normalität hin.[1239]

IP3, IP6, IP7 und IP8 wurden nicht handgreiflich, sie wehrten sich nicht körperlich. Sie entschieden sich für einen Weg des Abstands (Schutz durch Distanz). IP3 begann bereits entfernt vom Elternhaus ihr FSJ und behielt den Abstand bei folgenden Ausbildungen bei. IP6 beendete die unterdrückende Situation zum einen mit der Distanzierung zur Schwester, durch einen kurzzeitigen Auszug zu einer Freundin nach einer Gewaltattacke des Vaters und schließlich durch den Beginn eines eigenen Lebens mit ihrem Mann. IP7 verließ das Elternhaus ebenfalls nach einem Übergriff des Vaters und begann sein eigenes Leben. IP8 verließ das Heimatland und organisierte ihr Leben selbstständig.

Auch IP1, IP2 und IP5 begaben sich aktiv auf Distanz zum gewalttätigen Umfeld der Kindheit, jedoch erst nach einer eigenen Form von Gewaltanwendung. Der Entschluss, mit dem Erreichen des Abiturs ein Studium fern der Heimatstadt zu suchen, hatte bei IP1 Bestand, seit er begonnen hatte, seine häusliche Situation differenziert zu betrachten und mit anderen zu vergleichen über seinen weiteren Lebensweg nachzudenken. Zwar war der Kampf mit dem Vater ausschlaggebend für das Ende der häuslichen Gewaltanwendung IP1 gegenüber, jedoch war es das aktive Verlassen des Elternhauses, der Heimatstadt und auch später der Kontaktabbruch zur Mutter, was er als unterstützend für seinen positiven Lebensweg wertete. Analog verließ IP2 das Geschwistergefüge mit seinem Bruder, nachdem er sich körperlich zur Wehr gesetzt hatte. Er beendete den Kontakt und griff diesen auch bis z. Z. d. I. nicht wieder auf, wodurch er sich frei (von Unterdrückung) fühlt(e), um sein eigenes Leben in Angriff zu nehmen. Ähnlich verhält es sich mit dem Kontakt zum Vater, der mehrere Autostunden entfernt lebt. Ihre Kommunikation beschränkt sich auf ein bis zwei Telefonate im Jahr. Auch IP5 verließ den Ort des Geschehens und unterband zudem lange Zeit den Kontakt zum Vater.

Bei IP5 trat eine weitere Form von aktiver Bewältigungsstrategie zum Vorschein: die des bewussten Verzeihens. Nach Jahren des Abstands, inneren und äußeren Vorwürfen und Hassgefühlen, beschloss IP5, seinem Vater zu verzeihen. Eine Grundlage dafür boten die positiven Erfahrungen mit ihm aus seiner Jugendzeit (vor dem Eintritt der Stiefmutter in die Familie), was wiederum

---

1239 Transkript 6, S. 2 [Segment 10], S. 9 [Segment 40], S. 17 [Segment 77b].

für Reflexionsfähigkeit und die Nutzung positiver Erfahrungswerte spricht. Gleichfalls ist durch intrinsische Motivation ein Ursprung auf personaler Ebene zu vermuten, da keine dahingehende äußere Förderung erwähnt wurde. Es kann vermutet werden, dass auch IP1, IP3, IP4, IP6 und IP7 den Akt des Verzeihens praktizier(t)en, wenn auch nicht klar geäußert und auch eher in einer milderen Form von Akzeptanz. Dafür spricht die Äußerung von IP1, dass er seine Problemlösestrategien den Begleitumständen des Aufwachsens zu verdanken habe; der beibehaltende Kontakt zum Vater bei IP3; die Äußerung von einem Vater-Tochter-Gleichgewicht von IP4; der beständige Kontakt zum Elternhaus bei IP6 und bei IP7 die Tatsache, dass er die negativen häuslichen Erfahrungen nicht explizit als negative Extreme hervorhob.

Stabilität

Alle IP haben sich in verschiedenen Etappen ihres Lebens bewusst für eine aktive Bewältigungsstrategien entschieden, welche sie nach wie vor anwenden. Die Reflexions-fähigkeit erwies sich bei allen Interviewten als ein konstanter, stärkender Faktor, den sie bei Entscheidungsmomenten zu nutzen wissen. Kontinuierlich greifen alle auf inkrementelle Erfahrungswerte ihres bisherigen Lebens und bewältigter Lebenswidrigkeiten zurück. Alle IP verstehen sich darin, diese zu erkennen, zu bewerten und gegebenenfalls auf die derzeitige Lebenssituation anzupassen. Sie sprachen nicht davon, dass ihnen keine Schwierigkeiten mehr widerfahren könnten, sondern vielmehr von einer inneren Sicherheit über hinreichende Bewältigungsstrategien zu verfügen, um Herausforderungen aktiv meistern zu können. Demzufolge trägt bei allen IP das Wissen um aktive Bewältigungsstrategien zu einem stabilen Resilienzgefühl bei.

5.5 Internale Kontrollüberzeugung

Trotz der stark eingeschränkten individuellen Möglichkeiten und dem teilweise hohen Maß an Unterdrückung, Bevormundung, Unterwerfung oder erforderlicher Unterordnung während des Aufwachsens konnten fast alle IP bereits in der Kindheit Strategien entwickeln, die auf eine minimale Kontrollüberzeugung hinweisen. Es kann davon ausgegangen werden, dass hier die Ursprünge auf personaler Ebene liegen, da es sich hierbei wiederholt um Anzeichen in sehr jungen Jahren handelt. Alle IP wurden von vorgegebenen Regeln bestimmt, die sie einzuhalten hatten, wenn sie einer körperlichen Züchtigung (IP1, IP2, IP5, IP7 und IP8) oder verbalen Attacken (IP3, IP4) entgehen wollten. Was ursächlich vielleicht einer Selbstschutzhandlung entsprang, wurde bei einigen zu Ritualen (IP3, IP4). IP5 beschloss zudem bewusst, sich den Gegebenheiten unterzuordnen, bis er den Weg zurück in sein altes Leben gehen könnte. Er erledigte notwendige Aufgaben und versteckte schlechte Noten. Obgleich IP5 von Machtlosigkeit sprach, betonte er, dass er den Gedanken und die Gewissheit, wieder in seinen alten Lebensbereich (Heimatdorf) zurückzugelangen, durchweg aufrechterhalten habe.[1240] IP7 berichtete von regelmäßigem Verstecken, um Schlägen zu entgehen.[1241] IP8 hielt ihre Malereien geheim, um die körperliche Bestrafung des Vaters zu vermeiden. IP3 und IP4 passten sich dem familiären Ritual der räumlichen Flucht vor dem Vater an. IP6 erzählte nichts von Ausweichmanövern in Bezug auf die Schläge des Vaters, nutzte jedoch gezielt eine Zusatzaufgabe (nächtliches Frühstückrichten), um Zeit für sich haben zu können. IP2 berichtete ebenfalls nicht von Versuchen, der häuslichen Gewalt zu entgehen. Dennoch konnte er bereits in sehr jungen Kindheitsjahren auf den wochenendlichen Trinktouren mit dem Vater eine Form von internaler Kontrollüberzeugung für sich ausmachen: Er beschloss bereits in diesen Momenten, dass er später mit seinen Kindern anders umgehen und derartige Situationen von Volltrunkenheit nicht zulassen würde. Der Gedanke zeigt, dass er bereits zu diesem Zeitpunkt erkannte, für sein Handeln und die Reaktionen darauf selbst verantwortlich zu sein. Des Weiteren verbrachte er willentlich seine Freizeit hauptsächlich außerhalb des Elternhauses, um Ruhe vor der Familie zu finden. IP1 äußerte sich nicht zu Vorgehensweisen in dieser Zeit.

Eine weitere Stärkung ließ sich durch den biografischen Wandel der Adoleszenz feststellen, wodurch IP5 in die Lage rückte, sich seinem Vater körperlich entgegenzustellen. Ähnlich verhielt es sich bei IP1, der sich infolge seiner Pubertät und der dadurch entstandenen körperlichen Veränderung sowie der geistigen Erweiterung im Denken in der Position sah, sich gegen die körperlichen Übergriffe seines Stiefvaters zu wehren. Auch IP6 begann in der Adoleszenzphase ihre internale Kontrolloption zu begreifen und konnte sich von der Überwachungsaufgabe ablösen.

Sie alle erkannten und nutzten demzufolge Handlungen und Strategien, um größtmögliche Ruhe und Sicherheit für sich zu schaffen.

Externe Förderungen kann bei IP3 und IP4 durch ihre Mutter vorhanden gewesen sein. Wenn auch unbewusst und nicht direkt thematisiert, so hat sie die räumliche Flucht vor dem betrunkenen Vater vorgelebt und damit den Kindern eine Möglichkeit eröffnet sich Ruhe und Schutz zu ermöglichen. IP5 hatte in seinem Lebensalltag vor dem Wandel der Erziehungs-methode des Vaters, die bis dato bestimmt war von extremer Regel- und Sanktionslosigkeit, kaum nennenswerte Berührung mit internalen Kontrollmechanismen - in Form von folgenden Reaktionen auf seine Aktionen. Durch die körperliche Gewalt und die neuen Regeln ergab sich eine Situation, in der IP5 erstmals bewusst infolge

---

1240 Transkript 5, S. 43 [Segment 228, 231].
1241 Transkript 7, S. 18 [Segment 91-91a].

seiner eigenen Handlungen Reaktionen erfuhr. Minimal aber konstant begann er, sich auf eine Weise dem Gefüge unterzuordnen, die ihm größtmögliche Sicherheit bot. Das weist auf eine Verstärkung der Verlaufskurve im familiären Rahmen.

Eine weitere indirekte Förderung auf familiärem Rahmen zeigte sich auch bei IP2, IP4, IP6 und IP8. IP2 entschied sich zu einem differenten Lebensstil zu seinem Vater, während er dessen körperliche Kontrollverluste unter Alkoholkonsum miterlebte. Bei IP4 besteht ist eine indirekte Förderung durch den Vater erkennbar, der sein frauenfeindliches Weltbild fortwährend präsentierte. Dadurch reifte in IP4 der Gedanke, Wunsch und schließlich der Entschluss ein differentes Leben (zu den Vorhersagungen des Vaters) aufzubauen. IP6 entwickelte einige ihrer (heute beruflich genutzten) Fähigkeiten durch die übertragene Aufgabe der Eltern, dass sie stets auf ihre behinderte Schwester aufzupassen und die Geschwister zu betreuen hatte. IP8 erfuhr indirekte Förderung durch den Vater, als er ihr mitteilte, dass sie von nun an ihr Leben selbst zu gestalten habe, woraufhin sie sich erstmals mit neuen internalen Handlungsoptionen auseinandersetzte.

Auf sozialer Ebene fördernd sollte bei IP1 die langjährige Mitgliedschaft in einem Kampfsportverein einbezogen werden, wodurch er Griffe und Techniken beherrschte, die er im Moment der Gegenwehr zum Vater anwenden konnte. Außerdem kann man davon ausgehen, dass das Ausüben dieser Sportart im Rahmen eines Vereins ihm in der Bildung von Selbstvertrauen und Stärkung bot. IP1 und IP2 erfuhren zusätzliche Unterstützung auf sozialer Ebene im institutionellen Rahmen der Schule. IP1 erwähnte eine befürwortende Lehrerin und einen richtungsweisenden Professor.[1242] IP2 benannte keine speziellen Lehrer, doch habe für ihn mehrfach die Möglichkeit bestanden, in Diskussions- und Beweishandlungen zu treten.[1243] Auch auf sozialer Ebene - im Bereich der Psychotherapie ist (durch ein Wissen um therapeutische Arbeitsfelder) anzunehmen, dass IP3 eine Form von Förderung von internalem Kontrollbewusstsein erfuhr. Ähnlich verhält es sich für die Stärkung bei IP7 im Rahmen eines Gerichtsverfahrens, das ihm seine internalen Kontrollfähigkeiten verdeutlichte, und der Unterstützung durch eine SPFH[1244]. IP4 bekam Unterstützung von einer Suchtberatungsstelle, die internale Kontrollmöglichkeiten besprach und zur Anregung gab.[1245]

Bei allen IP ist erkennbar, dass sie sich durch die Fähigkeit zur Reflexion ihrer jeweiligen Lebensumstände bewusst waren, sich anpassten und Schlupflöcher suchten. Sie erkannten ihre Möglichkeiten, auch wenn diese minimal waren. Durch das Nutzen inkrementeller Erfahrungswerte im Laufe der Zeit

[1242] Transkript 1, S. 4-5 [Segment 26-28], S. 10 [Segment 66-67], S. 11 [Segment 72b].
[1243] Transkript 2, S. 23 [Segment 146a-148].
[1244] Transkript 7, S. 14 [Segment 73b].
[1245] Transkript 4, S. 36-37 [Segment 199-200].

stärkten sich situativbedingte Verhaltensmechanismen und Anwendungsbereiche. IP1 nutzt besonders beruflich das Wissen um internale Kontrollmöglichkeiten, aber auch in Eigenreflexion seines Verhaltens gegenüber den Kindern seiner Schwester, oder Partnerschaften. IP2 schaffte sich einen Lebensstil fern jedweder Kontrollverlustmomente und ist sich seiner internalen Mitwirkung sicher. IP3 nutzt das Wissen um internale Kontrollmöglichkeit im Beruf, in der Strukturgestaltung ihrer Kernfamilie und gegenüber der Thematik des Alkoholismus. IP4 und IP6 handeln besonders im Berufsleben nach internalem Kontrollbewusstsein, aber auch in der Erziehung ihrer Kinder. In besonderem Maße im Fokus der Kindererziehung nutzen auch IP5, IP7 und IP8 das Wissen um internale Kontrollmöglichkeit.

Stabilität

Alle IP sind sich ihrer Handlungen und Wirkungsmöglichkeiten bewusst und agieren dementsprechend zielgerichtet. Sie nutzen kontinuierlich Reflexionsfähigkeit und ihre in jedem Lebensbereich erlangten Erfahrungen, um ihr Leben entsprechend zu führen. Der Erfolg im Berufsleben und die dahingehende Zukunftssicherheit stützen sich bei IP1 auf sein eigenes Auftreten in der Geschäftswelt. Durch Erfolge hinsichtlich gemeisterter beruflicher Projekte und im privaten Rahmen fühlt sich IP2 durch Anwendungssicherheit diverser Strategien gestärkt. Erfolgreich abgeschlossene Ausbildungen, Anerkennung im Berufsleben und Stabilität in ihrer Kernfamilie stützen die internale Kontrollüberzeugung von IP3, die sie konstant reflektiert unter Beachtung inkrementeller Erfahrungswerte stärkt. Analog verhält es sich bei IP4, die besonders im Berufsleben als Krankenschwester von ihrem Handeln und Wirken profitiert. IP5 genießt das Wissen über internale Kontrollmöglichkeiten insbesondere im Bereich der Erziehung seiner Kinder. IP6 profitiert im beruflichen wie im privaten Bereich (explizit: bei der Anwendung von Massagen), aber auch in hohem Maße in Anwendung eigener Erziehungsmuster vom Wissen über internale Kontrollmöglichkeiten. IP7 musste gerade im familiären Rahmen einige Stationen durchlaufen, bis er sich internaler Kontrolle bewusst und sicher werden konnte. Durch konstante Reflexion und das Augenmerk auf das Erreichte bestreitet er sein Leben zuversichtlich. Hierbei hilft ihm vor allem das Wissen um Mitwirkungsmöglichkeiten. IP8 nutzt internale Kontrollmechanismen ebenfalls in der Reflexion eigener Erziehungsarbeit als Mutter, aber auch privat in Freundschaften und Familie.

5.6 Freundeskreis und signifikante Personen

Einen guten Freundeskreis in ihrer Kindheit und Jugend beschrieben nur vereinzelte IP als wesentlich. IP1, IP3 und IP6 erwähnen keinen Freundeskreis, weil sie keine Freunde finden konnten oder durften. Ebenso gingen IP5, IP7 und IP8 nicht auf wichtige Freundschaften in ihrer Kindheit ein. IP5 erzählte zwar, dass er in früher Kindheit (bis zum Eintritt der Stiefmutter in sein Leben) viel mit gleichaltrigen Kindern unterwegs gewesen sei, jedoch kann diesen keine konkrete Schutzfunktion zugeordnet werden. Hinzu kommt, dass jeglicher Freundeskontakt abbrach, als sie in das Haus der Stiefmutter zogen. Aufgrund der häuslichen Gewaltsituation und des Eingesperrtseins konnte IP5 somit keine neuen Freundschaften knüpfen. Einzig IP2 betonte als Schutzfaktor einen von Kindertagen an beständigen Freundeskreis, der einen beträchtlich höheren Anteil an seinem Leben gehabt habe als seine Familie. Die Wahl zu einer bestimmten Form von Peergruppe signalisierte sich im Wandlungsprozess der Adoleszenz. IP2 gab an, dass er zwischen zwei Gruppen habe wählen können, wobei er sich für die nichtdelinquente entschied.[1246] Auch IP8 beschrieb eine willentliche Wahl zu Freunden im Jugendalter. Sie tendierte zu denjenigen, die ihre positiven Lebensgefühle verstärkten. Also erfuhr sie dahingehend Unterstützung.[1247] IP4 erwähnte eine gleichaltrige Freundin in Kindertagen, sie im selben Dorf wohnte und ihr eine völlig andere Welt zeigte als sie es von zu Hause kannte, schrieb ihr aber keine Schutzfunktion zu.[1248] Eine indirekte Förderung ist durch das Kennenlernen differenter (und für sie emotional positiv empfundener) Lebensweisen dennoch auszumachen. Ab der Jugendzeit profitierte IP4 von Freundinnen, die ihr halfen, ihr eigenes Selbstbild und innere Sehnsüchte zu erkennen, zu stärken, auszuleben und Selbstbewusstsein zu entwickeln. Ob dies bewusst oder unbewusst geschah, wurde nicht benannt. In gleichem Sinne tat sich IP7 mit seiner Frau zusammen, allerdings erst im jungen Erwachsenenalter. Über wichtige Freunde in der Jugendzeit gab es bei ihm keine bedeutenden Angaben. IP6 sprach von einer Freundin, bei der sie gewohnt habe, als ihr Vater massiv gewalttätig wurde.[1249] Jedoch erwähnte sie nicht die Freundin an sich, sondern vielmehr den Umstand eines kurzzeitigen Auszugs als zugehörigen Abschnitt in ihrer Lebensgeschichte. Dennoch sollte diese Freundin als wichtiger Schutzfaktor mit einbezogen werden. Immerhin konnte IP6 einige Wochen bei ihr und ihrer Familie wohnen. Die bedeutendste Person, die durchweg sichere Unterstützung bedeutete, ist für IP6 ihr Ehemann, den sie im jungen Erwachsenenalter für sich gewann. IP5 wandte sich in seiner Jugendzeit, nach dem Ausbruch aus der gewaltbehafteten Umgebung an

---

1246 Transkript 2, S. 10 [Segment 62-67], S. 31 [Segment 192].
1247 Transkript 8, S. 12 [Segment 84-85b], S. 17-18 [Segment 115-121], S. 28 [Segment N24].
1248 Transkript 4, S. 19 [Segment 112-112b].
1249 Transkript 6, S. 20 [Segment 93b-94].

eine Gruppe Jugendlicher, die seinen Drang nach absoluter Freiheit verstanden und unterstützten. Auch wenn dieser Zusammenschluss wegen Gesetzesübertretungen problematisch war: In dieser Gruppe konnte sich IP5 angenommen und verstanden fühlen. Zudem konnte er im Übermaß ausleben, was er all die Jahre nicht durfte. Wenn er rückblickend die Zeit reflektierte, habe er allerdings bereits ein schlechtes Gewissen gegenüber seiner Tante empfunden und gewusst, dass er ihren guten Willen ausnutzte. Ein Gespräch mit ihr über die Ursachen und Gefühle habe jedoch allen Groll bereinigt. IP5 benannte seine Tante als sein Heiligtum bzw. die wichtigste Person, welche die positive Richtung in seinem Leben maßgeblich unterstütze.[1250] IP1 erwähnte Freundschaften in diesem Sinne nicht explizit. Er gab zwar während des Interviews an, Freunde zu haben, und konnte sie auch als Ressourcen benennen, was für einen bestehenden Freundeskreis spricht. Jedoch sind seine Freunde keine ausschlaggebende Helferkonstante beim Überwinden der Hürden während des Aufwachsens. Im Gespräch zeichnete sich ab, dass er mit ihnen ins Gespräch trete, um Ideen zu besprechen.[1251] Er erwähnte allerdings zwei signifikante erwachsene Vorbilder. Eine Lehrerin verhalf ihm durch ihre Ausdrucksweise und die Annahme seiner Art des Denkens zu der Erkenntnis über Selbstwert und Selbstwirksamkeit im Bereich der Schule. Beim zweiten Vorbild handelte es sich um einen Professor in letzter Studienstation, mit dem er zusammenarbeitete. Diesen bezeichnete er als Mentor, da er in IP1 dessen Fähigkeiten im Bereich der Informatik erkannte und massiv bestärkte. Ebenso übertrug er IP1 eigene wichtige Aufgaben und unterstützte den Gedanken an eine berufliche Selbstständigkeit. Ihre Vorbildfunktion beschrieb IP1 nicht damit, dass er ihnen nacheiferte, sondern dass er ähnliche Züge an sich erkannte, was er als Bestätigung seiner Persönlichkeit empfand. Ebenso darf ein Zusammenhang zur Bildung nicht übersehen werden, da beide Vorbilder einen hohen Bildungsgrad hatten. IP1 versuchte energisch, einen ähnlichen Bildungsweg zu beschreiten, was ihm einige Jahre auch gelang.

Gewisse Vorbild- bzw. Schutz- oder Förderungsfunktionen von Personen innerhalb der Familie beschrieben IP3 (Mutter, Tante, Partner), IP4 (Großmutter, Urgroßmutter, Tante, Tochter, Cousine), IP5 (Tante, Großmutter, Ehefrau), IP6 indirekt (Großmutter), IP7 („Opa", Ehefrau) und IP8 (Großeltern). IP3 nannte ihre Mutter als familiäres Vorbild. Diese blieb in einem Mehrgenerationenhaushalt, in dem alle Erwachsenen der Alkoholabhängigkeit erlagen, beständig abstinent. Zudem versuchte sie mit ihren verfügbaren Mitteln, eine spürbare Form von Familienharmonie für sich und ihre Kinder zu schaffen. Bei ihrer Tante erfuhr IP3 Stärkung ihres Selbstvertrauens in Bildungsfragen und Ermutigung. Ihr Lebenspartner unterstützt sie in jedweder Hinsicht seit jeher

---

[1250] Transkript 5, S. 21-22 [Segment 122-126], S. 23 [Segment 130a, 131], S. 29 [Segment 153-154], S. 39-40 [Segment 214-214a, 216-217].

[1251] Transkript 1, S. 40 [Segment T87-T88].

uneingeschränkt. Ihre zehn Jahre ältere Schwester IP4 hatte noch Zeiten ohne den Alkoholeinfluss fast aller Erwachsenen erlebt. Somit konnte sie auf innige Beziehungen zu ihrer Großmutter im Kleinkindalter und zu ihrer Urgroßmutter im Teenageralter verweisen. In beiden fand sie zuverlässige Ansprechpartner für fast jede Lebenslage. Ihre Tante übernahm eine beratende, aufmunternde und helfende Rolle im Erwachsenenalter. Ihre Tochter bot ihr die Erfüllung ihrer Mutterrolle, in der IP4 ihre Stärke, Selbstwirksamkeit und Widerstandsfähigkeit erkannte. Ihre Cousine stand ihr in schwierigen emotionalen Momenten bei, wenn die Angst groß war etwas falsch zu machen und dadurch ihre Tochter verlieren zu können. Wenngleich IP5 seine Großmutter in ihrem extrem freien Erziehungsstil kritisiert, so benannte er auch sie als fördernde Person bezüglich seines selbstbewussten und widerstandsfähigen Selbstbilds. Gleiches gilt für das von ihm erfahrene Männerbild, was er als stark, mutig, robust und freiheitsliebend vorgelebt bekam, bis die Stiefmutter die Oberhand übernahm. Später wurde IP5 ohne Zögern von seiner Tante aufgenommen, als er aus dem gewaltbehafteten Leben unter dem Vater und der Stiefmutter ausbrach. Das Auftreten der Tante gab ihm zu jeder Zeit das Gefühl, von ihr unterstützt zu werden. Dazu zählt nicht nur, dass sie ihm anfangs seinen Freiraum gelassen habe, sondern auch das spätere Unterbringen in einer betreuten Wohneinrichtung. Seine Frau gibt ihm im Erwachsenenalter ein Gefühl von Sicherheit in einem neu definierten Familienleben. IP6 machte zwar nur kurze Angaben zu ihrer Großmutter, dennoch erwies sich die gemeinsam verbrachte Zeit als bedeutsam in Bezug auf das Erlernen von Selbstfürsorge. IP7 erfuhr relevante Unterstützung von einem Familienbekannten, welchen er seit jeher „Opa" nannte, der ihm bei der ersten Wohnungssuche half und später die Rolle des Großvaters für alle seine Kinder und Stiefkinder übernahm. Die Ehefrau trug maßgeblich zu einem geordneteren Lebensstil bei. Durch sie entsagte er Drogen und exzessiven Onlinespielereien und konnte mit ihr eine Familie aufbauen, die seinen Wünschen entsprach. IP8 äußerte sich nur wenig zu den Großeltern, jedoch war erkennbar, dass sie relevant waren. Durch einen sanfteren Erziehungsstil, geduldigere Lehr- und Lernmethoden und eine angenehme Freizeitgestaltung lernte IP8 ein Gegenbeispiel zu ihrem Elternhaus kennen. Die Großmutter bezeichnete IP8 als Frau mit Durchhaltevermögen und einem guten Herzen. Sie gab an, dass sie mit ihr vieles habe besprechen können.[1252]

Eine Förderungsfunktion familienexterner Personen bzw. diverser Helfersysteme auf sozialer Ebene nannten IP1 (Lehrer, Professor), IP2 (Lehrer), IP3 (Kirche, Psychotherapeuten), IP4 (Suchtberatung, Psychologin), IP5 (betreutes Wohnen) und IP7 (Richter, SPFH). IP2 schrieb niemandem explizit eine direkte Förderung zu, erwähnte aber diverse Lehrer als hilfreich bezüglich seines

---

[1252] Transkript 8, S. 14 [Segment 95b].

Forschungstriebs und der Stärkung seines Selbstwirksamkeitsbewusst-seins.[1253] IP3 fand in einer Kirchengemeinschaft zwar keine zuverlässigen Ansprechpartner, um über die Schwierigkeiten in der häuslichen Situation reden zu können, jedoch gab es eine konstante und positive Unterbrechung des alkoholbehafteten Alltags. Ebenso fand sie ein zwar oberflächliches, dennoch beständiges Gemeinschaftsgefüge von Gleichaltrigen in Form von Christenlehre und Jugendgruppen. Im späteren Verlauf bezeichnete IP3 Psychotherapien in problematischen Lebenssituationen als wertvoll. IP4 erwähnte in besonderem Maße eine Suchtberatungsstelle, in der ihr eine Beraterin enorm geholfen habe. Sie habe ihr Hoffnung gegeben sowie Umgangs- und Lebensstrategien aufgezeigt. Auch eine Psychologin wurde von IP4 als wesentlich stärkend aufgeführt, um eine Depression nach der Erfahrung mit einem Stalker zu überwinden und wieder Selbstsicherheit, Selbstwirksamkeit und Zuversicht zu verspüren.[1254] IP5 benannte kurzzeitige Unterstützung von einer betreuten Wohneinheit und den dortigen Betreuern. IP7 erfuhr Bestätigung in seiner internalen Selbstwirksamkeitsüberzeugung durch einen Richter und der anschließenden Hilfeform einer SPFH.

Indirekte Förderungen in Negativumkehr konnten bei IP2 (Bruder), IP4 (Vater, Stalker), IP5 (Stiefmutter vs. Großmutter), und IP6 (Schwester) erfasst werden. IP2 gab zwar seinen Bruder nicht als relevante Person an, jedoch deutet sich im Rahmen der Geschwisterbeziehung eine Reflexionsarbeit bezüglich seiner Wahl eines bestimmten Freundeskreises an. Im Gegensatz zu seinem Bruder wandte er sich nicht der delinquenten Gruppe zu. Dies deutet auf Überprüfungen, Überlegungen und Betrachtungen der vom Bruder erfahrenen negativen Auswirkungen einer derartigen Peerzugehörigkeit und auf eine bewusst gegenteilige Entscheidung. Durch die andauernden Versuche, das frauenverachtende Bild des Vaters aufzuweichen und ihm zu beweisen, dass sie auch als Frau Enormes zu leisten vermag, konnte IP4 Widerstandsfähigkeit, Durchhaltevermögen, Willenskraft, Selbstwirkungsfelder und berufliche wie private Stärken an sich selbst erkennen. Auch benannte sie den Stalker selbst als eine signifikante, letztlich ihren Lebensweg positiv beeinflussende Person. Durch die von ihm herbeigeführten Umstände und deren Überwindung, verspüre sie eine Gewissheit, künftig jeder Lebenslage gewachsen zu sein.[1255] Auch für IP5 war die Person, die er als Verursacherin der schwierigsten Zeit in seinem Leben beschrieb, eine der relevantesten Personen zur positiven Herausbildung seines Charakters. Er betonte, dass er beide extreme Erziehungsvarianten, die er erfahren habe, nutzte, um einen guten Mittelweg zu entwickeln. Auch wenn er seine Großmutter als herzensgute Frau bezeichnete, so äußerte er die Gewiss-

---

[1253] Transkript 2, S. 23 [Segment 146a, 148].
[1254] Transkript 4, S. 36-37 [Segment 199-200], S. 50 [254-254b].
[1255] Transkript 4, S. 55-56 [Segment 272-272b], S. 60 [Segment 292-293], S. 61 [Segment 294-296].

heit, dass er durch diese Erziehung ein arroganter und unzuverlässiger Mann ohne Durchhaltevermögen geworden wäre. Daher gab er an, dass es in gewisser Hinsicht für seine Charakterbildung gut gewesen sei, auch die gewalttätige Zeit erlebt zu haben.[1256] Bei IP6 machen sich besonders im beruflichen Bereich die ihr als Kind auferlegten Pflichten bei der Betreuung ihrer Schwester bemerkbar. Für andere zu sorgen, körperliche wie emotionale Unterstützung geben zu können, und das Wissen über ihre Leistungsfähigkeit sind Werte, auf die sie stolz ist und mit denen sie sich beruflich wohlfühlt.

Speziell bei der rückblickend positiven Bewertung von Erfahrungen, unter denen sie (IP2, IP4, IP5, IP6) in der Zeit des Aufwachsens litten, ist eine unterstützende Wirkung durch Reflexionsfähigkeit deutlich erkennbar.

Alle IP gaben im Frageteil des Interviews an aktuell sichere Freundschaften zu führen und schrieben diesen auch eine hohe Gewichtigkeit zu. Sie benannten diese zwar Namentlich unbenannt als wichtige und gesicherte, gegenseitige Ressource für Unterstützungs-notwendigkeiten.

Stabilität

Alle IP halten und pflegen einen Freundeskreis, der Unterstützungssicherheit bietet. Gleiches gilt, wenn möglich, für den Kontakt zu signifikanten Personen, die direkten positiven Einfluss auf ihr Leben hatten und zu denen weiterhin Kontakt besteht. Einige dieser Personen sind bereits verstorben oder es handelte sich um temporäre Anlaufstellen bzw. Förderung auf sozialer Ebene wie Lehrer, Betreuer, Therapeuten, etc. IP2, IP4, IP5, IP6 und IP8 betonten insbesondere die Wichtigkeit einer Pflege von ausgewählten guten Freundschaften. Für sie besteht jede dieser Beziehungen aus Geben und Nehmen und beständiger, uneingeschränkter gegenseitiger Unterstützung in jedweder Lebenslage. Bei IP3, IP4, IP5, IP6 und IP7 beziehen sich die Beistandssicherheiten zu großen Teilen auf den familiären Kreis. Bei IP3 können Mutter, Schwester, Tante und besonders ihr Lebenspartner hervorgehoben werden. IP4 profitiert von der gewonnenen Harmonie mit ihrer Schwester, dem Kontakt zu ihrer Mutter und dem Leben mit ihrer Tochter. IP5 blickt neben bestehenden Freundschaften ebenfalls auf ein vertrauensvolles, konstantes Familiengefüge mit gegenseitiger Zusicherung von Beistand in verschiedenen Lebenssituationen. Analog verhält es sich bei IP6 und ihrer Kernfamilie, bestehend aus ihrem Ehemann und ihren Kindern. IP7 kann sich kontinuierlich auf gegenseitige Hilfestellungen zwischen ihm, seiner Frau und dem „Opa" verlassen. Ob unter Freunden, Familienmitgliedern oder signifikanten Einzelpersonen: Es zeigt sich eine Bedeutung von Ausgeglichenheit in sämtlichen Beziehungsgeflechten für alle IP,

---

[1256] Transkript 5, S. 32 [Segment 178-179a].

die bewusst geachtet und gepflegt wird und somit eine stabile Unterstützungs-konstante bietet, was wiederum zu einem stabilen Resilienzgefühl beiträgt.

5.7 Realismus und realistische Ziele

Realistische Ziele konnten bei allen IP verzeichnet werden, wenngleich auf unterschiedlichen Ebenen. Erste realistische Ziele formten sich bei fast allen in der Adoleszenzphase.

Bei IP1 begannen derartige Überlegungen gegen Ende seiner Schulzeit und bezogen sich dabei auf den Schulabschluss und den Beginn eines Studiums. Konkrete Berufsziele bestanden zu diesem Zeitpunkt nicht, so orientierte er sich bei der Studienwahl auf seine Interessen. IP1 wechselte mehrfach die Studienrichtung, die Institutionen und Städte in einer Phase, in der er seine psychische Pubertät nachgeholt habe.[1257] Die tatsächliche Berufswahl wurde unterstützt durch das Ziel, sein Leben im Gegensatz zur autonomiefreien Zeit des Heranwachsens gestalten zu können. Hinzu kamen die Einschätzungen eines Professors, der IP1 als Mentor auf diesem Gebiet bestärkte. Nach dem Entschluss sich beruflich Selbstständig zu machen brach IP1 mit der Gründung seiner GBR sein Studium ab. Da sich sein Ziel nie auf einen Studienabschluss bezog, sondern vielmehr auf eine bestimmte berufliche Laufbahn kann man diese Zielgestaltung als realistisch einstufen. Da seine Firma erfolgreich Bestand hat, kann auch dieser Plan – trotz zeitweiliger Schwankungen und finanzieller Krisen – durchaus als realistisch bewertet werden. Zur Erreichung seiner Ziele kamen ihm einmal das Vorbild der Lehrerin in der Schulzeit, der Professor in der Studienzeit und die Nutzung inkrementelle Erfahrungswerte in Anwendung von Reflexionsfähigkeit, Willensstärke und Durchhaltevermögen zugute.

Auch IP2 zeichnete sich in seiner Zielgestaltung und in der Umsetzung seiner Vorhaben durch Realität, Willenskraft und Durchhaltevermögen aus. Außerdem nutzte er inkrementelle Erfahrungswerte und regelmäßige Reflexion. Da es ihm wichtig ist, Kontrollverlust zu vermeiden, unterzieht er jedes Ziel oder Projektvorhaben einer entsprechenden Planung, die sich durch Abwägen, realistische Kalkulationen, durchdachte (teils eingeplante) Möglichkeiten des Scheiterns und ein realistisches Zeitmanagement auszeichnet. Als Ursprung zu diesem Verhalten benannte IP2 selbst einen von Natur aus bestehenden Charakterzug.[1258] Es konnten jedoch vereinzelt Lehrer als unterstützende Faktoren ausgemacht werden, z. B. im Bereich des Handelns. Indirekt unterstützend wirkte auch der Vater durch sein negatives Vorbild unter Alkoholeinfluss, was maßgeblich dazu führte, dass IP2 bewusst den Weg der größtmöglichen

---

1257 Transkript 1, S. 14 [84-85], S. 35 [Segment T45-T47]
1258 Transkript 2, S. 18 [Segment 118b-118c].

Kontrolle für sein eigenes Leben wählte. Er beginnt keine Projekte welche in seinen Kontrollmöglichkeiten nicht realisierbar erscheinen.

Die ersten eigenen Ziele von IP3 bestimmten den Schul- und den folgenden Ausbildungsabschluss. Hierfür brachte sie all ihr Durchhaltevermögen und einen starken Willen auf, denn diese Zeit war geprägt von emotionalen Hürden durch Einsamkeit und Anforderungen. Sie blieb aber stets realistisch. Unterstützung erfuhr sie hierbei von ihrem Lebenspartner und ihrer Tante. Ein weiteres Hauptziel bestimmte das Ausüben eines Berufs, um eigenes Geld verdienen und somit eine angestrebte Form von Autonomie leben zu können. Um dies zu erreichen, absolvierte sie ein zusätzliches Studium, das sich weder in der Wahl noch in der durchdachten Umsetzung von realistischen Zügen entfernte. Der erfolgreiche Abschluss und der erreichte Arbeitseintritt wirken bestätigend. Wieder zeigte sich Unterstützung durch den Lebenspartner und die Tante, aber auch durch Reflexion und Nutzung inkrementeller Erfahrungen. Ihr Ziel einer autonomen Lebensweise zeigte sich stark different zum erlebten Familienkonstrukt ihrer Kindheit. Ein weiteres Ziel liegt im Erhalt ihrer Familienform, was sich durch regelmäßige und bewusste Reflexion im realistischen Rahmen bewegt.

Auch ihre Schwester, IP4, wollte ihr Leben stets entgegen den Einschränkungen ihrer Autonomie gestalten, die sie als Kind erfahren hatte. Besonders der ausgeprägte Wunsch, dem Vater zu beweisen, dass sie als Frau eigenständig bestehen und autonom leben kann, beeinflusste ihre beruflichen Ziele. Sie wählte einen Beruf, der (ihrer Meinung nach) einiges an Ansehen und Achtung mit sich bringt, bewegte sich dabei aber in ihren Möglichkeiten stets realistisch. Der erfolgreiche Abschluss und ihr Berufsleben konnten dies bestätigen. Ihr Ziel, eine *Bilderbuchfamilie* zu haben – glücklich mit einem Mann, Kind, Haus und Hund – verweist auf tiefe Sehnsüchte im Unterschied zur erlebten Situation im Elternhaus (ab dem Zeitpunkt des Alkoholmissbrauchs).[1259] Dass dieser Wunsch in IP4 deutlicher und um einiges stärker ausgeprägt ist als bei ihrer Schwester IP3, kann daran liegen, dass sie sich an Jahre ohne Alkoholeinfluss erinnern und auf liebevolle und harmonische Familienerfahrungen zurückgreifen kann. In Reflexion zieht es sie weg von der stress- und negativbehafteten, hin zu der friedvollen und glücklichen Zeit, die sie als Kind erlebte. Dies kann die Wunschbildung und (durch Erfahrungswerte) die Einstufung als realistisch erreichbar erklären.

IP5 beschrieb aus Zeiten vor der Adoleszenz bereits ein grundlegendes, hoffnungsvolles Ziel: aus dem gewaltbehafteten Familiengefüge zu entkommen.[1260] Da er die erste Möglichkeit nutzte und das Ziel somit erreichte, bestätigte sich die realistisch gehaltene Intention. Unterstützend kann die Zeit als Kind

---

1259 Transkript 4, S. 28 [Segment 152].
1260 Transkript 5, S. 43 [Segment 228, 231].

in völliger Freiheit und unter dem Vorbild des freiheitsliebenden, starken, erfolgreich dargebotenen Männerkonstrukts gewertet werden. Wiederum bestärkt wird dies durch seine Reflexionsfähigkeit. Charaktereigenschaften auf personaler Ebene, wie das absolute Widerstreben gegen die Aufgabe seines Ziels, kristallisierten sich als relevant heraus. Das beschriebene Ziel wurde durchweg als realistisch empfunden und es stärkte ihn, dass er es umsetzen konnte. In späteren Jahren bezog sich das Hauptziel von IP5 (mit Beginn der Vaterrolle) auf seine Kernfamilie. Insbesondere wünscht er sich, dass seine Kinder in ebendieser Form (mit beiden, zusammenlebenden Elternteilen) aufwachsen können und niemals in auch nur ähnliche Erfahrungssituationen wie der seinen geraten. Gewaltanwendung gilt für ihn als striktes Tabu und mit dem Bestreben, dass seine Kinder immer eine Wahl haben sollen (in erzieherisch sinnvollen Angelegenheiten[1261]) möchte er ihnen eine Form von autonomer Lebensrichtung ermöglichen, wonach er seinen Erziehungs-stil ausrichtet. Lebenswichtige und gesundheitsrelevante Entscheidungen, die in die Elternrolle fallen, klammert er verantwortungsbewusst aus. Da er sich dabei stets in Reflexionsarbeit befindet und bewusst nach einem erzieherischen Mittelweg strebt, kann dieses Ziel als realistisch gewertet werden. Auf beruflicher Basis suchte er sich eine Ausbildung, die ihm und seinem Können entsprach. Seine Ziele waren zwar zwischenzeitlich mit dem Versuch eines Studiums anspruchsvoll, jedoch mit der Wahl des Studienabbruchs und dem Eintritt in den noch immer ausgeübten Beruf realistisch, durchdacht und erfolgreich.

Eine ähnliche Zielgestaltung zeigt sich bei IP6 im Erwachsenenalter. Auch ihre Erziehungsmethode sollte sich deutlich von der unterscheiden, die sie selbst als Kind erfahren hatte. Durch ihre intendierte Reflexionsfähigkeit lag dies stets im realistischen Rahmen. Angesichts der Beziehung zu ihren bereits erwachsenen Kindern kann ihr Vorhaben als gelungen bezeichnet werden. In jüngeren Jahren der Adoleszenz beschrieb sie als erstes Ziel das Loslösen von der Schwester und ihrer damit verbundenen Aufgabe der Betreuung. Dies war ein durchdachtes Ziel, zwar beruhend auf emotionaler Veränderung im Wandlungsprozess der Adoleszenz, aber durchaus realistisch geplant und umgesetzt. Eine Teilförderung zeigt sich neben dem biografischen Wandel durch das Näherbringen von Selbstfürsorgeideen durch die Großmutter in jüngeren Jahren. Auch auf sozialer Ebene kam es zu einer indirekten Förderung. Durch den institutionellen Rahmen der Schule ermöglichte ein Klassenwechsel die Loslösung von der Schwester. Beruflich äußerte IP6 als einzige gezielt den Wunsch, ihre Erfahrungen und Kompetenzen aus den schwierigen Zeiten als Kind in ihre Arbeit einfließen lassen zu können. Vielmehr noch begab sie sich proaktiv in einen fürsorgeorientierten Berufszweig, in dem sie sich sehr wohlzufühlen schien. Als Ursache kann intrinsische Motivation angenommen

---

[1261] Transkript 5, S. 5 [Segment 28], S. 39 [Segment 215a].

werden, bezogen auf die bewusste Entscheidung, aus den negativen Erlebnissen positive Konsequenzen zu ziehen. Hinsichtlich ihrer Zukunft beschrieb sie ihr Leben besonders realitätsnah: Ihre Ehe empfindet sie als perfekt und sie ist sich sicher, alle Höhen und Tiefen weiterhin gemeinsam mit ihrem Mann meistern zu können.[1262] Da sie diesbezüglich auf Erfahrungswerte zurückgreifen kann, ist auch diese Einschätzung realistisch.

Ebenfalls auf familiärer Ebene zeigte sich das wichtigste Ziel im Leben von IP7 darin, dass seine Kernfamilie komplett zusammenleben kann. Nach einer kurzzeitig angedachten externen Unterbringung von vier der damals sechs Kindern in einer Heimeinrichtung versuchte er, Jahr für Jahr dieses Ziel umzusetzen. Diverse Schwierigkeiten, besonders der Schlaganfall seiner Frau und die daraus folgenden neuen Umstände erschwerten den Erfolg. Doch enorme Willenskraft und Durchhaltevermögen verhalfen ihm schließlich dazu, ein dem Hauptziel zuträgliches Leben zu gestalten. Er kann als Ernährer der Familie in fester Anstellung als Restaurantmanager einer Fastfoodkette mit allen seinen inzwischen sieben Kindern zusammenleben. Diesem Wunsch entsprechend begab er sich auf Arbeitssuche und erhöhte Schritt für Schritt seinen Anstellungsgrad. Dem gleichen Wunsch untergeordnet suchte er ein Zuhause, in dem alle Familienmitglieder Platz und individuell notwendige Förderungsmöglichkeiten finden konnten. Auch wenn sein Ziel manches Mal aus den realistisch zu erreichenden Bahnen zu gleiten schien, hielt er daran fest. Dieses Durchhaltevermögen führte zum Erfolg. Der z. Z. d. I. seit drei Jahren bestehende Lebensumstand bestätigt, dass seine Ziele realistisch waren. Dafür ist er dankbar und glücklich, das Erreichte möchte er erhalten. Wenn auch nicht erwähnt, so kann eine Förderung durch die langjährige Hilfestellung einer SPFH, die mit Familien an ihren individuellen Zielen arbeitet, angenommen werden. Ebenso liegt eine große Unterstützung im Zusammenhalt mit seiner Frau, denn beide verfolgen gemeinsam dasselbe Ziel.

Analog zu IP5 und IP6 benannte auch IP8 als eines ihrer wichtigsten Ziele eine Erziehung, die sich von der selbst erlebten unterscheidet – ohne Gewalt und mit emotionalem wie kreativem Freiraum für ihre Kinder. Realistisch betrachtete sie die Anstrengungen, welche die Erfüllung dieses Wunsches mit sich bringen könne, da sie in ihrer Erziehungsmethode auf keine vorgelebten Muster zurückgreifen könne. Doch weiß sie um Freunde und notfalls öffentliche Hilfestellen, an die sie sich bei Fragen oder Unsicherheiten wenden könne, was eine künftige Umsetzung realistisch erscheinen lässt. In den Jahren der Adoleszenz wie auch im jungen Erwachsenenalter bestimmten schulische, berufliche Orientierung sowie das Erschaffen eines autonomen Lebens ihre Zielrichtung, jeweils in realistischer Ausrichtung. Externe Förderung kann teilweise durch den Vater vermutet werden, der durch seine Intention einer für IP8 besseren

---

[1262] Transkript 6, S. 29-30 [Segment 139].

beruflichen Zukunft den Weg in diese Richtung lenkte. Größtenteils jedoch sind intrinsische Anlagen zu vermuten.

Stabilität

Es gibt unterschiedliche Themengewichtungen und Bereiche, doch zeigen sich alle IP realitätsnah in ihrer Zielsetzung und in der Lebensgestaltung.

IP1 beruft sich auf inkrementelle Erfahrungswerte und steht unter Zuhilfenahme seiner erworbenen Kompetenzen in ständiger bewusster Reflexionsarbeit mit beiden Beinen fest im Geschäftsleben. Seine Firma hat er gut im Griff und kann auf ein solides Maß an Fertigkeiten bei möglichen Schwierigkeiten zurückgreifen, was das Ziel der Beständigkeit seines beruflichen Erfolgs durchaus realisierbar macht. IP2 geht seit seiner Jugend einen sehr durchdachten und recht kontrollierten Lebensweg. Alle Ziele werden stets hinsichtlich einer realen Umsetzungsmöglichkeit geprüft und kontinuierlich überprüft. Auch bei IP3 finden sich bereits ab dem Jugendalter realistische Grundintentionen in jedem Lebensbereich im Sinne einer Ziel- oder Wunschorientierung, die beständig ist. Die Zielsetzung bei IP4 orientiert sich zum einen an beruflichen Weiterbildungen, die alle in realem Rahmen gehalten sind, und andererseits an einem Harmoniewunsch im familiären Umfeld sowie in und für sich selbst. Realistisch betrachtet sie diesbezüglich ihre Mitmenschen und ihr eigenes Wirken, was sie in kontinuierlicher Eigenreflexion den jeweiligen Gegebenheiten anzupassen versucht. Sie weiß, wann und wo sie welche Ressourcen und Strategien einsetzen kann und schätzt sich daher ebenfalls realistisch ein. Ähnlich zu IP3 weist IP5 eine Form von Bescheidenheit auf, die ihn in seinem Leben durchweg zufriedenstellt. Sein Ziel einer langen Ehe und eines guten Lebens für seine Kinder ist realistisch. Ideen und Strategien zum Gelingen wurden von ihm realitätsnah formuliert. Analog verhält es sich bei IP6. Ihre beruflichen Ziele basieren auf Anwendung ihrer Kompetenzen. Die Harmonie in der Ehe und zu ihren Kindern verweist auf bereits geglückte Vorhaben und auf Beständigkeit. IP7 verfolgt seine Ziele in gleichem Maße wie bisher – konstant und zielstrebig. Er hat für sich erreicht, was er wollte und blickt dahingehend auf einen großen Erfolg, den er sich immer wieder glücklich vor Augen führt. Dass sein Bestreben, diesen Zustand zu erhalten durchaus als stabil eingestuft werden kann, wird untermauert durch seine enorme Willenskraft, sein Durchhaltevermögen und die Annahme notwendiger Hilfen. Positiv orientiert befindet sich auch IP8 in stabiler realistischer Zukunftsplanung. Besonders in der bereits begonnenen Kindererziehung ist sie bereit, sich notwendige Unterstützung zu suchen. Die berufliche Ausrichtung wird sie zu gegebener Zeit neu formieren.

5.8 Qualität der Bildung

Alle IP waren mit ihrer beruflichen Situation zufrieden. Die Wege dahin waren teils sehr verschieden und unterlagen unterschiedlicher Förderung. Von Hauptschulabschluss bis zum beendeten Studium waren unterschiedliche Qualifikationen vorhanden.

IP1 konnte nach der mütterlichen gymnasialen Richtungsweisung sowie der abschlussfördernden Unterstützung durch eine Lehrerin den für sich passenden Weg auf der Suche nach größtmöglicher beruflicher Autonomie gehen. Maßgeblich wurde dies auch durch den Zuspruch des bereits erwähnten Professors initiiert.

Den Abschluss der Realschule verdankte IP2 seinen Lehrern, die sein Potential erkannten und förderten. Ein weiterer Förderfaktor war sein Vater, der den Rat befolgte und IP2 auf diesem Schulzweig beließ (gegen dessen Wunsch). Auf seinem weiteren Weg war IP2 jedoch auf sich selbst gestellt. Vorbilder, die ihm hätten den Weg weisen können, gab es nicht. Intrinsische Motivation, in irgendeine Form von Arbeit zu gehen, veranlasste ihn dazu, sich bundesweit in verschiedenen handwerklichen Bereichen zu bewerben. Zum Handwerk entschloss er sich ebenfalls aufgrund intrinsischer Impulse, da er sich beim handwerklichen Arbeiten seit jeher wohl fühlte. Indirekte Förderung kann eventuell dem Vater zugeschrieben werden völligen Versagen, der ihn finanziell nicht unterstützte. Eigenständigkeit war somit zwingend erforderlich. Da IP2 für die Erfüllung materieller Wünsche selbst zuständig war, galt für ihn ein Weg in die Arbeitswelt, um sich ernähren und finanzieren zu können, als selbstverständlich.

Sehnsucht nach einer emotionalen Ähnlichkeit zum Vater in seinen nicht alkoholisierten Zeiten bestärkten sowohl den Weg des Abiturs von IP3 als auch die Zeit während des Studiums. In dieser Ausbildungszeit gab es Momente der Nähe zum Vater in Form von Gesprächen, die IP3 wichtig waren. Zudem strebte sie eine autonome Lebensgestaltung an, mit der Prämisse, eigenes Geld zu verdienen. Weiteren beständigen Zuspruch zu höherer Bildung gab die Tante.

Ähnlich zur Schwester (IP3) war es auch bei IP4 der Vater, den sie durch einen guten Bildungsweg beeindrucken wollte. Auf der Suche nach Anerkennung absolvierte sie eine Ausbildung zur examinierten Krankenschwester und schloss mehrere Fort- und Weiterbildungen an. Schließlich erreichte sie ein Zeichen von Achtung seinerseits, da sie ihm mit ihrem beruflichen Können das Sterben erleichtern konnte. In der Zeit der sich wiederholenden Krebsdiagnosen suchte der Vater hin und wieder den Rat von IP4, sodass sie ihrem Ziel seiner Anerkennung, zumindest in diesem Bereich, teilweise nahekam. Dadurch fand sie einmal mehr positive Bestärkung in ihrer Berufswahl.

IP5 fand seine Arbeitsanstellung recht zügig nach der Beendigung seiner Ausbildung. Nachdem er den chaotischen Lebensverlauf und die kurzzeitigen ausbruchsartigen, delinquenten Handlungen seiner Jugend hinter sich gelassen hatte, war es für ihn selbstverständlich, sich eine Ausbildung zu suchen und diese auch zu beenden. Der episodische Versuch eines Studiums entsprach nicht seinem Lebenswunsch, sodass er sich nach wenigen Semestern dagegen und für eine Arbeitsanstellung entschied. In dieser Anstellung befindet er sich heute noch und ist damit zufrieden und glücklich. Ein sicheres und andauerndes Arbeitsverhältnis kann durchaus einem positiv erlebten Männerkonstrukt entspringen. Möglicherweise kommt gleichermaßen die vorgelebte Beständigkeit in der Arbeitswelt durch den Vater als Förderfaktor in Betracht.

Auch wenn IP6 gern einen gymnasialen Weg gegangen wäre und die Bescheinigung durch eine Schule bereits erhalten hatte, trauert sie dem wegen des elterlichen Verbots nicht nach. Sie hat für sich den perfekten Weg gefunden, um ihren Wunsch zu befriedigen und die Fähigkeiten, die sie in ihrer Kindheit und Jugend erworben hat (im Bereich der Krankenpflege, Fürsorge und Organisation), langfristig in ihrem Berufsleben einsetzen zu können. Der kurze Versuch einer Ausbildung zur Chemielaborantin bestätigte ihr, dass es ihr Weg sei, mit Menschen zu arbeiten. Daher wurde sie Arzthelferin. Inzwischen arbeitet sie im Patientenmanagement und ist sehr glücklich über die Einsatzmöglichkeiten all ihrer Kenntnisse, Fertigkeiten und Talente. Da sie ihren Weg selbstständig wählte, spricht intrinsische Motivation auf personaler Ebene für eine Unterstützung bzw. bestärkende Entscheidungshilfe.

IP7 begann mit dem Besuch einer Förderschule. Ihn verbindet mit den anderen IP der Wunsch nach besseren Chancen. Durch intrinsische Motivation initiierte er die schulische Verbesserung mit dem absolvierten Hauptschulabschluss. Der spätere berufliche Aufstieg vom Restaurant-mitarbeiter zum Restaurantmanager basierte hauptsächlich auf seinen enormen Willen, seiner Familie ein Leben fern jeglicher (langjährig erfahrener) finanzieller Abhängigkeit zu ermöglichen. Seine Haltung, dass man kein Arzt sein müsse, um etwas leisten, sein Leben finanzieren und glücklich sein zu können, gibt er an seine Kinder weiter. Hierbei legt er jedoch Wert darauf, dass jedes seiner Kinder einen seinem Können entsprechenden, individuellen Schulabschluss erreicht.[1263] Außerdem wünscht er sich für all seine Kinder eine Ausbildung, in der sie glücklich sind. Die entscheidende Förderung zeigte sich bei ihm durch Reflexionsfähigkeit und dem Erkennen und Nutzen inkrementeller Erfahrungswerte.

IP8 beugte sich den schulischen und studienbedingten Vorgaben der Eltern, jedoch entschied sie sich eigenständig für eine gehobene Form des Studienabschlusses in einer Fremdsprache, um ihre beruflichen Chancen zu erhöhen.

[1263] Transkript 7, S. 26 [Segment N12].

Da der Vater für sie auf beruflicher Ebene stets einen erfolgreicheren Weg als den eigenen anstrebte, wurde dieses Ziel gefördert (z. B. durch Nachhilfe und Zusatzkurse). Trotz der hochkritischen Form der Umsetzung dieser Intention durch den Vater nahm IP8 die Grundidee als positiv an und nutzte die ihr zugänglichen Möglichkeiten, um ein finanziell besseres Leben als der Eltern anzustreben. Zudem gelang es ihr damit, einen Weg zu finden, der dem Wunsch nach beruflicher Autonomie zumindest zum Teil nahekommt.

Hintergrund der elterlichen Bildung

IP1 wuchs in einem Elternhaus auf, in dem die Mutter das Abitur erreicht hatte. Studiert hatte sie nicht, arbeitete jedoch konstant als Hebamme im Dreischichtsystem. Der im Haushalt lebende Stiefvater war ausgebildeter Handwerker, allerdings lange Zeit arbeitslos. Von seinem Vater, mit dem er nicht zusammenlebte, wusste IP1, dass er ohne Abschluss die Schule nach der siebten Klasse verlassen habe, sich als Koch oder Bäcker aber in Arbeit befand. Der Weg, den IP1 für sich wählte, hebt sich von denen der vorgelebten stark ab. Es stand für ihn fest, das Abitur zu erreichen. Zwar erscheint das erreichte Abitur dem Weg der Mutter vorerst ähnlich, jedoch beschreibt der weitere Weg den eines Auslebens von Freiheiten und völliger Autonomie im Gegensatz zur Anstellung im untergeordneten Dreischichtsystem.[1264]

Der Vater von IP2 übte mehrere Berufe aus: Maler, Verwalter der Gastronomieverbände (ehem. DDR) und Hausmeister. Die Mutter verstarb früh, an ihre berufliche Situation erinnerte sich IP2 nicht. Eine Ähnlichkeit zeigt sich zwischen Vater und Sohn in den aufeinanderfolgenden Ausbildungsstationen, Abschlüssen und Arbeitsgebieten. Ähnlich gelagert ist die innere Haltung, niemals ohne Arbeit zu sein, sondern gegebenenfalls umzuschulen.[1265]

Die Mutter von IP3 und IP4 war Angestellte bei der Post, der Vater ging zuerst den Weg einer handwerklichen Ausbildung, studierte später erfolgreich und wurde Diplomingenieur. Als Gemeinsamkeit kann der Weg von IP3 und ihrem Vater benannt werden. Beide absolvierten vorerst eine solide Ausbildung und studierten später erfolgreich. IP4 ging diesen Weg nicht, dennoch hob sie sich in ihrer eigenen Wahrnehmung auch von der Mutter ab, (die sie nicht als extrem schlau empfunden habe), sie selbst definierte sich in ihrer Ausübung als Krankenschwester durchaus als klug. Auch wenn sie nicht studierte, so sind Versuche eines intelligenzbedingten Ähnlichkeitsbeweises zum Vater und zur Schwester zu erkennen.[1266]

[1264] Transkript 1, S. 25-28 [Segment 158].
[1265] Transkript 2, S. 37-39 [Segment 222].
[1266] Transkript 3, S. 28-29 [Segment 161], Transkript 4, S. 8-9 [Segment 60], S. 16-17 [Segment 98-101], S. 62-63 [Segment 299].

Der Vater von IP5 war Bankkaufmann, die Mutter lebte nicht im Haushalt. IP5 lernte sie zwar im Erwachsenenalter kennen, jedoch konnte er zu ihrer beruflichen Ausbildung nichts sagen. Eine tragende Rolle in dem Familiengefüge spielte aber die Großmutter, die ihrerseits als Hebamme einigen Einfluss hatte. Die einzige Gemeinsamkeit ist, dass IP5 recht bald eine Anstellung fand, die er (wie der Vater) durchweg beibehielt. Die Bildungsrichtung ist allerdings unterschiedlich.[1267]

Die Eltern von IP6 konnten beide keine Ausbildung vorweisen. Der Vater arbeitete durchweg in einer Papierfabrik, die Mutter übte in späteren Jahren eine Fließbandtätigkeit aus. IP6 hebt sich in ihrer eigenen Bildung und beruflichen Tätigkeit komplett von den vorgelebten Berufen der Eltern ab. Die Umsetzung in der Beständigkeit ist dem Vater ähnlich. Außerdem zeigt sich unterstützend die Intention eines differenten Lebens und eines gegenteiligen Lebensstils zur Mutter, die lange Zeit nicht arbeitete und von IP6 als untätig beschrieben wurde.[1268]

IP7 erinnerte sich, dass seine Mutter in den Zeiten der ehemaligen DDR Hutmacherin gelernt hatte und nach dem Umzug nach Westdeutschland zur Altenpflegerin umschulte. Der Vater arbeitete von jeher bei der Bahn. Im Gegensatz zu seinen Eltern ging IP7 lange Zeit keiner geregelten Arbeit nach. Das änderte sich im Erwachsenenalter mit der steigenden Ausprägung seines Familienziels. Besondere Beeinflussung durch das Vorleben der Eltern zeigt sich im Ziel, gemeinsame Zeit mit seinen Kindern zu verbringen. IP7 berichtete, dass seine Eltern kaum zu Hause gewesen seien. In seinen Bestrebungen des Familienzusammenhalts handhabt er das völlig anders und geht einer dementsprechenden Arbeit nach.[1269]

Die Eltern von IP8 hatten ebenfalls keine Ausbildung, arbeiteten allerdings in einem Lager. Gegenteilig zu, aber deutlich unterstützt von den Eltern, schloss IP8 ihr Abitur und ein Studium ab. Sie durchlief zwar mehrere Stationen in der Berufswahl, befand sich allerdings nie in einer längerfristigen Arbeitslosigkeit.[1270]

Stabilität

Dass der Verlauf ihres Bildungswegs ihren gewünschten Lebensstandard ermöglicht, ist allen IP bewusst. Alle genießen einen Bildungsstand und einen Beruf, mit denen sie zufrieden sind. IP1, IP2, IP3, IP4 und ganz besonders IP7 sind zudem stolz auf ihre bis dahin erbrachten Leistungen und die daraus

---

[1267] Transkript 5, S. 47-48 [Segment 251-251f].
[1268] Transkript 6, S. 5 [Segment 21-23], S. 30-32 [Segment 140].
[1269] Transkript 7, S. 2 [Segment 8], S. 4 [Segment 23], S. 23-24 [Segment 117].
[1270] Transkript 8, S. 23-25 [Segment 145].

resultierenden beruflichen Erfolge. An den derzeit bestehenden Tätigkeiten wollen sie bis auf Weiterbildungen nichts ändern und genießen den Stand der Dinge, teilweise seit vielen Jahren (IP1, IP4, IP5, IP7). Umschulungen oder weitere Ausbildungen sind im Leben von IP2 wahrscheinlich und bei IP8 fest eingeplant. Reflexions-fähigkeit und das Nutzen von inkrementellen Erfahrungswerten wirken dabei stabilisierend.

5.9 (Bewusstes) Nutzen durchlebter Widrigkeiten

Keiner der IP klagte in leidender Form über ihre Erlebnisse in Kindheit und Jugend. Sie betonten alle ihre Zukunftssicherheit aufgrund der Tatsache, dass sie die lebenswidrigen Umstände ihres Aufwachsens überstanden und verschiedene Hürden gemeistert haben. Sie blicken auf mehrere anwendbare Ressourcen, die daraus resultieren, und sind sich sicher, ausreichende Problemlösestrategien entwickelt zu haben. Reflektierend blicken sie auf all ihre Erfolge und auf die positive Entwicklung ihres Lebens. Bei IP1, IP4 und IP5 findet sich sogar eine Form von Dankbarkeit für die misslichen Hintergründe ihres Aufwachsens oder spezieller Lebensbereiche. IP1 ist gewiss, dass die innerfamiliären negativen Erlebnisse entscheidend dafür sind, dass er sich heute in Problemsituationen stark und selbstsicher fühlt. Regelmäßig nutzt er seine (durch die Umstände des Heranwachsens) erlernten Fähigkeiten. IP2 nutzt die Entscheidung different zum Vater ein Leben fern jeden Kontrollverlusts zu führen, durch die Reflexion frühkindlicher Erfahrungen. Ähnlich zu IP1 äußerte IP4, dass sie sich erst durch die schwierige Zeit mit einem Stalker all ihrer Stärken bewusst wurde und Strategien erlernt habe die ihr größtmögliche Zukunftssicherheit vermitteln. Bei IP5 wurde deutlich, dass er bewusst die guten Erziehungsmethoden seiner Großmutter wie auch die negativen der Stiefmutter und des Vaters für sich nutzte, um reflektierend und bewertend eine eigene Erziehungsmethode für seine Kinder entwickeln zu können. Auch in Bezug auf seine Charakterbildung zeigte er sich im Nachhinein dankbar dafür, dass er beide Erziehungsmethoden durchlebte.[1271] IP6 beschrieb zusätzlich eindrücklich, wie sie für sich bewusst beschloss, all diese in der Kindheit als schlimm empfundenen Aufgabenfelder in positiv nutzbare Anwendungen im Erwachsenenalter umzuwandeln.[1272] Durch die Fähigkeiten und Fertigkeiten, die sie in jungen Jahren zwangsweise erlernen musste, kann sie heute beruflich anderen Menschen helfen, was ihr am Herzen liegt.

Als unterstützend kann in allen Fällen Reflexionsfähigkeit und ihre beständige Anwendung definiert werden. Ebenso förderlich ist das Erkennen und Nutzen von inkrementellen Erfahrungswerten, eigener Fähigkeiten und Ressour-

---

[1271] Transkript 5, S. 31 [Segment 169-171], S. 32 [Segment 178-178a].
[1272] Transkript 6, S. 35 [Segment T6-T6d].

cen, sowie eine internale Kontroll-überzeugung. Zusätzlich weisen besonders die bewusst gefällten Entscheidungen, negative Erfahrungen positiv zu nutzen, intrinsische Motivation auf personaler Ebene auf.

Stabilität

Alle IP sind sich ihrer Ressourcen für neue Problemlösungen durch überwundene Schwierigkeiten bewusst, bewegen sich seit mehreren Jahren sicher in Reflexion und Anwendung individueller Strategien. Sie erkennen jeweils ihre Erfolge und wissen diese zu nutzen. Ob bewusst oder im Zuge des Lebenswandels unbewusst, entwickelten alle IP positive Kompetenzen durch die widrigen Umstände ihres Heranwachsens, die sie situativ zielgerichtet und versiert einsetzen können.

5.10 Impulskontrolle

Die Ressource einer innehabenden Impulskontrolle konte drei der acht Interviewpartner zugeordnet werden: IP1, IP2 und IP6. IP1 sprach von Ängsten und Befürchtungen, dass er aufgrund seines Aufwachsens unter einem gewalttätigen und pädophilen Stiefvater dessen Züge anerzogen bzw. als damals normal empfunden übernommen haben könnte. Da er sich allerdings strikt von diesem Verhalten distanziert, prüfte er seit dem Pubertätsalter – mit dem Beginn einer ersten Liebesbeziehung – in ständiger selbstkritischer Reflexion seine Gefühle, Intentionen und Impulse auf eventuelle Ähnlichkeiten, um direkt eingreifen zu können. Analog verhält er sich im Umgang mit den Kindern seiner Schwester. Bisher seien Interventionen allerdings nicht nötig gewesen, da eigene Impulse zu Handlungen, die denen des Vaters ähnlich gewesen wären, nicht aufgetreten seien. Anders jedoch verhielt es sich im Berufsleben der Selbstständigkeit. So riefen in seinen Berufsanfängen mächtig wirkende Partner häufig ähnliche Minderwertigkeits-gefühle in ihm hervor, die er bei seinem Stiefvater empfunden hatte. Mit viel Eigenarbeit in Reflexion und austarierenden Handlungen schaffte er es, diese Impulse zu bearbeiten und zu kontrollieren.[1273]

IP2 lernte früh, was es bedeutete, Impulskontrolle zu verlieren, als er mit dem regelmäßig betrunkenen Vater unterwegs war. In seiner bereits sehr früh einsetzenden Reflexionsfähigkeit fasste er den Entschluss, derartiges Verhalten nicht zu übernehmen. Bezüglich eines übermäßigen Alkoholkonsums und einhergehenden Entgleisungen konnte ihm eine deutliche Distanzierung zum Vater gelingen. Im Leben von IP2 gibt es weder regelmäßigen übermäßigen

---

[1273] Transkript 1, S. 12 [Segment 78-79], S. 17 [Segment 111-112], S. 24 [Segment 151-151d], S. 31 [Segment T8], S. 35 [Segment T48].

Konsum noch Belohnungs- oder Feierabendalkohol. Hinsichtlich all seiner Planungen und Projekte, übernahm er den Impuls größtmögliche Kontrolle besitzen zu wollen. Begünstigend wirkte sich auch hier seine Reflexionsfähigkeit aus, durch welche er besonders den delinquenten und schuldenbehafteten Lebensstil des Bruders als Negativbeispiel heranziehen konnte. Aber auch das Nutzen inkrementeller Erfahrungswerte wirkten unterstützend.

Im Leben von IP6 ist Impulskontrolle ein wichtiger Aspekt. Gewalt schien in ihrem Leben als Kind und Jugendliche in einer solchen Normalität gelebt und empfunden worden zu sein, dass sie selbst davon als genetische Familienanlage sprach. Sie erlitt nicht nur selbst Gewalt, sondern sie wandte auch regelmäßig Gewalt zum Schutz der Schwester an. Aus späteren Jugendjahren beschrieb sie Gewaltsituationen, in denen sie impulsiv ihre innere Wut herausgeprügelt habe. In der Ausbildungszeit bekam sie unter Lernanleitung zu professionellen Massagen eine Möglichkeit, eine Form von Gewalt positiv zu nutzen. IP6 erkannte in diesem Zuge, dass sie in ihrem Leben eine Möglichkeit zum Abbau von Aggression brauche, um innere (unkontrollierte und undefinierte) Wut ablassen zu können. Mit den Massagen fand sie dafür eine Möglichkeit, die sie bis heute gezielt nutzt. Im Bereich der Kindererziehung war durch den Entschluss eines von den Eltern distanzierten Erziehungsstils von Anfang an weder psychische noch physische Gewalt ein Thema.[1274]

Die bewusst gefällte Entscheidung, eigene Impulse zu überprüfen und gegebenenfalls Änderungen herbeizuführen, verweist bei allen IP auf intrinsische Motivation und bestätigt eine kontinuierliche Eigenreflexion. Externe Förderung wurde nicht benannt.

Stabilität

Durch langjährige bewusste Reflexion und selbstkritische Eigenreflexion gelingt es IP1, IP2 und auch IP6, sich anhaltend von einer eventuellen Übernahme negativ erlebter Handlungsmechanismen zu distanzieren. IP1 erreichte zudem auf der emotionalen Ebene eine Abwendung von negativen Gefühlen in Trigger-Situationen im Zuge seiner beruflichen Selbstständigkeit. Derartige Trigger seien seltener geworden und lösten keine Ängste mehr aus. IP1 ist inzwischen in seiner Möglichkeit zur Reflexion, Anwendung inkrementeller Erfahrungswerte und der angeeigneten Umgangsweisen in derartigen Situationen sicher. Auch IP2 blickt konstruktiv auf Erfahrungswerte, die ihm größtmögliche Effektivität von (Impuls-)Kontrolle bezüglich all seiner Handlungen, Ideen, Planungen und Projektumsetzungen ermöglichen. IP6 nutzt ganz besonders die bewusste Entscheidung einer positiven Umleitung ihrer negativ erfahrenen

---

[1274] Transkript 6, S. 2 [Segment 10-10a], S. 6-7 [Segment 31-32b], S. 12 [Segment 53-53c].

und dennoch innehabenden Veranlagung zu Gewalt. Eine diesbezügliche, seit Jahren erfolgreiche Anwendung sichert eine Stabilität in diesem Bereich.

5.11 Kritikfähigkeit

IP4 und IP5 zeichneten sich während des Interviews bereits in der Haupterzählung durch beständige Selbstkritik aus. Sie sprachen über ihre Handlungen und Erlebnisse und bewerteten diese häufig. Dabei bestand ein Gleichgewicht von positiven Wertungen zu negativen. Beide strebten nach Verbesserungen eigens benannter Schwächen oder negativen Verhaltensmustern. Im Laufe des Interviews konnten sie teilweise diesbezügliche Erfolge benennen. So habe z. B. IP4 ihre erkannte, extreme Eifersucht überwinden können. IP5 verzeichnete besonders im familiären Rahmen Erfolge: in der Beziehung zu seiner Tante, zu seinen Kindern und im Zusammenleben mit seiner Frau. Als Motivatoren sind intrinsische Beweggründe, Reflexionsfähigkeit und das Nutzen von inkrementellen Erfahrungswerten anzunehmen. Hinweise auf externe Förderung gab es nicht.

Stabilität

Da sowohl IP4 als auch IP5 Selbstkritik und deren kontinuierliche Anwendung als eine Form ihrer Charaktereigenschaften präsentierten, kann von Stabilität ausgegangen werden.

5.12 Logisches Handeln

Logisches Handeln wurde ausschließlich von IP1 besonders hervorgehoben. Er begann im Zuge der Adoleszenz Handlungen, Situationen und Gegebenheiten zu betrachten und zu hinterfragen. Dies tat er, weil er eine logische Erklärung für sich definieren wollte. Unter dieser Betrachtungsweise erkannte er z. B. erstmals Schwächen beim Stiefvater. In Summe bot ihm dies schließlich einen Weg aus seiner Opferrolle. Auch im weiteren Verlauf seines Lebens, in Partnerschaften, im Berufsleben und besonders im kritischen Beobachten von Eigenimpulsen, ist für IP1 ein auf Logik aufgebautes Denk- und Handlungsschema erstrebenswert und führt zu Erfolgen. Problemlösungen jedweder Art werden auf diese Weise geprüft, durchdacht und behandelt. Dies bietet ihm in stetiger Anwendung die notwendige Zukunftssicherheit. Externe Förderungen können bedingt im sozialen Rahmen durch die indirekte Bestätigung der von IP1 benannten Lehrerin erkannt werden, da diese ihn in seiner neuen Art zu denken und zu handeln als Person annahm und in seinem Selbstwertgefühl unterstützte. Beständige Stärkung findet sich im Nutzen inkrementeller Erfahrungswerte und Reflexionsarbeit.

Stabilität

Da IP dieses Verhalten seit dem Jugendalter an den Tag legt und er dadurch in vielen schwierigen Situationen stets Halt, Struktur, Lösungsoptionen und Erfolge verzeichnet(e), kann von Stabilität ausgegangen werden.

5.13 Bewusste Entscheidung gegen Mitleid oder Selbstmitleid

Auch wenn bei allen IP keine signifikanten Phasen von Selbstmitleid auftraten, so war es einzig IP2, der seine bewusste Gegenentscheidung besonders hervorhob. Es gab einige Situationen, in denen er das Mitleid von anderen hätte nutzen können, um Erleichterungen zu erwirken. Doch entschied er sich jedes Mal bewusst dagegen. IP2 vermutete selbst einen genetischen Ursprung seines Verhaltens, doch konnten mehrere Vergleichsmomente ausgemacht werden: Er berichtete von beobachteten Verhaltensweisen anderer in diesem Bereich und lehnte eine Angleichung seines Handelns kategorisch immer wieder willentlich ab.[1275] Zudem gab er an, dass im häuslichen Alltag ohne Mutter durch den Vater ein eher emotionsarmer Ton geherrscht habe, wobei Probleme keine besondere Beachtung geschenkt worden sei. Diese Form des Aufwachsens kann fördernd gewertet werden, aber keine definitive Ursprungsgarantie geben, da die erste Entscheidung gegen ein mitleidiges Verhalten bereits im Kindergarten gefällt wurde. Das Alter spricht in diesem Fall für innere Charaktereigenschaften auf personaler Ebene. Der Fakt, dass die Mutter lange Zeit vorher im Krankenhaus lag und das Leben bereits im Stil des Vaters geführt wurde, spricht für eine erziehungsbedingte Entstehung. Diese Verhaltensweise an sich und die Entscheidung ebenso zu leben, spiegelt sich im beständigen optimistisch, autonom und aktiv ausgerichteten Lebensstil von IP1 und wirkt unterstützend.

Stabilität

IP2 schätzt seine Lebensart und ist damit zufrieden. Im Vergleich zu seinen Mitmenschen bestätigt er immer wieder seine Entscheidung. Es ist nicht davon auszugehen, dass sich an seiner Meinung oder seinem Handeln in Bezug auf strikte Mitleidsabweisung etwas ändern wird, was für Stabilität spricht.

[1275] Transkript 2, S. 17 [Segment 116], S. 18 [Segment 118b-118c].

5.14 Verzeihen

Um mit den dramatischen Erlebnissen seiner Kindheit umgehen und mit diversen Erfahrungen abschließen zu können, benannte IP5 den Akt des Verzeihens als unumgänglich. In vielen Jahren seiner Suche nach Antworten, Hass auf den Vater etc. erkannte er für sich eine andauernde Negativspirale, die ihn durchweg belastete. Um diese nerven- und zeitaufreibende Spirale zu verlassen, beschloss er, seinem Vater dessen Taten zu verzeihen, was ihm letztlich gelang. Der stetige Kreislauf aus Vorwürfen und Fragen wurde unterbrochen und es kehrte Ruhe ein. IP5 und sein Vater konnten sich mit gegenseitigem Respekt wieder annähern. IP5 kann seine Energie fortan für positive Dinge nutzen und genießt die inzwischen eingestellte Harmonie. Ursache dieser Vorgehensweise ist ausschließlich intrinsische Motivation. Dass diese Gedanken- und Handlungsmomente überhaupt in den Möglichkeitsbereich treten konnten, lag sehr wahrscheinlich zu einem großen Teil daran, dass es eine erinnerbare Zeit mit dem Vater gab, die gewaltfrei war und die er als schön empfunden hat.

Stabilität

Durch das Hervorheben dieser Lebensentscheidung und die Betonung der positiven Auswirkung zeigt sich, dass IP5 in seinem Leben (wie auch gegenüber Dritten) diese Strategie vertritt.

5.15 Akzeptanz

In den Interviews konnte bei allen festgestellt werden, dass sie die Umstände ihres Aufwachsens weitestgehend akzeptiert haben. Besonders bei IP1 und IP6 ist durch das Nutzen der damaligen Erfahrungen und der daraus entstandenen Kompetenzen eine Akzeptanz deutlich erkennbar. IP6 hat sich zusätzlich mit ihren Eltern ausgesöhnt Die Entscheidung gegen Selbstmitleid spricht auch bei IP2 für die Akzeptanz der Erlebnisse. IP3 und IP7 sprachen vorwurfsfrei über die Zeit des Aufwachsens, was ebenfalls dafürspricht, dass sie diese Gegebenheiten akzeptiert haben. Bei IP4 spricht für eine zumindest teilweise bestehende Akzeptanz, dass sie von einem hergestellten Vater-Tochter-Gleichgewicht sprach. Externe Förderungen waren nicht erkennbar, was auf einen Ursprung auf personaler Ebene spricht. Bestärkung findet sich durch Reflexions-fähigkeit und dem Erkennen und Nutzen inkrementeller Erfahrungswerten.

IP1, IP2 und IP6 bewegen sich sicher in ihrem geschaffenen Lebensstil. Das beständige Nutzen ihrer Erfahrungen aus schwierigen Zeiten spricht für eine stabile Akzeptanz. IP3 und IP7 äußerten keine direkten Vorwürfe, welche ihr Leben belasten könnten. IP4 sprach zwar von einem erlangten Gleichgewicht, jedoch deutet ihr Lebensweg auch z.Z.d.I. noch auf bestehende innere Konfliktlösungsversuche in welchen sie sich mit dem verstorbenen Vater auseinandersetzt. Daher ist bei ihr z.Z.d.I. eher von einer Tendenz in Richtung des Versuchs zu einer Stabilität erkennbar.

5.16 Bezug zur persönlichen Definition eines guten Lebens

Individuelle Definitionen eines guten Lebens:

IP1: „Gutes Leben bedingt innere und äußere Anerkennung. Wichtig ist für mich, Kernkompetenzen zu besitzen, Probleme, egal in welcher Form, lösen zu können. Eine sichere, eigene Wohnung/Haus zu haben, ist ein weiteres meiner Ziele. Eine weitere Haupteigenschaft für ein gutes Leben für mich bedeutet, absolute Kontrolle über mein eigenes Leben zu haben."[1276]

IP2: „Im Endeffekt reicht ein Dach übern Kopf und ein voller Kühlschrank... Alles andere darüber hinaus ist die Kirsche auf der Torte. Kann man haben, muss man aber nicht. Dennoch möchte ich mein eigenes Haus haben, um als Rentner abgesichert zu sein."[1277]

IP3: – „Ich muss nicht gänzlich gesund sein, möchte aber keine Schmerzen oder
    – gravierende Einschränkungen haben. Alle meine Sinne funktionieren ausreichend gut. Mein Verstand ist klar.
    – Meine Familie ist gesund. Wir haben zwar evtl. Meinungsverschiedenheiten, aber jeder hat zu jedem Kontakt und es gibt keine gravierenden, auch keine versteckten Konflikte.
    – Ich kann allein sein, wenn ich es will, habe aber jederzeit jemanden, der für mich da ist und mir angenehme Gesellschaft leisten kann.
    – Es gibt wenigstens einen Menschen, mit dem ich über alles reden kann und der mich so akzeptiert wie ich bin.
    – Ich bin materiell und finanziell ausreichend versorgt, ohne mich um die kommende Zeit sorgen zu müssen.
    – In meinem Leben gibt es eine Hand voll echter Freunde.
    – Meine Arbeit macht mir Spaß; sie wird geschätzt und gebraucht.
    – Ich kann einem, zwei oder mehr Hobbys nachgehen.
    – Wichtig ist mir, hin und wieder Kontakt zu mir selbst zu haben und mir bewusst zu sein, wie es mir geht, und die Welt auch mal für ein paar Atemzüge ohne mich weiterdrehen zu lassen."[1278]

[1276] Transkript 1, S. 41 (Zeile 1324-1328).
[1277] Transkript 2, S. 40 (Zeile 1306-1308).
[1278] Transkript 3, S. 34 (Zeile 1094-1111).

IP4:   „Einen Job haben, der ausfüllt, finanzielle Sicherheit, ein sorgloses Leben für die Kinder, Menschen, denen man vertraut und die für mich da sind, Zeit und Mut, um sich Träume zu erfüllen, mit dem im Frieden sein – was man hat, und mit allem, was man getan und geschafft hat."[1279]

IP5:   „Die Wahl zu haben."[1280]

IP6:   „Ein gutes Leben? Das ist so viel. Das ist echt viel. Das ist: Meine Familie, dass ich für mich glücklich bin, dass ich alles, was ich tue, alles, was ich mache, alles, was ich entscheide – dass das dazu führt, dass es meinem Umfeld und mir gut geht. Und ähm.. egal in welche Richtung es geht. Ich mein, das Leben besteht nicht nur aus Höhen. Die Tiefen meister ich auch mit meinem Männel und meinen Kindern und meiner Familie und meinen Freunden und das ist egal. Egal wie es ist – du kommst da irgendwie wieder raus. Wenn ich Hilfe brauch, reicht mein Mann mir die Hand und wenn er Hilfe braucht, reich ich ihm die Hand. Es ist nicht so, dass wir alleine dastehen. Wir sind ein Team und das machen wir zusammen. Ja."[1281]

IP7:   „Ein schönes Leben… meine Familie, arbeiten gehen, Wohlstand.. so wie wir eigentlich jetzt leben."[1282] Wohlstand bedeute für ihn persönlich nicht mehr von einem Amt finanziell abhängig zu sein, dass er „… keine Anträge mehr äh…stellen muss. Ja das ist halt ein Wohlgefühl, dass man das geschafft hat, da rauszukommen..., Also, meine Familie, nicht vom Amt abhängig zu sein."[1283]

IP8:   „Ähm im Gleichgewicht zu sein. Ähm.. Freizeit zu haben. Einen Job zu haben, der mich mindestens 80 Prozent äh die ähm.. wie heißt das.. ähm.. zufrieden macht, genau. Ähm und in der Familie soll auch 80 Prozent alles gut sein. Und ähm.. meine Ausstrahlung ist mir auch wichtig, wie ich aussehe, ähm.. damit ist auch der Sport involviert. Also innen und außen wohlfühlen, also wenn ich mich außen.. ähm besser fühl oder besser aussehe, dann fühl ich mich auch innen besser.."[1284]

a) Vergleich

Alle IP wurden gebeten, ihre persönliche Definition von einem guten Leben zu bestimmen. Die Ausführungen dazu waren in Länge, Ausdruck und in der Themengewichtung unterschiedlich gelagert. IP5 brauchte nur einen einzigen Stichpunkt, um ein für ihn gutes Leben auszumachen. IP3 hingegen beschrieb neun ausführlich formulierte Kategorien. Dennoch zeigten sich Gemeinsamkeiten in den Themenbereichen, die für ein gutes Leben benannt wurden. Finanzielle Sicherheit erwähnten fünf der Interviewten: IP1 benannte hierfür eine sichere Unterkunft, IP2 strebt ein Eigenheim zur Rentenabsicherung an. IP3 fokussierte finanzielle Sorgenfreiheit, IP4 bezeichnete dies als finanzielle Sicherheit und IP7 setzte damit in Verbindung, selbst für die Familie sorgen zu können, ohne von einem Amt abhängig zu sein. Eine dahingehende Arbeitstä-

---

[1279]   Transkript 4, S. 66 (Zeile 2169-2172).
[1280]   Transkript 5, S. 45 (Zeile 1443).
[1281]   Transkript 6, S. 29-30 (Zeile 953-961).
[1282]   Transkript 7, S. 22 (Zeile 708-709).
[1283]   Transkript 7, S. 22 (Zeile 716-720).
[1284]   Transkript 8, S. 23 (Zeile 743-748).

tigkeit erwähnten explizit nur drei (IP3, IP4 und IP7). Es kann allerdings davon ausgegangen werden, dass IP1 und IP2 ihre Berufsausübung in ihre Definition integriert haben. Ebenso ist dies vor dem Hintergrund zu betrachten, dass sich alle IP in einer beruflichen Anstellung befanden (IP8 in Elternzeit, nur ausgesetzt) und keine/r von ihnen Ansätze einer Idee oder eines Wunsches äußerten, lieber ohne Tätigkeit zu sein. Ebenfalls auf die berufliche Ebene bezogen, wünschten sich IP1, IP3, IP4 und IP8 innere und äußere Anerkennung bzw. ein Gefühl der Zufriedenheit. IP6 benannte diesbezüglich nicht explizit ihre Arbeit, jedoch kann sie durch die geäußerte Generalisierung jedweder Tätigkeit mit einbezogen werden. Die Familie wurde von IP3, IP4, IP6, IP7 und IP8 erwähnt. IP3 und IP8 wünschen sich diesbezüglich Harmonie und regelmäßigen Kontakt. IP4 erhofft sich ein sorgloses Leben für ihr Kind. IP6 und IP7 erwähnten die Familie im Allgemeinen, was aber durch Hintergrund-wissen aus den Interviews ebenfalls in eine Richtung von Harmonie und Beisammensein gewertet werden kann. IP3 bezieht in diesen Bereich zusätzlich körperliche Gesundheit für Familienangehörige mit ein. Den Wunsch nach innerer Zufriedenheit äußerten IP3, IP4, IP6 und IP8. Eventuell kann das Streben von IP1 nach innerer Anerkennung ähnlich verstanden werden. IP3, IP4 und IP8 äußerten eine Erwartung auf Zeit für sich selbst, für Eigenkontakt (IP3), für Träume und Traumerfüllungen (IP4) und für Freizeitgestaltung (IP8). Freunde und verlässliche Ansprechpartner zu haben, ist IP3, IP4 und IP6 wichtig. Hobbys nachgehen zu können, benannten IP3 und IP8. Problemlösekompetenzen zu besitzen, erwies sich für IP1 und für IP6 als äußerst wichtig. Von absoluter Kontrolle sprachen IP1 wie auch IP5 mit dem generalisierten Ausdruck, *die Wahl zu haben*. IP3 definierte als einzige Gesundheit als einen zu beachtenden Aspekt. IP4 sprach von einer Form von innerem Frieden für die bisherigen Erlebnisse.

b) Wunsch und Realität

Jeder der acht IP beschrieb in den Erzählungen einen (z. Z. d. I.) aktuellen (teils seit mehreren Jahren gehaltenen) Lebensstandard, der sich mit der jeweils individuellen Definition von einem guten Leben deckte. IP1 erfährt größtmögliche Kontrolle durch die Wahl zur beruflichen Selbstständigkeit sowie interne und externe Anerkennung durch seine Arbeit und in seiner Freizeitgestaltung. IP2 äußerte ein Sicherheitsgefühl bezüglich seiner Unterkunft mit ausreichender Lebensmittelversorgung. IP3 und ihre Familie sind gesund. Finanzielle Absicherung findet sie durch ihre Arbeit, ebenso wie Wertschätzung und Freude. Es gibt Menschen in ihrem Leben, an die sie sich zuverlässig wenden kann und sie hat ausreichend Zeit für sich selbst. Die angestrebte Ausweitung ihrer Freizeit in sportliche oder musikalische Aktivitäten gestaltet sich zuversichtlich.

Zufriedenheit im Berufsleben und dadurch erreichte finanzielle Sicherheit beschreiben eine Konstante im Leben von IP4. Sie umgibt sich mit Menschen, denen sie vertrauen kann, ist mit ihrem Leben und allen durchlebten Höhen und Tiefen im Einklang und ist auf die daraus resultierenden Stärken besonders stolz. Das inzwischen erreichte Verhältnis zu ihrer Tochter beschrieb sie als gut. IP5 ist bestrebt, in allen Lebensbereichen eine eigenständige Wahl treffen zu können, was ihm konstant zu gelingen scheint. Familiäre Harmonie und vollkommene Zuversicht gegenseitiger Unterstützung in allen Lebenslagen bestimmen das Leben von IP6. Genauso wie den gelebten Wunsch, durch eigenes Handeln anderen Menschen Gutes zu tun. IP7 lebt mit seiner Familie zusammen, hat eine Anstellung, womit er diese sicher und sorgenfrei finanzieren kann, und genießt seine erreichte Lebensführung als großen, beizubehaltenden Erfolg. IP8 befand sich zur Zeit des Interviews in der zweiten gewünschten Schwangerschaft. Das ließ zwar berufliche Erfolge sowie den Wunsch nach diversen sportlichen Aktivitäten pausieren, doch keineswegs abbrechen. Ihr gewünschter Umfang an Zufriedenheit, um im Gleichgewicht leben zu können, beschrieb sie innerfamiliär als erreicht und sie war zuversichtlich, dass er Bestand haben würde.

6. Zusammenfassung

Bei den Analysearbeiten kristallisierten sich (wie in Kapitel 5 aufgeführt) für jede/n IP mehrere Faktoren heraus, die eine schützende Grundlage zur Herausbildung und Stabilisierung von Resilienz boten. Einige konnten allen Interviewten gleichermaßen zugeordnet werden, andere waren nur bei Einzelnen signifikant vorhanden. Gleichermaßen zeigten sich Gemeinsamkeiten und Unterschiede in der zugrundeliegenden Förderung. In diesem Kapitel werden alle bereits aufgeführten Resilienzfaktoren, ihre Ursprünge und erkennbare Stärkungen, ebenso wie die Hintergründe der Wahrscheinlichkeit, die zur Annahme einer Stabilität in den einzelnen Resilienzfaktoren führen, zusammengefasst.

6.1 Zusammenfassung der signifikanten Resilienzfaktoren

a) Fähigkeit zur bewussten und zielgerichteten Reflexion

Alle acht Interviewten konnten reflektiert über ihre Lebenssituation, von ersten Erinnerungen beginnend bis hin zum derzeitigen Lebensstand, berichten. Dabei erzählten alle gleichermaßen von Erlebnissen, externen Einwirkungen sowie über das eigene Verhalten, Gefühle und Handlungsmuster. Teilweise wurden spezielle Momente ausführlicher beleuchtet und gesondert reflektiert betrachtet. Es gab keine Hinweise auf Verschleierungs- oder Optimierungsversuche in den Ausführungen. Bezüglich einer Resilienzfunktion zeigten sich erste intendierte Reflexionseigenschaften bei drei Interviewten bereits im Kindesalter (IP2, IP4, IP8), bei weiteren drei im Wandlungsprozess der Pubertät (IP1, IP5, IP6) und bei den übrigen beiden erst im Laufe des jungen Erwachsenenalters (IP3, IP7). Auf eine interne Charaktereigenschaft auf personaler Ebene verweist das junge Alter bei beginnender intentionaler Reflexionsfähigkeit (IP2, IP4, IP8). Individuell konnten dahingehende reflexionsstärkende Förderungen durch institutionelle (IP1, IP2, IP3, IP4, IP5, IP7), familiäre (IP6, IP8) und soziale Rahmen (bei IP1, IP2 und IP7) bestimmt werden. Was bei allen als Unterstützung definiert werden konnte, war das Erkennen und Nutzen von inkrementellen Erfahrungswerten, was durchweg mit der Funktion einer zielorientierten Reflexion korrelierte. Da es zum Erwerb dieser Fähigkeit keine Hinweise auf externe Förderungen gab ist der personale Rahmen als Ursprung anzunehmen.

b) Autonomie

Ein Streben nach einer autonomen Lebensweise war individuell ausgerichtet bei allen acht IP gegeben. Erste autonome Züge zeigten sich bei zwei der Interviewten bereits im Kleinkindalter (IP4, IP8), bei zwei weiteren im Laufe der Kindheit (IP2, IP5) und bei zwei ab dem Pubertätsalter (IP1, IP6). Zwei IP legten ausgeprägtere autonome Verhaltensweisen erst im jungen Erwachsenenalter an den Tag (IP3, IP7). Bei IP7 konnten zwar erste Züge dessen bereits im Kindesalter ausgemacht werden, jedoch ausschließlich als Ansätze, denen keine willentlichen Begründungen zugrunde lagen. Auf interne Eigenschaften im personalbedingten Rahmen verweist das junge Alter von zwei Interviewten (IP4, IP8). Bei den vier IP, die im Zuge der Kindheit von autonomen Verhaltensweisen erzählten, kann ebenfalls ein Ursprung auf personaler Ebene angenommen werden (IP2, IP5, IP6, IP7). Förderung von Autonomie konnte zudem durch den biografischen Wandel der Pubertät (IP1, IP6), direkte als auch indirekte familiäre Unterstützung (IP2, IP5, IP6, IP7, IP8) und sozialen Rahmen (IP1, IP2, IP5, IP7) festgestellt werden. Bei IP5 und IP7 stützte sich diese Annahme auf mein berufsbedingtes Hintergrundwissen zu Helfersystemen. So erwies sich unter Anwendung von Reflexion das (vermutlich eingeübte) Erkennen und Nutzen inkrementeller Erfahrungswerte als vorteilhaft. Generell jedoch erwies sich ein kontinuierlicher Einsatz von intentionaler Reflexion als bestärkender Faktor. Alle IP konnten reflektiert über nicht autonome Lebenssituationen berichten und über einen zunehmenden Wunsch einer Änderung, den sie individuell umsetzten.

c) Widerstandsfähigkeit, Durchhaltevermögen und Willensstärke

Auch diese drei Resilienzfaktoren die in der vorliegenden Arbeit als Untergruppe zusammengefasst wurden - da sie bei allen IP in starker Korrelation zueinander auftraten - waren bei allen IP zu beobachten. Unterschiede gab es lediglich in den Ursprüngen, erkennbaren Ansätzen und in Förderungen. Durch erste Anzeichen von starkem Willen bzw. Zügen des Widerstands bereits im Kindergartenalter bei fünf IP lässt sich auf einen Ursprung auf personaler Ebene schließen (IP2, IP4, IP5, IP7, IP8). Gleiches gilt bei drei IP für den personalen Verlauf eines biografischen Wandels im Zuge der Adoleszenz (IP1, IP3, IP6). Eine Förderung auf sozialer Ebene konnte bei IP1 in einer Vereinsmitgliedschaft hervorgehoben werden. Auch wurden drei IP im institutionellen Rahmen der Schule unterstützt (IP1, IP2, IP6). Bestärkung durch ein Erkennen von positiven Erfahrungen, die ihre eigenen Handlungen hervorriefen, fand sich bei zwei IP bereits teilweise im Kindesalter (IP2, IP8). Die bestehende Fähigkeit einer zielgerichteten Reflexion sowie das Erkennen und Nutzen inkrementeller

Erfahrungswerte trugen im Laufe der Zeit bei allen IP zu einer Maximierung der benannten Resilienzfaktoren bei. Zusätzlich konnte in einem Fall das einschneidende Erlebnis im Rahmen einer Verlaufskurve (dem Schlaganfall seiner Frau) als Förderung bestätigt werden (IP7).

d) Aktive Bewältigungsstrategien

Auch dieser Resilienzfaktor war bei allen Interviewten relevant. Gemeinsamkeiten zeigten sich bei einer als Grundeigenschaft anzunehmenden Ursache auf personaler Ebene bei drei IP, was durch ein frühes Auftreten aktiver Strategien für Problemlösungen bzw. Bewältigungen von schwierigen Situationen und deren Anwendungen im Kindesalter zu vermuten ist (IP2, IP4, IP8). Sie wandten bereits im Kindesalter Strategien an, die ihnen positive Erlebnismomente ermöglichten. Ebenso konnte bei vier IP die personale Ebene als Ursprung mit einer deutlich erkennbaren Förderung durch den Wandlungsprozess der Adoleszenz dokumentiert werden (IP1, IP3, IP5, IP6). Verdeutlicht wurden bei fünf IP eine Unterstützung in aktiven Handlungsmechanismen auf sozialer Ebene (IP2, IP3, IP4, IP6, IP7) und bei vier IP auf familiärer Ebene durch direkte wie auch indirekte Förderung (IP2, IP4, IP5, IP8). In einem Fall erfolgten Förderungsmomente durch ein einschneidendes Erlebnis einer Verlaufskurve (IP7). Eine Form von aktiver Handlung im Zuge einer Bewältigung fand sich in einem gewalttätigen Akt als Gemeinsamkeit von fünf IP (IP1, IP2, IP4, IP5, IP6). Der Unterschied bestand darin, dass die Männer affektiv und situativ Gewalt als Gegenwehr einsetzten und damit eine neue gewaltfreie Situation hervorriefen. IP4 folgte außerhalb der verletzenden Situationen ihren Impulsen zu nachträglicher und indirekter Gewalt gegenüber der – inzwischen verstorbenen – ehemals gewaltausübenden Person. IP6 setzte Gewalt bereits früh ein, was auf personale Charaktereigenschaften schließen lässt. Sie tat dies zum einen im Zuge einer auferlegten Schutzaufgabe und andererseits zur Kanalisation von innerer Wut. Bis auf IP6 kann bei allen anderen nicht von innehabenden Charaktereigenschaften ausgegangen werden, da im vorherigen wie im weiteren Lebensverlauf keine Hinweise dafür vorliegen. Die Anwendung dieser Ausdrucksform deutet allerdings bei allen gleichermaßen auf eine Unterstützung durch das Erleben direkter alltäglicher Gewalterfahrung im unmittelbaren Lebensumfeld während der Zeit des Heranwachsens. Eine weitere Gemeinsamkeit zeigte sich bei sechs IP beim aktiven Verlassen der Gewaltsituation bzw. des Gewaltgefüges durch das Nutzen von Distanz als Form eines Schutzmechanismus (IP1, IP2, IP5, IP6, IP7, IP8).

e) Internale Kontrollüberzeugung

Bei fast allen IP konnten bereits mindestens geringe internale Kontrollüberzeugungen im Kindesalter festgestellt werden, was basierend auf dem jungen Alter auf eine innehabende Charaktereigenschaft auf personaler Ebene hinweist (IP2, IP3, IP4, IP5, IP6, IP7, IP8). Diese Kontrollmöglichkeiten wurden genutzt, um mit eigenen – zwar begrenzten, aber vorhandenen – Mitteln direkten körperlichen (IP5, IP7, IP8) oder verbalen (IP3, IP4) Misshandlungen und Verletzungen zu entgehen. Weiterhin zeigten sich Kontrollmechanismen beim Verlassen des familiären Gewaltgefüges, um Schutz durch Distanz zu schaffen (IP2, IP3, IP4, IP7). Möglicherweise war dieses Verhalten im Ursprung eine Form von Selbstschutz, entwickelte sich aber in ritualisierter Form zu Handlungsweisen. Da jedoch bei den meisten keine direkte externe Förderung erkennbar war, entspringt dieser Resilienzfaktor bzw. die Tendenz dazu sehr wahrscheinlich der personalen Ebene (IP1, IP2, IP5, IP6, IP7, IP8). Bei zwei Interview-partnerinnen konnte allerdings eine direkte Förderung erster Kontrollmomente im familiären Rahmen durch die Mutter definiert werden (IP3, IP4). Auch konnte eine bedingte Förderungswahrscheinlichkeit durch erstmaliges Erkennen der Notwendigkeit interner Kontrollüberzeugung durch Begebenheiten einer Verlaufskurve im familiären Rahmen dokumentiert werden (IP5, IP7). Weiterhin bestanden erkennbare Korrelationen zwischen dem biografischen Wandlungsprozess der Adoleszenz und einer wachsenden internalen Kontrollüberzeugung durch körperliche und geistige Entwicklung bei drei IP (IP1, IP5, IP6). Eine Stärkung im Bereich der sozialen Ebene fand sich unter anderem durch Lehrer, Vereinsmitgliedschaft, Therapien, Beratungsstellen und weitere externe Helfersysteme (IP1, IP2, IP3, IP4, IP7). Reflexionsfähigkeit und das bewusste Nutzen inkrementeller Erfahrungswerte zählen ebenfalls zu den herausstechenden Förderungsmomenten aller IP ab dem Erwachsenenalter.

f) Freundeskreis und signifikante Personen

Der Freundeskreis an sich wurde von einigen IP zwar erwähnt, aber nur von einem (IP2) als signifikant unterstützend beschrieben. Neben dem generell gehaltenen Freundeskreis erwähnten drei IP bedeutsamen Freund/-innen, die in positiver Hinsicht fördernd waren (IP4, IP6, IP8). Besondere Erwähnung einer expliziten Wahlausrichtung wurde ebenfalls bei zwei IP beschrieben (IP2, IP8). Bei einem IP (IP5) fiel die Wahl temporär zwar auf eine delinquente Gruppe, die für eine bestimmte Episode in seinem Leben allerdings durchaus hilfreiche Optionen bot (besonders im Bereich der Emotionalität). Weiterhin konnte bei zwei IP eine möglicherweise unbewusste, aber deutliche Tendenz zu optimistischen Freunden (verschiedene in verschiedenen Epochen) festgestellt werden (IP4, IP8). Direkte wie indirekte Hilfen und Unterstützung bezüglich eines gelingenden Lebenswegs boten bei sechs IP signifikante Personen sowohl im familiären Bereich – Ehepartner mit einbezogen (IP3, IP4, IP5, IP6, IP7, IP8) – als auch bei sechs IP im sozialen Bereich (IP1, IP2, IP3, IP4, IP5, IP7). Als Besonderheit konnte bei vier IP das Nutzen von Erfahrungen mit negativbehafteten Personen für positive Konsequenzen festgestellt werden (IP2, IP4, IP5, IP6).

g) Realismus und realistische Ziele

Realistische Zielsetzungen fanden sich in allen Erzählungen. Bis auf einen Fall, der bereits in Kindertagen an einem realistischen Ziel festhielt (IP5), formulierten alle anderen erste realistisch gehaltene Ziele ab dem Zeitpunkt beginnender Adoleszenz. Unterstützungen konnten bei fünf IP im familiären Rahmen (Ehepartner inbegriffen) festgestellt werden (IP2, IP3, IP4, IP5, IP7, IP8). Bei vier IP konnte auch Unterstützung auf sozialer Ebene nachgewiesen werden (IP1, IP2, IP6, IP7, IP8). Für alle acht IP galten Unterstützungen auf personaler Ebene: Das selbstständige Nutzen inkrementeller Erfahrungswerte und intendierte Reflexion, sowie Willensstärke, Durchhaltevermögen und Widerstandsfähigkeit wirkten sich bei allen begünstigend aus. Sie berichteten von Erfolgen im Beruf (IP1, IP2, IP3, IP4, IP6, IP7) und im Privatbereich (alle IP), die wiederum weitere Zielsetzungen in eine realistische Richtung lenkten. Auch im Fall der realistischen Zielgestaltung nutzten alle IP speziell ihre negativen Erfahrungen.

h) Qualität der Bildung

Unter Betrachtung der von den Eltern vorgelebten Bildungsstandards in schulischen Abschlüssen, Ausbildungen und den letztlich ausgeübten Berufen konnten einige Ähnlichkeiten und Unterschiede zwischen den Eltern und ihren Kindern festgestellt werden. Im Bereich des Schulabschlusses folgten vier der Interviewten einem Vorbild von mindestens einem Elternteil (IP1, IP2, IP3, IP5). Beim Ausbildungsweg gab es Überschneidungen elterlicher Bildungswege bei drei IP (IP2, IP3, IP5). Im Berufsleben orientierten sich jedoch alle an dem Vorbild der Eltern – teils bewusst, teils unbewusst – entweder direkt aus einem Ähnlichkeitsstreben (IP2, IP3, IP4, IP5) oder indirekt in dem Entschluss zu einem gegensätzlichen Lebensweg (IP1, IP6, IP7, IP8). Alle hatten zum Zeitpunkt des Interviews eine Ausbildung abgeschlossen, mit der sie zufrieden waren. Zudem befanden sich alle in einer festen, für sie individuell positiven Anstellung bzw. einer sicheren beruflichen Tätigkeit. Unterstützung auf ihrem Weg dahin fanden sie entweder durch intrinsische Motivation auf personaler

Ebene (alle IP), im familiären (IP1, IP2, IP3, IP4, IP5, IP8) oder im sozialen Bereich (IP1, IP2).

i) (Bewusstes) Nutzen durchlebter Widrigkeiten

Keiner der IP klagte über die erfahrenen Lebenswidrigkeiten im Heranwachsen. Ganz im Gegenteil betonten alle aufgrund ihrer Erfahrungen eine Gewissheit, künftige Hürden überwinden zu können. Alle waren sich sicher, in dieser Hinsicht ausreichende Problemlösestrategien entwickelt zu haben. Ganz besonders stach bei vier IP eine (zum Teil direkt geäußerte) Form von Dankbarkeit für gerade diese Erfahrungen durch die erwähnten kritischen Lebensumstände hervor (IP1, IP4, IP5). Betont wurde zudem das Bewusstsein in Form von einer Möglichkeit, diese Erfahrungen besonders positiv zu Problemlösungen nutzen zu können (IP1, IP4), für eine positive Entwicklung bestimmter Verhaltensweisen (IP2, IP5, IP6) oder in einem Fall gar in der Charakterbildung (IP5). Unabdinglich ist hierbei die bewusste und intendierte Reflexion, das Erkennen und Nutzen von inkrementellen Erfahrungswerten sowie eine sichere internale Kontrollüberzeugung. Der Akt der Entscheidung zu einer positiven Nutzung verweist auf intrinsische Motivation. Hinweise zu externen Förderungen gab es nicht.

j) Impulskontrolle

Impulskontrolle war nicht bei allen IP festzustellen. Es handelte sich um signifikante Schutzmechanismen, um Ängste, Befürchtungen oder Verhaltensweisen – die Ähnlichkeiten zu negativen Erfahrungen aus der Kindheit aufweisen könnten – zu umgehen, zu verhindern oder zu beheben (IP1, IP2). Eine Grundeigenschaft hierfür ist das Innehaben und kontinuierliche Nutzen von bewusster und zielgerichteter Reflexion und die zugrundeliegende Entscheidung zu einer entgegengesetzten Lebensweise. Eine Interviewpartnerin beschrieb Impulse zu Gewalt als ihr zugehörige, genetisch bedingte Eigenschaft, die sie aber definieren und erkennen kann (IP6). Alle drei IP haben bewusst ein Leben gewählt, das sich von diversen (eigens festgelegten) negativen (erfahrenen) Handlungen abgrenzt. Dabei waren und sind sie in der Lage, auf mögliche Impulse (die es zu vermeiden gilt) zu achten, diese zu erkennen und Veränderungen einzuleiten. Auch hierfür ist eine beständig bewusste Reflexionsfähigkeit und das Erkennen inkrementeller Erfahrungswerte eine Grundvoraussetzung – ebenso wie die Aufrechterhaltung des klaren Willens bezüglich ihrer eigens zu gestaltenden Lebensweise und die Sicherheit der internalen Kontrollüberzeugung. Die beständige Anwendung von Impulskontrolle im alltäglichen Leben deutet auf intrinsische Motivation.

k) Kritikfähigkeit

Zwei der Interviewten betrachteten und kommentierten bereits während der Stegreiferzählung besonders selbstreflektiert und selbstkritisch ihre Erlebnisse und ihr Verhalten in unterschiedlichen Lebensbereichen (IP4, IP5). Neben dieser Gemeinsamkeit zeigte sich ein beständiges Bestreben, das eigene Handeln zu optimieren. Intrinsische Motivation, Reflexionsfähigkeit und die Fähigkeit, inkrementelle Erfahrungswerte zu erkennen und zu nutzen, erwiesen sich dabei als stärkende Faktoren.

l) Logisches Handeln

Einer der Interviewpartner (IP1) bezeichnete die Entscheidung, jede Lebenslage, jedes Hindernis und jedes Problemlösungskonzept auf Basis von Logik zu betrachten, zu durchdenken und zu behandeln, als einen essenziellen Resilienzfaktor seines positiven Lebensverlaufs. Die Anwendung findet ihren Ursprung auf personaler Ebene - im biografischen Wandel der Adoleszenzphase und auf sozialer Ebene. Ebenso ist als beständige Stärkung das Nutzen inkrementeller Erfahrungswerte und Reflexionsarbeit zu werten.

m) Bewusste Entscheidung gegen Mitleid oder Selbstmitleid

Ein Interviewpartner (IP2) berichtete mehrfach davon, wie ihm bereits in Kindertagen das Mitleid anderer widerstrebte. Auch Selbstmitleid lehnte er ab. Er beschrieb sich mit einem optimistischen und aktiven Lebensstil, in dem derartiges Verhalten keinen Platz bekommen solle, weshalb die Entscheidung gegen jede Form von Mitleid als Ressource gewertet wurde. In Reflexion zu anderen und in der Annahme genetischer Grundzüge deutete er selbst auf einen Ursprung auf personaler Ebene. Indirekte Förderung im familiären Rahmen durch die väterliche emotionsarme Erziehung war ebenfalls zu erkennen.

n) Verzeihen

Der Akt des Verzeihens konnte als Resilienzfaktor ebenfalls nur einem Interviewpartner (IP5) zugeordnet werden, der diesen allerdings explizit als enorm wichtig und ausschlaggebend für seinen positiven Lebensverlauf im Erwachsenenalter beschrieb. Als Ursprung zu dieser Haltung und Umsetzung lassen sich intendierte Reflexionsarbeiten und intrinsische Motivation nennen.

o) Akzeptanz

Auch wenn IP1, IP3, IP4, IP6 und IP7 nicht explizit erwähnten, dass sie Taten und Begleitumstände des Aufwachsens akzeptiert haben sprachen entweder eine Vorwurfsfreie Schilderung (IP3, IP7), ein erwähntes Aussöhnen (IP6, entfernt IP4) oder auch das Nutzen von Fähigkeiten durch ebendiese Erfahrungen (IP1, IP6) dafür. Hinweise zu externen Unter-stützungen gab es nicht

6.2 Zusammenfassung der Resilienzfaktoren im Hinblick auf ihre Stabilität (z. Z. d. I.)

a) Reflexionsfähigkeit

Es konnte mehrfach belegt werden, dass alle IP die Eigenschaft der bewussten und zielgerichteten Reflexion besitzen und anzuwenden wissen. Dies war nicht nur rückwirkend in den Stegreiferzählungen und in den Nachgesprächen der Interviews erkennbar, sondern insbesondere auch in einer kontinuierlichen Anwendung über viele Jahre hinweg. Immer wieder wurden und werden Gegebenheiten, Epochen, Handlungen und Gefühle reflektiert betrachtet. Eigene Intentionen, Impulse, Handlungen und daraus resultierende Gegebenheiten werden in Eigenreflexion beleuchtet und charakterisiert, um anschließend entsprechend den individuellen Vorstellungen zu (re)agieren. Die Fähigkeit, spezifische inkrementelle Erfahrungswerte zu erkennen und zu nutzen, wirkt hierbei nach wie vor unterstützend. Beides präsentierte sich als gesicherte Umgangsweise.

b) Autonomie

Zum Zeitpunkt des Interviews konnten alle IP glaubhaft und fundiert ein für sich individuelles, autonom ausgerichtetes Leben nachweisen. Auch wenn teilweise Berufe ausgesetzt (Elternzeit) oder neu begonnen waren, so konnten die persönlichen Lebensweisen (in allen Bereichen) in ebendieser Form seit mehreren Jahren als stabil anerkannt werden. Jeder IP gab glaubhaft an, seine Ziele in autonomer Richtung erfüllt zu wissen oder sich Strategien zur Erfüllung noch zu erreichender Wünsche gewiss zu sein. Eine bei jedem IP als Unterstützung vorhandene und einsetzbare Reflexionsfähigkeit wirkt diesbezüglich stabilisierend.

c) Widerstandskraft, Durchhaltevermögen und Willensstärke

Durch mehrfach belegte durchlaufene Epochen, in der diese Eigenschaften im Kontext des rekonstruierten Lebensverlaufs eines jeden Interviewten erkennbar waren, waren sich alle einer Stabilität dieser Stärken bewusst. Sie sind firm im Erkennen, wann welcher dieser Faktoren eingesetzt werden sollte. Sie sind sicher in der Handhabung verschiedener (aus überstandenen lebenswidrigen Umständen resultierender) Ressourcen. Weiterhin wissen sie auf zuverlässige Unterstützung oder Stärkungen im familiären oder sozialen Rahmen zuzugreifen.

d) Aktive Bewältigungsstrategien

Ob durch den Wandlungsprozess der Adoleszenz unterstützt oder im späteren Verlauf aktiv dazu entschieden – alle Interviewten berichteten von der Entscheidung zu Aktivität, wenn es um das Bewältigen diverser Lebenssituationen ging. Teilweise wurde von innehabenden Charakterzügen gesprochen, die möglicherweise angeboren seien oder inzwischen als übernommene Vorgehensweise zur Person zählen. Zielgerichtete Reflexionsfähigkeit und kontinuierliches Nutzen inkrementeller Erfahrungswerte gewähren sicheren Zugriff auf individuelle Strategien. Diese finden seit Jahren in unterschiedlichen Kontexten kompetente Anwendung, was sich wiederum in Zukunftssicherheit äußert und z.Z.d.I. als stabil gewertet werden kann.

e) Internale Kontrollüberzeugung

Durch die Fähigkeit intendierter Reflexion und das Erkennen inkrementeller Erfahrungsprozesse ist allen Interviewten bewusst, dass sie über internale Kontrollmöglichkeiten verfügen. Die von allen erlebten Handlungseinschränkungen und geringen Kontrollmöglichkeiten in den schwierigen Zeiten des Heranwachsens sind inzwischen durch sichere Anwendung und individuelle Nutzung von diversen Mechanismen im Berufs- und Privatleben ersetzt worden. Stabilität zeigt sich im mehrjährig bestehenden Umgang mit verschiedenen internalen Kontrolloptionen.

f) Freundeskreis und signifikante Personen

Alle IP pflegen und halten andauernden Kontakt zu signifikanten Einzelpersonen, Freunden oder Familienmitgliedern mit stabiler, gegenseitiger uneingeschränkter Unterstützungs-zusicherung.

g) Realismus und realistische Ziele

Ungeachtet der individuellen Nuance in den Themenbereichen und verschiedenen Gewichtungen konnte jede/r Interviewte realistische Zielsetzungen und Umsetzungsideen formulieren. Unerreichbare Wünsche, Ziele, Planungen oder Ideen wurden weder in Bezug auf die Vergangenheit, noch gegenwärtig oder in Bezug auf die Zukunft geäußert. Stabilisierend wirkt bei jedem IP die erprobte und sichere Anwendung bewusster Reflexion und ein gut gewählter sozialer und/ oder familiärer Rahmen.

h) Qualität der Bildung

Alle IP sind mit ihrem Bildungsweg im Einklang. Mit der zum Zeitpunkt des Interviews ausgeübten beruflichen Tätigkeit zeigte sich jeder zufrieden oder konnte mit realistischen, künftigen Planänderungen überzeugen. Unterstützend wirken Erfolgserlebnisse im Bereich der gewünschten autonomen Lebensweise, das Erkennen inkrementeller Erfahrungswerte, bewusste und zielgerichtete Reflexion, Gefühle von Stolz und Dankbarkeit sowie Wünsche, Ziele und der Wille zu neuen Herausforderungen. Auch das Wissen um Unterstützung im sozialen und / oder familiären Rahmen wirkt stabilisierend.

i) (Bewusstes) Nutzen durchlebter Widrigkeiten

Alle IP sind sich ihrer Ressourcen für Problemlösungen (durch überwundene Schwierigkeiten) bewusst. Sie befinden sich kontinuierlich in intendierter Reflexion, erkennen individuelle Erfolge diverser Strategieaneignungen und sind fortwährend in der Lage, diese zu nutzen. Durch bewusste Entscheidung oder unbewusste Anwendung im Zuge des Lebenswandels – alle blicken auf situativ positive Kompetenzen resultierend aus den durchlebten widrigen Umständen ihres Heranwachsens. Diese Kompetenzen sind wiederum zielgerichtet und routiniert einsetzbar.

j) Impulskontrolle

Bei den Interviewten, die eine Bedeutung von Impulskontrolle beschrieben oder bei denen sich eine solche während der Erzählungen verdeutlichte, präsentierte sich ebendiese seit mehreren Jahren in stabil kontrollierter Weise.

k) Kritikfähigkeit

Die von zwei IP beschriebene innehabende Charaktereigenschaft der Fähigkeit zur Eigenkritik bietet nach wie vor in bestimmten Abschnitten ihres Lebens zuverlässige Hilfestellungen und bringt positiven Nutzen.

l) Logisches Handeln

Die seit dem Jugendalter kontinuierliche Anwendung bietet Halt, Struktur und Lösungs-optionen. Dies gilt zwar nur für einen der acht Interviewten (IP1), ist dafür allerdings für ihn fundamental.

m) Bewusste Entscheidung gegen Mitleid und Selbstmitleid

Dieser Aspekt wurde nur von einem Interviewpartner als besonders wichtig hervorgehoben (IP2), bildet jedoch seit seiner Kindheit durchweg eine stabile Ressource für den von ihm gewählten Lebensweg.

n) Verzeihen

Diese von einem der Interviewten hervorgehobene (IP5) Verhaltensweise war ausschlaggebend für seinen positiven Lebensweg. Diese Handhabung vertritt er konstant und versicherte glaubhaft dieses Vorgehen in ähnlich gelagerten Situationen.

o) Akzeptanz

Bis auf IP4, bei welcher eine Stabilität nicht hinreichend genug dargelegt werden konnte und IP8, die eine noch bestehende Inakzeptanz des elterlichen Verhaltens deutlich machte, konnte bei den Übrigen (IP1, IP2, IP3, IP6, IP7) eine stabile Form von Akzeptanz herausgefiltert werden.

6.3 Zusammenfassung hinsichtlich der persönlichen Definition eines guten Lebens

In der individuellen Definition eines guten Lebens konnten punktuelle Gemeinsamkeiten festgestellt werden:

Fünffach wurde finanzielle Sicherheit bzw. materielle Absicherung als notwendiges oder erstrebtes Fundament erwähnt (IP1, IP2, IP3, IP4, IP7), wobei dreimal direkt (IP3, IP4, IP7) und zweimal indirekt (IP1, IP2) eine berufliche Tätigkeit als Grundlage gewertet wurde.[1285] Fünfmal wurde direkt ein Wunsch auf innere und äußere Anerkennung geäußert (IP1, IP3, IP4), zweimal davon indirekt (IP6, IP8).[1286] Regelmäßiger Kontakt zur und Harmonie innerhalb der Familie waren ausschlaggebende Faktoren bei fünf der Interviewten (IP3, IP4, IP6, IP7, IP8).[1287] Das Bedürfnis nach innerer Zufriedenheit gaben vier der Interviewten direkt (IP3, IP4, IP6, IP8) an und einer indirekt (IP1).[1288] Ausreichend Zeit zur persönliche Gestaltung erwarten drei (IP3, IP4, IP8) und wiederum drei setzen Kontakt zu Freunden oder sichere Ansprechpartner voraus (IP3, IP4, IP6).[1289] Das Wissen um Problemlösekompetenzen bezeichneten zwei der Interviewten als wichtig (IP1, IP6), ebenso wie eine absolute Kontrolle (IP1, IP5).[1290] Die einzigen einzeln erwähnten Aspekte waren Gesundheit (IP3) und innerer Frieden in Bezug auf den bisherigen Lebensweg (IP4).[1291]

6.4 Zusammenfassung hinsichtlich von Wunsch und Realität

Jeder der acht IP beschrieb in den Erzählungen einen zur Zeit des Interviews aktuellen Lebensstandard, der sich mit der jeweils individuellen Definition zu einem guten Leben deckte. Gewichtige Ziele waren teilweise bereits längerfristig erreicht. Dass diese Stabilität aufweisen, lag mitunter an hinreichend dargebotenen Kompetenzen und deren sicheren und kontinuierlichen Anwen-

---

[1285] Transkript 1, S. 41 [Segment M1], Transkript 2, S. 40 [Segment M1], Transkript 3, S. 34 [Segment M1], Transkript 4, S. 66 [Segment M1], Transkript 7, S. 22 [Segment 116-116d].

[1286] Transkript 1, S. 41 [Segment M1], Transkript 3, S. 34 [Segment M1], Transkript 4, S. 66 [Segment M1], Transkript 6, S. 29-30 [Segment 139], Transkript 8, S. 23 [Segment 144].

[1287] Transkript 3, S. 34 [Segment M1], Transkript 4, S. 66 [Segment M1], Transkript 6, S. 29-30 [Segment 139], Transkript 7, S. 22 [Segment 116-116d], Transkript 8, S. 23 [Segment 144].

[1288] Transkript 1, S. 41 [Segment M1], Transkript 3, S. 34 [Segment M1], Transkript 4, S. 66 [Segment M1], Transkript 6, S. 29-30 [Segment 139], Transkript 8, S. 23 [Segment 144].

[1289] Transkript 3, S. 34 [Segment M1], Transkript 4, S. 66 [Segment M1], Transkript 6, S. 29-30 [Segment 139], Transkript 8, S. 23 [Segment 144].

[1290] Transkript 1, S. 41 [Segment M1], Transkript 5, S. 45 [Segment 243], Transkript 6, S. 29-30 [Segment 139].

[1291] Transkript 3, S. 34 [Segment M1], Transkript 4, S. 66 [Segment M1].

dung in den jeweiligen Bereichen. Die Ziele waren stets realistisch – in der Formulierung wie in der Planung einer Umsetzung.

7. Schlussfolgerung

In der vorliegenden Forschungsarbeit wurden für alle Interviewpartner Resilienzfaktoren herausgearbeitet, die für den jeweiligen positiven Lebensweg maßgebliche Unterstützung boten. Wie forschungsgeschichtlich eingeführt (Kapitel 2), konnte auch in dieser Arbeit festgestellt werden, dass mehrere dieser Faktoren in Korrelation miteinander stehen und teilweise so eng miteinander verknüpft erscheinen, dass sie kaum zu trennen sind. Die vorliegende Forschungsform, in der acht Personen zu einer qualitativen Untersuchung herangezogen wurden, ermöglichte tiefgehende Einblicke. So konnte für die untersuchten Probanden etwa die Fähigkeit zu zielgerichteter und bewusst eingesetzter Reflexionsfähigkeit als eine der wichtigsten Schutzfaktoren für eine stabile Resilienz ermittelt werden. Die Fähigkeit, das eigene Leben, den Werdegang, das eigene Verhalten und das Handeln anderer, Gefühle und resultierende Ereignisse, erkennen, reflektieren und deuten zu können, erwies sich bei allen Interviewten als maßgebliche Eigenschaft, die zu einem positiven Werdegang führte. Fast untrennbar verbunden mit dieser Kompetenz waren das Erkennen und Nutzen inkrementeller Erfahrungswerte. Die IP waren nicht nur in der Lage, verschiedene Lebenslagen und Geschehnisse zu reflektieren. Sie konnten die Erkenntnisse aus diesen Erlebnissen und das Inkrement, also die schrittweise aufeinander aufbauenden Erfahrungen reflektieren, deuten und immer weiter ausbauen. Das bedeutet, dass die IP durch eine gezielte, rückwirkende Beleuchtung ihres Lebenswegs und aller dazugehörigen Facetten in der Lage sind, Ursachen für einzelne Ereignisse zu erkennen, Handlungsweisen zu durchschauen und gezielt einzusetzen oder zu vermeiden. Der inkrementelle Erfahrungswert und die Erkenntnis, wie die einzelne Erfahrung gewertet oder genutzt werden kann, erwies sich dabei in Form einer Fähigkeit den Wert zu erfassen als entscheidender Faktor (unter Zuhilfenahme intentionaler Reflexionsarbeit). Mit der Intention nach einem positiven Lebensweg konnte belegt werden, dass sich alle Interviewpartner regelmäßig bewusst in zielgerichtete Reflexionsmomente begeben. Unter Nutzung ihrer Erfahrungswerte betrachten sie die daraus gewonnenen Kenntnisse, Fähigkeiten und Fertigkeiten nicht nur als stolze Bestätigung ihrer Erfolge, sondern forcierten diese auch als Problemlösestrategie, die beständig Anwendung findet. Unter dieser Prämisse konnten die IP weitere Resilienzfaktoren benennen, ihren Ursprung erläutern und Aspekte der Förderung beleuchten. Demzufolge waren in der zugrundeliegenden Forschung eine Fähigkeit zur bewussten und zielgerichteten Reflexion fast nicht von dem Erkennen und Nutzen inkrementeller Erfahrungswerte zu trennen. Ebenso stellte sich beides als Grundvoraussetzung bzw. grundbeständiger Unterstützungsfaktor für nahezu alle weiteren Resilienzfaktoren heraus. Dazu zählen:

- Eine sichere autonome Lebensgestaltung
- das Wahrnehmen und Anwenden der vorhandenen Widerstandsfähigkeit
- Durchhaltevermögen und Willensstärke
- das Erkennen einer internalen Kontrollüberzeugung
- das Einsetzen aktiver Bewältigungsstrategien (Problemlösestrategien)
- das Formulieren und Verfolgen realistischer Ziele
- das Pflegen eines unterstützenden Freundeskreises bzw. das Registrieren
- Annehmen und Nutzen einzelner Förderungsprozesse von signifikanten Personen
- das Anerkennen und Gebrauchen der eigenen Qualifikationen im Bildungsbereich
- selbstständiges Prüfen und Lenken von Impulsen
- das bewusste oder unbewusste Nutzen durchlebter Widrigkeiten und daraus resultierende Fähigkeiten.

In einzelnen Fällen wirkten weiterhin unterstützend:

- die Fähigkeit zu logischer Denk- und Handlungsweise
- ein (Selbst)Mitleidslos ausgerichteter Lebensstil
- die Fähigkeit zu Verzeihen (Akzeptieren)

All diese Faktoren basierten jeweils auf der eingangs erwähnten Fähigkeit zur regelmäßigen Anwendung der zweckdienlichen, vorteilhaften Erfassung von Erfahrungswerten.

Weitere zu beachtende Wechselwirkungen konnten auch unter den folgenden in dieser Arbeit definierten Resilienzfaktoren nachgewiesen werden:

Unterstützend für eine autonome Lebensgestaltung wirkten:

- intentionaler Reflexion
- die Fähigkeit den Wert der Erfahrungen zu erkennen und zu nutzen
- Willensstärke
- Durchhaltevermögen
- Strategien zur aktiven Bewältigung von Problemen
- Widerstandsfähigkeit
- Bildung
- realistische Zielsetzungen
- internale Kontrollüberzeugung.

Um den Grad der Bildung zu beeinflussen, brauchte es:

- realisierbare Ziele
- teilweise Durchhaltevermögen
- Willenskraft und Widerstände gegen negative externe Beeinflussung
- Hilfreich waren sowohl eine autonome Lebensweise,

- als auch die Zuhilfenahme von externer Förderung auf familiärer oder sozialer Ebene.
- internale Kontrollüberzeugung
- aktive Bewältigungsstrategien
- realisierbare Ziele und eine realistische Bewertung der aktuellen Situation

Widerstandsfähigkeit, Durchhaltevermögen und Willenskraft korrelierten stark. Widrige Lebensumstände wurden – mit Widerstandskraft und teilweise durch festen Willen – ausgehalten. Gleichermaßen half ein starker Wille zur Erreichung zukünftiger Ziele oder um erfolgreich bzw. unbeschadet schwierige Episoden durchzustehen.

Entscheidungen zu aktiven Bewältigungsstrategien und ihrer Anwendung und internale Kontrollüberzeugungen, realistische Zielsetzungen, Willensstärke, Durchhaltevermögen, Widerstandskraft und das Streben nach Autonomie beeinflussten sich wechselseitig.

Neben dieser Erkenntnis konnte eine maßgebliche Förderung durch gezielte oder unbewusste Einwirkung signifikanter Einzelpersonen, wie durch den Einsatz von Hilfestellungen im familiären Rahmen oder auf sozialer Ebene, ermittelt werden. Helfersysteme, die auf sozialer Ebene zu finden waren, bestanden z. B. aus:

- Lehrpersonal und sozialen Ansprechpartnern im institutionellen Rahmen der Schule bzw. Universität
- sozialen Betreuern
- sozialpädagogischen Familienhilfen
- Psychotherapeuten
- externen Beratungsstellen

Korrelationsbeispiel (Fallbeispiel IP1):

Nach jahrelanger psychischer und physischer Unterdrückung und einschlägigen Gewalterfahrungen durch den Stiefvater (zwischen dem fünften und etwa dem sechzehnten Lebensjahr) begünstigte der biografische Wandlungsprozess der Adoleszenz – auf Basis der biologischen, personalen Ebene – bei IP1 die Herausbildung neuer Denkstrukturen. Er begann, eigene Handlungen, Ursachen und Wirkungsweisen und die Dritter differenziert zu betrachten und zu hinterfragen. Unterstützung fand er dabei auf sozialer Ebene sowohl durch Vergleiche mit Gleichaltrigen und deren Familiensystemen, durch eine Lehrerin und dem Wirken der Institution Schule mit bestehendem Notensystem als auch in einer Vereinsmitgliedschaft.[1292]

Neben der geistigen Umstrukturierung wirkte sich der biologische Prozess auf die körperliche Statur aus, indem er von einem Jungen zum Mann her-

---

[1292] Transkript 1, S. 1 [Segment 1-2], S. 2 [Segment 3-5c], S. 3-4 [Segment 12-16, 19-21], S. 4 [Segment 26b, 27-28].

anwuchs. Während die reinen biologischen Veränderungen zu neuer Körperstruktur führten, lernte er auf sozialer Ebene durch die Mitgliedschaft in einem Kampfsportverein mit seinen veränderten körperlichen und geistigen Fähigkeiten umzugehen. Die Gemeinschaft des Vereins beeinflusste ihn zudem durch das Vermitteln von Werten, Denkprozessen und Handlungsimpulsen. Eine Korrelation mindestens aller dieser Einflusskriterien beförderte die Erkenntnis, sich aus der Opferrolle befreien zu können, und stärkte den Impuls der Umsetzung.[1293]

Auch wenn dieser Austritt in einen Gewaltakt mündete, so bestand er aus Notwehr und nicht etwa aus Eigeninitiative. Die körperliche Veränderung, die kognitiven, neuen Strukturen und die psychische Verfassung von Mut und Entschlossenheit initiierten die Gegenwehr und somit das Beenden der körperlich gewalttätigen Übergriffe durch den Stiefvater. Dann wiederum beeinflusste die neue Sachlage den weiteren Verlauf in zwar noch dem gleichen Lebensumfeld, allerdings mit neu geschaffenen Strukturen, in denen der Stiefvater die bisherige Macht über IP1 verlor. Unterstützt durch die Fähigkeit zur zielgerichteten Reflexion erkannte IP1 den Wert dieser Erfahrung und konnte folglich die daraus gewonnene innere Stärke – das Wissen um seine Fähigkeiten – nutzen, um das Opferdasein gegenüber dem Stiefvater vollständig zu beenden.[1294]

Ebenfalls bedingt durch intendierte Reflexionsfähigkeit und das Erkennen dieser Erfahrungswerte (inkrementelle Fortführung im weiteren Lebensverlauf inbegriffen), begann IP1, Nutzen daraus zu ziehen und fortlaufend Anwendungsmechanismen zu erschaffen, um unter anderem im Berufsleben Erfolge zu verzeichnen. Er begann, ein reales, autonomes Leben zu planen und zu gestalten, Förderung durch signifikante Personen zu erkennen und für sich und seine Ziele zu verwerten. Dabei zieht er nach wie vor effektiven Nutzen aus reflektierten Widerstandsepisoden, Epochen des Durchhaltens und aus Erfolgen, die er durch die Stärke seines Willens initiiert definierte.[1295]

Ähnlichkeiten in Korrelationsmechanismen von biologischen Prozessen und Unterstützung auf sozialer oder familiärer Ebene fanden sich in verschiedenen Ausprägungen bei allen IP (vgl. Kapitel 5 und 6).

Unter Beachtung der festgestellten Resilienzfaktoren, der Analyse ihrer Ursachen, Unterstützungs- und Förderungsaspekte ergab sich für die vorliegende Forschungsarbeit folgende Resultate, welche entscheidende Einflusskriterien einer (z. Z. d. I) stabilen Resilienz definieren:

[1293] Transkript 1, S. 4 [Segment 18-18a], S. 5 [Segment 31a], S. 6 [Segment 34-37], S. 7 [Segment 39-40], S. 12 [Segment 76a-77b].

[1294] Transkript 1, S. 7 [Segment 39-40, 43-45], S. 10-11 [Segment 70-72b].

[1295] Transkript 1, S. 10 [Segment 66-68], S. 11 [Segment 72-72a], S. 15-16 [Segment 94-109], S. 17 [Segment 110-112], S. 18-19 [Segment 116-121], S. 20 [Segment 126-127], S. 21 [Segment 131], S. 22 [Segment 143-144], S. 23 [Segment 145-146].

- Intendierte Reflexionsfähigkeit ist vorhanden und kann jeder Zeit zielgerichtet und bewusst eingesetzt werden.
- Inkrementelle Erfahrungswerte können erkannt und bewusst reflektiert werden, um ihren Nutzen zu erfassen und sie vorteilhaft zu applizieren.
- Ein autonom angestrebter Lebensstil ist realistisch.
- Wünsche, Ziele und Orientierungen basieren auf realistischen Einschätzungen.
- Es besteht ein Bewusstsein der eigenen Widerstandsfähigkeit, von Durchhaltevermögen und Willensstärke, die jederzeit versiert einsetzbar sind.
- Aktive Bewältigungs- und Problemlösungsstrategien sind bekannt, erprobt und können kompetent angewandt werden.
- Es besteht ein solides Maß an internaler Kontrollüberzeugung, auf das in gegebenen Umständen handlungsbestimmend zugegriffen werden kann.
- Es existiert ein Wissen um externe Hilfsanlaufstellen (gleich welcher Art), was das Erkennen von Hilfsnotwendigkeit, das Aufsuchen und das Annehmen von Hilfen impliziert.
- Wenn notwendig, können Impulse erkannt und kontrolliert werden.
- (Aus den widrigen Lebensumständen resultierende) Fähigkeiten, Kenntnisse und Ressourcen können individuell definiert und genutzt werden.
- Erlebnisse können als Gegebenheiten akzeptiert (und ggf. verziehen) werden.
- Persönlichkeitsmerkmale werden anerkannt.

Diese zusammenfassend aufgezählten Resilienzfaktoren ermöglich(t)en den IP – in unterschiedlicher Art und Weise und verschiedenen Notwendigkeiten – ein Leben zu führen, welches sie selbst für sich als gut bezeichne(te)n, begriffen (begreifen) und in diesem Bewusstsein gestalten. Dieses leben sie mitunter auffallend gegensätzlich zu den erlebten extremen Lebensbedingungen des Heranwachsens. Hervorstechend ist die außerordentlich detaillierte und reflektierte Art, in welcher die IP die erlebten Geschehnisse auf- bzw. annahmen bzw. annehmen. Anstatt diese zu verdrängen, wurden sie in ihre biographische Selbstfindung und Selbstdarstellung integriert. Markant war auch die Tatsache, dass (und die Art und Weise wie) die IP viele der oben genannten Resilienzfaktoren, Ressourcen und Fähigkeiten in ihrer Eigenreflexion während des Erzählens selbst benannten. Auch wenn nun die den IP hier zugesprochene Resilienz zum Zeitpunkt der geführten Interviews als stabil erschien, ist dennoch deutlich geworden, dass ebendiese weithin als herausbildende Fähigkeit in einem dynamischen Geschehen zu verstehen ist, welcher im Lebensverlauf mit mehreren Variablen, Dynamiken und Wechselwirkungen (zwischen Risiko- und Schutzfaktoren) konfrontiert wird. Der Umgang der einzelnen IP mit ihren – teilweise sehr dramatischen – Erfahrungen und deren Eingliederung bzw. Nutzung im eigenen Lebensentwurf indiziert, dass man Resilienz als Form eines lebenslangen Bildungsprozesses verstehen kann. Beginnend mit diversen

Schlüsselereignissen gestaltet dieser sich dann im Laufe der biographischen Lebensgeschichte. Es zeigte sich keine definitive stabilisierende Komponente, vielmehr ein Indiz dafür, dass es immer wieder verschiedene Stabilisatoren im Laufe des Lebens gibt, die es zu erkennen und zu nutzen gilt. Mitunter kann möglicherweise sogar die Durchführung der dieser Forschung zugrundeliegenden Interviews als Stabilisator gezählt werden – eben durch den angeregten Erzählfluss und den entspringenden „Zwang" zur Reflexion. Diese hat dann wiederum neben dem Strukturieren des eigenen Lebensverlauf zu Reflexionen von (eigenen) Handlungen, Motivationen, Wertungen diverser Geschehnisse und folglich auch zu eigenen Gewichtungen und gar zu Selbsterkenntnissen geführt. Dies nun wiederum ist ein bedeutender Befund für die sozialpädagogische Praxis: die Wichtigkeit des Erzählens, bzw. des Erzählenlassens. Was bedeutet, dass zumindest beim Erstkontakt aus dem Helfersystem der Modus des Zuhörens, mehr noch des Hinhörens gewählt werden sollte. Dies wiederum in einer zugewandten, die Personen wertschätzenden, offenen und erst einmal urteilsfreien Art und Weise. Dessen Wichtigkeit konnte mit der vorliegenden Forschung in großer Deutlichkeit hervorgehoben werden. Zum einen um den Start der Beziehung zwischen dem Betroffenen zum Helfersystem zu unterstützen und somit bereits einen positiven Grundstein zur Zusammenarbeit zu legen. Zum anderen weil allein die enorme Vielfältigkeit der Informationen aus solch einem Erzählfluss wichtige und sonst vielleicht nicht erfahrbare Erkenntnisse für das angedachte Helfersystem bietet (nicht zuletzt in der Wahl der Hilfe).

Des Weiteren wurde die Notwendigkeit zu einer Form von Sensibilität sichtbar, welche die Umgangsform der einzelnen Betreuer / Berater / pädagogische Ansprechpartner etc. – eben des Fachpersonals im Helfersystem – gegenüber den IP (dem Betroffenen) betrifft. Neben der eben erwähnten Offenheit und Zugewandtheit dem Gegenüber ist eine hochgradige Sensibilität zur Individualität des Einzelnen von Nöten. Wie in dieser Forschung deutlich wurde, war jedes Fallbeispiel individuell in seiner Erzählung. Gleiches gilt für die subjektiven Handlungsimpulse, Motivationshintergründe und Empfindungen. Obgleich sich Parallelen in den Resilienzfaktoren haben feststellen lassen, sind die Hintergrundfaktoren im Entscheidungsmodus hochindividuell. Das heißt, dass nicht die gleiche Motivation bei allen Gleiches bewirkt hat und hätte. Deutlich wurde dies zum Beispiel in der Wahl der angedachten Hilfsform oder der darin enthaltenen Haltung. So wurde sichtbar, dass die Form einer speziellen Betreuung mitunter sehr helfend, aber auch erniedrigend wirken konnte. Helfend erschien sie, wenn sie dem IP gegenüber wohlwollend, vorurteilsfrei und auf angeglichener sprachlicher Ebene war. Kontraproduktiv wirkten Ideen und ihre Umsetzungshinweise oder gar Umsetzungen, welche sich eher auf fixe Handlungskonzepte des Helfersystems bezogen und die individuelle Situation des Gegenüber nicht mitberücksichtigten. So beschrieb insbesondere IP4 eindrucksvoll, wie sie den Ratschlägen der Suchtberatung keine Beachtung schenkte – ja generell sich diesen zu entziehen begann –, bis die Beraterin sich gezielt IP4s Gefühlslage bewusstwurde. Als sie jene dann urteilsfrei akzeptierte und auf dieser Basis einen eben für IP4 passenden Weg konzipierte konnte dieser wiederum letztlich einen von IP4 nachhaltig als großen Erfolg empfundenen werden. Auch konnte IP7 eindrücklich beschreiben, wie sehr ihn die erfahrenen Hilfsformen teilweise erdrückten, sich gar entmündigt und handlungsohnmächtig haben fühlen lassen - allein durch die mit Fachworten geprägte Sprachwahl der Betreuer. Gleichsam beschrieb er, wie eben genau dieselbe oder eine ähnliche Hilfe sein internales Kontrollempfinden massiv stärkte - indem das Sprachniveau angeglichen, eine vorurteilsfreie Basis in der Zusammenarbeit gespiegelt und Handlungsintentionen seinerseits zugestanden wurden. Gleichermaßen wurden dadurch das Finden und Einsetzen aktiver Bewältigungsstrategien wie auch das Nutzen inkrementeller Erfahrungswerte enorm förderten. An dieser Stelle sei ein Hinweis auf Befunde einer anderen Forschung - der von Anja Frindt[1296] – gegeben, welche eindrücklich beschreibt, wie bedeutsam eine verhältnismäßig leise und gleichsam nebenbei stattfindende SPHF für betroffene Jugendliche sein kann.

Ebenso sensibel gestalten sich daraus übergreifend Thematiken wie zum Beispiel Möglichkeiten zu Unterbringungen in Betreuungseinrichtungen der Kinder- und Jugendhilfe. Bei den acht IP der vorliegenden Forschung zeigte sich, dass sie neben allen Negativitäten in vergleichsweise offenen Situation aufgewachsen sind (mindestens in den Anfangsjahren), welche häufig eine frühe Selbstständigkeit ermöglichte oder gar erzwang. Ob es definitiv dem Fakt geschuldet ist, dass die IP mit ihrem Widerstandsverhalten gegenüber ihren Peinigern erfolgreich ihren eigenen Weg der Krisenbewältigung einschlagen konnten, kann hier nicht verifiziert werden, jedoch deutet einiges darauf hin. Besonders wenn man den Vergleichsmoment einer eventuellen zeitgleichen Unterbringung in einer Kinder- und Jugendhilfebetreuung in Betracht zieht. In diesem Setting wäre es möglicherweise zu bezweifeln gewesen, ob das Brechen der Nase des Vaters von IP5 in gleicher Weise seinen erfolgreichen Lebensweg begünstigt hätte oder nicht eher zu einer Verurteilung wegen Körperverletzung hätte führen können.

So zeigt sich weitgreifend in der Thematisierung der Widerstandsfähigkeit von Menschen offenkundig, dass ein ausgearbeitetes Subjektkonzept durchaus sinnvoll und notwendig ist. Schutzfaktoren finden eine enorme Bedeutung in ihrem Einsatz, insbesondere dann, wenn die Betroffenen eine Möglichkeit finden selbst aus ihren belastenden Lebenszusammenhängen auszubrechen und/ oder das Ausmaß der entwicklungsbedrohenden Zumutungen (mindestens

---

[1296] Anja Frindt (2020): Ambivalente Bewältigungsaktivitäten beim Aufwachsen unter ungünstigen Bedingungen. Resilienztheoretische Abstraktionen eines Entwicklungs- und Hilfeprozesses in der aufsuchenden Familienarbeit.

zum Teil) mitbestimmen oder gar überwinden können. Zudem zeigt sich folgender Kanon: Je eher desto besser. Dabei geht es nicht primär darum die belastenden Umstände auf Biegen und Brechen beenden zu müssen – sondern eher um eine Etablierung von positiven Vergleichsvarianten und signifikanten Personen, welche den Ausbruch der jungen Menschen nicht direkt initiieren müssen, wohl aber sanktionsfrei begleiten sollen. Die Herausforderung besteht nun darin möglichst individuell ausgerichtete Programme zu entwickeln, während die Rahmenbedingungen unverändert bleiben.

8. Kritischer Rückblick

8.1 Diskussion der Befunde in Bezug auf den Forschungsstand

Aspekte, welche in der aktuellen Resilienzforschung bereits Bestand haben und in den eingangs dargelegten Studien[1297] als Schutzfaktoren erkannt und definiert wurden, konnten auch in der vorliegenden Studie bestätigt werden. Dabei konnten die bereits bekannten Elemente jedoch zusätzlich durch die sehr ausführlichen Erzählungen in einer viel subjektiveren Form dargestellt werden. Zum Beispiel indem die einzelnen IP die sehr heterogenen Bedingungen des Aufwachsens aus ihrer Sicht darstellten. Im Vergleich zu den Forschungen aus Kapitel 2 bietet nun eben genau diese Authentizität (aus den verschiedenen Interviews) viele individuelle Hinweise zu diversen hintergründlichen Aspekten und Wirkungsmechanismen. Inwieweit ein direkter und differenzierter Vergleich zwischen der vorliegenden Studie gegenüber der eingangs erwähnten – oder über noch weiter hinaus dem generellen Forschungsstand im Resilienzbereich – wirklich gelingt, ist meines Erachtens allerdings fraglich. Zumal die in Kapitel 2 vorgestellten Studien allesamt quantitativer Art sind und sich somit auf einer ganz anderen Methodenebene befinden. Gleichermaßen zeigt sich die weitgehend im sozialwissenschaftlichen Forschungsbereich etablierte Resilienzforschung in den letzten Jahren ebenfalls empirisch-quantitativ mit disziplinär-psychologischer Akzentuierung. Auch wenn die hier gewonnene hohe Datenmenge durch diese acht Interviews eine zureichende Form von Validität und Sättigung erwirkt, kann unter anderem der eventuelle Wunsch von Analytikern nach einer Verifizierbarkeit der Ergebnisse in der vorliegenden Forschung nicht berücksichtigt werden – allein dafür fehlen schon kontrastive Fallbeispiele. Dies wiederum ist auch nicht das Ziel dieser Studie gewesen, sondern eben vielmehr die Möglichkeit zu neuen subjektiven Einblicken in die Hintergrundgeschehnisse und Erkenntnisse zu möglichen Ursachen der Entstehung in der gesamten Resilienzthematik, was gelungen ist. Gleichermaßen konnten auch Grenzen der empirisch-quantitativen Forschung überwunden werden, allein in der Erfassung und der Darstellung von subjektiven Bedingun-

---

[1297] Vgl. Werner, E. E. / Smith, R. S. (1992): Overcoming the Odds: High Risk Children from Birth to Adulthood; Vgl. Cederbald, M. (1996): The Children of the Lundby Study as Adults: A Salutogenic Perspective; Vgl. Laucht, M. / Esser, G. / Schmidt M. H, (2000): Längsschnittforschung zur Entwicklungsepidemiologie psychischer Störungen: Zielsetzung, Konzeption und zentrale Befunde der Mannheimer Risikokinderstudie; Vgl. Bender, D. / Lösel, F. (1997): Protective and Risk Effects of Peer Relations and Social Support on Antisocial Behaviour in Adolescents from Multi-Problem Milieus; Vgl. Bellis, M. A. / et al. (2017): Does continuous trusted adult support in hildhood impart life-course resilience against adverse childhood experiences - a retrospective study on adult health-harming behaviours and mental well-being.

gen wie zum Beispiel der Fähigkeit zu Akzeptanz, zu verzeihen oder in den hochindividuellen Ausführungen im Vorstellungsbereich eines guten Lebens. Allein die Frage nach einer Beschreibung von Bedingungen eines subjektiv empfundenen guten Lebens stellte eine große ethische Herausforderung dar. Für die Forschung waren diese Beschreibungen dann auch nur unter der Prämisse der eigenständigen jeweils individuellen Betrachtungsweise eines jeden IP für sich genommen nutzbar. Ähnliche Nutzungsmöglichkeiten für empirisch-quantitative Forschungsmethodiken zu erlangen – indem sie eine derartige individuelle Beschreibung und Bewertung mittels psychologischer Testdiagnostiken erfassen oder gar zu operationalisieren versuchen – erscheint mir kaum möglich (auch wenn ich mich hier nicht anmaßen möchte etwaige künftige Forschungsergebnisse vorherzusehen). Die hier vorliegende durchgeführte Studie, steht in ihrer Form – als rekonstruktive und retrospektive – so noch relativ allein in der aktuellen Forschungswelt. Allein vor diesem Hintergrund sehe ich hier von einer differenzierten Gegenüberstellung ab. Zudem kommt, dass man eine wohl weitere enorm umfangreiche Darstellung referieren kann, wenn man beginnt sich passioniert mit der Vergleichsthematik zu beschäftigen. Die vorliegende Studie steht mit dem unentbehrlichen neuen Forschungszugang für eine wertvolle Bereicherung und versucht eine notwendige Erweiterung für das quantitative Paradigma der Resilienzforschung zu bewirken. (Ein Verweis sei an dieser Stelle zu einer kritischen Auseinandersetzung zu Paradoxien und Problematiken in der Resilienzforschung gesetzt, welche mir leider erst nach Beendigung meiner Dissertation zugänglich geworden ist.)[1298] Durch die hier erhaltene umfangreiche Datenmenge bieten sich zudem einige weitere Anregungen für die qualitative, aber auch für die quantitative Forschung in mehreren Optionen. Unter anderem sind die unanalysierten Transkripte der einzelnen Interviews für sich ein großes und nutzbares Datenmaterial, welches eventuell auch für andere Forschungsfragen eine gute Grundlage bietet. Zum anderen besteht – wie oben durchdacht – die Möglichkeit sich gezielt die Befunde in einem differenzierten Vergleich mit dem Forschungsstand anzusehen. Dies gilt gleichermaßen für den Bereich der Forschungsmethodik, wie auch den der Pädagogik. Auch wäre eine anschließende weitere Forschung denkbar, in welcher kontrastive Fälle aufgenommen und untersucht werden könnten, um dann die Ergebnisse mit denen der hier vorliegenden Forschung vergleichen zu können. Möglichkeiten dergleichen scheinen nach oben offen.

[1298] Liebel, M. (2022): Flexible Anpassung oder Widerstand? Teil 1: Paradoxien und Fallstricke der Resilienzforschung zu Kindern. In: Sozialwissenschaftliche Literatur Rundschau, 45. Jg., H. 1 (SLR 84), S. 67-81.

8.2 Diskussion über Gütekriterien[1299]

Kritisch betrachtet muss man natürlich festhalten, dass es in einer rekonstruktiven biographischen Untersuchung auch zu Verwischungen kommen kann. Es kann Verzerrungen in den Erzählungen, den Erinnerungen und auch in der aktuellen Gefühlslage des Erzählenden geben. Auch der mögliche Drang zu Beschönigungen oder zu Beschwichtigungen muss mit bedacht werden. Eine rekonstruktive Erzählung stellt keine Eins-zu-eins-Spiegelung von Tatsachen dar. Allerdings bekommt man hierbei eine sehr nahe Version der vom Erzähler erlebten Wirklichkeit – zumindest aus Sicht seiner Wahrnehmung. Und genau dies war der Fokus in der zugrundeliegenden Forschung – eben genau die subjektive Wahrnehmung einzufangen, festzuhalten und anschließend zu untersuchen. Nicht nur der Erzählende liegt hierbei auf dem Prüfstand der Verwischungsmöglichkeit. Auch ich als Forschende unterliege meiner subjektiven Aufnahme (und Verarbeitung der Daten aus) der Erzählungen, sowie Impulsen, Ideen, Gefühlen und Hintergrundwissen (aus dem Forschungsfeld wie auch aus Erfahrungswerten der langjährigen praktischen Tätigkeit im Helfersystem). Dadurch könnte es zu unbewussten Verknüpfungen, Vergleichen oder impulsiven Beurteilungen kommen. Vor diesem Hintergrund ist in der vorliegenden Arbeit besonderer Wert auf die Transparenz gelegt worden, um, wenn derartige Verdachtsmomente entstehen, diese gezielt zuordnungs- oder mindestens nachvollziehbar zu machen. Im Zuge dessen und auch auf Basis des Gütekriteriums der Intersubjektivität war ich bestrebt stringent all meine Ausführungen klar, detailliert und verständlich zu gestalten, sodass der Leser dieser Arbeit meine Analysen und Folgerungen verstehen und nachvollziehen kann.

Auch wenn, wie in 8.1. erwähnt eine zureichende Sättigung durch die hohe Datenmenge durch die acht sehr ausführlichen Gespräche erreicht werden konnte, kann man hier höchstens von einer hinreichenden Ausprägung dessen sprechen. Die von Steinke beschriebene kommunikative Validität – in welcher „der Forscher sein Verständnis des Untersuchten bzw. seine Interpretationen dem Untersuchungspartner"[1300] vorlegt und sie diese dann gemeinsam über dessen Gültigkeit diskutieren fand in meinem Forschungsprozess nur punktuell beachtet werden. Teile der Arbeit wurden aktiv während meiner Teilnahme

---

[1299] Vgl. Steinke, I. (2000): Gütekriterien qualitativer Forschung; Vgl. Strübing, J. (2002). Just do it? Zum Konzept der Herstellung und Sicherung von Qualität in grounded theory-basierten Forschungsarbeiten; Kuckartz, U. / Rädiker, S. / Stefer, C. & Dresing, T. (Hrsg.), (2005): Computergestützte Analyse qualitativer Daten -Tagungsband, Vgl. Vgl. Strübing, J. / Hirschauer, S. / Ayaß R. / Krähnke, U. / Scheffer, T. (2018): Gütekriterien qualitativer Sozialforschung. Ein Diskussionsanstoß, Zeitschrift für Soziologie, vol. 47, no. 2

[1300] Kuckartz, U. / Rädiker, S. / Stefer, C. & Dresing, T. (Hrsg.), (2005): Computergestützte Analyse qualitativer Daten - Tagungsband, Seite 11.

an der Summer School in Köln 2020 diskutiert. Da es aufgrund der Einzelarbeit (in der Forschung und an der Dissertation) kein Forschungsteam gab, mit welchem es regelmäßig Auswertungen hätte geben können, war es kaum möglich eine Intersubjektivität im Forschungsprozess als Gütekriterium herzustellen. Das Gütekriterium der Reichweite[1301] zu betrachten ist spannend. Wie bereits erwähnt gestaltet sich die vorliegende Forschung durch ein hochindividuelles Datenmaterial. Acht Interviews können freilich keine übergreifenden Verifizierungen bieten. Dennoch konnten – trotz der Individualität – Parallelen und vergleichbare Ähnlichkeiten ermittelt werden. Doch auch wenn ich als Forscherin mir sicher bin, dass in einem ähnlichen Setting mit denselben Voraussetzungskriterien (Kapitel 3.3) vergleichsweise ähnliche Befunde erzielt werden können, bezieht sich diese Sicherheit möglicherweise mit aufbauend auf meine bisherigen Berufserfahrungen. Den Erkenntnispunkt, dass jeder Mensch, welcher unter Risikofaktoren aufwächst, mit besonderer Sensibilität bezüglich seiner individuellen Lage betrachtet und behandelt werden sollte, sehe ich als unumstritten an.

Durch die vorliegende Forschung wurden diesbezüglich der Akzent und die Wichtigkeit dargelegt. Auch die enorme Bedeutung des Erzählenlassens sehe ich als unstrittig an, was für mich ebenfalls in meiner Berufserfahrung Bestätigung findet. Doch auch in diesem Bereich möchte ich mich nicht anmaßen Zukunftsprognosen auf Forschungsebene zuzusichern. Große Vergleichsmomente fehlen – da die vorliegende Forschung als qualitativ-rekonstruktive einen neuen Weg eingeschlagen hat. Es bleibt allerdings zu hoffen, dass dieser künftig vermehrt Anwendung findet und sich die Reichweite der generierten Theorie (hier dargelegt in abgewandelter Form als Schlussfolgerungen in Kapitel 7) bestätigen und erweitern lässt.

8.3 Reflexion des methodischen Vorgehens

In Kapitel 3 beschrieb ich, dass die Methode meiner Forschung sich an einer abduktiven Logik orientiert. Tatsächlich war genau dies meine Anfangsintention: in die Untersuchungen hineinzugehen, ohne vorher Hypothesen gebildet zu haben oder induktiv bekannte Fallbeispiele als Grundlagen zu nutzen. Dies ist mir nicht gänzlich gelungen. Allein mit der Entscheidung zu einer halboffen gestalteten Eingangsfrage wich ich bereits in Richtung einer deduktiven Vorgehensweise ab. Zudem wirkt diese durch die implizierte Prognose des erreichten guten Lebens (auch wenn das in diesem Sinne so nicht beabsichtigt war) doch

---

[1301] Vgl. Strübing, J. / Hirschauer, S. / Ayaß R. / Krähnke, U. / Scheffer, T. (2018): Gütekriterien qualitativer Sozialforschung. Ein Diskussionsanstoß, Zeitschrift für Soziologie, vol. 47, no. 2, Seite 90; Vgl. Strübing, J. (2002): Just do it? Zum Konzept der Herstellung und Sicherung von Qualität in grounded theory-basierten Forschungsarbeiten, Seite 337.

Richtungsweisend und leitete – wenn auch nur grob – den Erzählstrom. Das philosophische und ethische Thema bezüglich eines guten Lebens wurde versucht ein wenig in seiner Tiefgründigkeit zu umgehen: Jeder IP definierte seine ganz eigene Version eines guten Lebens und die Einzelfallanalysen bezogen sich in ihren Deutungen dann auf diese subjektive Definition, ohne diese zu hinterfragen oder in eine Form von gegenübergestelltem Vergleich zu bringen. Denn eine differenzierte Auseinandersetzung mit der generellen Frage nach einer Definition von einem guten oder erfüllten Leben erschien mir in dieser Form zu ausladend zu werden, was zu Verwirrungen hätte führen können. Daher blieb der Einsatz dieses Themas ausschließlich in der Subjektivität der acht IP.

Auch wenn inzwischen deutlich geworden ist, dass der abduktive Forschungsgedanke über den Zeitraum der Forschungsgestaltung nicht eingehalten werden konnte, sollte der deduktive nun aber auch nicht gänzlich als beständiger Weg beansprucht werden. Denn die Forschungsintention bestand ja nicht aus einer Bestätigung vorgefasster Theorien. Meine innere Haltung war möglicherweise geprägt von der Idee einer Resilienzbestätigung, dennoch gab es keine gesetzten Theorien oder Thesen über den Weg, bzw. die Ursachen der Erreichung. Und genau die Art und Weise der Erreichung, die Entstehungshintergründe zur Entwicklung der individuellen Widerstandsfähigkeit galt es herauszufinden – was dann wieder in Richtung der abduktiven Forschungsform neigt. Der Fragenkatalog (Kapitel 3.5.3) zeigt dann aber streng genommen eine deduktive Forschungsweise. Wenn auch in der Ursprungsidee und Haltung abduktiv angesetzt, in der Fragegestaltung dann jedoch deduktiv angewendet. Möglicherweise entstand der Hang zur deduktiven Fragestellung auch durch die Vorstellung der in Kapitel 2 aufgeführten Studien, was zu einer Form von Grundidee zu einem gelingenden Lebensweg beigetragen haben könnte. Die Einzelfallanalysen wurden mit größtmöglicher Achtung auf Offenheit gegenüber möglichen Ergebnissen durchgeführt. Im kontrastiven Vergleich (Kapitel 5) war die abduktive Grundidee gänzlich nicht mehr aufrechtzuerhalten, da die Einzelfälle nun miteinander verglichen wurden und somit ein induktiver Weg hinzugezogen wurde. Denn es gab jetzt Fallbeispiele (IP1-IP8), die als Grundlage zum Vergleich dienten. Ebenso bestanden hier bereits durch die Analysearbeit entstandene Ideen von Einflüssen auf die Resilienzbildung, welche durch den Vergleich in Gemeinsamkeiten bestätigt werden sollten. Die Forschung gestaltete sich rückblickend also letztendlich aus einem Weg, welcher versucht eine qualitative Rekonstruktion neben theoriegeleiteten Ideen - mit einer dennoch möglichst offen gehaltenen Ergebnissuche zu gestalten. Weiter zeigt sich in der Auswertung meiner Befunde rückblickend eine Beeinflussung durch die Ergebnisse der Mannheimer Risikokinderstudie. Beabsichtigt oder nicht – auch hier zeigt sich eine deduktive Grundhaltung, durch bereits vorhandene Ideen zu einem Konzept zu psychischen Stabilität der IP. Nunmehr ist deutlich geworden, dass im Prozessgeschehen eine saubere lineare Methodenführung nicht eingehalten werden konnte. Dabei sei gezielt das Wort „konnte" gewählt, denn ebendiese Vorgehensweise führte zu den bedeutenden Ergebnissen dieser Arbeit. Es kann nicht mit Sicherheit davon ausgegangen werden, dass eine enge und getreue Methodenanwendung bei einer Untersuchung von nun eben diesen sehr komplexen Lebensprozessen zu denselben Befunden geführt hätte.

9. Fazit

Auf der Suche nach relevanten Einflusskriterien für eine Resilienzentwicklung gestaltete sich der gewählte qualitative Forschungsweg wie erwartet spannend und konstruktiv. Das narrative Interview hat sich hierbei als geeignete Forschungsmethode erwiesen, insbesondere was die Intensität der subjektiven und detaillierten Einblicke in die konkreten Lebensverläufe und die Handhabung von Strategien betrifft. Allen IP war es möglich, ihre zusammenhängende Lebensgeschichte detailreich zu schildern, wodurch ein besonders authentischer Zugang zu Daten entstand, die aus den Erzählungen über eine mehrjährige Lebensspanne aus den jeweiligen biografischen Persönlichkeitsbereichen gewonnen wurden. Aus bisherigen Studien bereits bekannte protektive Aspekte wurden belegt und untermauert. Überdies wurden Einblicke sowohl in subjektive als auch in objektive Resilienzbedingungen geboten. Hierbei zeigte sich, dass eine dauerhafte und versierte (individuelle) Anwendung der verschiedenen schützenden Resilienzfaktoren und Ressourcen ein stärkendes Grundgerüst bildet und stabilisiert. Dies galt gleichermaßen sowohl für innehabende als auch für angeeignete bzw. extern geförderte Aspekte. Als besonders wirksame Bedingungsfaktoren für eine Resilienzbildung kristallisierten sich individuelle personale Grundlagen heraus. Am deutlichsten erkennbar war dies am Beispiel einer bewusst eingesetzten und zielgerichteten Reflexion. Gleichwohl konnten personenbezogene positive Wirkungen externer Förderung deklariert werden. Besonders aber das beständige Anwenden der begünstigenden Fähigkeiten trug letztlich zur Stabilisierung bei. Schlussfolgernd wurden in Kapitel 7 alle in dieser Forschungsarbeit herausgefilterten Bedingungen für eine Resilienzentwicklung veranschaulicht. Weiterhin wurden Korrelationen zwischen einzelnen Resilienzfaktoren auf personaler, sozialer und familiärer Ebene dargestellt. Zeitlich gab es grundsätzlich keine eingrenzenden Signifikanzen in der Resilienzbildung. Wie angenommen waren bedeutsame Förderungsprozesse nicht ausschließlich im Kindes- und Jugendalter zu finden. Auch im Erwachsenenalter konnten einschneidende Erfahrungen, gezielte Interventionen sowie signifikante Unterstützungen eine Resilienzbildung initiieren und trainieren. Insofern lässt sich folgern, dass Resilienzfaktoren in verschiedenen Lebenslagen entstehen, gefördert und stabilisiert werden können. Des Weiteren konnte die hohe Bedeutsamkeit einer hochsensiblen Haltung gegenüber einer subjektiven Individualität in der Betrachtung eines jeden Einzelfalls dokumentiert werden. Eine weitere hohe Signifikanz zeigte sich eindrücklich in der Handhabung und Nutzung des freien Erzählens (der Betroffenen). Ebenso offenbarte sich eine Importanz in der Etablierung von Vergleichsvarianten und signifikanten Ansprechpartnern. Will man also betroffene Akteure in ihrer subjektiven Form von Selbstdeutung, Verarbeitung und Bewältigung von Traumata und Krisen begreifen, taugen einfach konstruierte Vorstellungen von Resilienz wenig. Hierbei zeigt sich erneut die Wichtigkeit im Wechsel – mindestens der Erweiterung – des Blickwinkels und Handlungsimpulses von quantitativer zur qualitativen Forschung. Linear-mechanische Konzepte, welche auf enge Sozialisationsprozesse und/oder einfache Wirkungszusammenhänge abheben, erweisen sich hierbei als eher fragwürdig. Übergreifende zukunftsweisende Prognosen sind zwar nicht empirisch gesichert, da die vorliegende Studie im Rahmen der Biografieforschung mit acht verschiedenen Lebensverläufen quantitativ betrachtet nur eine kleine Fallzahl bildet. Dennoch kann auf tragfähige Erkenntnisse verwiesen werden, welche im Resultat der Schlussfolgerungen in Kapitel 7 tabellarisch aufgeführt sind. Diese Ergebnisse, und auch die tiefgehenden Eindrücke einer jeden Erzählung an sich, bieten eine Bereicherung für die aktuelle Resilienzforschung. Insbesondere können die in dieser Arbeit vorliegenden Interviews mitunter als Fallbeispiele in der Sozialen Arbeit herangezogen werden und zu Vergleichen, Verständnismomenten, konstruktiven Diskussionen oder zu anwendbaren Handlungsideen beitragen. Somit wäre für den sozialpädagogischen Arbeitsbereich ein Anstoß zu einer möglichen Umstrukturierung oder gar Neukonstruktion ressourcenorientierter Ansätze und zur Überarbeitung von Konzeptionen gegeben. Die Verwertbarkeit der gewonnenen Einsichten in Form, Struktur und Praxis von resilienzfördernden Lebenswegen erweist sich dahingehend und vor allem unter dem Gesichtspunkt gelingender Lebensweisen als wertvoll.

Literaturverzeichnis

Andresen, S. / Koch, C. / König, J. (Hrsg.) (2015): Vulnerable Kinder. Interdiszi-
plinäre Annäherungen, Wiesbaden: Springer VS Verlag, DOI: 10.1007/978-3
-658-07057-1

Antonovsky, A. (1993): Gesundheitsforschung versus Krankheitsforschung. In:
Franke, A. / Broda, M. (Hrsg.): Psychosomatische Gesundheit. Versuch einer
Abkehr vom Pathogenese-Konzept, Tübingen: DGVT-Verlag

Antonovsky, A. / Franke, A. (Hrsg.) (1997): Salutogenese. Zur Entmystifizierung der Gesundheit, Tübingen: DGVT-Verlag

Baacke, D. (1979): Ausschnitt und Ganzes. Theoretische und methodologische
Probleme bei der Erschließung von Geschichten. In: Baacke, D. / Schulze, T.
(Hrsg.): Aus Geschichten lernen. Zur Einübung pädagogischen Verstehens,
München: Juventa Verlag

Bender, D. / Lösel, F. (1997): Protective and risk effects of peer relations and
social support on antisocial behaviour in adolescents from multi-problem
milieus. In: Journal of Adolescence, Volume 20, Issue 6, S. 661-678: Elsevier
Verlag, DOI: 10.1006/jado.1997.0118

Bengel, J. / Strittmatter, R. / Willmann, H. (2001): Was erhält den Menschen
gesund? Antonovskys Modell der Salutogenese. Diskussionsstand und Stellenwert, Köln: BZgA

Bengel, J. / Meinders-Lückung, F. / Rottmann, N. (2009): Schutzfaktoren bei
Kindern und Jugendlichen. Stand der Forschung zu psychosozialen Schutzfaktoren für Gesundheit, Band 35, Köln: BZgA

Bellis, M. A. / Hardcastle, K. / Ford, K. / Hughes, K. / Ashton, K. / Quigg,
Z. / Butler, N. (2017): Does continuous trusted adult support in childhood
impart life-course resilience against adverse childhood experiences - a retrospective study on adult health-harming behaviours and mental well-being,
In: BMC Psychiatry 17, 110, S. 1-12: Springer Nature Verlag, DOI: 10.1186/s1
2888-017-1260-z

Bittner, G. (1979): Zur psychoanalytischen Dimension biographischer Erzählungen. In: Baacke, D. / Schulze, T. (Hrsg.): Aus Geschichten lernen. Zur
Einübung pädagogischen Verstehens, München: Beltz / Juventa Verlag

Bohnsack, R. / Marotzki, W. / Meuser, M. (Hrsg.) (2004): Hauptbegriffe qualitativer Sozialforschung, 2. Aufl., Opladen / Farmington Hills: UTB / Barbara
Budrich Verlag

Bohnsack, R. (2014): Rekonstruktive Sozialforschung, 9. überarb. u. erw. Aufl.,
Opladen / Toronto: UTB / Barbara Budrich Verlag

Breuer, F. / Mruck, K. / Roth, M. (2002): Subjektivität und Reflexivität: Eine Einleitung. [10 Absätze]. In: Forum Qualitative Sozialforschung / Forum: Social Research, 3(3), Art. 9, S. 1-4 FQS, https://www.qualitative-research.net/index.php/fqs/article/view/822/1783 [Stand: 19.01.2022]

Brockhaus, Psychologie (2021): Resilienz, http://brockhaus.de/ecs/enzy/article/resilienz-psychologie [Stand: 08.12.2021]

Cederbald, M. (1996): The children of the Lundby study as Adults: A salutogenic perspective. In: European Child & Adolescent Psychiatry, 5, Suppl. 1, S. 38-43: Steinkopf Verlag, DOI: 10.1007/BF00538542

Dauth, G. (2019): Führen mit dem DISG Persönlichkeitsprofil, 5. Aufl., Offenbach: Gabal Verlag

Döring, N. / Bortz, J. (2016): Forschungsmethoden und Evaluation in den Sozial- und Humanwissenschaften. 5. Aufl., Berlin: Springer Verlag

Dudenredaktion (o. J.) / „Tulpe": Duden online, https://www.duden.de/node/121204/revision/462430 [Stand: 22.01.2022]

Egle, U. T. / Hoffmann, S. O. / Steffens, M. (1997): Psychosoziale Risiko- und Schutzfaktoren in Kindheit und Jugend als Prädisposition für psychische Störungen im Erwachsenenalter. Gegenwärtiger Stand der Forschung, In: Nervenarzt 68, S. 683-695: Springer Verlag, DOI: 10.1007/s001150050183

Egle, U. T. / Hoffmann, S. O. / Joraschky, P. (2004): Sexueller Missbrauch, Misshandlung Vernachlässigung. Erkennung, Therapie und Prävention der Folgen früher Stresserfahrungen, 3. vollst. aktual. u. erw. Aufl., Stuttgart / New York: Schattauer Verlag

Ertle, C. / Möckel, A. (1981): Fälle und Unfälle in der Erziehung, Stuttgart: Klett-Cotta Verlag

Essner, G. / Schmidt, M. H. (2017): Die Mannheimer Risikokinderstudie. Ideen, Ziele und Design, In: Kindheit und Entwicklung, 26 (4), S. 198-202: Hogrefe Verlag, DOI: 10.1026/0942-5403/a000232

Faltermaier, T. (2010): Die Salutogenese als Forschungsprogramm und Praxisperspektive. Anmerkungen zu Stand, Problemen und Entwicklungschancen. In: Wydler, H. / Kolip, P. / Abel, T. (Hrsg.): Salutogenese und Kohärenzgefühl. Grundlagen, Empirie und Praxis eines gesundheitswissenschaftlichen Konzepts. 4. Aufl., Weinheim / München: Juventa Verlag

Fauser, P. / Madelung, E. (Hrsg.) (1996): Vorstellungen bilden, Velber: Friedrich Verlag

Flick, U. (1996): Qualitative Forschung. Theorie, Methoden, Anwendung in Psychologie und Sozialwissenschaften, 2. Aufl., Reinbek: Rowohlt Verlag

Freire, P. (1991): Pädagogik der Unterdrückten, Reinbek: Rowohlt Verlag

Friebertshäuser, B. / Prengel, A. (Hrsg.) (1997): Handbuch qualitativer Forschungsmethoden in der Erziehungswissenschaft, Weinheim / München: Juventa Verlag

Frindt, A. (2020): Ambivalente Bewältigungsaktivitäten beim Aufwachsen unter ungünstigen Bedingungen. Resilienztheoretische Abstraktionen eines Entwicklungs- und Hilfeprozesses in der aufsuchenden Familienarbeit. Weinheim und Basel: Beltz-Juventa.

Fröhlich-Gildhoff, K. / Rönnau-Böse, M. (2011): Resilienz. 2. Aufl., München / Basel: UTB / Reinhardt Verlag

Fröhlich-Gildhoff, K. / Rönnau-Böse, M. (2014). Resilienz. 3. aktual. Aufl., München / Basel: UTB / Reinhardt Verlag

Fuß, S. / Karbach, U. (2014): Grundlagen der Transkription. Eine praktische Einführung, Opladen / Toronto: UTB / Barbara Budrich Verlag

Gabriel, T. (2005): Resilienz. Kritik und Perspektiven. In: Zeitschrift für Pädagogik 51-2, S. 207-217: Beltz Verlag, DOI: 10.25656/01:4749, https://www.pedocs.de/volltexte/2011/4749/pdf/ZfPaed_2005_2_Gabriel_Resilienz_Kritik_Perspektiven_D_A.pdf [Stand 19.01.2022]

Garmezy, N. (1983): Stressors of Childhood. In: Garmezy, N. / Rutter, M. (Hrsg.): Stress, Coping and Development in Children, New York / NY: Mc-Graw Hill

Gay, F. (2001): DISG Persönlichkeits-Profil, 21. Aufl., Offenbach: Gabal Verlag

Göppel, R. (1997): Ursprünge der seelischen Gesundheit. Risiko- und Schutzfaktoren in der kindlichen Entwicklung, Würzburg: Edition Bentheim Verlag

Göppel, R. / Petersen, J. / Reinert, G. B. (2002): „Wenn ich hasse, habe ich keine Angst mehr...". Psychoanalytisch-pädagogische Beiträge zum Verständnis problematischer Entwicklungsverläufe und schwieriger Erziehungssituationen, Donauwörth: Auer Verlag GmbH

Göppel, R. / Zander, M. (2017): Resilienz aus der Sicht der betroffenen Subjekte. Die autobiografische Perspektive, Weinheim / Basel: Belz / Juventa Verlag

Göppel, R. (1995): Eltern und Kinder. Gefangene im Wiederholungszwang? In: Zeitschrift für Pädagogik 41- 5, S. 783-802: Beltz / Juventa Verlag, DOI: 10.25656/01:10530

Henningsen, J. (1981): Autobiographie und Erziehungswissenschaft. 5 Studien, Essen: Neue Deutsche Schule Verlagsgesellschaft

Herrmann, U. (1987): Biographische Konstruktionen und das gelebte Leben. Prolegomena zu einer Biographie- und Lebenslaufforschung in pädagogischer Absicht. In: Zeitschrift für Pädagogik 33-3, S. 303-323: Beltz / Juventa Verlag, DOI: 10.25656/01:14435

Hermanns, H. (1992): Die Auswertung narrativer Interviews. Ein Beispiel für qualitative Verfahren. In: Hoffmeyer-Zlotnik, J. (Hrsg.), Analyse verbaler Daten, Opladen: Westdeutscher Verlag, https://www.ssoar.info/ssoar/bitstream/handle/document/2568/ssoar-1992-hermanns-die_auswertung_narrativer_interviews.pdf?sequence=1&isAllowed=y&lnkname=ssoar-1992-hermanns-die_auswertung_narrativer_interviews.pdf [Stand: 19.01.2022]

Hermanns, H. (2000): Interviewen als Tätigkeit. In: Flick, U. / von Kardorff, E. / Steinke, I. (Hrsg.): Qualitative Forschung. Ein Handbuch, Reinbek: Rowohlt Verlag

Hildenbrand, B. / Welter-Enderlin, R. (Hrsg.) (2006): Resilienz. Gedeihen trotz widriger Umstände, Heidelberg: Carl-Auer-Systeme

Hof, C. (2009): Lebenslanges Lernen. Eine Einführung, Stuttgart: Kohlhammer Verlag

Hohm, E. / Laucht, M. / Zohsel, K. / Schmidt, M. H. / Esser, G. / Brandeis, D. / Banaschewski, T. (2017): Resilienz und Ressourcen im Verlauf der Entwicklung. Von der frühen Kindheit bis zum Erwachsenenalter. In: Kindheit und Entwicklung, 26 (4), S. 230-239: Hogrefe Verlag; DOI: 10.1026/0942-5403/a000 0236

Hopf, C. (2016): Forschungsethik und qualitative Forschung. In: Schriften zu Methodologie und Methoden qualitativer Sozialforschung, Wiesbaden: Springer VS Verlag

Kipker, M. (2008): Kinder, die nicht aufgeben. Förderung der Resilienz in der pädagogischen Praxis, Marburg: Tectum Verlag

Koerrenz, R. / Winkler, M. (2013): Pädagogik. Eine Einführung in Stichworten, Paderborn: Ferdinand Schöningh Verlag

Kuckartz, U. / Rädiker, S. / Stefer, C. & Dresing, T. (Hrsg.) (2005): Computergestützte Analyse qualitativer Daten - Tagungsband 2005: winMAX/MAXqda Anwenderkonferenz, Philipps-Universität Marburg, 10.-11. März 2005. Marburg: Universität Marburg, FB 21 Erziehungswissenschaften, Institut für Erziehungswissenschaft, Arbeitsbereich Empirische Pädagogik. https://nbn-re solving.org/urn:nbn:de:0168-ssoar-9472 [Stand 21.11.2022]

Lamnek, S. (2005): Qualitative Sozialforschung. 4. vollst. überarb. Aufl., Weinheim / Basel: Belz Verlag

Langeveld, M. J. (1968): Studien zur Anthropologie des Kindes. 3. durchges. u. erg. Aufl., Tübingen: Max Niemeyer Verlag

Laucht, M. / Esser, G. / Schmidt, M. H. / Ihle, W. / Löffler, W. / Stöhr, R.-M. / Weindrich, D. / Weinel, H. (1992): „Risikokinder": Zur Bedeutung biologischer und psychosozialer Risiken für die Entwicklung in den ersten beiden Lebensjahren. In: Praxis der Kinderpsychologie und Kinderpsychiatrie, 41-8, S. 275-285: Vandenhoeck und Ruprecht Verlag, https://psydok.psycharchive s.de/jspui/bitstream/20.500.11780/1963/1/41.19928_1_35773.pdf_new.pdf [Stand: 20.01.2022]

Laucht, M. / Esser, G. / Schmidt, M. H. (2000): Längsschnittforschung zur Entwicklungsepidemiologie psychischer Störungen: Zielsetzung, Konzeption und zentrale Befunde der Mannheimer Risikokinderstudie, In: Zeitschrift für Klinische Psychologie und Psychotherapie, Vol. 29-4, S. 246-262, Göttingen: Hogrefe Verlag, DOI: 10.1026//0084-5345.29.4.246

Liebel, M. (2022): Flexible Anpassung oder Widerstand? Teil 1: Paradoxien und Fallstricke der Resilienzforschung zu Kindern. In: Sozialwissenschaftliche Literatur Rundschau, 45. Jg., H. 1 (SLR 84), S. 67-81.

Lippitz, W. / Meyer-Drawe, K. (Hrsg.) (1982): Lernen und seine Horizonte: phänomenologische Konzeptionen menschlichen Lernens – didaktische Konsequenzen, Königstein / Taunus: Scriptor Verlag

Masten, A. S. / Reed, M. G. J. (2002): Resilience in development. Handbook of positive psychology, Oxford: Universty Press, http://phd.meghan-smith.com/wp-content/uploads/2015/07/0006masten_reed_resilience-development_2002.pdf [Stand: 19.01.2022]

Mayer K. (2001): Lebensverlauf. In: Schäfers, B. / Zapf, W. (Hrsg.): Handbuch zur Gesellschaft Deutschlands, Opladen: Leske / Barbara Budrich Verlag

Mayring, P. (2016): Einführung in die qualitative Sozialforschung. Eine Anleitung zum qualitativen Denken. 6. Aufl., Weinheim / Basel: Belz Verlag

Misoch, S. (2015): Qualitative Interviews, Berlin / München / Boston: de Gruyter Verlag

Mollenhauer, K. / Uhlendorff, U. (2004): Sozialpädagogische Diagnosen I. Über Jugendliche in schwierigen Lebenslagen, 4. Aufl., Weinheim / München: Juventa Verlag

Opp, G. / Fingerle, M. (Hrsg.) (2007): Was Kinder stärkt: Erziehung zwischen Risiko und Resilienz, 3. Aufl., München / Basel: Ernst Rheinhardt Verlag

Przyborski, A. / Wohlrab-Sahr, M. (2014): Qualitative Sozialforschung. Ein Arbeitsbuch, 4. erw. Aufl., München: Oldenbourg Verlag

Reichertz, J. (2003): Die Abduktion in der qualitativen Sozialforschung, Opladen: Leske / Barbara Budrich Verlag

Rutter, M. (1990): Psychological Resilience and Protective Mechanisms. In: Rolf, J. / Masten, A. S. / Ciccetti, D. / Nuechterlein, K. H. / Weintraub, S. (Hrsg.): Risk and Protective Factors in the Development of Psychopathology, New York: Cambrige University Press

Sackmann, R. (2007): Lebenslaufanalyse und Biografieforschung. Eine Einführung, Wiesbaden: VS Verlag

Schulze, T. (2002): Allgemeine Erziehungswissenschaft und erziehungswissenschaftliche Biographieforschung, In: Wigger, L. (Hrsg.): Forschungsfelder der Allgemeinen Erziehungswissenschaft, Opladen: Leske und Budrich Verlag, https://www.pedocs.de/volltexte/2012/5590/pdf/ZfE_Beiheft_2002_1_Schulze_Allgemeine_Erziehungswissenschaft_D_A.pdf [Stand: 19.01.2022]

Schulze, T. (2008): Abhauen und Plattsitzen. Zum Verhältnis von autobiographischen Texten erziehungswissenschaftlicher Biographieforschung und Psychoanalyse. In: Zeitschrift für Qualitative Forschung, 9(1-2), S. 15-25: Barbara Budrich Verlag, https://www.ssoar.info/ssoar/bitstream/handle/document/26 990/ssoar-zqf-2008-1-2-schulze-abhauen_und_plattsitzen.pdf?sequence=1&isA llowed=y&lnkname=ssoar-zqf-2008-1-2-schulze-abhauen_und_plattsitzen.pdf [Stand: 19.01.2022]

Schütze, F. (1975): Sprache soziologisch gesehen. Bd. 1, Strategien sprachbezogenen Denkens innerhalb und im Umkreis der Soziologie, München: Wilhelm Flink Verlag, https://www.ssoar-1975-schutze-sprache_soziologisch_ges ehen_bd_1%20(3).pdf [Stand: 19.011.2022]

Schütze, F. (1975): Sprache soziologisch gesehen. Bd. 2, Sprache als Indikator für egalitäre und nicht-egalitäre (sic) Sozialbeziehungen. München: Wilhelm Fink Verlag. https://www.ssoar-1975-schutze-sprache_soziologisch_gesehen _bd_2%20(3).pdf [Stand: 19.01.2022]

Schütze, F. (1976): Zur soziologischen und linguistischen Analyse von Erzählungen. In: Dux, G. / Luckmann / T. (Hrsg.): Beiträge zur Wissenssoziologie – Beiträge zur Religionssoziologie: Opladen: Westdeutscher Verlag, https://w ww.ssoar.info/ssoar/bitstream/handle/document/5643/ssoar-1976-schutze-zur _soziologischen_und_linguistischen_analyse.pdf?sequence=1&isAllowed=y& lnkname=ssoar-1976-schutze-zur_soziologischen_und_linguistischen_analyse .pdf [Stand: 19.01.2022]

Schütze, F. (1976): Zur Hervorlockung und Analyse von Erzählungen thematisch relevanter Geschichten im Rahmen soziologischer Feldforschung: dargestellt an einem Projekt zur Erforschung von kommunalen Machtstrukturen. In: Weymann, A (Hrsg.): Kommunikative Sozialforschung. Alltagswissen und Alltagshandeln, Gemeindemachtforschung, Polizei, politische Erwachsenenbildung, München: Wilhelm Fink Verlag, https://www.ssoar.inf o/ssoar/bitstream/handle/document/5635/ssoar-1976-schutze-zur_hervorlock ung_und_analyse_von.pdf?sequence=1&isAllowed=y&lnkname=ssoar-1976-s chutze-zur_hervorlockung_und_analyse_von.pdf [Stand: 19.01.2022]

Schütze, F. (1977): Die Technik des narrativen Interviews in Interaktionsfeldstudien. Dargestellt an einem Projekt zur Erforschung von kommunalen Machtstrukturen, Bielefeld: Universität Fakultät für Soziologie

Schütze, F. (1981): Prozeßstrukturen des Lebenslaufs, In: Matthes, J. / Pfeifenberger, A. / Stosberg, M. (Hrsg.): Biographie in handlungswissenschaftlichen Perspektiven, Kolloquium vom 18. bis 21. Februar 1980 in Nürnberg abgehalten, S. 67-156, Nürnberg: Verlag der Nürnberger Forschungsvereinigung

Schütze, F. (1983). Biographieforschung und narratives Interview. In: Neue Praxis, 13 (3), S. 283-293: SSOAR, https://www.ssoar.info/ssoar/bitstream/han dle/document/5314/ssoar-np-1983-3-schutze-siographieforschung_und_narra tives_interview.pdf?sequence=1&isAllowed=y&lnkname=ssoar-np-1983-3-sch utze-biographieforschung_und_narratives_interview.pdf [Stand: 19.01.2022]

Schütze, F. (1984): Kognitive Figuren des autobiographischen Stegreiferzählens. In: Kohli, M. / Robert, G. (Hrsg.): Biographie und soziale Wirklichkeit: neue Beiträge und Forschungsperspektiven, Stuttgart: Metzler Verlag

Schütze, F. (1993): Die Fallanalyse. Zur wissenschaftlichen Fundierung einer klassischen Methode der Sozialen Arbeit. In: Rauschenbach, T. / Ortmann, F. / Karsten, M. E. (Hrsg.): Der sozialpädagogische Blick. Lebensweltorien- tierte Methoden in der Sozialen Arbeit, Weinheim: Juventa Verlag

Steinke, I. (2000): Gütekriterien qualitativer Forschung. In: Flick, U. / von Kardorff, E. / Steinke, I. (Hrsg.): Qualitative Forschung. Ein Handbuch, Reinbek: Rowohlt Verlag, http://www.geffers.info/psychologie/zus/Steink e_2000_Guetekriterien_qualitativer_Forschung.pdf, [Stand: 19.01.2022]

Stewart-Brown, S. / Tennant, A. / Tennant, R. / Platt, S. / Parkinson, J. / We- ich, S. (2009): Internal construct validity of the Warwick-Edinburgh Mental Well-being Scale (WEMWBS): a Rasch analysis using data from the Scottish Health Education Population Survey. In: Health and Quality of Life Out- comes, 7-15: Springer Nature Verlag, https://hqlo.biomedcentral.com/track/p df/10.1186/1477-7525-7-15.pdf, [Stand: 19.01.2022]

Strübing, J. / Hirschauer, S. / Ayaß R. / Krähnke, U. / Scheffer, T. (2018): Güte- kriterien qualitativer Sozialforschung. Ein Diskussionsanstoß, Zeitschrift für Soziologie, vol. 47, no. 2, pp. 83-100. https://doi.org/10.1515/zfsoz-2018-1006 [Stand: 21.11.2022]

Strübing, J. (2002): Just do it? Zum Konzept der Herstellung und Sicherung von Qualität in grounded theory-basierten Forschungsarbeiten, Kölner Zeitschrift für Soziologie und Sozialpsychologie, 54(2), 318-342. https://nb n-resolving.org/urn:nbn:de:0168-ssoar-415187 [Stand:21.11.2022]

Tillmann, K.-J. / König, B. (Hrsg.) (1993): Sozialisationstheorien. Eine Einfüh- rung in den Zusammenhang von Gesellschaft, Institution und Subjektwer- dung. 4. vollst. überarb. u. erw. Neuausgabe, Reinbek: Rowohlt Verlag

Ungar, M. (2007): Contextual and Cultural Aspects of Resilience in Child Wel- fare Setting, In: Brown, I. / Chaze, F. / Fuchs, D. / Lafrance, J. / McKay, S. / Thomas-Prokop, S. (Hrsg.): Putting a Human Face on Child Welfare: Voices from the Prairies. Prairie Child Welfare Consortium, S. 1 - 23 https://cwrp.ca/ sites/default/files/publications/prairiebook/Chapter1.pdf, [Stand: 09.12.2021]

Ungar, M. (2012): Social Ecologies and Their Contribution to Resilience. In: Ungar, M. (Hrsg.): The Social Ecology of Resilience: A Handbook of Theory and Practice, New York: Springer Verlag

Unger, H. (2014): Forschungsethik in der qualitativen Forschung: Grundsätze, Debatten und offene Fragen. In: Unger, H. / Narimani, P. / M'Bajo, R. (Hrsg.): Forschungsethik in der qualitativen Forschung. Reflexivität, Perspektiven, Positionen, Wiesbaden: Springer Verlag

Welter-Enderlin, R. (2006): Einleitung: Resilienz aus der Sicht von Beratung und Therapie. In: Welter-Enderlin R. / Hildebrand, B. (Hrsg.): Resilienz. Gedeihen trotz widriger Umstände, Heidelberg: Carl-Auer Systeme

Werner, E. E. / Smith, R. S. (1982): Vulnerable but invincible. A Longitudinal Study of Resilient Children and Youth, New York: McGraw-Hill

Werner, E. E. / Smith, R. S. (1992): Overcoming the Odds: High Risk Children from Birth to Adulthood, Ithaca / New York: Cornell University Press.

Werner, E. E. (1993): Risk, resilience and recovery: Perspectives from the Kauai Longitutinal Study. In: Development and Psychophatology, 5 (4), S. 503-515: Cambridge University Press

Werner, E. E. (1997): Vulnerable but invincible: high-risk children from birth to adulthood.In: Acta Paediatrica, Suppl. 422: S. 103-105: Wiley online Library

Werner, E. E. / Smith, R. S. (2001): Journeys from Childhood to Midlife. Risk, Resilience and Recovery: A Guide to International Stories in Classical Literature, United States: Cornell University Press

Werner, E. E. (2006): Wenn Menschen trotz widriger Umstände gedeihen – und was man daraus lernen kann. In: Welter-Enderlin, R. / Hildebrand, B. (Hrsg.): Resilienz – Gedeihen trotz widriger Umstände, Heidelberg: Carl-Auer Systeme

Werner, E. E. (2007): Entwicklung zwischen Risiko und Resilienz. In: Opp, G. / Fingerle, M. (Hrsg.): Was Kinder stärkt. Erziehung zwischen Risiko und Resilienz, 2. völlig neu bearb. Aufl., München: Ernst Rheinhardt Verlag

Werner, E. E. (2008): Entwicklung zwischen Risiko und Resilienz. In: Opp, G. / Fingerle, M. (Hrsg.), Was Kinder stärkt. Erziehung zwischen Risiko und Resilienz. 3. Aufl., München / Basel: Ernst Rheinhardt Verlag

Wiedemann, P. M. (1986): Erzählte Wirklichkeit. Zur Theorie und Auswertung narrativer Interviews, Weinheim: Beltz Verlag

Winkler, M. (2012): Erziehung in der Familie. Innenansichten des pädagogischen Alltags, Stuttgart: Kohlhammer Verlag

Winkler, M. / Flösser, G. / Witzel, M. (Hrsg.) (2021): Eine Theorie der Sozialpädagogik. Neuausgabe mit einem neuen Nachwort, Weinheim/Basel: Beltz / Juventa Verlag

World Health Organization (1994): Life skills education for children and adolescents in schools. Pt. 1, Introduction to life skills for psychosocial competence. Pt. 2, Guidelines to facilitate the development and implementation of life skills programmes (No. WHO/MNH/PSF/93.7 A. Rev. 2): World Health Organization, https://apps.who.int/iris/bitstream/handle/10665/63552/WHO _MNH_PSF_93.7A_Rev.2.pdf?sequence=1&isAllowed=y [Stand 20.01.2022]

World Health Organization (1994): Life skills education for children and adolescents in schools. Pt. 3, Training workshops for the development and implementation of life skills programmes (No. WHO/MNH/PSF/93.7 B. Rev. 1): World Health Organization, https://apps.who.int/iris/bitstream/handle/1 0665/59117/WHO_MNH_PSF_93.7B_Rev.1.pdf?sequence=1&isAllowed=y [Stand 20.01.2022]

Wustmann, C. (2004): Resilienz. Widerstandsfähigkeit von Kindern in Tageseinrichtungen fördern, Weinheim / Basel: Beltz Verlag

Wustmann, C. (2005): Die Blickrichtung der neueren Resilienzforschung. Wie Kinder Lebensbelastungen bewältigen. In: Zeitschrift für Pädagogik, 51 (2), S. 192-206: Beltz Verlag, https://www.pedocs.de/volltexte/2011/4748/pdf/ZfP aed_2005_2_Wustmann_Blickrichtung_Resilienzforschung_D_A.pdf [Stand: 19.01.2022]

Wustmann, C. (2007): Resilienz. In: Bundesministerium für Bildung und Forschung (Hrsg.): Auf den Anfang kommt es an: Perspektiven für eine Neuorientierung frühkindlicher Bildung, Bonn / Berlin: Bundesministerium für Bildung und Forschung (BMBF)

Wustmann, C. (2009): Die Erkenntnisse der Resilienzforschung. Beziehungserfahrungen und Ressourcenaufbau. In: Psychotherapie Forum, 17 (2), S. 71-78: Springer Verlag, DOI: 10.1007/s00729-009-0285-2

Zander, M. / Roemer, M. (Hrsg.) (2011): Handbuch Resilienzförderung, Wiesbaden: VS Verlag

Anhang

- Die Transkripte befinden sich in der Originalabgabe der Dissertationsschriften in der Friedrich Schiller Universität Jena
- Metadaten wie folgt:

Legende:

    IP – Interviewpartner/in
    IF – Interviewführende

	IP1	IP2	IP3	IP4	IP5	IP6	IP7	IP8
Geschlecht	M	M	W	W	M	W	M	W
Alter zw. 35 u. 45 J.	Ja	Ja	Ja	Ja	Ja	Ja	Ja	Ja
Kontakt durch	Empfehlung eigener Freundeskreis	Empfehlung IP1	Empfehlung IP2	Empfehlung IP3	Empfehlung IP2	Empfehlung eigener Freundeskreis	Eigene Arbeitsstelle	Empfehlung IP6
Erstkontakt per WhatsApp	Durch IF	Durch IP2	Durch IP3	Durch IP4	Durch IP5	Durch IP6	Durch Forschende	Durch IP8
Kontaktaufnahme zum Informationsgespräch	Telefonisch durch IF	Telefonisch durch IF	Telefonisch durch IF	Telefonisch durch IF	Telefonisch durch IF	Telefonisch durch IF	Telefonisch durch IF	Telefonisch durch IF
Datum	09/2018	11/2018	12/2018	02/2019	03/2019	03/2019	05/2019	06/2019
Persönliche Anrede	Ja	Ja	Ja	Ja	Ja	Ja	Ja	Ja
Kurzvorstellung der Forschung	Ja	Ja	Ja	Ja	Ja	Ja	Ja	Ja
Einverständnis zur Aufnahme und Nutzung der Daten	Mündlich mit Bedingung an komplette Anonymisierung	Mündlich mit Bedingung an komplette Anonymisierung	Mündlich mit Bedingung an komplette Anonymisierung	Mündlich mit Bedingung an komplette Anonymisierung	Mündlich mit Bedingung an komplette Anonymisierung	Mündlich mit Bedingung an komplette Anonymisierung	Mündlich mit Bedingung an komplette Anonymisierung	Mündlich mit Bedingung an komplette Anonymisierung
Audioaufnahme	Ja	Ja	Ja	Ja	Ja	Ja	Ja	Ja
Videoaufnahme	Ja	Ja	Nein	Ja	Ja	Ja	Ja	Ja
Haupt-Interview Datum	09/2018	11/2018	12/2018	02/2019	03/2019	04/2019	06/2019	07/2019
Schriftliches Einverständnis	Ja	Ja	Ja	Ja	Ja	Ja	Ja	Ja

	IP1	IP2	IP3	IP4	IP5	IP6	IP7	IP8
Dauer: hh-mm	01-37	01-43	01-24	03-02	02-35	02-01	01-33	01-57
Telefonische Nachfragen	11/2018	-	-	03/2019	-	05/2019	07/2019	-
Dauer: hh-mm	00-45	-	-	00-11	-	00-15	00-05	-
Ergänzungen durch IP	-	-	-	Per Sprach-aufzeichnung	-	-	-	-
Schriftliche Nachfragen	03/2019	03/2019	03/2019	03/2019	-	-	-	07/2019
Interview-Ort	Haushalt IP	Haushalt IP	Haushalt IP	Haushalt IP	Haushalt IP	Haushalt IF	Haushalt IP	Haushalt IP
Transkription	10/2018	11/2018	01/2019	03/2019	04/2019	05/2019	06/2019	07/2019
Aufbereitung Transkript zur Strukturanalyse (nach Schütze)	08/2019	08/2019	09/2019	09/2019	10/2019	10/2019	11/2019	11/2019
Narrations-strukturanalyse	02/2020	02/2020	02/2020	03/2020	03/2020	04/2020	04/2020	04/2020
Aufbereitung Transkript zur Inhaltsanalyse	05/2020	05/2020	05/2020	06/2020	06/2020	07/2020	07/2020	07/2020
Qualitative Inhaltsanalyse	08/2020	08/2020	08/2020	09/2020	09/2020	10/2020	10/2020	10/2020
Ursachenanalyse	12/2019	12/2019	12/2019	12/2019	12/2019	12/2019	12/2019	12/2019
Stabilitätsanalyse	01/2020	01/2020	01/2020	01/2020	01/2020	01/2020	01/2020	01/2029